Rüdiger von Wechmar

Akteur in der Loge

Rüdiger von Wechmar

Akteur
in der Loge

Weltläufige
Erinnerungen

Siedler

Inhalt

Unbeschwerte Kindheit
in Berlin und Königsberg
(1923–1934)

Fast zwei Billionen Mark mußte meine Mutter für ein Dutzend Windeln hinblättern, um mich trockenzulegen. Stoffwindeln, versteht sich. Sie wurden in einem großen Topf ausgekocht und dann auf dem Küchenbalkon zum Trocknen aufgehängt. Eine Billion, das ist eine Zahl mit zwölf Nullen. Ein Kilo Butter kostete damals sechs Billionen Mark. Man schrieb den 15. November 1923. Adolf Hitlers Münchener Marsch auf die Feldherrnhalle hatte sich gerade sechs Tage zuvor im Kugelhagel verlaufen. Der Höhepunkt von Deutschlands größter Inflation war erreicht. Städte und Gemeinden druckten ihr eigenes Notgeld. Der darauf verzeichnete Wert war meist schon wieder verfallen, wenn die Scheine die Notenpressen verließen.

Es war 12.30 Uhr, als ich im Schlafzimmer meiner Eltern in Berlin-Südende zur Welt kam. Mein arbeitsloser Vater rasierte sich gerade. Hilfe bei der Hausgeburt gewährte eine Hebamme. Das kostete zwanzig Billionen Mark. Danach war die galoppierende Inflation zu Ende. Für eine Billion Papiermark gab es eine Rentenmark, ein Jahr darauf kam dann die Reichsmark. Ein ganzes Volk war seiner Ersparnisse beraubt.

Mein Geburtshaus in der Oehlertstraße 26 in Berlin-Südende war bis zur Einschulung der Mittelpunkt meiner Kindheit. Unsere Mietwohnung im zweiten Stock des Gebäudes aus der Gründerzeit lag im vermeintlich vornehmeren Vorderhaus. Einen privaten Kindergarten habe ich nicht besucht. Mein Vater war in jenen für Deutschland wirtschaftlich schwierigen Jahren häufig ohne Arbeit, und die Eltern hatten kein Geld für solche Ausgaben. So war die unmittelbare Umgebung des Hauses auch mein Spielplatz. Bei schlechtem Wetter blieb ich in der Wohnung. Da gab es für mich ein kleines Kinderzimmer. Und in dem engen und dunklen »Berliner Flur«, einem jener langen Korridore, über den alle Zimmer zu erreichen waren, hing eine Schaukel. Ein einfaches Brett mit zwei Seilen, die mein Vater an der Decke befestigt hatte. War die Schaukel nicht in Betrieb, hing sie an einem Haken an der Wand. Am 23. März 1924 wurde ich in unserer Wohnung vom evangelisch-lutherischen Pfarrer auf den Namen Rüdiger Irnfried Eberhard Maximilian Joachim getauft. Ich war stark erkältet. Auf Bitten meiner Großmutter unterließ es der Pfarrer daher, Taufwasser auf meine Stirn zu gießen. Über fünfunddreißig Jahre später sollte das bei der Scheidung von meiner ersten Frau eine unerwartete Rolle spielen.

Mein Vater, Irnfried Freiherr von Wechmar, war 1914 als Freiwilliger von der Hauptkadettenanstalt in Berlin-Lichterfelde mit dem 1. Garde-Fußartillerieregiment in den Krieg gezogen. 1899 in Frankfurt am Main geboren, wurde er im ersten Kriegsjahr der jüngste preußische Leutnant. Zunächst im Osten eingesetzt, kämpfte er dann vor Verdun, wo sich Deutsche und Franzosen in erbitterten Materialschlachten festgebissen hatten. Beim Sturm auf das Fort Douaumont wurde er verwundet und bekam das Eiserne Kreuz. Als 1918 mit der deutschen Niederlage der Erste Weltkrieg zu Ende ging, diente er zunächst in einem der sogenannten Freikorps. Sie waren bei den inneren Unruhen in einigen Teilen Deutschlands eingesetzt. Dann kam er für kurze Zeit zu einer Kraftfahrabteilung der Reichswehr in Berlin. Im Mai 1921 heiratete er Ilse von Binzer, meine Mutter. Sie war vom Lande, aus der ehemals preußischen Provinz Posen, die dann polnisch geworden war.

Der Vertrag von Versailles zwischen Siegern und Besiegten des Ersten Weltkriegs schrieb vor, daß die Deutschen nur noch ein Berufsheer von 100 000 Mann haben durften. Entlassungen waren unvermeidlich. Mein Vater war einer von denen, die nach Hause gehen mußten. In der Familie hatte Versailles für die Älteren bislang einen anderen Klang gehabt: Dort hatte nämlich der Großherzog von Baden, mein Ur-Ur-Großvater, nach dem Ende des Deutsch-Französischen Krieges von 1870/71 bei der Kaiserproklamation von Wilhelm I. im Spiegelsaal das Hoch auf den deutschen Kaiser ausgebracht. Das berühmte Gemälde von Anton von Werner zeigt es im Bild.

Eine feste Anstellung zu finden war nicht nur während, sondern auch nach der Inflationszeit außerordentlich schwierig. So nutzte mein Vater seine ererbte schriftstellerische Begabung und begann freiberuflich für Berliner Zeitungen und Zeitschriften zu schreiben. Beim Arbeitsamt war er nicht gemeldet. Er schämte sich,»stempeln« zu gehen. Die Familie kam mit seinen Zeilenhonoraren mehr schlecht als recht durch die ersten Jahre meines Lebens. Irgendwelche Extras konnten sich meine Eltern nicht leisten. Später erfuhr ich, daß wir immer mal wieder die Miete schuldig geblieben waren. Im Haus sorgte die Portiersfamilie Seifert für Sauberkeit und Ordnung. Sie hatte im Erdgeschoß eine kleine Wohnung und über der Klingel ein kunstvoll geprägtes und verschnörkeltes Messingschild mit ihrem Namen. Sohn Heinz war auch arbeitslos und spielte Mandoline. Andere Mieter flüsterten hinter vorgehaltener Hand, er sei Mitglied der Kommunistischen Partei. Viele Jahre später, nach der nationalsozialistischen »Machtergreifung« von 1933, wurde von denselben Leuten gemunkelt, nun sei der Portierssohn in der SA, der braununiformierten »Sturm-Abteilung« Adolf Hitlers.

Mutter Seifert, stets mit bunter Blumenschürze, putzte die Treppen im Vorder- und im Hinterhaus. Seifert senior war für die Heizung und den kleinen Vorgarten zuständig. Im Winter schippte er den Schnee vom gekachelten Aufgang zwischen Straße und Haus. Die Kokskohle für die Heizung schleppten kräftige Träger in Blaumännern vom Lastwagen mit geschulterten Kiepen über die Straße zum Fenster des Heizungskellers. Dort schütteten sie den Koks über eine dafür angebrachte Metallrutsche direkt vor den Ofen. Auch Briefträger mußten damals gut trainiert sein. Es gab noch keine Hausbriefkästen, und die Post wurde über viele Treppenstufen auch bis zum obersten Stock getragen.

In die erste Etage, direkt unter uns, war ein Ehepaar gezogen, dessen Tochter Klavierunterricht nahm. Die Eltern erwarben deswegen einen Bechsteinflügel, und der wurde nun täglich mit immer denselben Etüden malträtiert, Melodien, deren Monotonie mir bis heute in den Ohren klingt. Alsbald gab es einen ebenso intensiven wie erfolglosen Briefwechsel mit wechselseitigen Beschwerden über das Klavierspiel beziehungsweise über mein Getrampel in unserer Wohnung – was die Qualität der Etüden allerdings um keinen Deut verbesserte. Musikkenner, denen ich die Tonfolge über sechzig Jahre später vorgesungen habe, erkannten sie als Improvisationen von Bach.

Im eigentlich schöneren, weil sonnigeren Hinterhaus wohnte die Familie Lange mit zwei Kindern in meinem Alter. Ganz beson-

Winter 1924: Der kleine Rüdiger mit Bollerwagen im Garten des Geburtshauses in Berlin-Südende.

ders die von mir angehimmelte Tochter Ruth, aber auch ihr Bruder Gerhard wurden meine ersten Spielkameraden. Zum Nikolaustag oder an Adventssonntagen waren die Kinder aus der Umgebung immer zu einer kleinen vorweihnachtlichen Bescherung eingeladen. Es gab selbstgebackene Pfefferkuchen und Kakao, Herrlichkeiten, auf die ich mich schon das ganze Jahr freute, denn allzuoft konnten meine Eltern mir so etwas nicht bieten. Bei uns war der Schmalhans Küchenmeister, und das bedeutete, daß es manchmal selbst während der Weihnachtszeit nur Malzkaffee und Kommißbrot gab. Als ich sechs oder sieben Jahre alt war, kam wieder eine Adventseinladung. Meine Mutter hatte mich gedrängt, ein Gedicht zu lernen und es aufzusagen, wenn der Nikolaus zur Kinderfeier käme. Also büffelte ich den Vers »Lieber guter Weihnachtsmann, schau mich nicht so böse an, stecke deine Rute ein, ich will auch immer artig sein«. Wieder und wieder mußte ich es zu Hause üben, damit es auch ohne Stottern klappen würde. Als dann dort der Nikolaus (oder der Weihnachtsmann, wie auch immer) an die Wohnungstüre pochte und mit weißem Bart und drohender Rute ins Zimmer trat, wurde mir angst und bange. Ich kam als erster an die Reihe und machte mir prompt – ich glaube, es war schon bei der zweiten Verszeile – kräftig in die Hose.

Am Abend vor dem sechsten Dezember, dem Nikolaustag, war es bis zum Beginn meiner Internatszeit selbstverständlich, einen kleinen Stiefel vor die Tür zu stellen, der am nächsten Morgen dann mit allerlei Köstlichkeiten gefüllt war. Oft kamen die Gaben von den Großeltern, von denen auch der rotlackierte Stiefel aus Pappmaché stammte.

Die Advents- und Weihnachtszeit brachte nicht nur die Kinderbescherung bei Langes; zugleich begannen für unsere kleine Familie auch die Bastelwochen. In den Jahren der Arbeitslosigkeit meines Vaters war das Geld zu knapp für Christbaumdekoration oder Weihnachtsgeschenke. Meine Eltern fertigten daher vieles selbst an, und als ich größer wurde, durfte ich mitbasteln. So entstanden meine ersten Adventskalender, Pfefferkuchenhäuser und Papierketten für den Weihnachtsbaum. Die Lebkuchenhäuschen aus Pappe wurden von innen mit einer kleinen batteriegespeisten Glühbirne beleuchtet. Jedes Jahr gab es dann den gleichen aufregenden Moment: wenn mit der Zunge die beiden Pole der Batterie gleichzeitig berührt werden mußten, um herauszufinden, ob noch genügend Spannung vorhanden war.

Meiner Mutter blieb es vorbehalten, den Weihnachtsbaum zu schmücken. Das Wohnzimmer, zugleich Arbeitsraum meines Vaters, wurde deshalb schon am Tage vor Heiligabend versperrt, und meine Mutter machte sich mit einer Leiter an die Arbeit. Ehe die Kerzen am Baum dann zur Bescherung angezündet wurden, war es Sache meines Vaters, einen Eimer Wasser für den Notfall bereitzustellen und anschließend einen kleinen Tannenzweig über einer Kerze »anzukokeln«, damit richtiger Weihnachtsduft das Zimmer füllte. Am Abend las mein Vater die Weihnachtsgeschichte vor und setzte sich schließlich ans Klavier, um Weihnachtslieder zu spielen. Er konnte keine Noten lesen und spielte nur nach Gehör, komponierte aber gelegentlich sogar die Musik zu selbstgedichteten Texten.

Herrlich war für mich der Morgen des ersten Weihnachtstages, wenn ich noch im Nachthemd ins Wohnzimmer schlich, um nach den Geschenken zu sehen und den Duft von Tanne, Kerzen, Äpfeln, Nüssen und Pfefferkuchen von den »bunten Tellern« zu schnuppern.

Im Hinterhaus lebte noch ein pensionierter Oberst mit »Tante Friedel«, seiner Frau. Sie waren selbst kinderlos geblieben und kümmerten sich in rührender Weise um uns. In einer Blechdose hielten sie Plätzchen und Schokolade für Ruth und Gerhard, für unsere Freunde aus dem näheren Umfeld und für mich bereit. Der alte Oberst pflegte dann von der Zeit vor dem Ersten Weltkrieg zu erzählen, als er mit deutschen Eisenbahntruppen in China die Anfänge eines Schienennetzes gelegt hatte.

Dort, wo die kastanienbestandene Oehlertstraße an der Ecke der Berliner Straße 20 begann, wohnte die Familie Obkircher mit ihrem gleichaltrigen Sohn Günter. Der hatte eine richtige elektrische Eisenbahn. Seine Eltern nahmen uns gelegentlich zu Wochenendausflügen an einen der vielen Badeseen bei Berlin mit. Sie besaßen ein Kabriolett der Marke »Wanderer«, was für uns damals ein unerreichbarer Luxus war. Unsere ersten eigenen Autos konnten mein Vater und ich uns erst nach dem Zweiten Weltkrieg leisten.

Obkirchers dreistöckiges Haus in Südende gehörte dem Architekten Werner March, dem Erbauer des Berliner Olympiastadions. Nachbarn der Obkirchers waren zeitweilig der spätere Admiral und Spionagechef Wilhelm Canaris und der Schriftsteller Jochen Klepper, der dort an seinem Buch »Der Vater« schrieb, einem historischen Roman über Friedrich Wilhelm I., den Vater Friedrichs des Großen. Klepper wurde von Propagandaminister Joseph Goebbels später mit Schreibverbot belegt und schließlich von den Nazis mit seiner Familie in den Tod getrieben.

Mit Günter Obkirchers elektrischer Bahn und ihren Weichen, Stellwerken und Brücken konnten wir uns stundenlang beschäfti-

12

gen. Wir lagen auf dem Fußboden und ließen die Wagen über die Gleise sausen. Großes Hallo gab es, wenn einer der Züge wegen überhöhter Geschwindigkeit aus einer Kurve sprang. Ich besaß nur einen Schienenzepp zum Aufziehen (wie er damals »in echt« zwischen Berlin und Hamburg verkehrte), den mir ein Onkel zum Geburtstag geschenkt hatte. Stolz war ich aber auf meinen Märklin-Baukasten, den sonst keiner meiner Freunde hatte.

Obkirchers Wohnung schräg gegenüber lag der Laden von Sellnows, wo die Lebensmittel noch in braune Tüten abgefüllt und die Butter aus der altertümlichen Holztonne verkauft wurden. Wenn es hieß: »Wir gehen zum Laden«, löste das begeisterte Vorfreude auf den Malzbonbon aus, der uns Kindern immer über die Theke zugesteckt wurde. Als kleinem Bub kam mir der Weg dorthin an der Hand meiner Mutter endlos vor, obwohl wir keine 500 Meter zurücklegen mußten. Manchmal, wenn mein Vater wieder ein Honorar bekommen hatte, ging es sogar bis zum Südender Markt, zu Butter-Beck, und vor hohen Festtagen gar zu Zuntz sel. Witwe, um ein Viertelpfund Kaffee zu kaufen. Pferdegezogene Milchwagen von Bolle kamen in der Oehlertstraße vorbei und machten durch weithin vernehmbares Schellengeläut auf sich aufmerksam. Mutter eilte dann mit einer schon etwas verbeulten Milchkanne hinunter, um sich den Wochenvorrat einfüllen zu lassen.

Einen elektrischen Eisschrank gab es nicht. In der kühleren Jahreszeit kam die Milch in die Speisekammer, die durch ein winziges Fenster mangelhaft belüftet wurde. Im Sommer holten wir einen kleinen Block Eis für die dafür vorgesehene Kühl- und Kochkiste. Wie die Milch wurde auch das Eis mit einem Pferdewagen bis vors Haus gebracht. Männer mit dicken braunen Lederschürzen zerlegten lange Eisstangen mit einem Pickel kunstgerecht in passende Stücke. Mein Schönstes war es in diesen frühen Jugendjahren, wenn meine Mutter, die ich »Mui« nannte, in unserer Küche die Wäsche bügelte. Dann hockte ich mich auf die Kochkiste, und wir spielten »Ich sehe etwas, was du nicht siehst«. Mui ließ mich immer gewinnen, und ich war stolz darauf, die gesuchten Gegenstände schneller als sie erraten zu haben. Die Kochkiste, ein Behälter aus stabilem Holz mit einer Zinkfassung darin, half beim Garkochen von Reis und Grießbrei, die bis heute zwei meiner Lieblingsspeisen sind und die das karge Haushaltsgeld damals nicht allzusehr belasteten. Denn davon waren ja nicht nur

13

die Miete und die täglichen Lebensmittel zu bezahlen. Auch Heizung, Strom und das Gas für die Küche und den Warmwasserboiler im dunklen und engen Badezimmer kosteten Geld, und für gemeinsame Urlaubsreisen blieb da nichts übrig. Aber meine Großeltern mütterlicherseits und die Schwester meiner Mutter nahmen mich in jener Zeit immer wieder einmal bei sich auf, eine Art Kinderlandverschickung innerhalb der Familie. Geld war knapp, die Mahlzeiten mager, doch Mui verstand es meisterhaft, uns drei mit den geringen vorhandenen Mitteln einigermaßen satt zu bekommen.

Unsere finanzielle Lage besserte sich bald nach meiner Einschulung in den frühen dreißiger Jahren. Zu der Zeit bekam mein Vater nämlich eine Festanstellung bei der Firma Friedländer & Friedländer in der Leipziger Straße im Herzen Berlins. Das Unternehmen war in der Werbebranche tätig und entwarf die Reklame für bekannte deutsche Firmen, unter anderem auch für Mercedes-Zigaretten. Deshalb wurde ich in der Schule bald zu einem begehrten Tauschpartner für die so beliebten Zigarettenbilder, die damals jeder Schachtel mit den flachen, ovalen Glimmstengeln beilagen.

Als mein Vater schon ein paar Monate bei den Gebrüdern Friedländer beschäftigt war, traf er einen der beiden Chefs vor dessen Büro. »Sagen Sie mal«, fragte mein Vater, »was macht eigentlich Ihr Bruder in der Firma? Den habe ich noch nie hier gesehen.« »Mein Bruder?« erwiderte Friedländer. »Mein Bruder, der kennt die Leute.« Eine nützliche Lehre: Man muß »die Leute kennen«. Doch kaum waren die Nazis an die Macht gekommen, wanderten die Friedländers aus. Für sie als Juden war kein Platz mehr in Berlin. Da nützte es auch nicht mehr, »die Leute zu kennen«.

Mit meiner Einschulung in die Volksschule in Berlin-Mariendorf begann am 1. April 1930 der Ernst des Lebens für mich. Studienrat Zuehlke war mein Klassenlehrer, der uns alle väterlich willkommen hieß, als wir, von Müttern oder Vätern begleitet, bangen Herzens in die Bankreihen mit den Klapp-Pulten voller Tintenflecken und eingeritzter Namen einrückten. Zuvor gab es das obligate Foto auf dem Schulhof, das mich mit der Schultüte im Arm, dem Ranzen auf dem Rücken und einer Baskenmütze auf dem Kopf zeigt. Zuehlke hat uns dann mit großer Geduld Lesen und Schreiben beigebracht, wobei die ersten Schreibübungen

14

Einschulung Berlin-Mariendorf 1930: Schultüte, Ranzen, Baskenmütze und Frühstückstasche.

mit Griffel, Schiefertafel und einem kleinen Schwämmchen begannen, mit dem man die Fehler korrigierte. Damals hörte ich zum ersten Mal das Berliner Motto in puncto Verläßlichkeit: »Ick sach bloß Schiefertafel – uff mir kannste rechnen.«

Einer Anregung von Lehrer Zuehlke verdanke ich übrigens auch meinen ersten Kinobesuch in der Nähe der Schule: »Die Nibelungen« von Fritz Lang, ein endlos langer Stummfilm, der von einem gräßlich auf die Tasten hämmernden Klavierspieler begleitet wurde. Später, als ich wegen der sichtlich verbesserten Einkünfte meines Vaters gar ein kleines Taschengeld bekam, war ich häufiger Besucher im Südender »Globus-Palast«. Dort konnte man für dreißig Pfennig in der Kindervorstellung dann sogar Tonfilme sehen, was in einer Zeit, in der es weder Fernsehen noch Tiefkühlkost, weder Telefax noch Kreditkarten gab, eine technische Sensation war.

Immerhin bekamen wir damals aber schon unser erstes Telefon, einen schwarzen Apparat mit einer silberfarbenen Metallgabel für den Hörer, einer Drehschreibe zum Wählen und einer Sprechmuschel in Form einer leicht gebogenen Tüte. Es fand seinen Platz auf dem jetzt häufig verwaisten Schreibtisch meines Vaters, an dem er zuvor jahrelang seine Texte für Zeitungen verfaßt hatte. Damals, als er noch über Artikeln brütete und ich vier oder fünf Jahre alt war, hatte er mir einmal durch die geöffnete Kinderzimmertür vorsorglich zugerufen: »Dodel, laß das!« »Ich mach ja gar nichts«, war meine Antwort. »Dann laß auch das!« kam von ihm zurück. Er war mit seinen Gedanken woanders gewesen. Zu dem Spitznamen »Dodel« war ich als Kleinkind gekommen. Beim Spielen summte ich »Dodeldodeldodel« vor mich hin. Und meine Mutter rief meinem Vater zu: »Indi, der Junge dodelt wieder.« Indi war die Kurzform von Irnfried. Später, bei der Wehrmacht, hieß mein Vater bei seinen Kameraden und Untergebenen nur der »Onkel Indi«.

Auf dem Schulweg nach Mariendorf begleitete mich zunächst meine Mutter, aber schon nach einem halben Jahr lief ich die knapp dreißig Minuten allein, vorbei am Park-Restaurant Südende, dem »PaReSü«, wo Pfingsten und Ostern Platzkonzerte gegeben wurden. Die Kapellen spielten nach Ansicht meiner Eltern ebenso laut wie falsch, aber für uns Kinder war es ein großes Ereignis. Dazu gab es Brause und harten Blechkuchen, der zuweilen allerdings »von gestern« war, wie meine Mutter dann stets monierte.

Nahe des S-Bahnhofes Südende wohnte damals übrigens Ehrenfried Freiherr von Hünefeld, ein Freund meines Vaters. Der hatte im April 1928 zusammen mit dem Hauptmann Köhl und dem Iren J.Fitzmaurice in einer Junkers JU W33 als erster den Atlantik von Ost nach West überquert. Hünefeld hatte sich dann in

16

den Vereinigten Staaten ein wenig umgesehen und zu unser aller Begeisterung einen lebensgroßen hölzernen Indianer mitgebracht, der in voller Kriegsbemalung und mit Federschmuck vor seiner Wohnungstür stand. Und als dann eines Tages aus dem fernen Westen gar ein richtiger Indianerhäuptling bei Hünefeld zu Gast war, da suchten wir Kinder jede nur mögliche Gelegenheit, ihn zu besuchen. Schließlich war es die Zeit, in der ich Karl May verschlang, oft unter der Bettdecke und mit Hilfe einer Taschenlampe, damit meine Eltern nicht bemerkten, daß ich noch wach war.

Im Park-Restaurant Südende war auch das Wahllokal eingerichtet, wo meine Eltern in den frühen dreißiger Jahren wählen gingen. Reichspräsident war der greise Generalfeldmarschall Paul von Hindenburg, und die Regierungen lösten einander in rascher Folge ab. Allein 1932 wurden die Deutschen viermal zu den Urnen gerufen. Auf die Reichskanzler Brüning und von Papen folgte General von Schleicher, der seinen Platz dann Ende Januar 1933 Adolf Hitler räumen mußte.

Von den Wahltagen sind mir die uniformierten Männer in Erinnerung geblieben, die vor dem Wahllokal noch einen letzten Versuch unternahmen, unschlüssige Wähler für ihre politische Gruppierung zu interessieren. Die meisten hatten sich mannshohe Pappschilder umgehängt, auf denen zur Wahl ihrer Partei aufgefordert wurde. Berliner Schutzpolizisten (Schupos) mit dem traditionellen Tschako auf dem Kopf versuchten, die Schimpfereien und Handgreiflichkeiten zwischen den Wahlwerbern in Grenzen zu halten. Dabei ging es am »PaReSü« noch verhältnismäßig harmlos zu. Andernorts kam es während des Wahlkampfes zu Straßenschlachten mit vielen Opfern. Politische Parteien schickten ihre uniformierten Kolonnen auf die Straße. Die Schaftstiefel der braunen SA, die Schnürstiefel des sozialdemokratischen Reichsbanners, des kommunistischen Rotfrontkämpferbundes und des nationalkonservativen Stahlhelms dröhnten auf dem Pflaster.

Neben dem »PaReSü« dehnte sich ein kleiner Teich, auf dem ich im Winter meine ersten Versuche auf Schlittschuhen angestellt habe. Zu den Winterfreuden in Südende gehörte auch die Rodelbahn beim Luftbad am Rande der sogenannten Rauen Berge, die eigentlich nichts anderes waren als eine große Kiesgrube, in der wir im Sommer unsere Drachen steigen ließen. Von dem hölzernen Turm, zu dem man die Schlitten über viele Treppen hinaufschleppen mußte, ging es auf der präparierten Rodelbahn mit lauten »Bahn frei!«-Rufen gradewegs hinunter und dann in eine große Auslaufkurve. Die Abfahrt dauerte kaum länger als eine Minute, und doch kamen wir uns vor wie die Bobweltmeister. Am 30. Januar 1933, dem Tag der nationalsozialistischen Machtergreifung, sauste ich gerade die Rodelbahn herunter, als meine Mutter aufgeregt herbeigelaufen kam, um mir atemlos zu berichten, daß Hitler Reichskanzler geworden war. Sie hatte es von Seiferts gehört. Mit meinen neun Jahren hatte ich natürlich keine Ahnung, was das bedeutete. Ich entschied mich fürs Weiterrodeln. Wieder daheim, wurde ich angehalten, meinen Großeltern zu schreiben. Von Hitler war darin nicht die Rede. In sauberer Sütterlin-Schrift berichtete ich statt dessen, daß mir Portier Seifert ein Vogelhäuschen gebaut hatte, erzählte vom Rodeln und Schlittschuhlaufen. »Ich lese jetzt viel Karl May, wenn ich vom Zahnarzt komme, zu dem ich jetzt immer alleine gehe.« Unterschrieben war die Postkarte mit »Old Blackhand«.

Auch die kommenden Monate brachten für mich keine große Veränderung. Wie bisher lösten Volksschule und Ferien einander ab. In den Ferien reiste ich meist zu den Eltern meiner Mutter, Max und Elsa von Binzer, die ein ziemlich rastloses Leben führten und in den Jahren meiner Kindheit immer wieder umzogen. So lernte ich als Knirps Zschachwitz an der Elbe – und auf diese Weise Dresden, Schloß Pillnitz und das Elbsandsteingebirge – und später dann Bad Doberan und Warnemünde kennen. In Warnemünde hatte ich das Glück, die Dreharbeiten zu dem Hans-Albers-Film »F.P.1 antwortet nicht« mitzuerleben, der auf einer flugzeugträgerähnlichen schwimmenden Insel spielte, die vor der Küste aufgebaut war. Neben Albers spielten Sibylle Schmitz und Paul Hartmann unter der Regie von Karl Hartl. Der Produzent des Streifens war Erich Pommer, der nach seiner Zwangsemigration als Folge der Machtergreifung auch in Hollywood Berühmtheit erlangte. In einer Szene, die vor dem Haus meiner Großeltern am Ufer der Warnow spielte, durfte ich als Statist mitwirken und war natürlich mächtig stolz, mich später selbst für ein paar Sekunden auf der Leinwand zu sehen. Bei den Binzers lebte viele Jahre auch die Schwester meiner Mutter, Tante Anne, die Horoskope stellte und aus der Hand las und sich so ein Zubrot zur schmalen Rente verdiente. Großvater Binzer selbst hatte seine

18

Landwirtschaft im Bezirk Posen nach dem Ersten Weltkrieg an Polen verloren, bezog eine kleine Pension und schrieb gelegentlich für die konservative »Kreuz-Zeitung«. Jeden zweiten Tag ging er zum Frisör und ließ sich seine Vollglatze rasieren, die er außer Haus unter einer Prinz-Heinrich-Mütze verbarg, wie sie später Helmut Schmidt oft trug. Als junger Mann war Großvater Binzer gut zu Pferd, später las er viel und redete wenig. So paßte er vortrefflich in die mecklenburgische Landschaft, wo Schweigen immer noch Gold ist. Seine Devise war: »Wer fit sein will, muß faul sein können.« Wie Winston Churchill hielt er Sport für Mord und beschränkte sich aufs Spazierengehen. Und wurde so 85 Jahre alt.

Im Seebad Warnemünde verbrachte ich die Tage bei gutem Wetter natürlich am Strand oder sah von der Mole aus den auf der Warnow ein- und ausfahrenden Schiffen zu. Mein größtes Interesse aber galt einer deutschen Eigenart, die ich damals zum ersten Mal kennenlernte: den imponierenden Sandburgen, die mit flatternden Fähnchen und Wimpeln geschmückt waren. Manche der stolzen Burgbesitzer dokumentierten mit ihren Flaggen die politische Gesinnung: Schwarz-Weiß-Rot und Schwarz-Rot-Gold. Und zunächst vereinzelt und nach 1933 mehr und mehr wehten dann auch Fahnen mit dem Hakenkreuz im Wind.

Die Eltern meines Vaters hatten eine Wohnung im Berliner Invalidenhaus, wo mein Großvater Wechmar 1928 starb und auf dem angrenzenden Invaliden-Friedhof begraben wurde. Er trug einen gepflegt gestutzten, prächtigen Vollbart, rauchte lange Pfeifen mit einem Deckel, und vor seinem Bauch prangte eine goldene Kette für die Taschenuhr. Er wurde »der alte Landsknecht« genannt, veröffentlichte unter diesem Titel ein kleines Bändchen mit völkischen Gedichten und behauptete voller Stolz, die Wechmars hätten schon Ritterturniere gefochten, »als die Hohenzollern noch auf den Bäumen saßen«. Ganz aus der Luft gegriffen war das nicht, denn die Familiengeschichte erwähnt den ersten »Anonymus von Wechmar« als Teilnehmer eines Turniers in Trier im Jahre 1019. Streitbare Kritiker dieser Eintragung widersprachen dem allerdings mit dem Hinweis, daß erst im 12. Jahrhundert dem bis dahin üblichen Nur-Vornamen ein Familienname hinzugefügt worden sei.

Fest steht aber, daß die Wechmars thüringischer Uradel sind und zur fränkischen Reichsritterschaft zählen. In der Familiengeschichte ist auch vermerkt, daß Kaiser Henricus auceps die Wechmars im Jahr 924 in den Adelsstand erhoben hat, nachdem sich vier Brüder bei der Eroberung der Stadt Peina »im Braunschweigischen vor Anderen wohl gehalten« hätten. In der Ortschaft Wechmar bei Gotha werden 1140 Finold, Günther und Rüdiger von Wechmar erstmals urkundlich erwähnt. Das war die Zeit, als Friedrich I. »Barbarossa« deutscher Kaiser war und deutsche Ritter zu den Kreuzzügen aufbrachen. Mit Reinhard von Wechmar begann dann 1400 die ununterbrochene Stammreihe. Unsere Familie, so sagte der Großvater, sei deswegen mit ihrer über tausendjährigen Geschichte natürlich auch viel älter als die Windsors. Wir säßen, wären wir in England zu Hause, seit langer Zeit im House of Lords. Als ich ein halbes Jahrhundert später Botschafter in London (»Am Hof von St.James«) war, habe ich manchmal daran denken müssen.

Das Dorf Wechmar, dem ich nach der Wiedervereinigung Deutschlands mehrfach einen Besuch abgestattet habe, war mit seinen damals 40 Hufen und 33 Höfen von Kaiser Karl dem Großen um 800 als Hersfelder Klostergut nachgewiesen. 1086 fand in Wechmar unter Kaiser Heinrich III. ein Fürstengericht über den Markgrafen Ekbert von Meißen statt. Noch heute führt die Gemeinde das Wappen der Wechmars. Unser rotsilbernes Familienwappen zeigt zwei rote Spitzen, der rechten Seite zugekehrt, und zwei silberne Spitzen zur Linken. Die älteste Abbildung dieses gotischen Wappens stammt von 1223 aus dem Kreuzgang des Domes zu Würzburg, wo Canonicus Henricus de Wechmar der erste von vierzehn Domherren unseres Namens war, die dort über 200 Jahre lang das gleiche Amt ausübten. Wir führen dieses Wappen mit Schwert- oder Topfhelm und rotweißer Helmzier noch heute, seit 700 Jahren unverändert. Es ist kein »sprechendes Wappen« mit Löwen oder Adlern und weist damit auch auf sein Alter hin. Der Ahnherr aller heute noch lebenden Wechmars ist Ludwig Anton Reichsfreiherr von Wechmar aus Roßdorf in Thüringen. Er war Kommandeur des 6. Husarenregiments, der »Braunen Husaren«, und wurde 1742 von Friedrich dem Großen auf dem Schlachtfeld von Chotuschiz mit dem Pour le mérite ausgezeichnet.

»Roßdorf vor der Rhön« ist eine Ortschaft im Tullifeld, die im ausgehenden achten Jahrhundert erstmals urkundlich erwähnt wurde. Über die oft grausamen Ereignisse, die sich in der Gemeinde abgespielt haben, berichtet der Roßdorf-Historiker Armin Hepp: Als 1700 die Ganerben das lukrative Blut- und Hochgericht erlangten, da kam die Zeit, wo »nun auch Diebe gehängt, Mörder enthauptet, Hexen verbrannt sowie andere Verbrecher geviertelt, gerädert ... oder lebendig begraben wurden«. Die »Ganerbschaft« war die gemeinsame Ortsherrschaft. Wer im zuständigen Gerichtsbezirk (dem sogenannten Centgericht) von Kaltensundheim einen Markstein heimlich versetzte, um so seinen Besitz zu vergrößern, der wurde zunächst bis an den Hals lebendig eingegraben, und sodann wurde ihm »von vier ungelernten Pferden mit einem neuen Pflug der Kopf abgeackert«. Die letzte dieser Hinrichtungen soll 1796 erfolgt sein. Unsere Zugehörigkeit zur fränkischen Reichsritterschaft stützte sich bei den Wechmars auf den Adel seit mindestens 1223 sowie auf die Teilnahme an wenigstens neun von 36 Reichsturnieren zwischen 938 und 1487. Friedrich von Wechmar »rannte« 1253, wie man damals sagte, beim 12. Reichsturnier in Würzburg »scharf«.

Seiner Familie gab Großvater Eberhard von Wechmar den guten Rat: »Kinder, schafft euch Erinnerungen!« Wir sind alle mit dieser Empfehlung ein Leben lang gut gefahren. Nach dem Zweiten Weltkrieg und der Teilung Berlins zogen die Kommunisten in der DDR Todesstreifen und Mauer ausgerechnet durch jenen Teil des Invaliden-Friedhofs, in dem er beigesetzt worden war. Der Grabstein wurde erst vor kurzem zufällig auf dem zerstörten Teil des Friedhofsgeländes gefunden und ist wieder an der alten Stelle aufgerichtet worden.

Übrigens war Großvater Wechmar lange Zeit redaktionell für die Jagdzeitschrift »Wild und Hund« tätig. So war es – natürlich auch durch meinen Vater – gewissermaßen vorgegeben, daß ich selbst einmal Journalist werden würde. Meinen eigenen ersten Beitrag unter dem Titel »Das Gespenst« veröffentlichte die Jugendbeilage unserer Berliner Lokalzeitung, als ich acht Jahre alt war. Der Text war ganze sechzehn Zeilen lang.

Mein Vater hatte zwei Brüder und zwei Schwestern. Der älteste Bruder, Eberhard, brachte mir von einer Expeditionsreise nach Sumatra einen kleinen ausgestopften Alligator mit, der den Transport nicht so recht überstanden hatte. Jedenfalls hatte der Schwanz einen argen Knick, was ich Onkel Eberhard nicht erzählen durfte. Er sei sonst traurig, denn er könne mir ja keinen Ersatz beschaffen. Im Ersten Weltkrieg war er in russische Kriegsgefangenschaft geraten, konnte schließlich aus dem Lager flüchten und kam über China nach Hause.

Vaters Bruder Carl war junger Offizier beim Infanterie-Regiment 9 und Anfang der dreißiger Jahre zur Flugschulung mit dem späteren General Seidemann und anderen Reichswehroffizieren in der Sowjetunion. Zu der Zeit gab es eine ziemlich enge militärische Zusammenarbeit zwischen Deutschen und Russen. Onkel »Nuni«, so sein Spitzname, flog anschließend als Pilot mit der Junkers 52 – der alten »Tante JU« – bei der gerade gegründeten Deutschen Lufthansa. Danach wechselte er zur Luftwaffe, als diese im Zuge der deutschen Wiederaufrüstung entstand. 1940 ist er als Kommodore eines Bombergeschwaders in Frankreich gefallen. Man sagte später, er sei Opfer der Sabotage der französischen Résistance geworden. Zuvor war er als Staffelkapitän bei der »Legion Condor« im spanischen Bürgerkrieg eingesetzt gewesen, jener deutschen Freiwilligentruppe, die Hitler dem spanischen General Franco zur Verfügung gestellt hatte, als dieser gegen die republikanischen Divisionen Spaniens kämpfte.

Ende 1933 bekam ich zu meinem zehnten Geburtstag mein erstes Radio. Mit Hilfe eines kleinen Metalldetektors mußte man geduldig nach den Stationen suchen. Wenn die Fummelei mit der Detektorspitze endlich erfolgreich war, konnte man über den mangelhaften Lautsprecher eine eher krächzende Musik vernehmen und die »Nachrichten des drahtlosen Dienstes« hören. Die Auswahl war nicht groß. Mehr als den Reichssender Berlin und den Sender Königs Wusterhausen empfing man nicht. Aber für mich war es die große weite Welt.

Zuweilen durfte ich mit meiner Mutter am Samstag mit der S-Bahn in die Stadt zum Einkaufen, ins Kaufhaus Wertheim am Leipziger Platz zum Beispiel, wo ich immer wieder eingekleidet wurde, wenn ich aus meinen alten Sachen herausgewachsen war. Schuhe wurden bei »Leiser« oder »Stiller« besorgt. Meinen Klassenkameraden konnte ich anschließend mit den neuesten Reklamesprüchen imponieren, die ich in der S-Bahn oder der U-Bahn auswendig gelernt hatte. »Schreibste mir, schreibste ihr – schreibste auf MK Papier«, lautete der Vers der Firma Max Krause zum Beispiel. Oder die fröhlichen Verse, die Bullrich-Salz anpriesen: »So nötig wie die Braut zur Trauung ist Bullrich-Salz für die Verdauung.« Oder: »Und schon der Jäger aus Kurpfalz nahm oft und gerne Bullrich-Salz.«

Mitte 1933 kam dann aber doch auf einen Schlag alles ganz anders. Mein Vater wurde, wie viele ehemalige Frontsoldaten des

Ersten Weltkriegs, im Zuge der Aufstellung der Deutschen Wehrmacht als Offizier »reaktiviert« und der Kraftfahrabteilung 1 in Königsberg zugeteilt. Umzug in das durch den »Polnischen Korridor« vom übrigen Reich getrennte Ostpreußen hieß die Order. Wir bezogen eine kleine Wohnung in der Gneisenaustraße auf den Hufen. Gleich nebenan war die Kraus-Schule, in der ich mein letztes Volksschuljahr absolvierte, um dann in die Sexta der nahen Oberrealschule auf der Burg – im Volksmund als »Burgschule« bekannt – überzuwechseln. Mein Vater wurde Chef einer Panzerspähkompanie, die allerdings erst umgerüstet werden sollte. Bei unserer Ankunft in Königsberg bestanden die später gepanzerten Spähwagen noch aus dem Fahrgestell eines BMW-Dixie mit einem Aufbau aus Pappe. Der Versailler Vertrag erlaubte der Reichswehr keine Panzerfahrzeuge. So mußten Attrappen herhalten. Als die Kraftfahrabteilung aus ihrer bisherigen Kaserne in Ponarth nach Quednau umzog, wurde daraus die Aufklärungsabteilung (mot.)1. Die beiden ersten Kompanien bekamen zunächst Vierrad- und dann auch Achtrad-Panzerspähwagen. Hitler hatte sich über die Vertragsbestimmungen hinweggesetzt und die Aufrüstung befohlen. Aus der Reichswehr mit ihrem 100 000-Mann-Heer wurde die Wehrmacht, und die Soldaten konnten ihre bisherigen Papp-Panzer verschrotten.

Ende 1933 trat ich dann auch in das Jungvolk der Hitler-Jugend (HJ) ein. Ich war mächtig stolz darauf, so wie die anderen Schüler in meiner Klasse zum Jungvolk-Dienst im Sommer eine braune und im Winter eine schwarze Uniform tragen zu dürfen. Kinder in Uniform als Zeichen der Zeit. Um den Hals banden wir »Pimpfe« das Fahrtentuch, das mit einem aus Leder geknoteten Ring zusammengehalten wurde. Koppel mit Schloß und einem eigentlich völlig überflüssigen Schulterriemen vervollständigten die Ausrüstung. Auf dem Kopf trugen wir ein schwarzes »Schiffchen« und zur Verzweiflung meiner Mutter auch winters manchmal nur Kniestrümpfe. Bei den gerade in Ostpreußen mit vielen kalten Monaten häufigen Temperaturen unter Null lag ich immer mal wieder mit Grippe im Bett. Lange Strümpfe oder, besser noch, lange Hosen wären zwar gesünder gewesen, aber keiner von uns Jungen wollte als Muttersöhnchen gelten. Der »Fähnleinführer« – selber gerade mal fünfzehn Jahre alt – redete uns ein, daß wir abgehärtet werden sollten.

Wir hatten viel »Dienst« – Sportwettkämpfe, Volksliedersingen und anderes – und jeden Sonntag einen »Ausmarsch«. So lernten wir die Umgebung von Königsberg und das Samland zu Fuß kennen. Hin und wieder gab es auch mal eine sogenannte Nachtfahrt von Samstag auf Sonntag, und wenn es Winter war, mußten wir bei Minusgraden über knirschenden Schnee marschieren und in zugigen Scheunen schlafen. Dann kam ich total durchgefroren und hungrig heim. Einer Freundin schrieb meine Mutter im Januar 1935: »Ich habe noch nie einen Menschen so eisig und kalt gesehen wie Dodel. Wirklich bis auf die Knochen! Es macht ihm aber Freude, und es schadet sicher nicht, wenn er mal hart angefaßt wird.« In Wahrheit war meine Mui natürlich verzweifelt, wie die Mütter anderer »Pimpfe« gewiß auch.

Noch 1933 hatte mein Vater einen Antrag auf meine Einschulung in der Staatlichen Bildungsanstalt (Stabila) in Berlin-Lichterfelde gestellt. Dem war ein heftiger Streit mit meiner Mutter vorausgegangen, die mich nicht in ein weit entferntes Internat schicken wollte. Mein Vater obsiegte mit dem Argument, daß er und seine zwei Brüder und meine beiden Großväter mit Erfolg die preußische Kadettenanstalt in eben jenem Lichterfelde absolviert hätten. »Der Junge soll eine ordentliche Erziehung bekommen«, entschied mein Vater. Die Stabila war nach dem Ersten Weltkrieg Nachfolger des Kadettenkorps geworden, und als Offizier der neuen Wehrmacht hatte mein Vater einen Anspruch auf einen Platz mit ermäßigtem Schulgeld für seinen Sohn. Aus Lichterfelde kam jedoch eine Absage. Die verfügbaren Plätze für das Jahr 1934 seien vergeben (von 200 Bewerbern hatte man 56 genommen), und im übrigen werde das Internat von Lichterfelde nach Berlin-Spandau verlegt. Wir sollten für das nächste Jahr einen neuen Antrag schicken. So kam es, daß ich die Sexta der Oberschule zunächst in der Königsberger »Burgschule« hinter mich brachte, aber dann 1935 zu einer Aufnahmeprüfung für Spandau zugelassen wurde.

Inzwischen war aus der »Stabila« eine »Napola«, eine Nationalpolitische Erziehungsanstalt, geworden. Doch wie sehr darin noch der Geist ihrer Vorgänger, Stabila und Kadettenkorps, lebendig war, erfuhr ich bei meiner Ankunft zur Prüfung. Der jüngere Bruder meines Vaters, Carl »Nuni« von Wechmar und natürlich auch ein ehemaliger Kadett, war zu der Zeit Luftwaffenhauptmann in Gatow und hatte es übernommen, seinen jungen Neffen aus Königsberg zum Berliner Internat zu begleiten. Im

Verwaltungsgebäude trafen wir den Schulsekretär Max Müller, wegen seines weißen Haarschopfes auch der »weiße Müller« genannt, der meinen Onkel aufmerksam musterte und fragte:»Sie heißen Wechmar, nicht?« Müller war schon im Verwaltungsamt des Kadettenkorps in Lichterfelde gewesen und erinnerte sich. Nach der zweitägigen Aufnahmeprüfung kam bald der Bescheid »Bestanden«, und zu Ostern 1935 begann für mich in der Quinta eine fast sechsjährige Internatszeit in der Napola Spandau. Dem war im Jahr zuvor, als sich mein Vater zunächst erfolglos um einen Schulplatz für mich beworben hatte, ein schreckliches Ereignis vorausgegangen, das seine pädagogischen Absichten beinahe zunichte gemacht hätte.

Eberhard, der ältere Bruder meines Vaters – der, dem ich den Alligator aus Sumatra verdankte –, war in Schlesien Standartenführer der SA. Im Zusammenhang mit dem sogenannten Röhm-Putsch vom 30. Juni 1934 wurde er von der SS in Deutsch-Lissa erschossen. Die Nazis behaupteten sogleich, es sei ein bedauerliches Versehen gewesen, und der damalige Fliegergeneral und preußische Ministerpräsident Hermann Göring entschuldigte sich bei meiner Familie. Natürlich gab es bei uns eine lebhafte Diskussion, ob ich angesichts der Ermordung meines Onkels ausgerechnet in einer Napola meine Schulbildung erfahren sollte. Das war eine jener Zerreißproben, der sich einzelne Familien während der Nazizeit ausgesetzt sahen. Ein kleiner Familienrat vertraute jedoch darauf, daß es wirklich – wie Göring ja offiziell versichert hatte – ein »bedauerliches Versehen« gewesen sei. Und entschied sich für die Fortsetzung einer Tradition: wenn schon kein Kadettenkorps mehr, dann doch wenigstens dessen Nachfolgeinstitution. Die Wut auf die SS blieb. 1957 wurde der ehemalige schlesische SS-Gruppenführer von einem Schwurgericht in Osnabrück wegen sechsfachen Totschlags zu fünfeinhalb Jahren Gefängnis verurteilt. Ihm war vorgeworfen worden, als schlesischer SS-Chef auch an der Ermordung von Eberhard von Wechmar mitschuldig zu sein. Als Zeugin der Anklage trat die Witwe meines Onkels auf.

Das Internat wartete zu Ostern 1935 in der Spandauer Radelandstraße mit einer schon seit einem Jahr von vier Jungen belegten »Stube« auf den Neuling. Sie wurde für die ersten Jahre meiner Internatszeit zum Wohnzimmer. Im benachbarten großen Schlafsaal standen unsere Betten, daneben lag der geräumige

Waschraum. Ich mußte rasch lernen, was »Spindordnung« hieß und wie man sich in den strengen Tagesablauf fügte. Nach dem Wecken kurz nach sechs Uhr hieß es Bettenbauen, Waschen, Zähneputzen und – sommers wie winters – Frühsport im Freien. Im Speisesaal anschließend Frühstückssuppen und »Schnecken«. Die Suppen kamen in großen Metallkummen auf den Tisch und wechselten einander ab: mal Kakaosuppe, mal Hafer- oder Grießsuppe. Heute würden Ernährungswissenschaftler die Hände über dem Kopf zusammenschlagen ob der ungesunden Kost. Nach dem Frühstück ging es in die Klassenzimmer zum Unterricht. Hausaufgaben wurden nachmittags auf unseren Stuben erledigt. Die schulischen Anforderungen waren streng, viele der Lehrer noch aus der Stabila-Zeit hochqualifiziert. In den Klassenzimmern hingen keine Kreuze, aber auch keine Hakenkreuze – Napola hin, Napola her. Dafür an den Wänden der Stuben und Flure nationale Sprüche in Runenlettern. Keiner schaute hin. Die Hausaufgaben in Algebra oder Englisch waren wichtiger.

Noch heute, über sechzig Jahre später, taucht immer wieder einmal die Frage auf, wie groß denn der Einfluß des Nationalsozialismus auf die Schüler der Napolas eigentlich gewesen sei. Das mag in den einzelnen Nationalpolitischen Erziehungsanstalten unterschiedlich gewesen sein. In Spandau jedenfalls herrschte sehr viel mehr der Geist der alten Stabila (oder, wenn man so will, noch des früheren Kadettenkorps) als jener der Nazis. Dafür gab es schon im ersten Jahr meiner Internatszeit ein interessantes Beispiel: Unser Musikerzieher Dr. Wichmann hatte mit dem Schulorchester ausgerechnet den »Messias« von Händel einstudiert – nicht gerade ein nationalsozialistisches Glaubensbekenntnis. Als Sopran durfte ich im Chor mitsingen. Die festliche Aufführung fand in Anwesenheit des Reichserziehungsministers Bernhard Rust und des Preußen-Prinzen August Wilhelm statt. Sie konnten sich das »Halleluja« und »Denn unser Gott regieret allmächtig…« anhören. Dr. Wichmann aber kam während des Krieges in einem Konzentrationslager um.

In Spandau wurde auch Konfirmationsunterricht erteilt, freiwillig zwar, aber fast alle Schüler aus meiner Klasse gingen hin, obwohl dieser Unterricht in die Freizeit fiel. Meine Einsegnung feierten wir bei meiner Großmutter in Charlottenburg. Dort saßen wir um den sogenannten »Napoleonstisch«, ein Familienstück, von dem aus der französische Kaiser 1813 die für seine

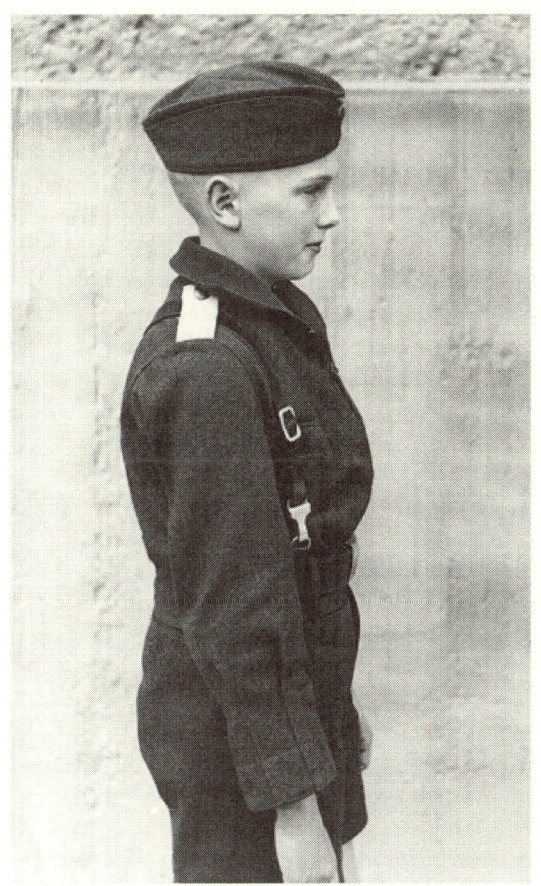

Mit elf Jahren in der Uniform der Napola Berlin-Spandau, wo Wechmar 1941 sein Notabitur machte, um als Freiwilliger in den Krieg zu ziehen.

Truppen verlustreiche Schlacht bei Bautzen gegen Preußen und Russen gelenkt hatte.

Andererseits war ich nun kein Schüler mehr, sondern ein »Jungmann«, und unsere Klassen hießen »Züge«, die wiederum in »Hundertschaften« eingeteilt waren. Der Zucht und Ordnung entsprach auch das äußere Bild. Wir trugen Uniform. Olivgrün mit weißen Schulterklappen, die Farben der Spandauer Anstalt. Die Uniformen wurden auf der Kleiderkammer von Hausmeister

Grotkopp ausgegeben. Die Liste der Gegenstände war lang, und alles mußte im Spind sorgfältig verstaut werden. Spindappelle durch die Erzieher sorgten dafür, daß die Stücke sauber geordnet in den Fächern lagen, »auf Kante«, wie man so sagt. Wir hielten uns zum Ärger der Erzieher oft lieber an die Devise: Wer Ordnung hält, ist nur zu faul zum Suchen. Allerdings hatten wir noch nichts gehört von dem französischen Schriftsteller Alphonse Daudet, der einmal schrieb: »Ordnung ist die Lust der Vernunft, Unordnung die Wonne der Phantasie.« Für die Stiefel gab es eigene Schuhkammern, und auch dort schauten die Erzieher nach, ob das Schuhwerk blank geputzt war. Dafür hatten wir an manchen Nachmittagen noch eigens Putz- und Flickstunden. In alle Uniformteile, Stiefel eingeschlossen, mußten wir Namensschilder aus Stoff einnähen. Ordnung ist das halbe Leben, sagten wir uns schließlich und waren später dankbar, wenn wir als Soldaten bei Alarm oder feindlichen Nachtangriffen unsere Sachen auch im Dunkeln gleich fanden.

Nach dem Krieg fanden sich die »Ehemaligen« aus Stabila und Napola bis heute in unregelmäßigen Abständen zu Klassen- oder Schultreffen zusammen. Ein wenig verschämt wählten wir bei den Einladungen zu diesen Treffen die Bezeichnung »Hans-Richart-Schule«, wie die Stabila in der Weimarer Republik nach dem Schöpfer der preußischen Schulreform von 1924 hieß, der auch einmal Direktor in Lichterfelde gewesen war. Politik wurde außen vor gelassen, die Erinnerungen an die gemeinsame Schulzeit blieben. Manche der einstigen Schüler hielten sich von diesen Zusammenkünften fern, weil sie wohl fürchteten, als ehemalige »Jungmannen« auch über ein halbes Jahrhundert danach noch in die Nähe des Nationalsozialismus gerückt zu werden. Viele haben das Kriegsende ohnehin nicht mehr erlebt. Von meiner Klasse hätten – ohne den Zweiten Weltkrieg – alle 31 Schüler im Jahre 1942 ein normales Abitur ablegen können. Über die Hälfte, nämlich 16, sind gefallen. Auch daran wurden wir schmerzlich erinnert, als wir 1997 bei einem Schultreffen den Kriegsgräberfriedhof von Halbe südöstlich von Berlin besuchten. Zehntausende von Opfern der letzten verzweifelten »Kesselschlacht von Halbe« im April 1945 liegen dort begraben. Viele Gedenkplatten tragen die Namen der Gefallenen und darunter den eingemeißelten Hinweis auf die vielen namenlosen Toten: »Unbekannt«. Von solchen Gedenksteinen gibt es Hunderte. Schrecklich sinnloses Sterben.

Alltag in der Napola und Fronteinsatz beim Afrikakorps
(1935–1941)

Die Schulferien brachten mich zurück zu meinen Eltern nach Königsberg. Die waren inzwischen aus der Gneisenaustraße in die Cranzer Allee umgezogen. Das war näher zur Kaserne meines Vaters in Quednau. Genau der Wohnung gegenüber gab es im Sommer einen kleinen Rummelplatz mit Karussell, Schießbuden, Kasperletheater und Händlern mit Würstchen und gebrannten Mandeln. Deren Düfte stiegen bis zu uns hinauf in die Fenster im vierten Stock. Sonntags oder wenn mein Vater dienstfrei hatte, legten wir unsere Kopfkissen auf die Fensterbank des Schlafzimmers und schauten dem bunten Treiben auf der anderen Straßenseite zu. »Spazierenliegen« nannten wir das.

Die Ferienreise mit der Bahn von Berlin nach Königsberg führte durch den »Polnischen Korridor«, der Ostpreußen im Versailler Vertrag vom Reich getrennt hatte. Polen hatte so, durch vormals deutsches, westpreußisches Gebiet, einen Zugang zur Ostsee bekommen. Während der Fahrt durch diesen Korridor mußten alle Türen verschlossen und verplombt werden. Niemand durfte ein- oder aussteigen. Auch dann nicht, wenn der Zug aus verkehrstechnischen Gründen gelegentlich in polnischen Bahnhöfen halten mußte. Auf diesem Teil der Strecke waren die Mitropa-Speisewagen regelmäßig überfüllt – so, als wollten viele Fahrgäste die verplombte Gegenwart nicht wahrhaben. Auf den Bahnsteigen der deutschen Stationen hingegen wurden die Reisenden von fliegenden Händlern begrüßt, die lärmend ihre Ware feilboten: »Heiße Würstchen!«, »Zeitungen und Zeitschriften!«, »Getränke, Kekse und belegte Brötchen!«. Überall gab es Gepäckträger, ein Luxus vergangener Zeiten. Dienstleistungen sind heute offenbar nicht mehr gefragt. Trotz der hohen Arbeitslosigkeit.

Mit zwölf Jahren kriegte ich in Königsberg mein erstes Fahrrad, Marke »Stricker« aus Bielefeld. Es kostete vierzig Mark, und das war damals viel Geld. Natürlich gab es Mitte der dreißiger Jahre für den Preis noch keine Räder mit Gangschaltung, aber mein Stahlroß hatte alles, was zu der Zeit en vogue war: Freilauf, Rücktritt- und Handbremse, Lampe mit Dynamo vorn, Katzenaugen hinten, Klingel und einen schlecht gefederten, harten Sattel. Auf diesem Fahrrad lernte ich Ostpreußen kennen. Zwei Ziele in der Nähe von Königsberg waren stets Teil des Ferienprogramms: Rantau bei Neukuhren an der nördlichen Küste des Samlandes und Heideort am Frischen Haff.

In Rantau stand die Ferienbaracke der Kompanie meines Vaters – das »Haus am Meer« –, in die wir jeden Sommer für drei Wochen einziehen durften. Ein einfaches Holzhaus mit drei kleinen Wohnungen und einem Dutzend gleichfalls simpel eingerichteter Zimmer direkt hinter den Dünen. Der Kompanieschreiber sorgte für die gerechte Verteilung der Unterkünfte während der Monate Mai bis September. Wer in einem Jahr im Juli oder August dran war, der mußte im darauffolgenden Jahr auf den Mai, Juni oder September ausweichen. In der winzigen Wohnung mit zwei Zimmern konnten wir uns selbst bekochen. Die Bewohner der Einzelzimmer bekamen abends eine eher feldküchenmäßige warme Mahlzeit aus einer Art Kantine. Bei schönem Wetter war das alles ziemlich egal, denn wir waren sowieso immer am Strand. Und nachdem ich in Spandau schwimmen gelernt hatte, ging es natürlich auch oft ins Meer. Häufig war ich unter der Woche ohnehin mit meiner Mutter allein, denn mein Vater konnte uns nur an Wochenenden besuchen. Von Rantau aus unternahm ich mit anderen Barackenbewohnern per Rad Fahrten zur Steilküste nach Rauschen, in das damals mondäne Seebad Cranz, zum Bernstein-Bergwerk in Palmnicken und in Mehrtage-Touren auf die Kurische Nehrung, zu den Wanderdünen nach Nidden und zur Vogelwarte nach Rositten. Namen, die heute kaum noch jemand kennt. Von einem dieser Ausflüge brachte ich einen holzgeschnitzten bunten Kurenwimpel heim, wie sie von den Masten der Fischerboote auf dem Kurischen Haff wehten. Der Wimpel fand einen Platz an der Wand meiner Spandauer Stube.

Heideort war so etwas Ähnliches. Auch eine hölzerne Ferienbaracke, aber für die Soldaten und Offiziere einer anderen Kompanie der Panzer-Aufklärungsabteilung. Wir fanden dort immer nur eine recht kurze Bleibe, und nur dann, wenn gerade eine Buchung storniert worden war und sich niemand anderes aus der

Schwester-Kompanie mehr dafür meldete. Der Charakter dieses Ferienhauses war ganz anders: Es lag mitten im Wald, der sogenannten Heide, südwestlich von Königsberg und rund 80 Meter über dem Frischen Haff. Der Heideboden war bedeckt von ausgedehnten Blaubeerfeldern, und es gab viele, viele Pilze. Zum Baden und Schwimmen kletterten wir hinunter zum Steg ans Haff. Dort wartete auch ein ziemlich verrottetes Holzboot auf uns zum Kahnfahren. Das war nicht ohne Risiko, denn das Boot zog Wasser aus mehreren Lecks, und einer von uns mußte mit einem Eimer das eingedrungene Wasser immer wieder auskippen. Einmal erwischte uns draußen auf dem Haff ein Regensturm, der Kahn schlug voll Wasser und kenterte. Schwimmend schleppten wir ihn, kieloben, mit Mühe zurück an Land. Es war dasselbe Frische Haff, das im Winter 1945 so fest zufror, daß Zehntausende von Flüchtlingen aus dem Inneren Ostpreußens mit ihren Trecks über die schneebedeckte Eisfläche einen Weg in die Freiheit vor der Roten Armee suchten.

In den Sommerferien von 1937 radelte ich – noch keine vierzehn Jahre alt – mutterseelenallein von Königsberg über staubige Landstraßen in den Süden des Kreises Preußisch-Eylau. Mein Klassenkamerad Dieter Grabosch hatte mich eingeladen, ein paar Wochen mit ihm bei seinen Eltern zu verbringen. Es war glühend heiß und die Strampelei mit dem Rad beschwerlich. Oft hatte ich aber die Straße ganz für mich allein. Kaum Autos, ab und an mal ein Pferdegespann von einem benachbarten Bauernhof oder ein Lastwagen der Wehrmacht. In den Dörfern entlang des Weges erfuhr ich die großzügige ostpreußische Gastfreundschaft. Auch wenn ich, durstig, nur um einen Schluck Trinkwasser bat, wurden mir unaufgefordert ein belegtes Brot, etwas Obst oder ein Stück Kuchen dazugestellt und nach dem Woher und Wohin gefragt. In Preußisch-Eylau angelangt, hieß es die gut beschilderte Straße zu verlassen und anhand einer Karte über sandige Wege das kleine Dorf Glandau zu finden, wo die Graboschs wohnten.

Vater Grabosch war Lehrer der einklassigen Dorfschule. Mein Mitschüler Dieter, wegen seiner großen Ohren »Elch« genannt, hatte zwei Brüder, Günter und Ulrich, die auch in Spandau unser Internat besuchten. Alle drei sind im Kriege gefallen. Der Vater verdiente sich als Imker ein mageres Zubrot zu seinen Dorfschulbezügen. Seine Bienenstöcke standen im Obstgarten hinter dem simplen Haus, das die Gemeinde ihrem Lehrer mietfrei zur Verfügung gestellt hatte. Es gab sogar elektrisches Licht und fließendes Wasser, gleichwohl nur in der Küche und beim Handwaschbecken. Ein Plumpsklo im Holzhäuschen, mit ausgesägtem Herz in der Tür, wartete im Garten. Kreisrundes Loch im Holzsitz über einer tiefen Grube. Im Winter muß es dort ungeheuer kalt gewesen sein. Neben dem Sitz ein spitzer Haken mit in Achtelteile gerissener Kreiszeitung. Wir haben viel gelacht, wenn jemand gerade den Ausschnitt einer »Führer-Rede« zum Abputzen erwischt hatte.

Lehrer Grabosch unterrichtete seine Klasse natürlich auch in Heimatkunde, und so ergab es sich eigentlich von selbst, daß wir zu zahlreichen Radtouren in die nähere und weitere Umgebung aufbrachen. Wir fuhren ins Ermland, den katholischen Teil des sonst protestantischen Ostpreußen und damit in das sogenannte »Heilsberger Dreieck«, jenen Teil der Preußenprovinz, der – auch vom Versailler Vertrag so festgelegt – vollkommen entmilitarisiert zu bleiben hatte. Hitler wurde auch da vertragsbrüchig. Wir radelten zum Baden oder zur »Schiefen Ebene« in der Nähe von Elbing, wo Schiffe über Land gezogen wurden, um Höhenunterschiede auszugleichen. Und von dort zur Marienburg, dem einstigen Sitz des Deutschen Ritterordens. Andere Ziele waren das zauberhafte Masuren mit seinen verträumten Seen, dem »hölzernen Stint« bei Lötzen, in die Rominter Heide und zum Tannenberg-Denkmal, wo Hindenburg begraben worden war. So haben wir viel von Ostpreußen und eigentlich ziemlich wenig vom Dorf der Graboschs gesehen. Aber das Spandauer Internat, die Napola, war vergessen. Wir genossen die Freiheit der Ferien.

Im Haus war Mutter Grabosch für die Mahlzeiten zuständig, wenn wir – selten genug – zwischen unseren Radfahrten einmal im Dorf zurück waren. Alles kam da frisch ins Haus, aus dem Garten oder von den Bauern in der Nachbarschaft. Und mußte im Sommer gleich verzehrt werden, denn einen Kühlschrank gab es in der ganzen Gemeinde nicht. So bekamen wir viel Obst, Gemüse, Milch, Butter und frische Eier auf den Tisch, von freilaufenden Hühnern natürlich. Gegessen wurde in der verglasten Veranda, von der wir auf den Dorfteich mit seinen schnatternden Gänsen schauen konnten. Über dem Eßtisch hingen, in gemessenem Abstand voneinander, zwei Fliegenfänger, lange klebrige Streifen, die man aus einer Papphülse herausziehen mußte und die dann mit einer Reißzwecke an der Decke befestigt wurden. Eine

32

Fliegenklatsche lag auf dem Fensterbrett bereit, um den Rest zu besorgen.

Noch in der Königsberger Gneisenaustraße kam der erste Volksempfänger in unsere Wohnung – das preiswerte NS-Einfachradio zur cleveren Indoktrination der Bevölkerung. Eingepackt in Musik – das »Wunschkonzert« und heitere Sendungen à la Ludwig Manfred Lommel mit seinem »Sender Runxendorf« –, wurden den Hörern gefärbte Nachrichten und geschönte Informationen ins Heim gesendet, wie sie der Reichspropagandaminister Goebbels den Berliner Redakteuren in die Feder diktieren ließ. Damals gab es weder Fernsehen noch Internet, wohl aber eine Kino-Wochenschau, die – zusammen mit dem Reichsrundfunk und den meisten Tageszeitungen – vor allem nach Kriegsausbruch den Menschen die Propaganda des Dritten Reiches vermittelte. Das ganze Volk wurde zum Volksempfänger.

In der Königsberger Gneisenaustraße hatte ich zuvor zwei physikalische Erfahrungen gesammelt, die ich ein Leben lang beherzigt habe. Meine Eltern waren eines Abends ausgegangen, und ich fand die Hitze in der Wohnung unerträglich. Also versuchte ich den kleinen Koksofen in der Küche, der die Heizkörper in den Zimmern mit Wärme versorgte, auf eine niedrigere Flamme zu schalten. Das mißlang, denn ich kannte mich – als Zehn- oder Zwölfjähriger – mit der Technik nicht so recht aus. So entschied ich mich für eine Radikalkur und goß einen Eimer Wasser auf die glühenden Kohlen. Aus dem Ofen schoß kochendheißer Dampf und verbrühte mir beide Arme. Meine Mutter erschrak zu Tode. Es dauerte Wochen, bis die Wunden abgeheilt waren.

Ein anderes Mal schickte mich mein Vater los, eine Flasche Schnaps zu holen, weil wir Gäste erwarteten. Mir gab er noch dreißig Pfennig extra – die dort drei »Dittchen« hießen –, um mir zur Belohnung für diesen Lieferdienst ein Rumschnittchen beim Bäcker holen zu können. Der Weinhändler wickelte den Schnaps in Zeitungspapier, und ich griff die Flasche samt Verpackung an ihrem Hals. Auf der Straße rutschte sie nach unten aus dem Papier heraus und zersplitterte auf dem Pflaster. Nur das Rumschnittchen, in der anderen Hand, erreichte unbeschädigt unsere Wohnung. Mein Vater wurde zornig, und ich hatte für den Rest meiner Tage gelernt, daß man in Papier eingewickelte Flaschen niemals an ihrem Hals tragen darf.

Jede Woche einmal kam Elsa Schwericke zu uns zum Putzen. Ihr Vater bezog als Folge einer Verwundung aus dem Ersten Weltkrieg eine kleine Rente – seine »Leidensrente«, wie sie sagte –, die mit den Teuerungsraten nicht so richtig Schritt hielt. Er führte deswegen einen verbissenen, aber erfolglosen Kleinkrieg mit dem Rentenamt über ihre Aufbesserung. Schon damals waren Renten offenkundig bereits ein Streitpunkt.

Zurück in Spandau, gab es bald nach unserer Heimkehr wieder einmal samstags einen Schuhappell. Einen besonders strengen, weil ihn unser »Hundertschaftsführer« Hannes Eggers persönlich vornahm. Er war pingelig, aber gerecht. Sein Steckenpferd: Auch die »Stege« zwischen Schuhsohle und Absatz mußten mit Creme geputzt sein. Schuhe, so verkündete er (und blankgeputzte meinte er), würden etwas über den Menschen aussagen, der sie trägt. Bei mir war Hannes Eggers in dieser Hinsicht ganz erfolgreich. Ich habe mein ganzes Leben lang meine Schuhe bisher immer selbst geputzt. Mit einem kleinen Trick: nachpolieren mit einem Seidenstrumpf. Natürlich kann man sagen, blanke Schuhe seien eine Äußerlichkeit. Später war es dann auch eine Geldfrage, welches Paar Schuhe man sich leisten konnte. Aber in gewisser Hinsicht hatte Eggers recht: Schiefgelaufene Absätze sind auch eine Art Charakterbild. Als ich Ende der fünfziger Jahre in New York meine Zeit im Auswärtigen Dienst begann, da gab es noch Schuhputzer in fast jeder wichtigen Ecke von Manhattan. Es kostete einen Quarter, also einen Vierteldollar, und das Ergebnis sah ungeheuer glänzend aus, hielt aber nicht lange.

Schuhe waren sehr viel später auch einmal Gegenstand eines Gesprächs mit Prinz Philip in London. Bundespräsident Richard von Weizsäcker war mit seiner Frau zu einem Privatbesuch in England, und Königin Elizabeth lud ihn und seine Begleitung zu einem kleinen Mittagessen in den Buckingham Palace. Als deutscher Botschafter »Am Hof von St. James« war auch ich mit meiner Frau unter den Gästen. Bei Tisch – an dem außer der Königin und ihrem Prinzgemahl noch Prinz Charles, Lady Di und Fergie, die Herzogin von York, Platz genommen hatten – zog sich die Unterhaltung eher zähflüssig dahin. Schließlich hob Königin Elizabeth die Tafel auf und schlug den Gästen vor, doch mit ihr in den sommerlichen Garten hinauszugehen, die Blumen anzuschauen und ihre Hunde zu besichtigen. Ich hatte dazu wenig Lust und sah zu meiner Erleichterung, daß auch Prinz Philip ihm Wohlbekanntes nicht noch einmal anschauen wollte. Also nahmen wir mit ein paar anderen Gästen unseren Kaffee im Speisezimmer, und als die unvermeidliche Gesprächspause erneut einsetzte, fragte ich ihn: »Königliche Hoheit, Sie haben immer so fabelhaft blanke Schuhe. Putzen Sie die selbst?« »Natürlich nicht«, erwiderte er lachend. »Das macht mein Kammerdiener.« Und erklärend fügte er hinzu: »Schauen Sie mal, von diesen Schuhen habe ich sechs Paar, alle handgefertigt. Und damit sie nicht verwechselt werden, tragen sie paarweise alle Nummern auf dem Steg: eins und eins, zwei und zwei und so weiter. Wollen Sie mal sehen?« Prinz Philip hob den linken Schuh, auf dem eine deutliche Zwei aufgemalt war. Dann präsentierte er den rechten Schuh – mit einer ebenso klar erkennbaren Fünf! Der Prinz war der erste, der schallend lachte. Soviel über Schuhe.

Sport spielte in Spandau für uns eine große Rolle. Außer dem täglichen Frühsport standen Leichtathletik, Handball, Schwimmen und Boxen auf dem Lehrplan. Wir trainierten für das Reichsjugend-Sportabzeichen und gingen im Sommer auf der Havel rudern. Bei den Berliner Jugendmeisterschaften im 100-Meter-Lauf wurde ich einmal mit 11,3 Sekunden Zweiter. Im Hochsprung schaffte ich 1,62 Meter, knapp hinter Siegfried Ölsner, der einen Zentimeter höher sprang. Der Schwimmunterricht wurde dann noch ausgedehnt auf die verschiedenen »Scheine« der Deutschen Lebensrettungsgesellschaft und das von mir bestens gehaßte Turmspringen vom Drei- und Fünfmeterbrett. Boxen lernten wir bei Fritz Rolauf, der einmal Europameister im Leichtgewicht und Sparringspartner von Max Schmeling gewesen war. Die Deckung (Rolauf lehrte: »Immer den rechten Daumen an der Nase reiben, dann bleibt die Faust oben«) muß ich wohl nicht so richtig begriffen haben, denn in einem Pausenstreit zwischen zwei Unterrichtsstunden boxte mir mein Klassenkamerad Edwin Kalff einmal einen meiner Vorderzähne bis zur Wurzel heraus. Der Spandauer Zahnarzt setzte mir, »provisorisch«, wie er sagte, einen Stiftzahn ein. Der blieb über dreißig Jahre drin.

Eines Tages kam der Filmschauspieler und Regisseur Viktor de Kowa nach Spandau, um Mitwirkende für einen Spielfilm über die Napolas mit dem Titel »Kopf hoch, Johannes!« zu suchen, bei dem er die Regie führen sollte. Er wählte einige der »Jungmannen« aus, und einer davon war ich. Der Film wurde in Schloß Oranienstein gedreht, auch eine ehemaligen Kadettenanstalt, die

Napola geworden war. Es war für mich eine köstliche Zeit: vier Wochen lang keine Schulstunden, keine Hausaufgaben, aber alle Tage von morgens bis abends Filmaufnahmen.

De Kowa (eigentlich Victor Kowarzik) war offenbar mit der Regie betraut worden, weil er in seiner Jugend selber Kadett in Liegnitz gewesen war und nützliche Internatserfahrungen mitbrachte. Das Drehbuch hatte, unter einem Pseudonym, Adenauers späterer Pressechef Felix von Eckardt geschrieben, der für meine eigene berufliche Entwicklung einmal entscheidend werden sollte.

Hauptdarsteller, eben jener »Johannes«, war der Jungschauspieler Claus-Detlev Sierck, Sohn des berühmten Regisseurs Douglas Sirk, der 1937 nach Hollywood emigrierte, weil er mit einer Jüdin verheiratet war. Verkehrte Welt in den Anfangsjahren des Dritten Reiches: Der Sohn einer jüdischen Mutter spielte die Hauptrolle in einem Film über die Napolas. Andere Schauspieler, mit denen wir täglich vor der Kamera standen, waren Gunnar Möller, Dorothea Wieck, Volker von Collande und Hans Zesch-Ballott. Die Kamera führte Friedel Behn-Grund, ein Großer seiner Zunft. Für unsere Mitwirkung bekamen wir Spandauer pro Drehtag fünf Mark »Honorar« und setzten das schnell in Eisportionen in einer Eisdiele im nahen Limburg um. Der Film war kein großer Erfolg. Ich redete mir ein, daß dies auch daran gelegen haben könnte, daß man mir keine sprechende Rolle gegeben hatte. Mir blieb ein einziger Satz: »Hier kommt keiner rüber.« Es ging dabei um die Überquerung eines Flusses, der Lahn, wenn ich mich recht erinnere. Heute werden Kopien dieses Films unter Verschluß gehalten, denn es war ja ein Nazi-Propagandafilm.

Mit Kriegsbeginn fanden wir uns im »Einsatz« wieder. Am 22. September 1939 wurden wir – streng geheim! – zum ersten Mal mit Lastwagen unter verschlossenen Planen zum Treibstofflager der Shell-Rhenania Ossag an der Havel gefahren. Dort mußten wir Benzinkanister füllen und in bereitstehenden Güterwagen stapeln. 20-Liter-Kanister der Wehrmacht, wie sie noch heute in vielen Armeen genutzt werden. Eine ziemliche Anstrengung, denn wir waren in unserer Klasse gerade fünfzehn oder sechzehn Jahre alt. Hinzu kam der intensive Benzingestank, der tagelang nicht aus unseren Klamotten wich. Da half auch die Sandseife nichts, mit der wir uns hinterher abschrubben konnten. »Räder müssen rollen für den Sieg!« hieß es damals. Einziger Vorteil: Der Unterricht fiel aus, wann immer wir zum »Füllen« eingeteilt waren. Und das war ziemlich oft.

Zuvor, im Juli 1939, hieß es »Landeinsatz« in dem kleinen Dorf Sampohl im Kreise Schlochau unweit der polnischen Grenze. Wir sollten den Bauern bei der Feldbestellung helfen. Ich hatte Glück: Mein Bauer Lenz teilte mich zum Viehhüten ein. Als wir dann im Herbst des gleichen Jahres noch einmal dort zur Arbeit gingen, machte er mich mit der Rübenernte bekannt. Sechs Jahre darauf mußte ich als Kriegsgefangener in den USA wieder Rüben ernten, und da kamen mir die gesammelten Erfahrungen des Landeinsatzes zustatten (»Nicht pausenlos bücken, zwischendurch immer mal aufrichten«, hatte mir Bauer Lenz geraten). Eine liebenswerte Begleiterscheinung des Landdienstes waren die drei Dutzend Stettiner Landjahrmädchen, die zeitgleich mit uns in Sampohl eingesetzt waren. Einer von uns, Günther »Schucki« Friedrich, hat später seinen Landjahrflirt Anneliese geheiratet. Wir lernten Volkstänze und machten in der Dorfkneipe »Radel« Bekanntschaft mit Koks, einem Korn mit Zucker. Es kostete häufig einige Mühe, unsere Alkoholfahnen vor unserem Erzieher, dem von uns sehr verehrten Heinz »Karlchen« Euler, zu verbergen. Ich bin sicher, daß er was gemerkt hatte. Gesagt hat er nichts.

1940 konnten wir uns – erneut zum Landdienst während der Herbstferien aufgerufen – sogar aussuchen, wo wir arbeiten wollten. Mit meinen Klassenkameraden Helmuth Schneider und Dietrich Kaufmann radelten wir in zwei Tagen von Spandau aus in den Kreis Öls, wo eine Schwester meines Vaters mit einem Gutsbesitzer verheiratet war. Der sogenannte »Leutevogt«, Herr Wende, teilte mich auf eine Hungerharke ein, die vom Pferd Lotte gezogen wurde. Mit solch einer Hungerharke wurden die auf dem Boden verbliebenen Reste von den abgeernteten Getreidefeldern zusammengerecht. Herr Wende, immer in Schaftstiefeln und immer streng, gab am Wochenende den Lohn aus. Er konnte sich meinen Namen nicht merken, und so las ich denn auf der Lohntüte »Student Bruno«. Ein »Leutevogt« war für die Einteilung der Arbeitskräfte verantwortlich, eben der Leute, zu denen in der Vorkriegszeit und in den ersten Kriegsjahren traditionsgemäß zahlreiche polnische Saisonarbeiter zählten, die sich während der Erntezeit in Deutschland verdingten. Vogt Wende kam hoch zu Roß auf die Felder geritten, um den Fortgang der Arbeiten zu inspizieren. Mich schalt er stets, weil ich »immer so krumm« auf dem lehnelosen stählernen Sitz der Harke hockte. Ihm zur Seite stand der Nachtwächter Kalkbrenner, der sich um den Hof kümmerte, wenn Wende-Vogt auf seinem Pferd unterwegs war. Kalkbrenner sägte im Winter Eis aus dem Teich und parkte es in einer »Miete«, einer tiefen Grube, die er mit Bergen von Stroh abdeckte. Im Sommer kam das Eis in die Küche zur Kühlung verderblicher Lebensmittel.

»Karlchen« Euler gab uns Latein- und Sportunterricht. Er duldete nachsichtig unser Interesse an Jazzmusik, die im nationalsozialistischen Deutschland als »dekadent« eigentlich ziemlich verpönt war. Mit Eddie Kalff – dem ich die Pausenkeilerei und den ausgeschlagenen Vorderzahn verdankte – durften wir sogar eine kleine Band gründen. Kalff spielte hervorragend Akkordeon, und ich war sein Schlagzeuger. Euler war's recht, Hannes Eggers, sein vorgesetzter »Hundertschaftsführer«, runzelte die Stirn, aber auch er ließ uns gewähren. Der Kanadier Michael J. Kater hat in seinem Buch »Gewagtes Spiel« das Thema Jazz im Nationalsozialismus beschrieben. Er erinnerte daran, daß man sich zum Beispiel mit allerlei Umbenennungen an der NS-Kontrolle vorbeischlich. Aus dem »Tiger Rag« etwa wurde so die »Schwarze Katze«. Und bis zum Sommer 1939 spielte ein Trio in einem hakenkreuzgeschmückten Warnemünder Hotel Jam-Sessions über »Dinah« und »Sweet Georgia Brown«. Der Geiger der drei war Helmut Zacharias. Und Teddy Stauffer verjazzte zu der Zeit in Leipzig sogar das Horst-Wessel-Lied (»Die Fahne hoch…«), das zur zweiten Nationalhymne geworden war.

Inzwischen hatte ich mir eine kleine Plattensammlung mit Musik von Franz Grote (»In der Nacht ist der Mensch nicht gern alleine« und andere Schlager) und von Peter Kreuder zugelegt, die beide ihren Swingmelodien erkennbare Jazzrhythmen unterlegten. Grote wurde zum Freund, als wir uns lange nach dem Krieg im Jägerwinkel am Tegernsee trafen. Das waren auch die Jahre, in denen ich mich dort mit Heinz Rühmann unter der kundigen Leitung der tüchtigen Österreicherin Doris Trinkl in Bodengymnastik übte.

In Spandau wurde, wie gesagt, Jazz geduldet, wenn auch nicht offiziell gefördert. Das machte uns nichts, denn schließlich kamen wir ja auch in der Tanzstunde Geissler mit solcher »entarteter« Musik in akustische Berührung. Ja, Tanzstunde mit Benimm-Unterricht nahmen wir auch, und viele von uns hatten dort eine Flamme. Der Lambeth Walk war damals gerade Mode, und wir genossen seine Klänge und Tanzschritte, obwohl (oder gerade weil?) sie ja öffentlich als »undeutsch« an den Pranger gestellt wurden. Viele von uns hatten natürlich auch ein paar Platten mit Interpreten wie Louis Armstrong, Harry James oder Benny Goodman und den Andrew Sisters. »Hotten« hieß das Zuhören.

Das Internatsgebäude an der Spandauer Radelandstraße war früher eine Lehrerbildungsanstalt gewesen und hatte deshalb ein Denkmal von Turnvater Jahn vor der Tür. »Frisch, fromm, fröhlich, frei« war dessen am Monument lesbare Devise. Gegenüber der Anstalt lag der »Waldkater«, eine kleine Kneipe, wo wir unser Taschengeld in Apfelbrause und Gummimännchen, den Vorläufern der Gummibärchen, umsetzten. Alkohol durfte der Wirt an uns nicht ausschenken. Aber immer mal wieder wurde irgendeiner von uns mit einem Bier erwischt. Urlaubssperre am Wochenende war die Folge. Zum »Waldkater« ging es vorbei am »nackten Adam«, einer allegorischen Figur, die wohl einen Sportler darstellen sollte. Für uns war sie Objekt kleiner Lausbübereien. Der nackte Mann wurde bekleidet oder mit Farbe angemalt, und die Erzieher suchten stets vergebens nach den Übeltätern.

Im Herbst 1940, nach dem Frankreich-Feldzug, wurden die Klassen ab Untertertia mit Bussen über die Schlachtfelder des Ersten Weltkrieges und von dort über Lille und nach Paris gefahren. Wir sollten selber sehen, wie siegreich die Wehrmacht gewesen war. Zurück blieb mir die Erinnerung an Verdun und das Fort Douaumont, wo mein Vater verwundet worden war. Nicht der »Sieg« im Zweiten Weltkrieg, sondern die Gräberfelder der vorangegangenen Schlachten 1914 bis 1918 prägten die Eindrücke.

Natürlich wurden wir in Spandau auch vormilitärisch geschult. Schließlich waren wir ja die Nachfolger des einstigen Kadettenkorps und sollten auch selber einmal Elite sein. Es gab Geländesport im Spandauer Forst, bei dem wir Karten- und Kompaßlesen und angemessene Tarnung im Gelände beigebracht bekamen. Wer sich auszeichnete, der erhielt als Anerkennung eine Taschenlampe mit Schieber, mit der man rotes oder grünes Licht einschalten konnte. Der »Feind« würde einen dann nicht sehen.

Der Freund sah einen allerdings auch nicht. Uns machten die Übungen Spaß, denn sie waren so ein bißchen Trapper- und Indianerspiel, und die Hausaufgaben fielen aus, weil wir immer nachmittags dazu ausrückten. Die Ausbildung setzte sich dann – für die höheren Klassen – in den jährlichen »Manövern« fort, wo die damals rund fünfzehn verschiedenen Anstalten gegeneinander »kämpfen« mußten. Die einzelnen Napolas waren jeweils einem blauen oder roten Heerhaufen zugeteilt und sollten nun das daheim Gelernte anwenden. Es ging dabei um Geländegewinne und farbige Wollfäden. Jeder bekam einen roten oder blauen Faden um das Handgelenk gebunden, der zugleich als »Lebensfaden« diente. Kam es dann zu den von der Manöverleitung eingeplanten Zusammenstößen der beiden großen Farbgruppen, arteten diese in handfeste Keilereien zwischen Hunderten von Jungens aus. Dabei ging es darum, möglichst vielen »Gegnern« die Wollfäden abzureißen. Ohne Faden war man »tot«. Hinterher wurden die Verluste gezählt. Um sie klein zu halten, machten wir die Wolle naß und schnürten sie uns ganz fest ums Gelenk. Wie Trophäen trugen wir die eroberten Fäden im Knopfloch. Trapper und Indianer in großem Stil.

Ich habe zwei solche Manöver mitgemacht, ehe ich »richtig« Soldat wurde: eines auf dem Darß in Vorpommern und eines in Kärnten. Beide hatten Folgen. Kärnten, seine Menschen und seine Landschaft haben mir damals so gut gefallen, daß wir nach dem Kriege viele Jahre nacheinander dort unseren Sommerurlaub verbracht haben. Und als ich von einer Bundesvertreterversammlung der FDP 1989 zum Spitzenkandidaten für die Europawahlen 1989 bestimmt worden war, überraschte mich einer der Delegierten mit der spitzbübischen Frage: »Na, auch auf dem Darß gewesen?« Es war der Bundeswehrgeneral a.D. Martin Holzfuß, der auch gerade gewählt worden war und mit mir in Straßburg ins Parlament einzog. Er war als Schüler der Napola Köslin auf dem Darß und in Kärnten dabeigewesen. Auch andere spätere Bundeswehrgenerale waren Schüler in unserem Internat, so der Heeresinspekteur Hans Poeppel sowie der im Streit mit dem Verteidigungsminister Manfred Wörner bekannt gewordene General Günter Kießling. Weitere Spandauer Napola-Zöglinge waren der schleswig-holsteinische Staatssekretär Georg Poetzsch-Heffter, der Journalist und BILD-Kolumnist Mainhardt Graf Nayhauß und der CSU-Bundestagsabgeordnete Karl-Heinz Spilker.

1936 bekamen wir Karten für die Olympischen Spiele, und ich war dabei, als Jesse Owens über 100 Meter siegte. Fußballtrainer Sepp Herberger hatte mir auch zu Karten für Fußballspiele verholfen. Ihn hatte ich in den Ferien in Königsberg kennengelernt, als die deutsche Nationalmannschaft gegen Litauen gewann. Aus Anlaß des Olympiajahres veranstalteten wir in Spandau »Lustige Nachmittage« für Eltern und Verwandte. Wir Knirpse – ich war damals dreizehn – machten Musik, führten einen Flohzirkus auf und zeigten, was wir im Bodenturnen gelernt hatten. Beim musikalischen Teil trug ich Melodien auf einer Ziehharmonika vor. Später wechselte ich dann zum Akkordeon und wurde als Soldat das eine oder andere Mal ins Kasino befohlen, um für die Offiziere aufzuspielen.

Natürlich blieben in einer Nationalpolitischen Erziehungsanstalt – was haben wir uns über den Begriff »Erziehungsanstalt« mokiert! – auch Bemühungen um eine weltanschauliche Beeinflussung der Schüler nicht aus. Die Reden Hitlers mußten wir aus dem Rundfunk, per Gemeinschaftsempfang, anhören. In meiner Klasse, Karlchen Eulers »Meute«, schlossen wir vorher Wetten ab, wie lang der »Führer« denn nun diesmal wieder sprechen würde. Hitler war immer endlos und laut. Ort der Pflicht-Hörübung war das Lesezimmer der Oberstufe, uns besser bekannt als der Platz, wo wir klammheimlich immer mal (verbotene) Zigaretten rauchten. Der Raum bot sich deshalb dafür an, weil dort im Winter ein Kamin in Betrieb war und unsere Erzieher den verdächtigen Tabaksqualm dann nicht riechen konnten. Eine nachhaltige NS-Schulung – heute würde man sagen »Indoktrination« – war eigentlich gar nicht nötig. Wir waren auch so begeisterte »Jungmannen«. Hitlers Regime war in seinen Anfangsjahren von Erfolg zu Erfolg getragen worden. Militärische Erfolge zuvörderst, aber auch die Wirtschaft nahm einen steilen Aufschwung, nicht nur wegen der Wiederaufrüstung. Sechs Millionen Arbeitslose waren von der Straße, das Saargebiet heimgekehrt, das Rheinland von deutschen Soldaten wieder besetzt, die Olympischen Spiele von Berlin glanzvoll verlaufen und das Sudetenland unter Mitwirkung von Großbritannien, Frankreich und Italien auf der Münchener Konferenz friedlich heimgekehrt ins Reich. Österreich war zuvor wieder ein Teil des Reiches geworden. Auch der Einmarsch in Prag vollzog sich ohne bewaffnete Auseinandersetzungen. Selbst nach dem Beginn des Zweiten Weltkrieges mit den Feldzügen in Polen, Frankreich (und den Beneluxstaaten) sowie der Besetzung von Dänemark und Norwegen reihte das Regime einen Sieg an den anderen. Das Volk feierte die Erfolge (und kannte noch nicht die Folgen), und wir feierten mit. Der Krieg gegen die Sowjetunion begann erst wenige Wochen nach meinem Eintritt als Freiwilliger in die Wehrmacht.

Euler, ein Muster an Fairneß und Fürsorge, bemühte sich, uns klares Denken beizubringen. An der Ostfront verlor er später ein Bein und machte sich nach Kriegsende Vorwürfe, unser Gewissen nicht besser für die Folgen der Hitlerschen Machtpolitik geschärft zu haben. Sechzehn meiner dreißig Klassenkameraden mußten im Krieg ihr Leben lassen. Keiner von uns hatte sich zur Waffen-SS gemeldet. Das ging wohl auch auf einen anderen sehr geschätzten Erzieher zurück, Adolf »Nuffi« Geissler, unseren Englischlehrer. Voller hintergründiger Ironie und beißendem Spott über die »herrschende Lehre« brachte er uns bei, nur wirklich Wichtiges wichtig zu nehmen.

Zur nationalsozialistischen Erziehung gehörte auch die tägliche Flaggenparade. Im Wochenwechsel war immer eine andere Klasse – oder, wie es damals hieß, ein anderer »Zug« – dran. Wir sahen diesem Morgenappell mit einigem Grauen entgegen, denn wir mußten gleich nach dem Frühsport in voller Uniform antreten und kamen zum Frühstück zu spät: Suppen und Schnecken waren von den anderen oft schon bis zur Neige aufgefuttert. So war der Flaggenaufzug – Hakenkreuzfahne natürlich – häufig mit Hungergefühlen im Unterricht gepaart. An sogenannten »großen Tagen«, wie Hitlers Geburtstag oder dem 30. Januar, mußte sogar die ganze »Anstalt« antreten, und der Chef hielt eine Rede. Die Feierlichkeit schloß mit dem Absingen der beiden Nationalhymnen, des Deutschlandlieds (erste Strophe) und des Horst Wessel-Lieds. Während beider Gesänge war der rechte Arm zum »deutschen Gruß« zu erheben. Das war ermüdend, aber wer im zweiten oder dritten Glied stand, der konnte – vor allem, wenn es noch nicht taghell war und die Erzieher einen nicht erwischten – seinen Arm auf die Schultern des Vordermannes legen. So recht aufbauend und nationalpolitisch förderlich war das allerdings alles nicht. Wir waren immer froh, wenn es vorbei war.

Dann und wann wurden wir auch in die Stadtmitte Berlins gekarrt, um irgendeinem Staatsgast eine uniformierte Kulisse zu bieten. »Jubelperser« hieß das nach dem Krieg. So sahen wir unter anderem Hitler mit dem italienischen Faschistenchef Benito Mussolini oder dem jugoslawischen Prinzregenten Paul an uns vorbeifahren. Auch bei der Heimkehr der »Legion Condor« vom Bürgerkrieg in Spanien standen wir Spalier. All das war ziemlich zeitaufwendig, denn wir mußten meist Stunden vor dem Eintreffen der Potentaten schon am vorgeschriebenen Platz Aufstellung nehmen. Aber diese nutzlose Statistenrolle hatte für uns auch ihr Gutes: Der Unterricht fiel wieder einmal aus.

Weil ja auch junge Leute dann und wann einmal krank wurden, gab es ein richtiges kleines Lazarett mit Dr. med. Weber und Schwester Hedwig. Vor schriftlichen und mündlichen Prüfungen im Unterricht erfreute sich das Mini-Krankenhaus großer Beliebtheit. Der Trick bestand darin, sich die Achselhöhle mit Salz einzureiben und auf diese Weise die »Fieber«-Kurve hinaufzuschrauben. Schwester Hedwig bekam das natürlich schnell raus und ließ anal messen. Dann half aber ein Hinweis auf »Magenverstimmung«, die mit gräßlichen Schleimsuppen bekämpft wurde. Das war immer noch besser als die Prüfung. Einmal war ich sogar richtig krank. Mit Gelbsucht wurde ich ins Oskar-Helene-Heim überwiesen, ein Wehrmachtslazarett in Dahlem. Dort kam eines Tages der Berliner Stadtkommandant, General Ernst Schaumburg, zur Besichtigung und betrat auch mein abgedunkeltes Isolierzimmer. Die Schwester meines Vaters war bei ihm als Sekretärin angestellt. Als er erfuhr, wer ich war, blieb er ein paar Minuten länger und wollte wissen, was ich hätte und wo ich herkäme. Das ihn begleitende Ärzteteam registrierte sein Interesse, und prompt besserten sich die Betreuung und – nach dem Abklingen der Gelbsucht – vor allem die Verpflegung.

In Spandau gab uns Frau Kettlitz, die »Heimschwester« der Napola, Unterricht im Buchbinden und Laubsägen. Heimarbeit nannte man das. Frau Kettlitz, hager und streng, war unsere einzige weibliche Erzieherin – und auf Heimarbeit beschränkt. Am 10. November 1938 war unsere Klasse zu einem solchen Bastelnachmittag versammelt. Es war der Tag nach der Brandschatzung von Synagogen und der Demolierung jüdischer Geschäfte, der Tag nach der sogenannten »Reichskristallnacht«. Die Vorgänge waren bisher weder im Unterricht noch bei anderer Gelegenheit von den Erziehern angesprochen worden, aber die Heimarbeit mit Frau Kettlitz gab eine unbeaufsichtigte Gelegenheit, unter uns darüber zu reden. Wir kannten noch keine Einzelheiten, und ich

kann nicht behaupten, daß sich ungeteilte Empörung breit-
machte. Aber Claus »Diddy« Fink und andere warnten, daß diese
Pogrome noch weltweite Folgen für das Ansehen Deutschlands
haben würden. Mitleid mit den Opfern war nicht zu hören. So
weit war die antisemitische Propaganda der Nazis bei uns offenkundig schon erfolgreich gewesen. Frau Kettlitz war unsere Diskussion peinlich, und sie gebot uns zu schweigen.

In der Oberstufe bekamen wir zu unserer Uniform noch einen
Ehrendolch verliehen, auf dem das Motto »Mehr sein als scheinen« eingraviert war. Diese Waffe wurde allerdings zeitweilig ent-
zogen, wenn jemand beim Rauchen oder bei der Mißachtung des
Zapfenstreiches erwischt worden war. Gerade zu letzterem gab es
häufig Gelegenheit. Schließlich hatten wir ja Tanzstunde, und die
meisten von uns hatten eine Freundin. Nicht nur deswegen war es
mißlich, daß unser Biologielehrer uns zwar in der Vererbungs-
lehre unterwies, die sexuelle Aufklärung aber für völlig überflüs-
sig hielt.

Diejenigen von uns, die aktive Offiziere werden wollten und
sich freiwillig gemeldet hatten, machten im Spätsommer 1941 ihr
Notabitur in Spandau. Auf dem Abschlußzeugnis hieß es »Reife-
vermerk wird nachgeschickt«. Das Zeugnis erreichte mich erst ein
Vierteljahr später in der Kaserne. Eine Abiturfeier wie bei früheren Jahrgängen gab es nicht. Ich war damals siebzehn Jahre alt
und trat als Fahnenjunker in die Ersatzeinheit der Panzer-Aufklärungsabteilung 3 (AA3) in Berlin-Stahnsdorf ein. Die aktive
Abteilung stand mit General Erwin Rommel in Nordafrika, und
ihr Kommandeur war mein Vater. Der war 1938 von Königsberg
nach Stahnsdorf versetzt und zum Chef der AA3 bestellt worden.
Meine Eltern zogen in eine der Kaserne benachbarte kleine Villa.
Vor dem Abmarsch der AA3 nach Afrika Anfang 1941 – als eine
der ersten Einheiten des Afrikakorps – hatte mein Vater noch bei
uns in der Napola Interesse für seine Panzer-Aufklärungsabteilung zu wecken gesucht. Er lud meine Klasse, die »Meute«, zu einem Besuch in Stahnsdorf ein, wo wir in Panzerspähwagen her-
umklettern, im Offizierskasino Kaffee und Kuchen futtern und
einen Werbevortrag hören konnten. Das Musikkorps der AA3
unter Stabswachtmeister Siebert spielte dazu »Alte Kameraden«
von Teike und den Fehrbelliner Reitermarsch. Der Ausflug war
ziemlich erfolgreich: Sechs Schüler aus meiner Klasse wurden freiwillige Offiziersanwärter in der AA3. Die Waffen-SS hatte mit

einem ähnlichen Lockversuch keinen Erfolg. Niemand meldete
sich.

Am 1. August 1941 wurde ich Rekrut der 1. Kompanie in der
Stahnsdorfer Kaserne, zusammen mit einem knappen Dutzend
anderer Fahnenjunker. Daß ich mich freiwillig gemeldet hatte,
verstand sich als Sohn einer alten Soldatenfamilie von selbst.
Heute machen es meine Enkel in der Bundeswehr nach. Wieder
hieß es: Uniformen »auf Kammer« in Empfang nehmen und ins
Spind einräumen. Wir Spandauer wußten schon, wie man das
macht. Unsere Ausbildung besorgten ein erfahrener Panzeraufklärer, der im Frankreichfeldzug schwerverwundete Oberleutnant
Jürgen Graf Rittberg, und ein rothaariger Unteroffizier, der als
»scharfer Hund« und Schleifer berüchtigt war. Bei Wind und
Wetter jagte er die Rekruten über den Kasernenhof. Sein Lieblingsbefehl war »Bis auf meine Höhe robben!«, und dabei ging er
immer noch einen Schritt weiter zurück. Oder er ließ uns – Karabiner »in Vorhalte« – Kniebeugen machen und dabei ausrufen:
»Ich bin gern Soldat, ich bin gern Soldat...« Wir sechs aus Spandau hielten auch dem stand. Die vormilitärische Ausbildung in
der Napola zahlte sich aus.

Nachts rissen der sonst eher verständnisvolle Rittberg und der
Unteroffizier manchmal die todmüden Rekruten mit dem Brüllruf
»Alaaaarm!« aus dem Tiefschlaf. In feldmarschmäßiger Uniform,
mit Tornister und Karabiner, sollten wir innerhalb von fünf Minuten auf dem Appellplatz antreten. Und weil wir das nicht immer schafften, wurde die Übung verschärft: Wir mußten auch
noch unsere Spinde auf den Kasernenhof schleppen. Diesen sinnlosen Auftrag habe ich bis heute nicht verstanden. Einmal habe
ich so einen Nachtalarm sogar verpaßt, weil ich zum Schlafen in
das nahe gelegene Haus meiner Eltern gegangen war. Mit einem
Schlüssel für das Tor im rückwärtigen Zaun des Kasernengeländes konnte ich – unter Umgehung des Zapfenstreichs – unerkannt
nach Hause. Mein Fehlen wurde gar nicht bemerkt. Keiner der
Kameraden hatte mich verpetzt.

Wenn ich an Wochenenden und bei »Ausgang« nicht die Vorzüge meines nahen Elternhauses nutzte, dann schloß ich mich anderen an, die mit der S-Bahn nach Berlin fuhren, um dort auf den
Putz zu hauen. Beliebtes Ziel war Paulchen Hanuschky, eine
kleine Bar in der Meinekestraße neben dem Kurfürstendamm.
Schmal, schummerig und gemütlich, war »Bei Paulchen« ein be-

liebter Treffpunkt für Fahnenjunker und Fronturlauber, junge Damen vom Lette-Haus und aus diversen Mädchenpensionaten. Paulchen legte Platten auf, und wenn er um Mitternacht die Rolläden herunterließ, war auch »verbotene Musik« zu hören. Besonders beliebt damals »Bei mir biste scheeen...« Dann war seine Sperrstunde eigentlich überschritten, aber er ließ uns weitermachen – und sogar tanzen, obwohl er dafür gar keine Lizenz besaß. Paulchen war ein großzügiger Gastwirt, der auch anschreiben ließ. Er war aber stets voller Angst um seine Konzession und vor der Polizei. Als die einmal an die Rolläden pochte und Einlaß begehrte, rettete ihn die Tatsache, daß alle männlichen Besucher Wehrmachtsuniform und viele ihre Auszeichnungen trugen. Manche der jungen Damen nahmen Anstoß daran, daß wir noch etwas anderes trugen: Kasernenduft und Rekrutenschweiß. Die Reichseinheitsseife RIF hatte beim Waschen mal wieder nichts bewirkt.

Paulchen wurde vor Kriegsende das Opfer einer Luftmine, die amerikanische Bomber auf das Haus abgeladen hatten, in der sich seine Privatwohnung befand. Mit ihm versank seine kostbare Porzellansammlung im Schutt. An einem solcher Abende in Berlin war ich bei den Prinzessinnen Wrede zum Abendessen eingeladen, die in der Nähe der Bendlerstraße am Tiergarten wohnten. Wir hatten einen Tag mit schwerem Rekrutenschliff hinter uns und ich einen leeren Magen. Schon am Eingang gab es einen starken Cocktail, und der gab mir den Rest. Neben einer Stehlampe kippte ich um und riß die Lampe mit. Kurzschluß, Dunkelheit. Applaus von allen jenen, welche die unerwartete Finsternis zum Küssen nutzen konnten. Nützliche Lehre: niemals erschöpft und mit leerem Magen starke Getränke zu sich nehmen.

Außer der sogenannten Grundausbildung in der Kaserne übten wir natürlich auch im Gelände und auf dem Schießstand – als Infanteristen und im Panzerspähwagen. Auch auf die Führerscheinprüfung wurden wir vorbereitet. Zunächst auf BMW-Krädern mit Beiwagen und dann auf einem Omnibus, einem französischen Beutefahrzeug. Am 1. Februar 1942 wurde ich zum ersten Mal in meinem Leben befördert: Ich wurde Fahnenjunker-Gefreiter. Und mit diesem hohen Rang im April nach sechs Monaten Grundausbildung zum Fronteinatz nach Afrika geschickt. Ziel war die Panzer-Aufklärungsabteilung 3, die mein Vater inzwischen an einen Nachfolger hatte abgeben müssen, denn er war an Gelbsucht und

Malaria erkrankt und nach Berlin zurückversetzt worden. Zuvor hatte ihm Rommel mitten in der Wüste für den erfolgreichen Einsatz seiner Einheit das Ritterkreuz zum Eisernen Kreuz um den Hals gehängt.

Mit einem Marschbefehl in der Tasche ging es in der olivgrünen Uniform des Afrikakorps per Bahn nach Brindisi in Süditalien. Auf dem Bahnhof verabschiedete mich mein Vater. Am Koppel trug ich die braunlederne Kartentasche, die er als Beutestück aus dem Polenfeldzug für mich mitgebracht hatte. Sie tat mir bis zur Gefangenschaft gute Dienste als Behältnis für Karten, Kompaß, Schreib- und Rasierzeug und vor allem für Zigaretten und Streichhölzer. Mit an Bord des Transportzuges waren noch sechs andere Fahnenjunker aus Stahnsdorf. In Rom hatten wir einen Tag Pause, konnten uns die Stadt ansehen und an Rittberg eine gemeinsame Karte schicken. Wir genossen das gute Essen, begeisterten uns am italienischen Eis, an Bonbons und Wein. Dinge, die wir im dritten Kriegsjahr in Deutschland nur noch aus Erzählungen kannten.

Weiter ging es, über Neapel, in fünfzehn Stunden Bahnfahrt nach Brindisi. Dort mußten wir zwei Tage warten, denn die JU 52-Transportmaschinen der Luftwaffe, die uns nach Afrika fliegen sollten, waren auf Tage im voraus belegt. Aber wir bekamen unseren ersten Wehrsold in Höhe von ganzen 115 Lire. Er wurde natürlich sofort in allerlei »Friedensdinge« umgesetzt. Von Brindisi wurden wir dann – immer knapp hundert Meter über dem Meer – nach Kreta geflogen. Die niedrige Flughöhe war wegen der britischen Jagdflieger geboten, die von Malta aus den deutschen Nachschub für Nordafrika empfindlich störten. Auf Kreta blieben wir nur eine Nacht. Die Insel war ein paar Monate vorher in verlustreichen Gefechten von deutschen Fallschirmjägern erobert worden, unter ihnen Boxidol Max Schmeling und mein späterer Chef in Bonn, Conrad Ahlers. Die Sonne ging noch vor fünf Uhr auf, und kurz danach waren wir in der Luft auf dem Wege nach Derna, im heutigen Libyen. Vom Flugplatz Derna ging es weiter per Lastwagen über die einzige befestigte Straße, die Via Balbia, entlang der Küste zum Divisionsnachschubführer. Aber auch dort mußten wir erst einmal im Zelt übernachten, bis wir am Tag darauf schließlich bei der Aufklärungsabteilung 3 in der Gazala-Stellung ankamen. Der Kommandeur verteilte uns auf die einzelnen Einheiten. Ich landete bei der dritten Kompanie und meiner ersten Feldpostnummer: 01 645.

Wir lagen als Reserve etwa zwanzig Kilometer südlich der Küstenstraße in der Wüste. Die Front war rund acht Kilometer vor uns, und man hörte aus der Ferne das gelegentliche Rumpeln der Artillerie. Es war heiß und staubig. Tagsüber war von 8 bis 10 Uhr und von 16 bis 18 Uhr »Dienst«, zumeist Fahrzeug- und Waffenpflege. Die Beschaulichkeit wurde ab und an durch Tiefangriffe englischer Jagdflugzeuge vom Typ Hurricane gestört. Damals, in der Etappe, war auch noch genug Wasser: 20 Liter pro Mann für drei bis vier Tage zum Waschen und Trinken. Später, während der Kampfhandlungen auf dem Wege nach El Alamein, nahm das erkennbar ab. Da waren wir Wochen unrasiert und ungewaschen. Aber hinter der Front bekamen wir außer dem Trinkwasser morgens noch eine Feldflasche Malzkaffee und mittags eine mit Tee. Abends gab es gar ein warmes Essen aus der Feldküche.

Geschlafen wurde in kleinen, halb eingegrabenen Zelten, die wir jeden Abend auf Skorpione durchsuchen mußten. Die fühlten sich offenbar in unseren Schlafsäcken besonders wohl. Schnell lernten wir den Trick der alten Afrikaner: den Skorpion mit einem ringförmigen Sandgraben einkesseln, Benzin hineingießen und anzünden. Die Tiere richteten ihren giftigen Stachel dann auf sich selbst und nahmen sich das Leben. Schlimmer als die Skorpione waren allerdings die Fliegen. Sie verfolgten uns unablässig und machten das Essen zur Qual. Ständig mußte man sie mit der Hand wegscheuchen, auch wenn wir nur ein belegtes Brot zum Mund führen wollten. Die wedelnden Handflächen über einer Schnitte mit künstlichem Tubenkäse oder Dauerwurst wurden fast zum Symbol für »Atzung in Afrika«, wie die Landser das nannten. Genauso schlimm war es um das Gegenteil bestellt, wenn wir nämlich einem dringenden Bedürfnis abhelfen mußten. Kaum hatte man die Hose heruntergelassen, waren Fliegen zuhauf am »Tatort«. Ohnehin war strikte Weisung: weit in die Wüste gehen, um sein »Geschäft« zu verrichten. Aber auch dort kamen sie hin. Also nahmen wir zum täglichen Gang einen Spaten mit, gruben ein Loch und schütteten es sofort wieder zu. Schließlich waren die Klo-Fliegen die gleichen, die sich zum Essen bei uns versammelten.

Ende Mai 1942 wurde die AA3 in den Südabschnitt der Front, nach Segnali-Süd, verlegt – in die Bereitstellung für einen Angriff, wie sich schnell herausstellen sollte. In den frühen Morgenstunden des 26. Mai traten wir zum Sturm auf die britischen Stellungen an. Mein »Gefechtsfahrzeug« war ein LKW, Marke Opel Blitz. Ich hatte mich auf dem Ersatzreifen über der Fahrerkabine plaziert, um so dem lästigen Sandstaub der Wüste weniger ausgesetzt zu sein, der von den Rädern der Fahrzeuge aufgewirbelt wurde. Auch das lernten die Neuen schnell: immer seitlich versetzt und mit großem Abstand voneinander fahren, damit der Staub uns nicht total verdreckte und die Sicht versperrte. Der Angriff entwickelte sich aus unseren Stellungen durch ein ausgetrocknetes Flußtal, ein sogenanntes Wadi, auf die gegenüberliegenden Höhen. Keine Gegenwehr, die feindliche Artillerie schwieg. Wir hatten den Gegner an dieser Stelle der Front überrascht. Als wir die Stellungen der Briten erreicht hatten, krabbelten die »Tommies« gerade verschlafen unter den Tarnnetzen ihrer ins Erdreich gegrabenen Unterstände heraus. Wir machten ein paar Dutzend Gefangene. Keine Seite hatte Verluste. Nördlich von uns waren auf breiter Front bis hin zur Küste des Mittelmeeres deutsche und italienische Verbände aus der Gazala-Linie zur Offensive gegen die befestigten Stellungen der 8. Armee angetreten. Wir sollten die Engländer im Süden umgehen und eine Zangenbewegung einleiten.

Oben auf der Höhe schauten wir uns um. Ein kleines Verpflegungsdepot der britischen Infanterie-Einheit lockte zur Inspektion, und ein paar Dosen echter Tee und Orangenmarmelade landeten als erste »Kriegsbeute« in meinem Gepäck. Aber dann weckte etwas anderes mein Interesse. Zwischen den überrollten Stellungen stand einsam und verlassen eine Selbstfahrlafette mit einer 4cm-Kanone. Eigentlich nicht mehr als ein umgebauter Lastwagen, bei dem man die Aufbauten abgeschraubt und das Geschütz auf die Ladefläche montiert hatte. Ein anderer Stahnsdorfer Fahnenjunker und ich beschlossen, dieses Geschütz dem Gefechtspark unserer Kompanie einzuverleiben. Ein Fahrer war in unserer Kompanie rasch gefunden. Ich konnte meinen Hochsitz auf dem LKW-Ersatzreifen gegen eine Bank hinter der Kanone tauschen. Munition lag, von den Briten sorgsam gestapelt, ganz in der Nähe bereit. Also reihten wir uns mit dieser Panzerabwehrkanone in unsere Fahrzeug-Kolonne ein. Noch während der Fahrt machten wir uns mit der Mechanik des Geschützes vertraut. Die Geschosse hatten wir zum Teil auf der Lafette und zum Teil in meinem Opel Blitz verstaut. Wir überlegten, welche

1942 als Gefreiter des Afrika-Korps vor einer von ihm erbeuteten Lafette der britischen Achten Armee.

Durchschlagskraft die Munition wohl haben würde. Konnte sie die Wand eines Panzers durchschlagen? Bald wußten wir es.

Unsere Abteilung drehte, als Teil des Afrikakorps, nach Nordosten in Richtung auf die kleine Ortschaft El Adem. Ein gottverlassenes Kaff von ein paar Häusern in der Wüste. Dort kam es zu meiner ersten Panzerschlacht gegen die Engländer. Sie rückten mit überlegener Stärke gegen uns vor, und die AA3 mußte sich schrittweise absetzen. Ich sah, auf beiden Seiten, die ersten Toten und Verwundeten. Viele der Gefallenen waren in ihren Panzern verbrannt. Der Rückzug unserer Abteilung wurde von Panzerabwehr und unserer Selbstfahrlafette gedeckt. Wir lernten im Verlauf des

50

Gefechts zu zielen, zu schießen und sogar zu treffen. Fünf Panzer, darunter zwei Mark IV, setzten wir mit der Beutelafette schachmatt. Britische Kampfwagen wurden das Opfer britischer Munition aus einer britischen Kanone. Wir waren so dicht dran, daß wir sehen konnten, wie alle Besatzungen, offenbar unverletzt, die von uns getroffenen Panzer verlassen und in die Wüste flüchten konnten. Im Eifer des Gefechts hatten wir das Drumherum nicht beachtet: Außer einer Pak, die neben uns in Stellung gegangen war, waren wir schließlich ganz alleine. Und der Gegner hatte uns entdeckt. Er feuerte aus allen Rohren auf diese kleine deutsche Nachhut. Es war meine Feuertaufe. Unser Fahrer wurde durch einen Granatsplitter leicht verwundet.

Wir lösten den verwundeten Fahrer am Lenkrad ab und suchten Anschluß an unsere im Rückzug befindliche Abteilung, die Pak-Mannschaft hinterher. Sie war, wie wir, ohne gepanzerte Deckung, und so gaben wir alle kräftig Gas. Der aufgewirbelte Staub nahm den Beobachtern der britischen Artillerie die Sicht, und wir erreichten im ungezielten Feuer des Gegners doch noch unsere Einheit. Der Fahrer wurde vom Abteilungsarzt versorgt und blieb, trotz seines Verbandes, bei uns an Bord. Wie sich erst später herausstellte, war unsere Aufklärungsabteilung beim Absetzen zwischen zwei Minenfelder geraten. Ein Stau entstand, und wir waren, zusammen mit der Pak, die einzige Rückendeckung vor dem massiv nachrückenden Gegner gewesen. Drei Wochen später bekam jeder von uns deswegen das Eiserne Kreuz Zweiter Klasse.

An die Übergabe dieser Auszeichnung habe ich viele Jahre später denken müssen, als mir andere Orden ausgehändigt wurden. Der Abteilungskommandeur hatte eine Rast während eines mitternächtlichen Marsches zur Verteilung der Kreuze gewählt. Keine Zeremonie, keine Ansprachen, nur ein Handschlag. Dennoch waren wir stolz auf diese Ehrung.

Mit Rommel nach El Alamein
und Kriegsgefangener in Amerika
(1942–1946)

Orden sind überhaupt so eine Sache. Im Diplomatischen Dienst sind sie manchmal nicht mehr als eine Beigabe bei eher zufälligen Begebenheiten. Als ich einmal den damaligen Bundespräsidenten Gustav Heinemann als Bonner Staatssekretär zu einem Staatsbesuch nach Schweden begleitete, klopfte gleich nach unserer Ankunft ein Hotelpage an meine Zimmertür und händigte mir eine graue Pappschachtel aus. Ich fand darin das Silberne Kreuz des Nordstern-Ordens. Der Page hatte, wie ich sehen konnte, noch weitere Schachteln zur Verteilung in der Hand. Eine ziemlich unfeierliche Übergabe von Auszeichnungen seitens des schwedischen Königs. Der Nordstern-Orden, den wir Empfänger despektierlich flugs das »Versicherungskreuz« nannten, war das Ergebnis einer durchaus üblichen Verteilung »gemäß Liste«, die im Zusammenhang mit Staatsbesuchen ausgetauscht wird. Einmal bekam ich sogar einen Orden aus Anlaß eines Staatsbesuches aus einem befreundeten Land in Bonn, obwohl ich an den Begegnungen der Chefs gar nicht beteiligt gewesen war. Aber ich hatte wohl »auf der Liste« gestanden. Auch das Bundesverdienstkreuz Erster Klasse kam mir auf eher ungewöhnlichem Wege zu: mit der Post. Gleichfalls in einer Pappschachtel. Anders beim Großen Bundesverdienstkreuz, dem Halsorden. Für dessen Überreichung gab es gar eine kleine Feierstunde. Wer als deutscher Staatsdiener einen ausländischen Orden verliehen bekommt, der muß übrigens beim Bundespräsidenten anfragen, ob er denn diese Auszeichnung annehmen dürfe. In der Regel wird zugestimmt.

Manche Dekorationen sind jedoch mit Bedingungen verknüpft. So wurde mir in meiner Zeit als Botschafter in London von Königin Elizabeth II. das Grand Cross of the Victorian Order (GCVO) verliehen. Zu den Ordensinsignien gehört eine schwere goldene Kette mit eingravierter Nummer. Ein Ausländer wie ich mußte diese Kette – gegen Quittung – zurückgeben, wenn er Großbritannien für immer verließ. Gold außer Landes zu bringen, das lassen die Windsors denn doch nicht zu. Der Verleihungsurkunde für diesen Orden war eine Art Merkblatt mit der wohl nur historisch erklärbaren Weisung beigefügt, daß ich die Kette weder zu Pferde noch bei Nacht auf der Straße tragen dürfe. Sie sollte halt nicht verlorengehen, und um die Sicherheit war es in London im vergangenen Jahrhundert wohl nicht so gut bestellt. Die Nummer auf der Goldkette erlaubte im übrigen nachzuforschen, wer denn mein Vorgänger als Ordensträger gewesen war. Ich fand heraus, daß es sich um einen Botschafter Frankreichs handelte. In Großbritannien durfte ich meinem Namen die Initialen GCVO hinzufügen, weil es dort üblich ist, Auszeichnungen so bekanntzumachen. Allerdings für Ausländer mit dem Zusatz hon., also »honorary« oder ehrenhalber.

Auszeichnungen spielten auch ein anderes Mal eine unerwartete Rolle. Norwegens König kam Mitte der achtziger Jahre zu einem Staatsbesuch nach London, und Königin Elizabeth gab ihm und seiner Begleitung zu Ehren ein festliches Abendessen auf Schloß Windsor. Als deutscher Botschafter zählte ich mit meiner Frau zu ihren Gästen. Zusammen mit den anderen Eingeladenen wurden wir, streng nach Protokoll, in einer langen Reihe nebeneinander aufgestellt, damit die königliche Familie und die Ehrengäste diese »Front« abschreiten konnten. Natürlich hatte es auf der Einladung »Frack mit Orden« geheißen, und als Prinz Philip hinter der Königin an uns vorbeikam, schaute er mir forschend in die Augen und fragte: »Na, tragen Sie immer Ihre Kriegsorden?« Er hatte das Eiserne Kreuz und vielleicht auch die deutsch-italienische Erinnerungsmedaille für die Teilnahme am Afrika-Feldzug, den sogenannten »Apfelsinenorden«, erkannt. »Ja, natürlich«, gab ich zurück und fügte, nach einem kurzen Blick auf seine eigene Ordensspange, hinzu: »Sie tragen die Ihren ja auch, Königliche Hoheit.« »Recht haben Sie«, sagte er schmunzelnd und gab mir die Hand.

Aber zurück nach Afrika. El Adem lag hinter uns, und die AA3 drehte nach Süden in Richtung auf das Wüstenfort Bir Hacheim, das von 3 000 Franzosen und einem Bataillon von 1000 jüdischen Freiwilligen unter General Pierre König verteidigt wurde. Um diese befestigte Stellung entbrannten tagelange heftige Kämpfe. Manche Historiker haben sie als die härteste Schlacht im Afrika-

Feldzug bezeichnet. Deutsche Stukas flogen mehr als eintausend Einsätze. Als wir endlich am 11. Juni in das Fort einrücken konnten, mußten wir entdecken, daß sich bis auf etwa 500 Verwundete und eine kleine Nachhut fast alle Verteidiger im Dunkel der Nacht abgesetzt hatten. Wir machten nur ein paar hundert Gefangene, fanden hingegen zahlreiche verlassene Waffen und ein Benzindepot. Das war angesichts der zunehmenden Versorgungsschwierigkeiten des Afrikakorps besonders willkommen. Alles – Munition, Verpflegung, Treibstoff, Ersatzteile – mußte ja über das Mittelmeer nach Nordafrika geschafft werden, war auf See den Angriffen der britischen Marine und der Air Force ausgesetzt, und das führte zu steigenden Verlusten.

Bir Hacheim bekam für mich über dreißig Jahre später noch einmal eine unerwartete Bedeutung, als ich Bundeskanzler Brandt zu einem offiziellen Besuch nach Paris begleitete. Sein Gastgeber war der damalige Ministerpräsident Pierre Messmer, und beim Smalltalk nach dem Mittagessen stellte sich heraus, daß er 1942 unter General König einer der Verteidiger des Wüstenforts gewesen war. Er bestätigte, daß außer den französischen Freiwilligen – den Free French Forces – auch polnische und jüdische Soldaten die Stellungen gehalten hatten. Sie alle konnten nach ihrem nächtlichen Rückzug aus der Festung doch noch den Anschluß an die Streitkräfte der 8. britischen Armee finden und den Kampf gegen uns fortsetzen. »Es ist gut, daß wir uns einmal kennenlernen – und auf so friedliche Weise!« sagte Messmer und prostete mir mit einem Cognac zu.

Gleich nach Bir Hacheim waren wir bei El Adem noch einmal in eine Panzerschlacht verwickelt, in deren Verlauf uns drei Lafetten-Soldaten ein Panzerspähkommandant das Leben rettete. Als er uns ungeschützt auf unserer nach allen Seiten offenen Plattform mit Kanone und Munition dem Feuer der britischen Panzer und der feindlichen Artillerie ausgesetzt sah, befahl er, unsere Lafette zu verlassen und in seinen Achtradpanzer zu klettern. Maximilian »Mäckie« Ziemke war Feldwebel und wir nur Gefreite, also hatte er das Sagen. Wir gehorchten und blieben unverletzt. Damals war ich achtzehn, wäre also nach heutigem Gesetz wahlberechtigt gewesen, aber im Dritten Reich gab es sowieso nichts zu wählen. Statt dessen war ich freiwillig an der Front und wollte mit einer erbeuteten britischen Lafette meinem Vaterland dienen. Mitte Juni 1942 wurde ich dann selber Kommandant eines unserer Vierrad-Panzerspähwagen, die damals mit einer 2cm-Kanone und einem MG bestückt waren. Mit diesem Fahrzeug habe ich anschließend in einem Spähtrupp unter der Führung eines Leutnants den weiteren Vormarsch nach Ägypten bis El Alamein erlebt. Aufklärungsabteilungen wie die AA3 – und da wiederum vor allem die Panzerspähtrupps – waren in Afrika oft die »Herren des Vorfeldes«. Unsere Aufgabe war es, in ebenjenem Vorfeld vor den größeren und deswegen meist langsameren deutschen Verbänden die gegnerischen Stellungen oder Marschbewegungen zu erkunden. Da trafen wir häufig auf Panzerspähwagen der 8. Armee, ganz besonders jene der Königlichen 11. Husaren. Die waren so etwas wie die AA3 der Engländer und hatten auch ganz ähnliche Aufträge. Ihre wippenden Funkantennen mit den kleinen Wimpeln waren oft auf weite Entfernung auch dann schon zu erkennen, wenn die Fahrzeuge noch hinter Hügeln verborgen waren. Ihr von uns abgehörter Funkverkehr wurde teils offen, teils verschlüsselt geführt. Erkannte Positionen des Gegners, also unsere, gaben sie stets offen durch, Angaben über ihre eigenen wurden verschlüsselt.

Auf dem rund 2 000 Kilometer langen Wüstenvormarsch bis El Alamein wurde häufig nachts gefahren oder geschlafen und nur am Tage gekämpft. Wir hatten gelernt, daß die Soldaten der 8. Armee morgens gern erst einmal ihren Tee kochten. Dazu füllten sie ihre viereckigen Benzinkanister mit Sand, kippten Treibstoff drauf und zündeten den an. Die Flamme entwickelte natürlich Rauch, und den konnten wir über eine Entfernung von einigen Kilometern über dem Wüstensand aufsteigen sehen. Löschten die Briten ihre Feuer und erstickten damit den Rauch, hieß das für uns: Jetzt geht es weiter mit den Gefechten. Den Panzerverbänden, Panzergrenadieren und großen Teilen der Artillerie weit voraus, waren wir auf uns selbst gestellt, wenn es darum ging, den richtigen Weg zu finden. Straßen gab es in der Wüste natürlich keine, wenn man von der einzigen Küstenstraße – der Via Balbia entlang des Mittelmeeres – einmal absieht. Also waren wir auf unsere unzuverlässigen Vorkriegskarten, den Kompaß, die Kilometerzähler der Fahrzeuge, nachts auf die Sterne und sonst auf die vereinzelt auftauchenden »Telegrafenpisten« angewiesen. Diese waren in Libyen von den Italienern und in Ägypten (dessen Grenze wir bald überschritten) von den Engländern angelegt worden, und ihre Masten hatten einmal Telefon- und Telegrafenleitungen getragen. Natürlich waren die Leitungen inzwischen verschwunden, aber die hölzernen Stangen gaben eine gewisse Orientierung. Ansonsten mußten wir auf der Geröllwüste wie Seeleute auf dem Meer navigieren, denn Ortschaften oder markante Geländepunkte gab es kaum.

Die Temperaturunterschiede zwischen Tag und Nacht waren enorm. Während wir uns tagsüber bis auf Hemd und kurze Hose entblößten, war es nachts nötig, sich einen Pullover und einen Mantel überzuziehen. Die mit den Afrika-Uniformen ausgegebenen, von uns zunächst mitleidig belächelten und verschmähten Bauchbinden taten gute Dienste. Und wenn wir mit unseren stählernen Panzerspähwagen in der prallen afrikanischen Sonne standen, dann heizten sich die Fahrzeuge wie Backöfen auf. Ein Propagandafilm der Wochenschau, den ich vorher in der Heimat gesehen hatte, machte sogar weis, daß man dann auf den Panzerplatten Spiegeleier braten könne – wenn man denn Eier und die Zeit dazu hatte. Besonders übel waren die Sandstürme, die Ghiblis. Sie hüllten Freund und Feind in einen gelb-grauen Schleier. Fast jede Gefechtstätigkeit fand ein Ende, und alle Marschkolonnen, egal ob im Angriff oder beim Rückzug, mußten während solcher Wüstenwinde ihre Fahrt verlangsamen oder standen still. Anders als die simplen Staubfahnen, die beim Marschieren in der Wüste von Rad- und Kettenfahrzeugen aufgewirbelt wurden, konnte sich niemand der Urgewalt dieser Stürme entziehen. Die Gegner blieben für beide Seiten unsichtbar.

Während des Vormarsches wurde es von Woche zu Woche schwieriger, die Fronttruppen zu verpflegen. Auch Munition und Ersatzteile für die Fahrzeuge und Waffen wurden knapp. Langsam, aber sicher ging dem Afrikakorps der Nachschub aus. Da traf es sich günstig, daß die Briten zu jener Zeit ihre eigenen Versorgungsdepots noch ziemlich dicht hinter ihren Linien angelegt hatten. Was mit deutschen oder italienischen Schiffen nicht mehr übers Mittelmeer kam, das fanden wir beim Vormarsch in reicher und oft exotischer Auswahl in erbeuteten Lagern der 8. Armee. Benzin mit hoher Oktanzahl (sogenanntes Fliegerbenzin) war dann ebenso willkommen wie echter englischer Tee oder stark gezuckerte, dicke englische Kondensmilch, Orangenmarmelade, Büchsenobst, Biskuits in Blechbüchsen, Corned beef und richtige englische Zigaretten. Vor der Rückkehr nach Deutschland hatte ich mir noch die Beine einer langen Unterhose mit Tee vollgestopft, an dem meine Mutter bis zu ihrer Flucht aus Schlesien eine Freude hatte.

Was die eigenen Versorgungseinheiten nach vorne an die Front schleppten, war weniger attraktiv. Nur hinter der Front, in Ruhestellung, gab es warmes Essen aus der Feldküche. Sonst gehörten zur Standardration unter anderem italienische Fleischdosen mit dem inhaltsleeren Aufdruck »AM«. Das war zwar die Abkürzung für Amministrazione Militare (Militärverwaltung), aber wir behaupteten, es hieße Alter Mann oder Armer Mussolini.

Hier ist vielleicht ein Wort zu den Italienern, unseren »Waffenbrüdern« in Nordafrika, am Platze. Wir haben oft Mitleid mit ihnen gehabt. Die meisten waren schlecht bewaffnet und unzureichend ausgerüstet, viele mangelhaft geführt. Manche Einheiten rückten zu Fuß in der Wüste vor, weil Fahrzeuge fehlten. Offiziere, Unteroffiziere und Mannschaften bekamen in einigen Divisionen noch dreierlei unterschiedliche Verpflegung. Es gab aber auch hervorragend ausgestattete Kampfeinheiten, die sich durch Tapferkeit und Einsatzbereitschaft auszeichneten. Die Panzerdivision Ariete war einer dieser Eliteverbände.

Inzwischen hatten wir Ägypten erreicht. Als wir eines Nachts an der Spitze eines größeren Verbandes – hinter unserem Spähtrupp noch die eigene AA3, aber auch die Aufklärungsabteilung AA33 und das Panzerregiment 5 – weiter nach Osten vorrückten, fuhr in der Dunkelheit eine andere Kolonne direkt neben uns in gleicher Richtung. Wir dachten zunächst, es seien die eigenen Truppen. Bis wir dann feststellen mußten, daß wir eine im eiligen Rückzug befindliche indische Division zum unmittelbaren Nachbarn hatten. Wir gehorchten dem Gesetz der Überzahl und ließen den Großteil dieser gegnerischen Einheit im Dunkel der Nacht an uns vorüberziehen. Wir dachten – zu Recht, wie sich herausstellte –, der Gegner werde uns schon nicht bemerken. Dann packte uns aber doch der Ehrgeiz. Als die offensichtlich letzten Fahrzeuge der für uns überraschenden Begleitung anrollten, stellten wir unsere Spähwagen quer in deren Kolonne und machten eine Handvoll verdutzter Gefangener. In Kurzverhören kam schnell heraus, wer sie waren. Ihr Erstaunen war kaum geringer als unseres. Der ganze Spuk war in knapp einer halben Stunde vorüber. Nachrückende deutsche Verbände übernahmen die Gefangenen und kümmerten sich um das erbeutete Gerät: Drei Schützenpanzerwagen und zwei Kanonen von jenem Typ, der von den Soldaten des Afrikakorps »Ratsch-Bumm« genannt wurde.

Ein paar Nächte später, südlich vom kleinen ägyptischen Hafen Marsah Matruch, hielten wir in einem der zahllosen Wadis – im Sommer ausgetrocknete, in die Wüste eingeschnittene Flußtäler – für ein paar Minuten an, um uns mit Kompaß und einem Blick auf die Sterne für die Weiterfahrt zu orientieren. Wir waren dem Gros des Afrikakorps weit voraus und glaubten uns ganz allein in der mondlosen Nacht. Ein Abenteuer meines Urgroßvaters kam mir in den Sinn, der im Krieg 1870/71 weit hinter die französischen Linien geraten war. Als badischer Leutnant gehörte er gleich zu Beginn des Krieges zu einer Fernpatrouille zu Pferde, die der württembergische Hauptmann Graf Zeppelin anführte, jener Graf Zeppelin, der später als Erbauer der nach ihm benannten Luftschiffe Berühmtheit erlangte. In einem elsässischen Dorf machten sie kurze Rast im Schirlenhof. Dort wurden sie von französischen Soldaten gestellt und in ein Feuergefecht verwickelt. Mein Urgroßvater hatte sich gerade eine Zigarre angezündet, löschte sie wieder, legte sie in sein silbernes Etui zurück und vermerkte auf einem Notizblatt: »Das Feuer gab der Feind.« Zigarrenrest, Etui und Notiz sind noch heute im Besitz der Familie.

Mein Urahn kam in französische Gefangenschaft und heiratete nach Kriegsende die Freiin von Scharffenstein, eine Tochter des späteren Großherzogs von Baden, Friedrich Wilhelm Ludwig. Auf diese Weise sind die Wechmars mit einer Reihe von Königshäusern Europas verwandt. An dem Erkundungsritt Zeppelins nahmen neben meinem Urgroßvater auch die badischen Leutnants de Villiers und Winsloe teil. Der eine stammte als Hugenotte aus französischer Familie, der andere war britischer Abstammung. Sie waren alle Teil dessen, was man heute eine multinationale Patrouille nennen würde.

An diese Episode mußte ich denken, als in der mondlosen Nacht im ägyptischen Wadi plötzlich eine kleine britische Einheit von knapp einem Dutzend Fahrzeuge auftauchte. Wir zogen unsere drei Panzerspähwagen schnell auf den Rand des Wadis und spähten in die Dunkelheit. Die Kolonne hielt, und die Männer fingen an, ihre Fahrzeuge zu betanken. Bei ihrer gehetzten Flucht vor den deutschen Verfolgern hatten sie noch keine Pause einlegen können. Wir eröffneten das Feuer und schossen einen der Lastwagen in Brand, einen Munitionstransporter, wie sich herausstellte. Die explodierende Munition erhellte die Nacht, die meisten der britischen Soldaten wurden gefangengenommen, andere entkamen zu Fuß in die Nacht.

Über vierzig Jahre später hatte diese Begegnung noch ein Nachspiel. Als Botschafter in Großbritannien war ich gebeten worden, nach Cardiff in Wales zu kommen, weil der damalige Oberbürgermeister von Stuttgart, Manfred Rommel, der Stadt Cardiff ein Geschenk überreichen wollte. Der Sohn meines ehemaligen Oberbefehlshabers in Nordafrika hatte bleigefaßte Fenster für das Rathaus im Gepäck. Stuttgart und die walisische Hauptstadt waren schon seit langem eine Städtepartnerschaft eingegangen, und die Fenster sollten die Freundschaft unterstreichen. Die festliche Übergabe des Geschenks im Rathaus wurde von mancherlei schönen Reden und vielen Chören umrahmt, wobei man wissen muß, daß die Waliser ebenso stimmgewaltige wie begeisterte Sänger sind. Als die Präsentation vorüber war, lud der Bürgermeister von Cardiff noch in sein Haus zu einem kleinen Umtrunk ein. Auf dem Weg dorthin nahm er mich beiseite, um mir zu sagen, daß ich nun noch den Bischof von Llandaff kennenlernen würde. Der sei als Soldat auch in Nordafrika – im Western Desert, der westlichen Wüste, wie die Briten sagen – gewesen und dort in Gefangenschaft geraten.

So präpariert, war es ein leichtes, den Bischof an seinem Gewand zu erkennen und auf ihn zuzugehen. Ihm war seinerseits gesagt worden, daß auch ich am Afrika-Feldzug teilgenommen hatte, und so wandte sich unser Gespräch recht bald von den bleiverglasten Fenstern dem Zweiten Weltkrieg zu. Und rasch stellte sich heraus, daß es ausgerechnet unser Spähtrupp gewesen war, der ihn im Juni 1942 gefangennahm. Er hatte zu jener Artillerie-Einheit gehört, die wir im Wadi aufstöberten und deren Munitionslastwagen wir in Brand schossen. Für den Bischof – dessen 1120 gebaute Kathedrale in Llandaff unweit Cardiffs von deutschen Bomben im Krieg zerstört wurde – war das nächtliche Erlebnis jedoch nicht das Ende einer Odyssee. Er und seine Kameraden waren nach der Gefangennahme von uns an rückwärtige Einheiten übergeben worden und schließlich bei italienischen Truppen gelandet. Denen habe er, so erzählte der Kirchenfürst, mit Hilfe seiner Lateinkenntnisse zu erklären versucht, daß er von Deutschen und nicht von Italienern gefangengenommen worden sei. Er sei deutscher Kriegsgefangener und wünsche mit seinen

Kameraden wieder den Deutschen überstellt zu werden. So geschah es denn auch. »Was für ein Fehler«, sagte der Bischof. »Für den Rest meines Lebens habe ich bitter beklagt, Latein gelernt zu haben. Ein Großteil Italiens schied 1943 aus dem Kriege aus, und wir hätten nach Hause fahren können. Aber so mußten wir noch zwei Jahre länger in einem deutschen Kriegsgefangenenlager aushalten.« Er ließ nicht gelten, daß sie ja auch in einem italienischen Lager im Norden des Landes hätten festgehalten werden können, wo Mussolini sich noch bis 1945 an der Macht hielt. Wir schieden als Freunde und haben bis zu seinem Tode noch gelegentlich korrespondiert.

Dem Vater von Manfred Rommel, dem späteren Feldmarschall Erwin Rommel, bin ich mitten in der Wüste zweimal begegnet. An einem Morgen während des Vormarsches nach El Alamein mußte die Aufklärungsabteilung vor einem Minenfeld halten, und der Kommandeur befahl Pioniere nach vorn, um eine Gasse durch das Feld räumen zu lassen. Solche Minenfelder gab es viele in der Wüste. Manche waren sorgsam mit kleinen Schildern gekennzeichnet, um Freund und Feind vor dem Weiterfahren zu warnen. Und an so einem Sperrgebiet waren wir zum Stehen gekommen. Wie die in englischer Sprache abgefaßten Warnschilder zeigten, war es ein britisches Minenfeld. Während wir noch auf die Pioniere und ihre Räumarbeit warteten, tauchte hinter uns eine Staubwolke auf. Fahrzeuge näherten sich in großer Geschwindigkeit: General Rommel in seinem Befehlspanzer, einem erbeuteten britischen Mammut mit Balkenkreuz und Begleitschutz. Er rief nach dem Kommandeur und verlangte eine Erklärung, warum die AA3 den Vormarsch nicht fortsetze. Major Wolfgang Everth zeigte auf das Minenfeld und berichtete von seinem Befehl an die Pioniere. Rommel blickte kurz nach vorn, dann strafend auf den Kommandeur und befahl »Fahren Sie mir hinterher!« Sprach's und fuhr allen voraus direkt in das Minenfeld hinein. Und nichts passierte. Es war nur eines jener Schein-Minenfelder, wie sie die britische 8. Armee an vielen Stellen angelegt hatte, um unser Vorrücken zu verlangsamen. Rommel hatte wieder einmal den richtigen Riecher gehabt. Es hätte genausogut schiefgehen können.

Ein anderes Mal war ich mit meinem Spähwagen aus der Kolonne ausgeschert, um aufzutanken. Wieder die Staubwolke, wieder der Mammut mit Rommel. Er führte, wie so oft, das Afrikakorps von vorn. Sein Befehlspanzer hielt neben mir, und Rommel rief herüber (obwohl er genau sehen konnte, was gerade geschah):»Warum stehen Sie hier?«»Wir tanken, Herr General«, meldete ich zurück. »Fahre Sie, fahre Sie, dann brauche Sie net zu tanke«, scholl es im schönsten Schwäbisch zurück. Rommel rückte sich die berühmt gewordene Staubbrille von der Mütze wieder vors Gesicht und brauste ab.

In der El Alamein-Stellung angekommen, wurde die AA3 am Südflügel der Front eingesetzt, direkt oberhalb der Kattara-Senke. El Alamein selbst liegt an der Mittelmeerküste und war damals ein kleines Kaff mit einer gottverlassenen Station für die Eisenbahn von Alexandria nach Marsah Matruch. Es gab der ganzen Stellung ihren Namen. Die Kattara-Senke ist eine ausgetrocknete Salzwüste, rund 130 Meter unter dem Meeresspiegel, auf der sich schwere Fahrzeuge nicht bewegen konnten, weil sie sogleich einsanken. Mit diesem natürlichen Hindernis war das Afrikakorps sicher vor feindlichen Umgehungsmanövern. Für Panzerspähwagen war der nun beginnende Stellungskrieg an der El Alamein-Front ziemlich ungeeignet. Spähtrupps müssen sich bewegen können, im Sand eingegraben sind sie reichlich nutzlos. Da traf es sich gut, daß an einem der letzten Tage des Vormarsches die 2cm–Kanone meines Panzerspähwagens eine Ladehemmung bekommen hatte, die wir nicht alleine beheben konnten. Auch andere Fahrzeuge der Spähkompanie waren reparaturbedürftig geworden. Also wurden wir aus der Front gezogen und nach Marsah Matruch in Marsch gesetzt, in dessen Nähe Werkstätten und Waffenmeistereien des Afrikakorps einen neuen, vorgeschobenen Standort bezogen hatten.

Während sich die Mechaniker um unsere Geräte kümmerten, genossen wir den breiten Strand, das Meer und die Ruhe. Es gab genug Wasser, und ich konnte mir endlich meinen mehrere Wochen alten Wüstenbart abrasieren. Wir wuschen unsere Uniformen im Mittelmeer, trockneten sie in der Sonne und entdeckten dabei, daß die olivgrüne Farbe von Hemden, Jacken und Hosen im Salz rasch ausbleichte. Sie wurden fast weiß. »Afrikanerweiß« hieß das in der Heimat. Die deutschen Stoffarben der Kriegszeit waren offenkundig auch nicht mehr das, was sie einmal gewesen waren.

Meine defekte Kanone war wohl doch schwieriger zu reparieren, als zunächst angenommen. Es würde noch drei Tage länger dauern, sagte der Chef der Waffenmeisterei. Nun, mir war das recht. Denn jetzt konnte ich einem Wunsch meiner Familie folgen und einen ihr befreundeten Luftwaffengeneral besuchen. Seine Befehlsstelle war knapp fünfzig Kilometer entfernt, und ich machte mich mit dem kanonenlosen Spähpanzer auf den Weg. General Otto von Waldau war »Fliegerführer Afrika«, das heißt, ihm unterstanden alle in Nordafrika eingesetzten Einheiten der Luftwaffe: Bomber, Stukas und Jagdflieger.

Die Befehlszentrale des Generals war in einem Omnibus eingerichtet, den man in einem Wadi unter einem Tarnnetz versteckt hatte. Ein freundlicher Major, dem ich mein Anliegen vorgetragen hatte, enttäuschte mich mit der Mitteilung, daß der Chef einen Feldflugplatz inspiziere und erst später wiederkommen werde. Ob ich nicht im Bus Platz nehmen wolle und Appetit auf einen Kaffee hätte. Ich wollte und hatte und war erstaunt darüber, wie zuvorkommend ein Major gegenüber einem Gefreiten sein konnte. Denn mehr war ich immer noch nicht geworden. Er ließ mir dann noch einen zweiten Kaffee servieren, aber den Freund unserer Familie konnte er auch nicht herbeischaffen. Es wurde schließlich so spät, daß ich mich verabschieden mußte, ohne den General gesehen zu haben. Ich bat den Major, ihm meine und meiner Familie Grüße auszurichten, bedankte mich und sagte »Auf Wiedersehen«. Und konnte nicht ahnen, daß dieser Abschiedsgruß 1958 in New York Wirklichkeit werden würde. Der hilfsbereite Major Bernhard Woldenga beendete den Krieg als Oberst und Ritterkreuzträger und wurde dann Direktor der New Yorker Niederlassung der Speditionsfirma Schenker. Ich traf ihn wieder bei einer Veranstaltung der deutsch-amerikanischen Handelskammer. Drei Jahre später wurde er mein Schwiegervater. Wer einem in der Wüste so alles begegnen kann...

Als ich mit meinem wieder einsatzfähigen Panzerspähwagen zur Aufklärungsabteilung zurückgekehrt war, bekamen wir einen neuen Auftrag: Wir sollten britische Sabotagetrupps jagen, die hinter unseren Linien »Rabbatz« machten. Unter dem Befehl des legendären Colonels David Stirling waren von den britischen SAS (den Special Air Services) Sondereinheiten aufgestellt worden, die des Nachts deutsche Flugplätze und Versorgungslager überfielen und beträchtlichen Schaden anrichteten. Anfangs wurden diese Kommandotrupps mit Fallschirmen hinter unseren Stellungen in der Nähe ihrer Ziele abgesetzt. Bald stellte sich allerdings heraus, daß die meisten der so eingesetzten Soldaten wenig Chance hatten, wieder zur 8. Armee zurückzukehren. Ohne Fahrzeuge waren sie zu unbeweglich. Also änderten die Briten die Methode und schickten ihre Sabotage-Einheiten in Gruppen von je drei Jeeps los. Wir vermuteten, daß ein Teil von ihnen versuchte, sich entlang der Kattara-Senke im Süden des Afrikakorps an uns vorbei und in unser Hinterland zu schleichen. Und das war genau dort, wo die AA3 in Stellung lag. Wir waren also gerade in der richtigen Gegend.

Schon gleich bei unserem ersten Spähauftrag hatten wir Glück. Wenige Meter oberhalb der Salzwüste und zwischen den zur Senke abfallenden Hügeln stießen wir am frühen Morgen auf einen solchen Dreierpack. Die neun Tommies, in jedem Fahrzeug drei Mann, hatten anhalten müssen, weil einem ihrer Jeeps ein Reifen geplatzt war. Sie erkannten uns zu spät für einen Schußwechsel und versuchten zu flüchten. Die Besatzung aus dem Wagen mit dem Platten hastete zu den anderen beiden Jeeps, sprang auf, und weg waren sie alle. Uns blieb nur der stehengebliebene Wagen.

Aber selbst das sollte sich als nützlich erweisen. In der Hast hatten sie in dem fahruntüchtigen Jeep für uns Interessantes hinterlassen. Zum Beispiel Karten, auf denen ihr Einsatzplan verzeichnet war. Und Lebensmittelrationen für ihren offenkundig auf mehrere Tage geplanten Sonderauftrag. Am Armaturenbrett hing eine Armbanduhr. Die war mir willkommen, denn mein Zeitmesser hatte den Wüstensand nicht überstanden. Der Sabotagetrupp war uns zwar entwischt, aber wir konnten – mit dessen Einsatzplan in der Hand – davon ausgehen, daß er den nun nicht mehr ausführen würde. Andere Kommandos hatten kurz darauf Maschinen des deutschen Jagdgeschwaders 27 in die Luft gesprengt.

Über vierzig Jahre später kam ich auf die ganze Sache zurück. Als Botschafter in London bat ich 1988 meinen Verteidigungsattaché, den Brigadegeneral Berthold Graf von Stauffenberg, doch einmal bei seinen britischen Kameraden herumzuhören, ob Colonel Stirling noch am Leben sei. Bald wußten wir, daß er in London wohnte, und so lud ich ihn zu einem Mittagessen in die Botschafterresidenz ein. Inzwischen war er General und geadelt worden. Er kam in Begleitung anderer ehemaliger Offiziere der SAS, und ich mußte ihm meine Begegnung mit seinen Männern oberhalb der Kattara-Senke schildern. Mit von der Partie war

Oberst a.D. Eduard »Edu« Neumann, einstmals Geschwaderkommodore des JG 27, dessen Flugzeuge Ziel von Stirling-Einheiten gewesen waren.

Als ich die im verlassenen Jeep gefundenen Karten mit dem Einsatzplan erwähnte, wurde er fuchsteufelswild. »Wer war das?« wollte er von mir wissen. »Wie sahen die Leute aus?« Da konnte ich ihm nun wirklich nicht behilflich sein, obgleich man ihm noch 46 Jahre später seinen Ärger über die Leichtfertigkeit seiner Soldaten anmerkte. Ich versuchte ihm eine Brücke zu bauen, indem ich ihm die damals erbeutete Uhr über den Tisch reichte. Ich würde sie gern dem früheren Besitzer zurückgeben, wenn er denn ausfindig gemacht werden könne, sagte ich. Dann ließe sich ja vielleicht auch feststellen, wer damals in dem Jeep saß. Stirlings Leute haben anschließend ergebnislos nach dem Mann gesucht. Und so ist die Uhr – eine britische Armeeuhr, wie Stirling feststellte – noch immer in meinem Besitz. Sie hat mir allerdings noch eine andere Erkenntnis vermittelt. Als amerikanischer Kriegsgefangener hatte ich im Lager das Uhrmacherhandwerk gelernt und dabei entdeckt, daß sich die britische Armeeuhr und die deutsche Wehrmachtsuhr nur in einem voneinander unterschieden: dem Zifferblatt. Das deutsche war schwarz, das britische silberfarben. Die eigentlichen Uhrwerke waren absolut identisch. Alle von einer Schweizer Firma gefertigt. Die Neutralen belieferten beide Seiten.

Die SAS-Einheiten waren übrigens nicht identisch mit der sogenannten Long Range Desert Force, die noch viel weiter als Stirlings Leute hinter unseren Linien operierten. Auch hatten sie nichts gemein mit Popsys Private Army, ein Freiwilligenverband aus Angehörigen verschiedener Nationen, die sich gleichfalls um unsere Nachschublinien »kümmerten«. Die Männer von der SAS waren alle Berufssoldaten. Der Feldzug in Libyen und Ägypten zeichnete sich überhaupt durch mancherlei Sonderheiten aus, die ihn von den Schlachten auf anderen Kriegsschauplätzen unterschieden. Von den Orten an der Küste wie Bengasi, Tobruk, Bardia und Marsah Matruch einmal abgesehen, gab es fast keine Zivilbevölkerung, die unter den Kämpfen zu leiden hatte. Vereinzelt begegneten uns nomadisierende Araber mit ihren Kamelen, die wir in der flimmernden Hitze über weite Entfernungen manchmal für feindliche Fahrzeuge hielten. Und es gab auch keine SS und keine Konzentrationslager. Es war, wie britische Historiker nach dem Krieg immer wieder betonten, ein harter, aber fairer Krieg, an dem nahezu ausschließlich nur die kämpfende Truppe beider Seiten beteiligt war.

Bei meiner Ankunft als Botschafter in London 1983 begrüßte mich die »Daily Mail« mit einem besonders freundlichen ganzseitigen Bericht unter der Überschrift »From Panzer to Palace« (Vom Panzer zum Palast) mit einem Foto, das mich vor der erbeuteten britischen Lafette zeigt. Meine Afrika-Vergangenheit hat mir während meiner Botschafterzeit mehrfach hilfreiche Dienste geleistet. Die Hochachtung der Briten, ganz besonders der Kriegsveteranen, vor Erwin Rommel und seinem Afrikakorps übertrug sich in gewissem Sinne auch auf den deutschen Botschafter. Daß die 8. Armee den legendären und zunächst so erfolgreichen Feldmarschall und sein Afrikakorps dann doch geschlagen und den Feldzug in Nordafrika für sich entschieden hatte, war zum Ruhmesblatt für die britischen Streitkräfte geworden. Der Respekt vor dem deutschen Gegner verdoppelte die Hochachtung vor der eigenen militärischen Leistung. Abgesehen von den gemeinsamen Beschwernissen wie Hitze, Staub, Sandstürmen und Fliegen, gab es noch ein anderes, ein musikalisches Band zwischen den Soldaten beider Seiten: Lili Marleen, das Lieblingslied der deutschen und britischen Afrikasoldaten. Der Soldatensender Belgrad strahlte es nach dem deutschen Einmarsch in Jugoslawien jeden Abend um 21.57 Uhr mit Richtstrahler nach Nordafrika aus. Im Belgrader Funkstudio war Leutnant Karl Heinz Reintgen der Chef. Vor dem Frankreichfeldzug diente er bei der 2. Panzerspähkompanie meiner eigenen AA3, und dort war das Lied schon ein »Hit« gewesen. Also nahm er die Platte mit nach Belgrad und schickte die Melodie über den Äther, eigentlich für seine alten Kameraden von der Aufklärungsabteilung. Lale Andersen hatte den Song zum ersten Mal 1938 im Berliner Kabarett der Komiker von Willy Schäffers vorgetragen, und zwar eher erfolglos. Reintgen machte das Lied von der Laterne vor der Kaserne zu einem Stück Kriegsgeschichte. Nach dem Krieg wurde er Chefredakteur beim Saarländischen Rundfunk.

In der El Alamein-Stellung erreichte mich und die anderen Fahnenjunker ein neuer Marschbefehl: zurück nach Berlin zur weiteren Ausbildung. Vom inzwischen eroberten Tobruk wurden wir – wieder mit einer JU 52 und wieder ganz dicht über dem Meer – nach Brindisi geflogen, und von dort ging es per Bahn zurück in die Reichshauptstadt.

Unser erster Standort war die Lehrguppe für Offiziersanwärter in Krampnitz, wo wir im taktischen Einsatz von Panzerspäh-Einheiten fortgebildet werden sollten. Für eine Nachtübung lautete einmal der Auftrag, den kleinen Ort Caputh in der Nähe von Potsdam »einzunehmen«. Damals wußten wir nicht, daß Albert Einstein dort bis 1933 ein Landhaus besessen und bis zur nationalsozialistischen Machtergreifung Ehrenbürger gewesen war. 1994 kehrte ich nach Caputh zurück, als die liberale Fraktion des Europa-Parlaments im nahen Potsdam eine Sitzung abhielt und sich deren deutsche Mitglieder zu einer Vorbesprechung just in jenem Dorf in der Gaststätte Wolf versammelten. Ein merkwürdiges Wiedersehen, denn in dem DDR-Dorf schien sich seit dem Kriege nicht das geringste verändert zu haben. Als sei die Zeit stehengeblieben.

In Krampnitz war für uns Fahnenjunker wieder der Oberleutnant Jürgen Graf Rittberg der Lehrgruppen-Chef, den ich ja schon aus Stahnsdorf kannte. Diesmal ging es aber nicht mehr um die Rekrutenausbildung, sondern um die Fortbildung am Spähwagen und ums Scharfschießen auf dem Truppenübungsplatz Döberitz. Rittberg kümmerte sich aber auch um unseren gesellschaftlichen Schliff. Bei mancherlei Tanzfesten mit jungen Damen des Kaiserin-Augusta-Viktoria-Stifts und des Mädcheninternats von Hermannswerder oder bei den Berliner Baltenbällen sorgte er dafür, daß es keine Mauerblümchen gab und niemand sitzenblieb. Und die Mädchenmütter wachten auf dem sogenannten »Drachenfels«, daß wir unseren Tanzpflichten genügten. Und das alles mitten im Krieg. Mit dem Vergnügen war um Mitternacht Schluß, wenn es hieß: zurück in die Kaserne.

Im August war ich in Krampnitz Fahnenjunker-Unteroffizier geworden, und vier Monate später, am 1. Dezember 1942, wurde ich mit neunzehn Jahren Leutnant. Mein Vater lud mich in den Berliner Presse-Club zum Essen ein, meine Mutter war stolz, und ich bekam wieder einmal einen Marschbefehl. Diesmal zur Ausbildung als Kompanieführer in der Panzertruppenschule vor den Toren Berlins. Damit begann für mich das Jahr 1943. Am 18. Februar wurde uns befohlen, an jener denkwürdigen Kundgebung im Berliner Sportpalast teilzunehmen, auf der Goebbels seine berüchtigte Endlosrede mit der donnernden Frage hielt »Wollt ihr den totalen Krieg?« und ihm brausende Zustimmung mißgeleiteter Massen entgegenjubelte. Wir waren zu spät im Sportpalast angekommen und fanden nur noch Plätze unter dem Dach, weit entfernt von Rednertribüne und Jubelpublikum. Wir waren alle an der Front gewesen, die meisten in Rußland, und hatten für derlei Aufwiegelung wenig Verständnis. Wir machten unserem Ärger durch bittere Kommentare und Zwischenrufe Luft. Neben uns sitzende Parteigenossen mischten sich schimpfend ein. Es wäre fast zur Schlägerei gekommen. Unser aufsichthabender Offizier erkannte die brenzlige Situation und befahl vorzeitigen Abmarsch. Wir müßten rechtzeitig zurück in die Kaserne, sagte er den wütenden Nazis.

Im April 1943 war der Lehrgang zu Ende, und wiederum hieß es für einige von uns: auf nach Afrika und zurück zur Aufklärungsabteilung 3. Diesmal war in der alten Hafenstadt Ostia westlich von Rom eine Zwischenstation vorgesehen. In einer schrulligen Villa am Meer war dort die »Führerreserve Afrika« einquartiert, wo wir auf unseren Abruf an die Front warten sollten. Die hatte sich mittlerweile nach dem Rückzug aus El Alamein durch Ägypten und Libyen kämpfend bis nach Tunesien, also weit nach Westen, zurückziehen müssen. Rommels Afrikakorps war geschlagen. Bei Casablanca waren inzwischen die Amerikaner gelandet und hatten im Norden Tunesiens in die Kämpfe gegen eine dort neugebildete »Panzerarmee Afrika« eingegriffen. Das Ende des Feldzuges deutscher Truppen in Nordafrika war eigentlich abzusehen. Um so mehr erstaunte uns am zweiten Osterfeiertag ein Anruf der Personalabteilung des Heeres, der einen anderen Leutnant und mich zur AA3 in Marsch setzte. Dabei hatten wir uns gerade bei einem Althändler in Ostia Zivilkleidung besorgt, weil Rom mittlerweile zur offenen Stadt erklärt worden war und nicht mehr in Uniform besucht werden durfte. Und wir hatten gehofft, die Wartezeit zu Ausflügen in die Ewige Stadt nutzen zu können.

Wir sollten uns in Salerno melden, von wo wir per Schiff nach Tunesien gebracht werden würden. Im Hafen von Salerno warteten zwei Zerstörer auf andere Soldaten und uns. Es stellte sich schnell heraus, daß es sich bei einem der zwei Kriegsschiffe um einen eher altersschwachen deutschen Zerstörer handelte, und der trug den ehrwürdigen Namen »Hermes«. Er war ursprünglich britischer Bauart, dann den Griechen verkauft und schließlich von den Deutschen übernommen worden, als diese Griechenland besetzten. Also nicht mehr ganz taufrisch und entsprechend langsam. Auf dem wurden wir eingeschifft. Die »anderen Soldaten« gehörten zu einer Pionierkompanie der Fallschirmjägerdivision »Hermann Göring«, die Sprenggerät, Minen und Munition mit sich führte. Mit diesem Himmelfahrtskommando ging es an einem frühen Morgen, noch vor Tagesanbruch, los. Schon bei Capri gab es U-Boot-Alarm. Und draußen, auf offener See, »begrüßten« uns bei Helligkeit britische Jagdbomber, die von Malta aufgestiegen waren. Mehrere Stunden lang stürzten sich über 150 Maschinen auf die beiden Zerstörer. Das andere Kriegsschiff, der unter italienischer Flagge fahrende Zerstörer »Pancaldo«, wurde versenkt, wir feuerten mit Flak und Maschinengewehren, was die Rohre hergaben, und konnten neun Jagdbomber abschießen. An Bord gab es keine Toten, aber einige Verwundete. Ich bekam ein paar Splitter in die Beine. Die Maschinen der »Hermes« leisteten Schwerarbeit, um den Zickzack-Kurs zu halten, mit dem wir den Angriffswellen zu entgehen suchten. Schließlich erreichten wir doch noch La Goulette, den Hafen von Tunis. Von dort meldeten wir uns bei der sogenannten Frontleitstelle, wo man uns mitteilte, daß wir zur AA3, die ganz im Süden von Tunesien in schwere Abwehrkämpfe verwickelt war, nicht mehr durchkommen würden. Wir wurden anderen Einheiten zugeteilt.

Ich landete bei einem Infanteriebataillon, das ostwärts vom gerade kampflos geräumten Mateur in Stellung lag. Gegenüber von uns Amerikaner. Dort blieb die Front, von gelegentlichen Artillerieduellen und Spähtruptätigkeit abgesehen, bis auf weiteres ruhig. Außer den morgendlichen Runden des »Milchmanns vom Dienst«, einem Aufklärungsflieger der amerikanischen Air Force, der unsere Stellungen abflog, Bomben abwarf und uns mit MG-Salven bestrich. Mit einem Piloten, der dann viele Jahre danach als Korrespondent der »New York Herald Tribune« in Bonn mein Kollege wurde.

Als der Mai kam und erkennbar wurde, daß sich die Panzerarmee Afrika, das Afrikakorps und ihre italienischen Verbündeten auf immer kleiner werdendem Raum nicht mehr lange würden halten können, traf mein Bataillonskommandeur eine mutige Entscheidung. Ich sollte an der Nordküste Tunesiens, in der Gegend von Cap Bon, erkunden, ob dort genügend Schiffsraum verfügbar sei, um seine Einheit nach Italien zu bringen. Mutig deswegen, weil dies vor einem Kriegsgericht als Vorbereitung zur Flucht aus dem Schlußkampf hätte gedeutet werden können. Meine Erkundung blieb erfolglos, denn auch andere waren auf diese Idee gekommen: Tausende suchten nach Absetzwegen über See. Aber es gab, von ein paar Siebelfähren abgesehen, gar keine Schiffe. Und dann kam die Kapitulation, zunächst im Norden und anschließend im Süden von Tunesien. Hunderttausende gingen in Gefangenschaft. Dazu sollten wir uns an vorbestimmten Sammelstellen einfinden, Waffen und Fahrzeuge abgeben und auf die Anweisungen der alliierten Truppen warten. In einer solchen Sammelstelle traf ich den anderen jungen Leutnant, Burgmann von Schweinichen, der sich mit mir aus Ostia auf dem Zerstörer vergeblich auf den Weg zur AA3 gemacht hatte. Er sowie der zufällig auch dort anwesende spätere Pressereferent der Stadt Bonn, Ernst Schwaegermann, und ich beschlossen, uns der Gefangennahme zu entziehen.

Der Gedanke an ein Lager in Afrika, womöglich noch in französischer Hand (Tunesien war bis zum Eintreffen der deutsch-italienischen und später der anglo-amerikanischen Divisionen französisches Protektorat gewesen), an eine Gefangenschaft in der Wüste weckte den Wunsch in uns, so schnell wie möglich nach Hause zu kommen, auch wenn »nach Hause« dann bedeutet hätte, wieder an irgendeine Front geschickt zu werden.

Aber es kam alles ganz anders. Zunächst einmal wollten wir nach Spanisch-Marokko flüchten und von dort nach Deutschland zurückkehren. Schwaegermann hatte einen Volkswagen-Kübel zur Sammelstelle gebracht, und den verwandelten wir in ein geeignetes Fluchtauto. Die Fahrzeug-Kennzeichen mit dem verräterischen WH (Wehrmacht Heer) beschmierten wir vorn und hinten mit Kuhfladen, tankten das Fahrzeug mit Benzin auf, das wir von einem herumstehenden LKW abluden, und machten uns bei Einbruch der Dunkelheit auf den Weg. Das allgemeine Durcheinander von kapitulierenden deutschen Soldaten, von Amerikanern, von Waffen, Gerät und Fahrzeugen ließ jeden mit sich selbst beschäftigt sein.

Wir streiften unsere Mäntel über, entfernten die Rangabzeichen und fuhren los, in Richtung Westen, immer entlang der Küstenstraße von Tunesien nach Algerien. Endlose Kolonnen amerikanischer Verbände kamen uns entgegen, und einige Male wurden wir von Militärpolizei angehalten. Schwaegermann sprach gut französisch und war zunächst erfolgreich mit seiner Behauptung, wir seien französische Flüchtlinge, die nach Hause wollten.

Tagsüber verließen wir die Straße und schliefen irgendwo im Feld. Nach ein paar Tagen vorsichtiger und langsamer Nachtfahrt waren wir in Algerien, noch immer viele, viele Kilometer von dem vermeintlich rettenden Marokko entfernt. (Später hörten wir, daß jene, die es bis dorthin geschafft hatten, gleich für den Rest des Krieges interniert worden waren.) Aber eines Morgens wurden wir leichtsinnig, kehrten bei einem algerischen Bauern abseits der Straße ein und baten um etwas zu essen. Er führte uns in seine Scheune und brachte uns Brot, Eier und Tee. Nach der kleinen Mahlzeit legten wir uns schlafen, neben uns der Volkswagen auf der Tenne der Scheune. Wenig später wurden wir unsanft geweckt.

Ein Trupp amerikanischer Soldaten trieb uns mit Karabinern im Anschlag aus unserem Feldquartier. Wir waren der erste »Feind«, den die frisch aus den USA angelangten GIs zu Gesicht bekamen, und sie reagierten erkennbar nervös und ängstlich. Wir mußten uns draußen aufstellen und Namen, Dienstgrad und unsere Einheit nennen – wie es die Genfer Konvention über die Behandlung von Kriegsgefangenen vorschreibt. Denn das waren wir jetzt wirklich. Der Sergeant an der Spitze der kleinen Gruppe hatte uns auf Waffen durchsuchen lassen und befahl uns, auf einen bereitstehenden LKW zu klettern. Dabei lernten wir zum ersten Mal den Unterschied zwischen amerikanischem und britischem Englisch kennen. »Get aboard that truck«, hatte der Sergeant gebrüllt. Was denn ein »truck« sei, fragte ich zurück. Der Amerikaner zeigte auf den LKW. »But that is a lorry«, wagte ich mit meinem in Spandau gelernten britischen Englisch zu verbessern. Der Sergeant wurde nicht freundlicher.

Als der Lastwagen mit uns schon anrollte, sorgte Schwaegermann noch für eine Überraschung. Aus der Manteltasche zog er eine Eierhandgranate, riß den Zünder und warf sie in die Scheune. Die fing Feuer und brannte mitsamt unserem VW ab. Und der Sergeant war stinkwütend, wohl weniger über uns als über seine Männer, die uns offenkundig nicht sorgfältig genug nach Waffen durchsucht hatten. Später haben wir erfahren, daß die Amerikaner in Algerien Kopfprämien von mehreren tausend Vorkriegsfrancs auf die Ergreifung deutscher Soldaten ausgesetzt hatten. Unser freundlicher Bauer hatte sich wohl eine solche Prämie verdienen wollen, aber durch den Verlust seiner Scheune wird ihm nicht viel geblieben sein. Schweinichen war zuvor noch aufgefallen, daß unsere Kuhfladentarnung der Kennzeichen während unserer Fahrt vom Regen abgewaschen worden war. Für jedermann sichtbar prangte das WH auf den Nummernschildern. Wir wurden in unserem ersten Kriegsgefangenenlager in der Nähe von Bone (Algerien) abgeliefert, registriert und verhört. Lagerkommandant war ein britischer Captain polnischer Abstammung, der fließend deutsch sprach. Das Zeltlager war nagelneu und bei unserer Ankunft fast leer. In der darauffolgenden Woche füllte es sich bis zur Halskrause. Aber dort blieben wir nicht lange. Die ersten paar hundert Gefangenen, nahezu alles Offiziere, darunter auch ich, wurden eines frühen Morgens im Hafen auf einen ehemaligen Kohlenfrachter verladen, der uns nach Oran brachte. Das Schiff war alt und schmutzig, und es herrschte drangvolle Enge. Die großen Laderäume, offensichtlich noch bis vor kurzem mit Kohle gefüllt, wurden mit Kriegsgefangenen vollgepfercht. Wie die Heringe lagen wir, einer neben dem anderen, auf dem schmutzigen Boden im Dunkeln. Für menschliche Bedürfnisse wurden Eimer verteilt. Deren Inhalt landete in einer großen Tonne, die mehrmals am Tage und an Seilen schwankend nach oben gezogen wurde. Immer wieder schwappte etwas über und ergoß sich stinkend in unseren Laderaum.

Aber auch das ging vorbei. In Oran nahm uns zunächst einmal ein weiteres Lager nahe des Hafens auf. Von dort wurden wir schließlich auf einen Truppentransporter der amerikanischen Marine verladen, der gerade US-Soldaten nach Afrika gebracht hatte. Das Schiff faßte etwas über tausend Gefangene. An Gibraltar vorbei ging die Fahrt zunächst zu einem Sammelplatz auf dem offenen Meer, wo ein riesiger Geleitzug aus Truppentransportern, Kreuzern, Zerstörern und sogar einem Flugzeugträger zusammengestellt wurde. Schließlich waren es an die 60 Schiffe, die sich auf die gemeinsame Reise über den Atlantik vorbereiteten.

Verglichen mit dem Kohlefrachter, waren wir nun nahezu komfortabel untergebracht, auf einem Truppentransporter eben, der für die Beförderung von Soldaten weitaus besser eingerichtet war. Jeder hatte eine Koje, es gab ausreichende Verpflegung und einmal am Tag, in Schichten, einen Kurzbesuch an Deck. Zum Luftholen und mit Schwimmweste. Über den Lautsprecher bekamen wir gesagt, daß der Konvoi zum Marinestützpunkt Norfolk in Virginia unterwegs sei. Außer uns fuhren noch drei weitere Truppentransporter gleicher Bauart mit deutschen Kriegsgefangenen an Bord, insgesamt zwischen viertausend und fünftausend Mann.

Mitten im Atlantik gab es eine Seenotübung und eine Nachricht vom Kommandanten: Ein Rudel deutscher U-Boote sei von der Luftaufklärung gesichtet worden, und man müsse mit Angriffen auf den Geleitzug rechnen. Der Befehlshaber des Konvois habe daher einen Funkspruch an das Internationale Rote Kreuz in Genf mit dem Hinweis abgesetzt, daß sich in dem Großverband vier Schiffe mit deutschen Kriegsgefangenen befänden. Das Rote Kreuz möge dies der deutschen Marineleitung in Flensburg-Mürwik mitteilen. Das war eine eher beunruhigende Botschaft. Denn niemand konnte uns versprechen, daß das IRK in Genf den Funkspruch auch empfangen würde, keiner wußte, ob die Kriegsmarine in Deutschland das anschließend wirklich übermittelt bekam und ob, schließlich, die angeblich in der Nähe operierenden deutschen U-Boote auf unsere Anwesenheit rechtzeitig aufmerksam gemacht werden konnten. Der Gedanke, unter Umständen von deutschen Unterseebooten versenkt zu werden, war nicht sehr angenehm.

Einen halben Tag später kam die erlösende Nachricht, daß die Chefs der U-Boote den Hinweis aus Genf erhalten und verlangt hätten, die vier Transporter mit den Gefangenen aus dem Konvoi herauszulösen und sie fernab vom Geleitzug allein weiterfahren zu lassen. Statt wie bisher abgedunkelt, sollten wir nachts alle Lichter setzen, damit unsere Schiffe rasch erkannt werden konnten. So geschah es auch. Unser Ziel änderte sich: Statt Norfolk hieß es jetzt Boston.

Rückblickend war das Ganze schon ein bemerkenswerter Vorgang: Das Internationale Rote Kreuz vermittelte mitten im Kriege per Funk zwischen den Gegnern und beschützte so deutsche Gefangene. Erstaunlich war auch, daß die Marineleitung in Flensburg-Mürwik ihre fern im Atlantik operierenden U-Boote überhaupt erreicht hatte. Viel später hörte ich, daß dieses Rudel Unterseeboote nach unserem Ausscheren aus dem Konvoi seine Angriffe auf den Geleitzug fortgesetzt haben soll. Wir jedenfalls erreichten am 31. Mai 1943 unbehelligt den Hafen von Boston, wo wir samt unseren Uniformen zunächst einmal mit kräftigen Dosierungen von Sprühchemie entlaust wurden. Anschließend konnten wir uns zum ersten Mal nach langen Jahren wieder mit richtiger Seife waschen und duschen. Drei farbige US-Soldaten gaben –

eindrucksvoller Kontrast – blütenweiße Handtücher aus. Alle bekamen eine warme Mahlzeit und Kaffee. Wir waren in Amerika gelandet.

Mit einem Sonderzug ging es anschließend in drei Tagen und vier Nächten quer durch die USA in den Süden von Colorado, wo nahe der kleinen Stadt Trinidad ein Kriegsgefangenenlager auf uns wartete, das für die folgenden drei Jahre für zunächst rund 800 und später sogar über 1 000 deutsche Offiziere und ein paar hundert Unteroffiziere und Mannschaften so eine Art Heimstatt werden sollte. Der Zug bestand aus mehreren Pullmannwagen, deren Fenster sich nur um einen Spalt von etwa zehn Zentimetern öffnen ließen, so daß niemand flüchten konnte. An der Stirnseite jedes Wagens standen bewaffnete Militärpolizisten, denen wir wie Schulbuben in der Klasse durch Handaufheben anzeigen mußten, wenn wir unseren Platz verlassen wollten, um aufs Klo zu gehen. Nach zwei oder drei Tagen langweiliger und langsamer Fahrt durch den eher eintönigen Mittleren Westen der USA hatten wir in unserem Waggon eines Morgens damit begonnen, uns singend die Zeit zu vertreiben. Mittags hielt der Zug in dem kleinen Bahnhof von Elkhart in Kansas. Auf dem Bahnsteig hatte sich eine kleine Gruppe von Reisenden versammelt, die auf irgendeinen fahrplanmäßigen Zug zu warten schien. Just da sangen wir: »Weit ist der Weg zurück ins Heimatland, so weit, so weit…«, ein Landserlied aus dem Ersten Weltkrieg. Unser Gesang drang durch die schmalen Fensterspalten auf den Bahnsteig, so daß ihn die dort Wartenden hören konnten. Sie kamen näher und lauschten erstaunt dem Gesang in einer fremden Sprache. Sie hatten noch nie Deutsche gesehen, erst recht keine in den Uniformen des Afrikakorps. Auch unser Lied muß ihnen merkwürdig vorgekommen sein. Wir andererseits wußten damals noch nicht, daß amerikanische Soldaten, auch im Ersten Weltkrieg, zu genau der gleichen Melodie ihr »Pack up your troubles…« gesungen hatten. Neugierig wollten die Leute wissen, wer wir denn seien. Als wir ihnen sagten, daß sie deutsche Kriegsgefangene aus Nordafrika vor sich hätten, zogen sie sich scheinbar ungläubig zurück. Wir sahen sie in einer Gesprächsrunde heftig miteinander diskutieren. Einige verließen gar den Bahnsteig, woraufhin bei uns im Abteil der Vorwurf laut wurde, man betrachte uns Gefangene wohl immer noch als Feinde, als Nazis natürlich. Doch wir wurden schnell eines anderen belehrt, denn diejenigen, die sich entfernt hatten, kamen zurück und brachten belegte Brote, Obst und Kaffee aus der Bahnhofsküche zum Zug und reichten alles durch die Fensteröffnungen. »Willkommen in Amerika«, sagte einer. »Sie werden Hunger haben. Guten Appetit! And have a nice journey!«

Am Abend des 4. Juni, genau ein Jahr vor dem Beginn der alliierten Invasion in der Normandie, erreichten wir Trinidad. Die Stadt lag in einem Tal entlang der Straße von Denver nach Albuquerque und nur ein paar Kilometer von der Grenze zu Neu-Mexiko entfernt. Anfang des Jahrhunderts hatte es hier einmal Bergwerke gegeben, jetzt lebte der Ort vor allem von der Landwirtschaft seiner Umgebung. Auf einem Abstellgleis der »Atchison, Tobeka and Santa Fe«-Eisenbahn wurden wir ausgeladen, auf Lastwagen verfrachtet und in der Abenddämmerung in das benachbarte Kriegsgefangenenlager gefahren, das erst ein paar Tage vor unserer Ankunft fertig geworden war. Alles roch noch ganz neu. Auf einer auf Zuwachs berechneten Fläche von ungefähr 1,5 Quadratkilometern reihte sich Baracke an Baracke. Betonplatten am Boden, Holz-Billigbauweise, abgedeckt mit Dachpappe – so wie viele Unterkünfte in den Garnisonen der amerikanischen Armee. In den Baracken fanden wir Stuben mit hölzernen Betten, schmalen Spinden und dickbauchigen Kanonenöfen vor, die im Winter mit Koks beheizt werden konnten.

Die ganze Anlage – das »Camp«, wie wir rasch zu sagen lernten – dehnte sich auf einer Hochebene aus und war von Viehweiden umgeben. Die nur wenige Kilometer entfernte Stadt Trinidad konnten wir nicht sehen, aber aus dem Tal hörten wir Tag und Nacht die typischen Signale der vorbeidonnernden Eisenbahnzüge mit ihrem Heul- und Pfeifton. In der Ferne sahen wir die auch im Sommer oft noch schneebedeckten Gipfel der Rocky Mountains. Direkt neben dem Lager erhob sich der Fisher's Peak, ein über 2 000 Meter hoher Berg, der für uns zum Wahrzeichen des Camps wurde.

Als ich über dreißig Jahre später mit meiner Frau Susanne und unserer Tochter Yvonne dem inzwischen längst abgerissenen Lager einen Besuch abstatten wollte und wir nur noch Betonfundamente vorfanden, spielte dieser Berg eine amüsante kleine Rolle. Vor der Weiterfahrt hielten wir mitten im Ort Trinidad bei einer kleinen Drogerie, weil Susanne noch etwas einkaufen wollte. Sie stieg aus, kam aber rasch mit der Bemerkung zurück: »Die haben Ansichtspostkarten vom Fisher's Peak. Soll ich welche kaufen?«

Ich bat sie, ein Dutzend mitzubringen, die ich einstigen Mitgefangenen schicken wollte. Sogleich kam sie mit dem Hinweis wieder, daß der Drogeriebesitzer auch mich sehen wolle. Also ging ich nun gleichfalls hinein, wo der Ladeninhaber mich fragte, ob ich womöglich ein ehemaliger deutscher Kriegsgefangener sei. Ich bejahte und wollte meinerseits wissen, wie er das denn erraten habe. »Nur frühere Gefangene kaufen Ansichtspostkarten vom Fisher's Peak«, erklärte er. Inzwischen hatte es nämlich zahlreiche Ex-Gefangene nach Trinidad gelockt. Seit dem Krieg hatte es sogar sechs offizielle Besuche von kleinen Delegationen ehemaliger »POWs« gegeben. 1955 proklamierte der Bürgermeister einen »Camp Trinidad Day«, und am Rathaus wurde eine Erinnerungsplakette angeschraubt.

Unser Lager, dessen Belegung sich ein Jahr später nach dem Eintreffen der Gefangenen von der Invasionsfront noch einmal vergrößerte, war zunächst in vier Kompanien mit je zehn Baracken eingeteilt. In jeder dieser Baracken wurden zwanzig Offiziere untergebracht. Noch am Abend unserer Ankunft wurden uns die Unterkünfte zugeteilt, nach dem offenbar auch in der amerikanischen Armee unvermeidlichen Alphabet. Jedenfalls landete ich mit meinem W am Namensanfang vorerst in der allerletzten Baracke. Bald darauf hatte ich mit einem Antrag auf Versetzung in eine andere Kompanie Erfolg, denn ich wollte mit Angehörigen der Panzeraufklärungs-Abteilungen aus Afrika zusammengelegt werden. So kam es, daß ich bei Oberleutnant Carl von Mutius und anderen Soldaten von der AA33 einzog, mit denen ich schon auf dem Kohlefrachter von Bone nach Algier geschippert war.

Die ersten Tage im Lager brachten allerlei administrativen Kleinkram: Wir wurden erneut registriert, erhielten jeder eine Gefangenennummer, wurden fotographiert und mußten einen Fragebogen mit Lebenslauf und Krankheitsgeschichte ausfüllen. Und alle wurden wieder einmal gefilzt. Viel war da allerdings nicht mehr zu holen, denn man hatte uns schon in Bone und in Algier solcher Leibesvisitationen unterzogen. Was nun jetzt in Trinidad noch einbehalten werden konnte, wurde mit einer Art Empfangsbestätigung quittiert. Damit sollten wir bei unserer Entlassung die eingesammelten Gegenstände – mit Ausnahme von Bargeld – wieder zurückbekommen. Meine Gefangenennummer lautete ISN 7WG 37 334, wobei das G für Germany stand. Diese Nummer begleitete mich bis zum Schluß. Sie fungierte beispielsweise auch als Absender und war eine unverzichtbare Angabe in den Adressen von ankommenden Briefen und Postkarten. Jeder war zur Nummer geworden. Solchermaßen listenmäßig erfaßt, waren wir nun richtige Prisoners of War. Und damit das auch rein äußerlich erkennbar wurde, bekam jeder unter Verwendung einer Schablone ein großes P und ein W mit weißer Farbe auf den Rücken seines Hemdes und seiner Jacke gesprüht. »Pensionierte Wehrmacht« tauften wir das.

Vorher hatte jeder einen Satz amerikanische Heeresuniformen als Gefangenenkleidung verpaßt bekommen. Unsere Afrika-Uniformen verschwanden, ohne das aufgedruckte PW, im Schrank. Wie die meisten anderen POW-Camps war auch unser Lager weit entfernt von bewohnten Gegenden und fernab der Küste angelegt worden. Man wollte uns von der Bevölkerung, aber auch von Häfen fernhalten, weil die nur zur Flucht verleiten könnten. Die meisten Amerikaner wußten damals übrigens nicht – und wissen es heute erst recht nicht –, daß zwischen 1942 und 1946 über 350 000 deutsche Soldaten in Lagern in den USA gefangengehalten wurden. Dafür gab es 155 Hauptcamps und 511 Nebenlager.

Unser Offizierslager und das angrenzende kleinere Mannschaftscamp wurden in der Zeit der stärksten Belegung von mehreren hundert GIs bewacht und verwaltet. Durch einen dreifachen Stacheldrahtzaun waren wir von der Außenwelt abgeschlossen und von Wachttürmen kontrolliert, auf denen starke Scheinwerfer montiert waren. Jeder Turm in massiver Holzbauweise war von zwei Posten mit Maschinengewehren und Karabinern besetzt. Die Männer wechselten sich Tag und Nacht alle vier Stunden ab. Entlang des Zauns gab es den sogenannten »Laufsteg«, auf dem wir gegen Langeweile und für die Gesundheit unsere Runden drehten. Wer dem Zaun zu nahe kam, wurde von den Wachtposten angerufen oder mit Warnschüssen bedacht. Einige wenige Male gaben sie auch gezielte Schüsse auf Gefangene direkt am Stacheldraht ab, von denen sie glaubten, daß sie über den Zaun in die Freiheit flüchten wollten. Wir haben die Opfer auf einem kleinen Friedhof neben dem Sportplatz beigesetzt. Die Amerikaner sagten, die schießwütigen Täter seien vor ein Kriegsgericht gekommen. Nachprüfen konnten wir das nicht.

Zwischen den Baracken waren Fußwege angelegt, und durch das Camp zog sich eine Lagerstraße. Es gab einen Appellplatz,

Das Kriegsgefangenenlager Trinidad, USA, mit seinen Wachtürmen und Stacheldraht. Hier war Wechmar von 1943 bis 1946 interniert.

auf dem wir täglich antreten mußten, um gezählt zu werden. Es sollte ja niemand fehlen. Manchmal standen wir endlos in Reih und Glied, weil sich die Bewacher verzählt hatten. Außerhalb der Baracken, aber natürlich noch innerhalb des Stacheldrahts, fanden wir freies Gelände für einen Sportplatz, den wir in wenigen Wochen für unsere Zwecke ausbauten. Neben den Baracken legten wir Blumenbeete an. In jeder Kompanie gab es eine Küche, einen Speisesaal und später sogar eine Art Kasino. Gemeinschaftsraum hieß das damals.

Lagerkommandant war ein amerikanischer Stabsoffizier, dem ein deutscher Lagerältester unterstand. Beide verfügten über einen kleinen Stab von Mitarbeitern. Auch ich selbst diente von Herbst 1944 bis Frühjahr 1945 als Ordonnanzoffizier in der deutschen Lagerführung. Dort arbeiteten wir mit den Offizieren des amerikanischen Kommandanten zusammen, unter ihnen auch der Oberleutnant Urbach, den ich nach dem Krieg in Deutschland wiedertraf, als er dort die US-Firma 3M vertrat. Alle Lagerinsassen bekamen jeden Monat eine Art Wehrsold in Form von Coupons, für einen Leutnant wie mich zum Beispiel im Wert von zwanzig Dollar. Diese Zahlungen gingen auf Bestimmungen der Genfer Konvention über die Behandlung von Kriegsgefangenen zurück, und auch die amerikanischen Soldaten in deutscher Gefangenschaft bekamen einen solchen Wehrsold.

Die Coupons konnten in der Kantine – im PX (dem Post Exchange) – für Gegenstände des täglichen Gebrauchs wie Seife, Rasiercreme, Zigaretten oder Süßigkeiten eingelöst werden. Man konnte sie auch, ganz offiziell, gegen wieder andere Marken eintauschen, für die wir im Kasino oder PX niedrigprozentiges amerikanisches Bier kaufen konnten. Wein oder Schnäpse waren nicht erlaubt. Nach einiger Zeit hatten wir uns dann aber selbst kleine Schnapsbrennereien gebaut, verbotenerweise natürlich, und stellten mit Hilfe von Orangen aus dem PX auf den Kanonenöfen unseren eigenen Fusel her. Wenn es dann anschließend in der einen oder anderen Baracke zu laut herging oder mitten im Sommer der Kamin verdächtig qualmte, kam die Militärpolizei. Sie kassierte die Destillieranlage und schickte die Geheimbrenner in den Arrest. Und wir bauten flugs einen neuen Apparat – mit Einzelteilen, die in der amerikanischen Lagerwerkstatt geklaut worden waren.

Während der drei Jahre im Lager Trinidad hatte ich jede Woche Shampoo und ein paar Schachteln Zigaretten zusätzlich im PX gekauft und beiseite gelegt. Vor unserer Heimreise besorgte ich mir mit Hilfe eines amerikanischen Wachmanns – im Austausch gegen einen selbstgebastelten Lederrahmen – einen Kanister und eine Seekiste, einen sogenannten foot-locker. Der Kanister wurde bis zum Rand mit dem gehorteten Shampoo gefüllt und zusammen mit den Zigaretten und meinen sonstigen Habseligkeiten in die Seekiste gepackt. Die bekam zwei Tragegurte und wurde wie ein Rucksack (heute würde man wohl sagen backpack) samt Inhalt zur Freude meiner Familie auf dem Rücken bis nach Husum transportiert.

Schon während des ersten Jahres unserer Gefangenschaft konnten wir – mit dem bei Gefangenen gesammelten Coupon-Geld – Radios kaufen und damit die Colorado-Station WKOR in Denver hören. Sie brachte uns Musik, Hörspiele und Nachrichten in die Baracken. Ein damals vielgehörtes Lied von Bing Crosby wurde zum Camp-Schlager: »Don't fence me in.« Über den Sender hörten wir die ersten Nachrichten über die Invasion und von

Stauffenbergs Attentat auf Hitler am 20.Juli 1944. Wie ich später erfuhr, war die Ersatzabteilung meiner alten AA3 an diesem 20. Juli in ihrem Standort bei Berlin in Alarmbereitschaft versetzt worden. Scharfe Munition sollte ausgegeben werden, hieß es in dem Befehl »Walküre« eines der Mitverschwörer. Der Abteilungsadjutant schickte alle Fahnenjunker in den Keller und trug ihnen auf, Maschinengewehrgurte mit scharfer Munition zu füllen. Als er eine Stunde später nachsah, fiel ihm ein Soldat auf, der seinem Auftrag besonders langsam nachkam. »Können Sie nicht schneller?« herrschte er ihn an. »Wie heißen Sie?« Der Fahnenjunker meldete: »Otto Graf Lambsdorff, Herr Oberleutnant.«

Etwa zeitgleich mit der Zulassung von Radios war uns auch erlaubt worden, zwei Zeitungen zu abonnieren, die »Denver Post« und die »New York Times«. Auch dafür taten sich immer ein paar Gefangene zusammen, um die Bezugsgebühren auf mehrere zu verteilen. Das Radiohören und Zeitunglesen löste einen intensiven Streit mit eingefleischten Nazis im Lager aus, die Hörer und Leser beschimpften, sich für »Negermusik« und »Feindpropaganda« zu interessieren. Zur Zielgruppe der Pöbeleien gehörte auch ich, denn ich hörte und las gern, was es Neues gab, um mir dann meine eigene Meinung bilden zu können. Die weltanschauliche Erziehung in der Spandauer Napola war offenkundig nicht so wirkungsvoll gewesen. Sonst hätte ich eigentlich auf der Seite der Schimpfer stehen müssen.

Die »New York Times« kam zwar meist mit einer Verspätung von vielen Tagen ins Lager, war aber für unsere Beurteilung der militärischen Lage an den Fronten und der internationalen Entwicklung nützlich. Das Blatt veröffentlichte täglich nicht nur die Kommuniqués des Alliierten Oberkommandos und der Roten Armee, sondern auch den deutschen Wehrmachtsbericht im Wortlaut. So konnten wir die oft höchst unterschiedliche Darlegung derselben Ereignisse vergleichen. »Times« und »Post« wurden natürlich noch interessanter, nachdem die alliierten Truppen den Rhein überschritten hatten und in Deutschland einmarschiert waren. Nun gab es nämlich auch Berichte aus Deutschland selbst, über das wir bisher wenig erfahren hatten, da wir deutsche Zeitungen selbstverständlich nicht beziehen konnten. Es wären ohnehin nur Produkte Goebbelsscher Propaganda gewesen. Immerhin aber erhielten wir ab März 1945 die Zeitschrift »Der Ruf«, ein zweimal im Monat erscheinendes Magazin, dessen Redakteure deutsche Kriegsgefangene waren und das in den Kantinen auslag und fünf Cents kostete.

Erklärtes Ziel des Magazins war es,»den deutschen Gefangenen sachliche Nachrichten über alle wichtigen militärischen und politischen Geschehnisse und ein wahrheitsgetreues Bild der deutschen Heimatfront ... sowie das rechte Verständnis für amerikanische Lebensart zu geben«. Die Auflage stieg von anfangs 11 000 schließlich auf mehr als 73 000 verkaufte Exemplare. Dennoch fand das Blatt nicht überall Zustimmung. Bei uns in Trinidad hatten sieben Offiziere ganze Stapel der ersten Ausgabe verbrannt und wurden dafür in ein Straflager versetzt. Die Brandstifter beschuldigten die »Ruf«-Herausgeber, die Kriegsgefangenen der »Feindpropaganda« auszusetzen. Chefredakteur war übrigens Gustav René Hocke, der später lange Jahre Rom-Korrespondent der Frankfurter Allgemeinen Zeitung war.

Die meisten deutschen Kriegsgefangenen in den USA hatten es zweifelsohne besser als die Gefangenen in anderen Ländern, ganz zu schweigen von den Lagern in Sibirien und anderswo in der Sowjetunion. Aber auch das Los deutscher Soldaten in britischen, französischen oder den 1945 in Deutschland eingerichteten amerikanischen Lagern war weitaus schlechter als in fast allen POW-Camps in den Vereinigten Staaten selbst. Natürlich waren auch wir unserer Freiheit beraubt und hinter Stacheldraht jahrelang eingesperrt, mit all den psychologischen Folgen, die eine Internierung mit sich bringt. Aber wir wurden im großen und ganzen fair behandelt. Amerika hielt sich, zumindest auf seinem eigenen Kontinent, weitgehend an die Vorschriften der Genfer Konvention aus den zwanziger Jahren.

Das fing schon bei der Verpflegung an. Die Konvention schreibt vor, daß Kriegsgefangene die gleiche Kost bekommen müssen, die auch an die Streitkräfte des Gewahrsamsstaates ausgegeben wird. Und die war reichlich. So reichlich, daß wir zu Beginn unserer Gefangenschaft immer wieder Teile der an unsere Küchen gelieferten Nahrungsmittel verbrannt haben. Ausgehungert vom Afrikafeldzug, waren wir solche Kalorienmengen nicht gewohnt. Aber zurückgeben wollten wir auch nichts, weil wir befürchteten, daß sonst die Rationen vielleicht gekürzt werden würden. Mit der Zeit, so meinten wir richtig, würden wir uns schon daran gewöhnen. Mit dem Kriegsende in Europa änderte sich das allerdings von selbst. Die Amerikaner entschieden nämlich, daß wir nun nur noch die gleiche Kalorienzahl wie die Soldaten ihrer Truppen bekommen sollten, egal, mit welchen Lebensmitteln diese Kalorien geliefert würden. Darum gab es nun beispielsweise massenhaft Peanut-Butter, die ja in der Tat gewaltige Mengen von Kalorien enthielt.

Was die Verpflegung anging, waren wir so etwas wie Selbstversorger. Die Nahrungsmittel wurden von den Amerikanern sozusagen roh ins Lager geliefert und erst in unseren Küchen zum Verbrauch verarbeitet. Das Küchenpersonal kam aus dem Mannschaftslager neben dem Offizierscamp. Die Mahlzeiten wurden in den Speisesälen eingenommen. Es gab Frühstück, Mittag- und Abendessen, und in der Regel waren das warme Mahlzeiten. Im PX konnten wir zusätzliche Waren wie die schon erwähnten Orangen oder Süßigkeiten kaufen. Orangen und Süßigkeiten, mitten im Krieg, und das in Gefangenschaft! Es ging uns wirklich nicht schlecht.

Die Genfer Konvention schrieb auch vor, Offiziere und Mannschaften in getrennten Lagern unterzubringen. Während die Offiziere bis Kriegsende nicht außerhalb der Lager arbeiten durften, sind Unteroffiziere und Mannschaften schon gleich nach Eintreffen in den USA zum Arbeitseinsatz herangezogen worden. Als sich nach der deutschen Kapitulation auch Offiziere freiwillig zur Landarbeit bei Farmern der Umgebung melden durften, gab es wieder lebhafte Auseinandersetzungen im Lager Trinidad. Dabei ging es unter anderem um die Frage, ob man die Kriegswirtschaft der USA durch freiwillige Arbeit unterstützen und die geforderte Verpflichtungserklärung unterschreiben dürfe, einen Landeinsatz außerhalb des Lagers nicht zur Flucht zu nützen. Deutsche Offiziere, so wurde von den Unverbesserlichen verkündet, hätten jede Fluchtmöglichkeit zu suchen und sich zu weigern, für den Feind zu arbeiten. Die meisten meldeten sich trotzdem zum Arbeitseinsatz, darunter auch ich. Schließlich war der Krieg in Europa im Mai 1945 zu Ende gegangen. Warum und wohin sollten wir jetzt noch flüchten? Jeder von uns hoffte doch, bald über eine normale Entlassung wieder nach Hause zu kommen. Daß es noch ein ganzes Jahr länger dauern würde, bis wir schließlich 1946 heimgeschickt wurden, ahnte damals noch niemand.

So sammelte ich denn mit vielen anderen bei amerikanischen Bauern im benachbarten Kansas und in Colorado neue Erfahrungen. Ich lernte, wie man Mais, Besenkraut und Kartoffeln erntet, und ich konnte meine Kenntnisse von der Rübenernte aus dem Spandauer Landeinsatz nutzbringend anwenden. Zwischen den mannshohen Mais- und Besenkrautstauden übten wir uns im Kampf mit Klapperschlangen, die dort manchmal unseren Weg kreuzten. Die Einheimischen erklärten uns, wie man mit Schlangen umging: Man packte sie am aufgerichteten Schwanz und schlug sie wie eine Peitsche in die Luft. Dadurch drängt das Eingeweide der Tiere ruckartig zum Kopf, sie beißen zu und töten sich mit dem eigenen Gift.

Zur Arbeit wurden wir unter Bewachung mit Lastwagen gebracht und abends in der Regel ins Lager zurückgeschafft. Vor Ort kümmerte sich der Bauer um uns. Er gab uns auch zu essen. Für unsere Arbeit bekamen wir achtzig Cents in »Lagergeld« pro Tag, und der Farmer zahlte an den amerikanischen Staat für unsere Erntehilfe. Das Klima in Südcolorado machte uns manchmal zu schaffen. Im Sommer war es oft glühendheiß und trocken, von starken Gewittern unterbrochen. Im Winter hingegen zog bittere Kälte und viel, viel Schnee über die Hochebene. Aber dann gab es sowieso nichts zu ernten.

Bis wir ab 1945 zu gelegentlichen Arbeitseinsätzen das Lager verlassen konnten, boten sich innerhalb des Camps viele Möglichkeiten, sich zu beschäftigen. Schon bald nach unserem Eintreffen im Juni 1943 hatten wir damit begonnen, eine eigene Lageruniversität ins Leben zu rufen. Unter den schließlich fast 1000 Offizieren fanden sich natürlich auch Lehrer, Professoren und andere qualifizierte Männer, die verschiedene Seminare abhalten konnten. Ein Zwölf-Seiten-Erlaß des Reichskultusministeriums vom Mai 1944 sah sogar eine spätere Anerkennung des Gefangenenstudiums vor. Wir bekamen Breslau als Patenuniversität zugewiesen, solange es noch ein Breslau gab. Und viele der in Trinidad gemachten »Scheine« wurden daheim dann auch anerkannt. Mein alter Freund zum Beispiel, der Kunstmaler Hannes Schwarzmaier, bekam im Camp im August 1945 ein »Reifezeugnis« der Lagerschule. Unterschrieben von Major Dr. Ludwig Schuster, Oberstudienrat.

Es gab Kurse in Englisch, Buchführung, Betriebswirtschaftslehre, Staatsrecht, Gewerbordnung und Steuerrecht und vielem anderen mehr. Eine vom Deutschen Roten Kreuz hilfreich ausgestattete Lagerbibliothek verfügte über notwendige Bücher. Ich schrieb mich durch die Vermittlung des amerikanischen YMCA, des Christlichen Vereins Junger Männer, an der Universität von Minnesota in einem Korrespondenzkurs für Journalismus ein. Der vermittelte zwar nur theoretisches Wissen, weil uns der Lagerzaun an praktischen Übungen hinderte, aber nach meiner Heimkehr war das Gelernte eine gute Grundlage für meinen späteren Beruf als Journalist. Mich betreute Professor Ralph O. Nafziger, den ich erst bei seinem Besuch in Hamburg nach dem Kriege – und eher zufällig, persönlich kennenlernte und der Jahrzehnte später an der Universität von Wisconsin unterrichtete, an der zur gleichen Zeit auch mein Sohn Alexander mit einem Fulbright-Stipendium studierte.

Mein Korrespondenzstudium war natürlich nicht kostenfrei. YMCA und Universität verlangten Gebühren. Kriegsgefangene bekamen zwar eine Ermäßigung, aber der Coupon-Wehrsold in Höhe von zwanzig Dollar hätte dafür nicht ausgereicht, denn davon war ja noch allerlei anderes zu begleichen, die Einkäufe im PX und die Zeitungsabonnements zum Beispiel. Da traf es sich günstig, daß die Feldarbeit beim Bauern noch ein paar Cents – auch in Coupons – dazubrachte. Eine andere nützliche Einnahmequelle und zugleich ein weiteres Betätigungsfeld tat sich auf einem ganz anderen Gebiet auf. Carli Mutius und ich wurden Uhrmacher. Eintausend Offiziere im Lager hieß, grob gerechnet, so etwa eintausend Uhren. Viele davon waren schon an der Front, spätestens aber im Lager reparaturbedürftig geworden. Also gab es für Uhrmacher einen dringenden Bedarf. Hauptmann Ernst Müller aus Pforzheim war Juwelier und Uhrmacher von Beruf. Er weihte uns in das Uhrmacherhandwerk ein. Der YMCA bewies erneut seine guten Beziehungen. Er verschaffte uns eine Erstausrüstung von Werkzeugen und Ersatzteilen, das Ganze nur zum Transportpreis von 51,15 US-Dollar. Diese Ausgabe kam aber bald wieder herein, denn für jede reparierte Uhr kassierten wir zwischen 25 und 75 Cents. Und im Laufe der Zeit haben wir ein paar hundert Uhren wiederbelebt. Mutius hat das Werkzeug und die noch verbliebenen Ersatzteile, gut verstaut in einer eigens dafür angefertigten Kiste, schließlich als Erstausrüstung mit nach Deutschland genommen und bewahrt sie bis heute auf. Ursprünglich wollten wir nämlich zu Hause gemeinsam einen Uhrmacher-Laden aufmachen. Wir hatten ja keine Ahnung, was uns daheim erwartete, und sagten uns: Handwerk hat goldenen Boden. Von einem Mitgefangenen hatten wir uns schon kleine Werbeplakate malen las-

Mit Mantel und Schal als Uhrmacher in der Lager-Werkstatt.

sen. »QUICK« sollte das Geschäft heißen. Dazu ist es dann doch nicht gekommen, denn jeder von uns fand einen anderen Beruf. Aber die Kundenlisten gibt es noch, in die wir damals die Namen der Uhrbesitzer, die Art der Reparatur und den Preis eingetragen hatten. Das winzige Büro, das wir von der Lagerkommandantur als Werkstatt zur Verfügung gestellt bekommen hatten, nutzten wir aber auch zu anderen Zwecken. Wiederum nach der Devise »Handwerk hat goldenen Boden« dehnten wir unsere Geschäfte auf Lederarbeiten aus. Aus Trinidad ließen wir uns – gegen einvernehmlich vereinbarte Bezahlung – gegerbtes Leder unterschiedlicher Qualität und Farbe liefern, das wir, quasi nebenher, zu Armbändern für Uhren, Lederrahmen oder Brieftaschen und Geldbörsen verarbeiteten. Auch dieses Angebot von uns Kleinunternehmern fand reißenden Absatz.

Ein anderer Zeitvertreib waren Theater und Musik, letztere in den verschiedensten Formen. An den Theateraufführungen auf einer von den Gefangenen selbstgebauten Bühne mit ansehnlichem

Deutsche Kriegsgefangene auf der Bühne im selbstgebauten Theater. Man gab »Was Ihr wollt« in Leihkostümen von der Metropolitan Opera. Rechts außen der Leutnant von Wechmar als Curio.

Zuschauerraum war auch ich gelegentlich als Kleindarsteller beteiligt. So spielte ich unter der Regie von Walter Holetzko, der bei Gustaf Gründgens gelernt hatte, den Curio in »Was ihr wollt«. Achim Roecker, später bei den Berliner »Stachelschweinen«, übernahm eine Frauenrolle und gab, eigentlich ganz überzeugend, die Viola. Und der nachmalige Protokollchef von Hamburg, Walter Jess, spielte den Herzog Orsino. Professor Rudolf Dimai schuf das Bühnenbild. In »Der Lügner und die Nonne« von Goetz spielte ich den Udo und hatte auch in der »Minna von Barnhelm« eine kleine Rolle.

Die Kostüme für die insgesamt 21 verschiedenen Aufführungen im Lagertheater bastelten wir uns selbst in der Lagerschneiderei oder konnten sie uns bei amerikanischen Bühnen leihen, für »Was ihr wollt« sogar bei der Metropolitan Opera. Dafür zahlte der Reingewinn unserer recht umsatzstarken Kantine, also das PX. Im gleichen Theater wurden auch Konzerte, Liederabende, Dichterlesungen und Schallplattenabende veranstaltet. Es gab ein Lagerorchester, dessen Instrumente durch Vermittlung des Amerikanischen Roten Kreuzes und wiederum des YMCA mit dem Wehrsold der Gefangenen und den Eintrittsgeldern angekauft

worden waren. Gegen die schriftliche Verpflichtung, nicht zu fliehen, konnten wir unmittelbar vor dem Lagerzaun, nämlich bei
den Unterkünften der amerikanischen Bewacher, gegen Bezahlung ins Kino gehen und so über die Jahre mehr als achtzig Filme
sehen. Dort wurde uns auf Geheiß des US-Lagerkommandanten
im Frühjahr 1945 ein von der amerikanischen Armee gedrehter
Dokumentarfilm über deutsche Konzentrationslager gezeigt. Alle
waren fassungslos. Erschüttert und schweigsam kehrten wir in
unsere Baracken zurück.

Journalist der ersten Stunde
(1946)

Zum vorangegangenen Christfest 1944 hatte uns der Lagerkommandant, Oberstleutnant Lambert B. Cain, noch einen Weihnachtsgruß mit folgendem Wortlaut geschickt:

An alle Internierten meines Lagers,

ich nehme hiermit Gelegenheit, Ihnen allen ein frohes Weihnachtsfest zu wünschen und Ihnen für die ausgezeichneten Errungenschaften zu danken, mit denen Sie dem Lager zu dem Ruf verholfen haben, das beste seiner Art zu sein.

Ich wiederhole Ihnen meine Versicherung, daß ich auch weiterhin meine Kräfte Ihrem Wohl widmen und Sie stets als einen Teil meines Kommandos ansehen werde. Ich bin Ihnen all das schuldig, was mir Amt und Stellung aufträgt. Sie sind für mich stets Männer, die den überkommenen und ehrbaren Soldatenberuf ausüben und denen die Achtung von Soldat zu Soldat zukommt, ungeachtet ihrer Nationalität und der Tatsache, daß wir Angehörige zweier Nationen sind, die miteinander im Kriege stehen.

Ihr ergebener
Lambert B. Cain
Oberstleutnant

Das im Lager verteilte Schreiben trug das Datum des 20. Dezember 1944, war also in der Zeit der deutschen Ardennen-Offensive und der Schlacht um Bastogne verfaßt worden. Als Pressereferent des deutschen Generalkonsulats in New York habe ich 1959 nach Cain gesucht und ihn schließlich in Kansas City ausfindig machen können. In einem Brief schrieb er mir damals: »Ich denke immer noch voller Bewunderung an Sie und Ihre Offizierskameraden wegen Ihrer tapferen und anständigen Haltung, die Sie zu einer

Zeit gezeigt haben, als Sie über die Lage Ihrer Angehörigen daheim in großer Sorge waren.«

Im Camp Trinidad wurde Sport natürlich großgeschrieben. Wir spielten Fußball, trugen Faustball-Turniere aus und wetteiferten bei Sportfesten um gute Plätze bei Lagermeisterschaften in Leichtathletik. Mich hatten die Organisatoren ein paarmal eingeteilt, für unsere Kompanie anzutreten. Bei einem Sportfest im Juli 1944 lief ich die 100 Meter in 11,8 Sekunden, sprang 5,51 m weit und 1,58 m hoch. Ich blieb überall Zweiter. Eine andere Art von Sportlern fand sich im Kasino zusammen: die Bridge- und die Schachspieler. Auch hier gab es, bei Kaffee oder Bier, hart umkämpfte Preisturniere. 1945 wurde vom Kommandanten zugelassen, daß wir die Pferde der amerikanischen Offiziere »bewegen« durften. Bewegen hieß in diesem Fall: außerhalb des Zaunes und richtig im Gelände ausreiten. Natürlich unter Bewachung und im »Western saddle«. Oberstleutnant Cain kam, wie auch einige seiner Offiziere, von der Kavallerie, und sie hatten von der US-Army die erstaunliche Erlaubnis bekommen, ihre Pferde an ihren Dienstort Trinidad mitzunehmen. Die mußten nun täglich bewegt werden. Und in den Augen der Bewacher galten deutsche Offiziere wohl als gute Reiter. Wieder konnten wir uns freiwillig melden und wurden zugelassen, wenn wir die übliche und uns schon bekannte Erklärung unterschrieben, nicht wegzulaufen. Fürs Reiten kam mir zu Hilfe, daß mir meine Mutter – eigentlich zu Weihnachten – ein Paar nagelneue Riekerstiefel geschickt hatte. Das Paket war zu meiner Überraschung unbeschädigt angekommen, wenn auch fast ein halbes Jahr nach Heiligabend.

Im amerikanischen Sattel auf dem Rücken eines Pferdes jenseits des Zauns umherzureiten und das Lager von außen anzuschauen war dann doch ein eigenartiges Gefühl. »Draußen« dachte man dann doch an Flucht. Jedem von uns war allerdings auch in Erinnerung, daß schon im ersten Jahr unserer Gefangenschaft sechzehn Offiziere ins Lagergefängnis wanderten, weil sie bei einem Tunnelbau unter dem Stacheldraht erwischt worden waren. Einer unserer Mitgefangenen, der Major Tilman Kiefer, war dreimal ausgebüxt und dreimal wieder eingefangen worden. Nach seiner Rückkehr nach Deutschland machte er unter dem Namen Til Kiwe Karriere als Schauspieler.

Fluchtgedanken kamen mir und anderen Mitgefangenen auch, als das Ensemble der »Minna von Barnhelm«-Aufführung einmal zur Belohnung per Lastwagen eine Art Betriebsausflug in die Rocky Mountains machen durfte. Wir waren einen ganzen Tag unterwegs, konnten nach all dem endlosen Weideland, das sich um unser Lager herum bis zum Horizont ausdehnte, endlich einmal wieder richtige Bäume sehen, barfuß in Gebirgsbächen stehen und Blumen pflücken. Die Gelegenheit schien günstig, aber niemand nahm sie wahr. Wohin hätten wir denn auch fliehen sollen? Übrigens mußten wir uns an diesem Tag als »Arbeiter« verkleiden, weil die örtliche Bevölkerung schon Anstoß an dem Spritverbrauch für solchen POW-Tourismus genommen hatte.

Am 24. Oktober 1945 waren wir wieder einmal zum Arbeitseinsatz ausgerückt. Rübenernte bei einem Farmer mexikanischer Abstammung stand auf dem Programm. Das bedeutete acht Stunden lang bücken und mit der Hand die Früchte sammeln, bei immer wieder einsetzenden Regenschauern – eine Sauarbeit. Mittags eine halbe Stunde Pause mit Kaffee und Stullen vom Bauern. Als wir abends ins Lager zurückkamen und die Nachrichten im Colorado-Sender WKOR hörten, da war Aufmacher und Kommentarthema die am gleichen Tage in San Francisco vollzogene Gründung der Vereinten Nationen. Ich konnte nicht ahnen, daß ich fast auf den Tag genau 35 Jahre später einmal zum Präsidenten der Generalversammlung dieser Weltorganisation gewählt werden würde.

Anfang März 1946 war es dann endlich soweit: Wir sollten entlassen werden. Mitten hinein in die notwendigen administrativen Vorbereitungen – neue Namenslisten, medizinische Untersuchungen – erreichte mich die Mitteilung der amerikanischen Lagerleitung, daß ich mit rund dreißig anderen Trinidadern gesondert weggeschickt würde. Die Reise ging nach Fort Eustis in Virginia, wo uns ein Lehrgang auf künftige Aufgaben in Deutschland vorbereiten sollte. Der Kursus in Demokratie und Verwaltung dauerte knapp eine Woche und wurde deshalb von uns gleich »Sechs-Tage-Rennen« getauft. 23 000 Absolventen aus allen Kriegsgefangenenlagern in den USA haben solche Lehrgänge durchlaufen. Unsere Hoffnung, wegen dieser Sonderkurse schneller nach Deutschland zu kommen, trog. Die »normalen« POWs aus Trinidad waren früher zu Hause. Schulung in Demokratie kostet halt Zeit. Zum Abgang bekam jeder von uns einen vervielfältigten Vierzeiler mit auf den Weg: »Special Prisoner – To whom it may concern – Selected cooperative individual. Possible assistance for the occupation forces of Germany.« Und darauf war die Gefangenennummer getippt. Zum letzten Mal.

Den Heimweg über den Atlantik nach Europa traten wir fast ein Jahr nach Kriegsende, Mitte März 1946, an Bord eines sogenannten »Victory«-Schiffes an. Diese Flotte war während des Krieges im Schnellverfahren in den Südstaaten der USA gewissermaßen am laufenden Band für den Transport von Truppen und Material gebaut worden. Unseren Pott hatte die Marine an einen privaten Reeder verpachtet, der sich verpflichten mußte, deutsche Kriegsgefangene aus Amerika nach Hause zu bringen. Die Bahnfahrt von Fort Eustis endete in Hoboken, New Jersey. Von dort setzten wir, knapp dreißig Trinidader, auf einem Prahm über den Hudson River nach New York über. Da wartete das »Victory«-Schiff auf uns. In der Flußmitte mußte der Prahm die Maschinen stoppen, um die von den Amerikanern erbeutete alte »Bremen« vorbeizulassen, die eben in den New Yorker Hafen einlief, zum Teil noch mit deutscher Besatzung. Natürlich erkannten wir das jetzt namenlose Schiff und riefen den Matrosen ein kräftiges »Hummel, Hummel« zu. Das wurde von den paar Deutschen am Bug des Decks mit einem begeisterten »Mors,Mors« beantwortet. Wie ein Symbol für den Zustand Deutschlands glitt die Beute des Siegers an uns vorüber: auf der Kommandobrücke amerikanische Besatzer, im Kesselraum und an Deck eine deutsche Besatzung.

Auf unserem Schiff herrschte drangvolle Enge. Kriegsgefangene aus verschiedenen Lagern waren schon an Bord. Der Schiffspächter bekam für jeden Gefangenen eine Art Kopfgeld, mußte davon aber auch unsere Verpflegung bezahlen. Daß er mit dem Transport der deutschen Prisoners of War ein Geschäft zu machen suchte, brachten uns die kargen Essensrationen nur allzubald ins Bewußtsein. Carli Mutius, der inzwischen verstorbene Mitgefangene Cai Graf Rantzau, nach dem Krieg ein bekannter Bankier in Düsseldorf, und ich suchten unsere mageren Mahlzeiten aufzubessern. Wir meldeten uns für die Waschküche an Bord zur freiwilligen Dienstleistung. Bezahlt wurde diese Extra-Arbeit in Naturalien: Büchsenobst, Dosenfleisch, Brot, Marmelade und Margarine. Es reichte, um auch hungrige Nachbarn in den dreistöckigen Feldbetten mit zu versorgen.

Die Waschküche maß höchstens zwei mal zwei Meter und war stickig und heiß. Mit Ausnahme des Kapitäns und der Schiffsoffiziere waren alle Besatzungsmitglieder farbige Matrosen. Die anderen Mitgefangenen hatten ihren Spaß daran, daß ausgerechnet drei adelige deutsche Offiziere des Afrikakorps die Hemden und Socken, Unterhosen und Wollmützen der schwarzen Besatzung wuschen, trockneten und bügelten. Ihr Vergnügen mehrte sich natürlich durch die aus der Waschküche mitgebrachte »Bezahlung« in Form von Lebensmitteln, die unser aller Hunger stillen halfen.

Fahrtziel des Transportschiffes war Le Havre, das wir nach sechs Tagen erreichten. Nach dem nächtlichen Ausladen wurden wir mit Lastwagen in das nahe gelegene französische Durchgangslager Bolbec geschafft und dort in Zelten abseits des Hauptlagers untergebracht. Gottlob blieben wir dort nur wenige Tage, denn es war lausig kalt, und die Verpflegung blieb in Qualität und Quantität noch weit hinter dem zurück, was wir auf dem Victory-Schiff vorgesetzt bekommen hatten. Und es gab keine Möglichkeit, die Tagesrationen durch Sonderleistungen wie die in der Waschküche irgendwie aufzubessern. Zudem hatte sich in dem schon länger bestehenden Lager eine Art Stamm-Mannschaft mit allerlei »Kapos« herangebildet, die sich einen Spaß daraus machten, Neuankömmlinge wie uns zunächst einmal zu schikanieren. Gottlob dauerte der Spuk nur kurz. Eines Morgens wurden wir in Güterwagen gepfercht, und bei herrlichem Wetter ging es in Tag- und Nachtfahrten mit schier endlosen Unterbrechungen auf Nebenstrecken nach Bad Aibling in Bayern, dem nächsten Durchgangslager. Tagsüber sahen wir zum ersten Mal die grauenvollen Zerstörungen in vielen deutschen Städten, in denen auch ein Jahr nach dem Kriegsende die Trümmer noch nicht überall weggeräumt worden waren. Köln war nur eines der bedrückenden Beispiele, das wir an einem frühen Morgen bei der Fahrt über die Rheinbrücke durch die halbgeöffnete Tür des Güterwagens sehen konnten. Das Erschrecken war groß. Die meisten von uns waren ja seit 1943 und länger nicht mehr in Deutschland gewesen.

In Bad Aibling, einem Lager der US-Army im dortigen Sportstadion, ist dann sortiert worden: Wer eine Heimatanschrift in der amerikanischen Zone angeben konnte, bekam schon dort seine Entlassungspapiere; wer in die britische Zone weiterwollte, wurde mit anderen Männern erneut zu einem Transport zusammengestellt und in Bahnwaggons nach Norddeutschland gekarrt. Für die sowjetische Besatzungszone als Ziel meldeten sich nur wenige. Ich hatte mich schon in Trinidad für Husum entschieden, weil es der einzige Ort mit einer festen Adresse naher Verwandter war, nämlich der meiner Großeltern mütterlicherseits.

Meine Mutter war vor den Bombenangriffen aus Berlin zunächst nach Schlesien geflüchtet. Dort war die Schwester meines Vaters im Kreise Oels ansässig, wo die Familie ihres Mannes Besitzungen hatte. Als die Rote Armee in Schlesien vorrückte, wünschte ich mir im Gefangenenlager auf der anderen Seite des Atlantiks natürlich, daß es meiner Mutter gelingen würde, vor den Sowjets zu flüchten und zu ihren Eltern nach Husum zu kommen. Gottlob schaffte sie das – und zwar dank eines Panzerspähtrupp-Führers meiner alten AA3, dem späteren Bundeswehrmajor Emil Müller, der sie in letzter Minute mit einem LKW rausholte.

Ein ganzes Jahr hatte ich nichts mehr von ihr gehört. Ihr letzter Brief aus Schlesien war auf den 12. Januar 1945 datiert und über ein Vierteljahr unterwegs gewesen. So konnte ich ihr erst am 14. April nach Husum antworten, in der Hoffnung, daß sie inzwischen wohlbehalten dort angelangt sei: »Leider noch immer nichts Genaues über Dein Schicksal, bin in großer Sorge.«

Von meinem Vater kam erst recht keine Nachricht nach Amerika. Das letzte Lebenszeichen stammte aus dem Jahr 1944, war also zwei Jahre alt. Da war er als Kommandeur eines Panzergrenadier-Regiments in heftige Abwehrkämpfe an der Ostfront verwickelt. Von dort ging er mit den Resten seiner Einheit zur »Auffrischung«, wie es damals hieß, nach Dänemark und wurde in Esbjerg stationiert. Da geriet er bei Kriegsende in englische Gefangenschaft und wurde in den sogenannten »Kral« verlegt, ein riesiges Gefangenenlager, das sich über fast ganz Schleswig-Holstein ausdehnte und wo sich die Deutschen unter Aufsicht der britischen Armee quasi selbst verwalteten. Von dort wurde mein Vater dann nach Husum entlassen. Ich fand ihn und meine Mutter schließlich bei meiner Rückkehr Anfang April 1946 im Hause meiner Großeltern vor. Sie lebten mit meiner Tante Anne, der Schwester meiner Mutter, im Haus Mönkeweg 25.

Übrigens klappte der Postverkehr zwischen dem Gefangenenlager in Colorado und der Heimat während des Krieges eigentlich erstaunlich gut. Wir durften pro Monat einen Brief und eine Postkarte absenden. Dazu wurde von unseren Bewachern chemisch präpariertes Briefpapier ausgegeben, damit wir keine unerlaubten

Mitteilungen mit Geheimtinte machen konnten. Zudem waren amerikanische Zensoren fleißig dabei, unerwünschte politische Bemerkungen zu schwärzen. Die Übermittlung der Post übernahm das Internationale Rote Kreuz, die Laufzeit der Briefe betrug zumeist mehrere Monate.

Meine Gefangenschaft endete in einem britischen Lager in Bad Segeberg. Auf einem »Kontrollblatt D.2.« bekam ich meinen Entlassungsschein Nummer 289419, unterzeichnet von einem Captain der Royal Artillery. Zugleich gab es ein Entlassungsgeld in Höhe von 80 Reichsmark. Der britische Militärarzt bezeugte durch Unterschrift, daß »der Inhaber ungezieferfrei ist und daß er keinerlei ansteckende oder übertragbare Krankheit hat«. So richtig nachgeschaut hatte der Captain allerdings nicht, denn die medizinische Untersuchung wurde eher im Fließbandverfahren abgewickelt. Die Besatzungsarmee wollte uns so schnell wie möglich loswerden. In Husum kamen auf den Entlassungsschein dann noch Stempel des Einwohnermeldeamtes und des Arbeitsamtes. Gleichfalls mit Stempel war mir vorher schon mit Arrest gedroht worden, wenn ich »nicht sogleich nach Ankunft in der Heimat meine amerikanischen, deutschen oder anderen Uniformstücke auf zivilen Zuschnitt ändere oder sie nicht auf eine andere Farbe als blau oder olivgrün umfärbe«.

Der Zug, der uns von Bad Aibling nach Bad Segeberg transportiert hatte, mußte in der Nähe von Hannover einen längeren Aufenthalt einlegen, und so konnte ich – mit Geld, das ich von einer hilfsbereiten Postkundin geborgt bekam – ein Telegramm an die Husumer Verwandtenadresse absetzen: »Auf der Fahrt zur Entlassung in den allernächsten Tagen. Genaues Datum folgt. Mitbringe Mutius, der nicht weiß, wo seine Mutter.« Es war schon erstaunlich: Ein Jahr nach Kriegsende funktionierte die Post bis hin zum Telegrammverkehr, und eine junge Frau pumpte einem unbekannten Heimkehrer Geld. Sie hat es wenig später zurückbekommen. Mit einem Lastwagen der britischen Armee ging es am 3. April 1946 an den endgültigen Bestimmungsort, nach Husum in den Mönkeweg. Von Trinidad bis Husum hatten Carli Mutius und ich unser Gepäck unbeschädigt und ohne Verluste mitgeschleppt. Auch meine tragbare Seekiste – der »Foot Locker« – hatte sich bewährt.

Es war um die Mittagszeit, als wir an der Haustüre klingelten. Endlich daheim. Und nicht nur das: Meine Eltern wußten glücklicherweise auch, wohin Mutter Mutius (auch aus Schlesien) geflüchtet war, nämlich an die Ostküste von Schleswig-Holstein. Carli machte sich sogleich auf den Weg dorthin, zum Gut Waterneversdorf der Grafen Waldersee, wo ich ihn dann kurze Zeit später besucht habe. Das Schloß war mit Flüchtlingen aus dem Osten überfüllt. Einmal am Tag gab es im großen Speisesaal für alle einen Eintopf. Am Kopfende der langen Tafel sprach das Tischgebet der greise General Paul von Lettow-Vorbeck, der im Ersten Weltkrieg einmal die deutschen Schutztruppen in der Kolonie Ostafrika befehligt und nun als mittelloser Vertriebener auch eine vorläufige Heimstatt gefunden hatte. Mutius sollte ich später noch viele Male begegnen.

Zu meiner Freude hatte ich bei der Ankunft in Husum erfahren, daß auch die Mutter und die Schwestern meines Vaters nach Husum geflüchtet waren, und so gab es ein glückliches Wiedersehen. Mein Kanister mit Shampoo wurde ebenso lebhaft begrüßt wie die mitgebrachten Zigaretten, auch wenn es nur solche mit rotem Mundstück waren: Ausschußware, die man den Gefangenen damals im Lager angedreht hatte. Das Shampoo fand eine eigentlich nicht vorgesehene Verwendung, denn weit öfter als zur Haarwäsche wurde es zum Waschen der Feinwäsche verwendet. Nach vielen Jahren der graugrünen Kriegsseife Marke RIF (Reichs-Industrie-Feinseife) und dadurch grau gewordener Weißwäsche war Shampoo ein ungewohnter Luxus. Die Zigaretten hingegen waren der große Renner auf der Silberhochzeit meiner Eltern, die wir Anfang Mai mit allerlei auf dem Schwarzmarkt ergatterten Lebensmitteln feiern konnten. Wir hatten einen Teil der amerikanischen Glimmstengel gegen echte Butter und richtigen Kaffee eintauschen können, gegen Schokolade und Schlagsahne. Das meiste holten wir bei Bauern in der Umgebung, bei denen der schwarze Markt damals blühte. Was Wunder, denn die amtlichen Tagesrationen lagen immer noch bei rund eintausend Kalorien pro Person. Lebensmittel waren »bewirtschaftet«, wie es hieß. Lebensmittelkarten aus Papier erlaubten den (regulären) Einkauf im Geschäft, wo man bestimmte Waren für die entsprechenden Abschnitte auf der Karte erhielt. Allerdings haperte es zunächst mit der Versorgung der Geschäfte, und lange Schlangen vor Metzger, Bäcker und Gemüseladen gehörten zum Alltagsbild.

Die Binzers, Großvater Maximilian und Großmutter Elsa, geborene Helling, waren schon Jahre vor dem Krieg in die »graue

Stadt am grauen Meer« gezogen, weil die Familie drei Generationen lang in Schleswig-Holstein oder Dänemark gelebt hatte. Husum war sozusagen Heimat für sie geworden, obgleich die Binzers ursprünglich aus Hessen und Franken kamen. Mein Urgroßvater Carl August Ludwig von Binzer war Forstmeister gewesen und hatte Irma Thomsen aus Husum geheiratet, eine Verwandte von Theodor Storm. Einer der Vorfahren, Johann Ludwig von Binzer, war königlich dänischer Generalmajor und Träger des Danebrogs-Ordens. Der Dichter August Daniel von Binzer kam 1793 in Kiel zur Welt und schrieb Studentenlieder (»Wir hatten gebauet ein stattliches Haus...«).

Die gleichfalls in Husum angelangten Schwestern meines Vaters, Stephanie »Tucke« Ackermann mit Ehemann Erich und Sohn Gerhard, Liselotte »Lotte« Lemcke und Sohn Hubertus (ihr Ehemann Karl-Enoch war noch bis 1955 in russischer Kriegsgefangenschaft) sowie meine Großmutter väterlicherseits, Friedrike »Mösches« von Wechmar, fanden – zusammen mit zahlreichen anderen Flüchtlingen – eine beengte Unterkunft im kleinen Husumer Schloß. Sie hielten sich durch allerlei handwerkliche Betätigungen am Leben. Die Schwestern bastelten Puppen aus alten Stoffresten, die sie dann in einem kleinen Lädchen am Markt mehr schlecht als recht verkauften. Onkel Erich Ackermann und Sohn Gerhard waren schon am frühen Morgen am Hafen, um frische Flundern zu ergattern, die anschließend auf einer selbstgebauten Anlage im Schloßpark geräuchert wurden und reißenden Absatz fanden.

Auch für mich hieß es nun, in dem mit Flüchtlingen vollgestopften Husum einen Broterwerb zu finden. Das Arbeitsamt konnte zunächst natürlich nicht weiterhelfen, aber schon ein paar Tage später entdeckte ich am Zaun eines Nachbarhauses einen handgeschriebenen Zettel: »Hilfe für Mittagstisch gesucht«. Es stellte sich heraus, daß ein kräftiger Mann zum Holzhacken gewünscht wurde, damit der Ofen fürs Kochen befeuert werden konnte. Ich wurde eingestellt und bekam pro Stunde Holzhacken fünfzig Pfennig – und eine warme Mahlzeit. Ohne Lebensmittelkarten. Das war viel mehr wert als das Geld. Bald fand ich diese erste zivile Tätigkeit meines bisherigen Berufslebens jedoch unbefriedigend, denn viel Holz wurde für den kleinen Mittagstisch gar nicht gebraucht, und meine Tageseinnahmen bestanden oft aus nicht einmal zwei Reichsmark. So sah ich mich nach etwas anderem um. Wieder blieben Besuche beim Arbeitsamt erfolglos. Aber auf dem Weg dorthin kam ich bei der britischen Militärregierung vorbei, und eines Tages entschloß ich mich, mein Glück zu versuchen und bei den Engländern anzufragen, ob man Arbeit für mich hätte. Und tatsächlich verhalfen mir meine Englischkenntnisse zu einer Anstellung als Dolmetscher und Fahrer. Pro Woche einhundert Reichsmark und den ganzen Tag über Tee mit Milch aus heißen Kannen, richtigen schwarzen Tee, versteht sich. Leider war mir das Glück nicht lange hold. Eines Tages schickte mich der Chef mit einer Kuriersendung nach Kiel. Alles lief wie am Schnürchen. Doch auf der Rückfahrt blieb der Jeep, den man mir mitgegeben hatte, mit Motorschaden stehen. Kolbenfresser! Das Fahrzeug mußte abgeschleppt werden, und bald stellte sich heraus, daß ich in einem Armeedepot zwar ordnungsgemäß getankt, aber nicht daran gedacht hatte, auch Öl nachfüllen zu lassen. Wegen »Sabotage an britischem Armee-Eigentum« wurde ich auf der Stelle entlassen und war wieder arbeitslos.

Also hieß es erneut, und diesmal woanders, mein Glück zu versuchen. Carli Mutius war mittlerweile nach Hamburg gezogen, ein keineswegs einfaches Unterfangen, wie auch ich bald herausfinden sollte. Man benötigte eine Zuzugsgenehmigung, und diese wiederum war von einer Arbeitserlaubnis abhängig. Eine Zuzugsgenehmigung setzte aber voraus, daß man einen Wohnraum nachweisen konnte. Ohne solche Genehmigungen gab es wiederum keine Lebensmittelmarken. Der deutsche Amtsschimmel, gestützt durch die nicht minder bürokratische britische Besatzungsmacht, wieherte laut und vernehmlich. Der Zusammenbruch des Reiches war an manchen Verwaltungen offenkundig spurlos vorübergegangen. Mutius hatte es mit Hilfe seines Schwagers geschafft, beim sogenannten Zonenbeirat der britischen Zone in Hamburg als Leiter des kleinen Fuhrparks und »wissenschaftlicher Hilfsarbeiter« angestellt zu werden. Er verfügte dadurch über etwas, wovon die meisten Deutschen damals nur träumen konnten: ein Fahrzeug. Und – fast noch wichtiger – über Benzin. In erster Linie war er Fahrer für den späteren Botschafter Herbert Blankenhorn, der in den ersten Jahren nach der Gründung der Bundesrepublik Deutschland zu den engsten Mitarbeitern von Konrad Adenauer zählte. Unterkunft fand Mutius bei seinen Verwandten im Gästehaus des Hamburger Senats, wo Schwager Kai Köster Arbeit gefunden hatte.

Der Zonenbeirat war im Februar 1946 von den Briten als erstes deutsches Mit-Verwaltungsorgan für ihre Besatzungszone eingesetzt worden. Zonenbeirat und Hamburger Senat waren Teile des schrittweisen Wiederaufbaus von demokratischen Verwaltungsstrukturen im Nachkriegsdeutschland. Es gab noch kein Grundgesetz, das die politische Neuordnung vorzeichnete, aber überall wurde ein Anfang versucht, auf kommunaler Ebene und in den verschiedenen Besatzungszonen. Die Bürger nahmen zögernd daran Anteil, denn noch war jeder viel zu sehr mit sich selbst beschäftigt, mit der Suche nach der täglichen Nahrung, nach Arbeit, nach einer Wohnung. Und mit der bangen Frage, wohin Verwandte und Freunde in den Wirren der letzten Kriegstage gelangt waren.

Über Querverbindungen (»man muß die Leute kennen«) fand dann auch ich Arbeit in Hamburg. Ein Bruder von Senatsdirekor Köster war Abteilungsleiter beim Roten Kreuz und brauchte jemanden für den gerade im Aufbau befindlichen Kindersuchdienst. Ein Arbeitsplatz war also da, doch es fehlte noch die Zuzugsgenehmigung beziehungsweise die Unterkunft. Das Dachgeschoß im Gästehaus des Senats am Zickzackweg 20 in Othmarschen erwies sich zunächst als groß genug, ein weiteres Bett aufzustellen. Und so zog ich – nach langem Hin und Her von den Behörden mit allen erforderlichen Papieren ausgerüstet – sehr zum Kummer meiner Eltern weg von Husum in die arg zerstörte Großstadt Hamburg.

Die Aufgabe des Kindersuchdienstes bestand vor allem darin, unzählige Karteikarten mit den Suchmeldungen von Eltern zu durchforsten und sie mit den Suchmeldungen von Kindern zu vergleichen, die im Chaos des Zusammenbruchs – auf der Flucht aus dem Osten oder während der Evakuierung aus bombenbedrohten Städten – von ihren Eltern getrennt worden waren. Während die Karteien über die Eltern meist zuverlässige und ausführliche Angaben enthielten, traf das sehr oft bei den Kindern nicht zu. Die Personalangaben stammten von Hilfskräften, die irgendwann und irgendwo einmal versucht hatten, wichtige Daten festzuhalten. Viele Kinder kannten ihren eigenen Namen nicht und wußten nicht, wann und wo sie geboren worden waren oder wo sie zuletzt gewohnt hatten. Fotos waren selten, und wenn es sie gab, dann waren sie vor längerer Zeit aufgenommen worden und daher meist nicht mehr brauchbar. Es war eine schwierige und bedrückende Arbeit, und jeder Treffer wurde bejubelt. Angesichts von Tausenden nicht zueinander passenden Karteikarten befiel uns jedoch weit öfter ein Gefühl verzweifelter Ohnmacht.

Auch beim Suchdienst gab es als Teil der Bezahlung mittags eine warme Mahlzeit. Eine Feldküche des Roten Kreuzes sorgte für Eintopf, und das bedeutete: Wir konnten Lebensmittelmarken sparen. Und das war wiederum ein lebenswichtiger Teil der drei »essentials« in Deutschland nach dem Kriege: arbeiten, wohnen, essen. Inzwischen war es im Dachgeschoß des Gästehauses für uns alle doch ein wenig eng geworden. Im Winter 1946/47 fand ich neuen Unterschlupf bei einem anderen ehemaligen Kriegsgefangenen-Kollegen, dem einstigen Oberleutnant Krüger-Nordquist und seiner Mutter in Flottbeck, bei denen ich ein Zimmer im Erdgeschoß bezog. Für hinreichende Wärme in jenen bitterkalten Wochen sorgte ein Kanonenofen, dessen Abzugsrohr durch ein Fenster ins Freie geleitet wurde. Die Fensterscheibe war zu diesem Zweck durch eine Sperrholzplatte ersetzt worden, wodurch das Zimmer natürlich ziemlich dunkel, dafür im Winter aber mollig warm war – vorausgesetzt, Koks oder Briketts waren zur Hand.

Mutius und ich hatten unsere Pläne, eine Reparaturwerkstatt für Uhren aufzumachen, derweil zu den Akten gelegt. Carli hatte beim Zonenbeirat seine zukunftsträchtige Tätigkeit gefunden, und ich war beim DRK-Suchdienst eigentlich auch ganz gut untergekommen. Bald zeigte sich allerdings, daß die beruflichen Perspektiven dort eher begrenzt waren. So beschloß ich nach einigen Monaten der Detektivarbeit mit Karteikarten, mich wieder zu verändern.

Es lag nahe, meine im Korrespondenzstudium an der Universität von Minnesota erworbenen theoretischen Kenntnisse im Journalismus auch praktisch anzuwenden. So meldete ich mich im Herbst 1946 beim damaligen Chef des »German News Service« (GNS) in der Rothenbaumchaussee, einem englischen Presseoffizier namens Hans Berman, der vor seiner Emigration nach England Mitte der dreißiger Jahre Redakteur beim »Berliner Tageblatt« gewesen war. Wir erörterten Möglichkeiten einer Mitarbeit, das »Abgangszeugnis« meines sechstägigen Demokratiekurses in Fort Eustis erwies sich als nützlich, und die Anstellung ließ nicht lange auf sich warten. Ich wurde der Auslandsredaktion zugeteilt, wo ich unter der Leitung von Hans-Joachim Kausch Meldungen der britischen Nachrichtenagentur Reuters ins Deutsche übersetzen und für deutsche Leser aufbereiten mußte. Der »German News Service«, zunächst eine Nachrichtenagentur für die deutschen Zeitungen in der britischen Besatzungszone, ging später in deutsche Leitung unter dem gelernten Journalisten und späteren SPD-Bundestagsabgeordneten Fritz Sänger über und hieß dann »Deutscher Presse-Dienst« (dpd). Nach seinem Zusammenschluß mit der DENA in der amerikanischen und später mit der Süd-Dena in der französischen Zone entstand daraus, etwa zeitgleich mit der Gründung der Bundesrepublik Deutschland, die »Deutsche Presse-Agentur« (dpa).

Der GNS setzte seine Meldungen an seine Abonnenten unter den Zeitungen und Rundfunkstationen (Fernsehen gab es ja noch keins) über ein Fernschreibnetz ab. Dessen Hamburger Zentrale bestand aus Mitarbeitern des ehemaligen Fernmeldezentrums der Kriegsmarine, die von den Briten eingesammelt und zusammen mit ihren Fernschreibmaschinen nach Hamburg verfrachtet worden waren. Leiter war der ehemalige Kapitänleutnant Heinrich Böx, später einmal kurzfristig auch Chef des Bundespresseamtes und dann Botschafter, unter anderem in Warschau. Die Männer an den Fernschreibern trugen noch immer ihre – jetzt auf Zivil getrimmten – blauen Marineuniformen. Einer von ihnen, Karl Schmidt, war ein Vierteljahrhundert später mit mir im Bundespresseamt und im Auswärtigen Dienst.

Böx durfte manchmal den Dienstwagen der Agentur, einen Armee-Jeep der Engländer, benutzen und nahm mich dann gelegentlich mit zu Ausfahrten ins benachbarte Alte Land. Was wir dort taten, war natürlich streng verboten, wie alle »Hamsterfahrten«. Einmal schauten wir auf der Suche nach Butter, Obst oder wenigstens Heringen in einem Dorfladen vorbei. Der Besuch war in doppelter Hinsicht lohnend: Wir durften ohne Lebensmittelkarten einkaufen und bekamen – dies allerdings gegen Bezugsschein – jeder ein Baumwollhemd. Auch Kleidung und Schuhe gab es zu jener Zeit nämlich immer noch nur gegen Berechtigungsscheine, und die waren übers Jahr knapp gesät. Gleichfalls nützlich war die Begegnung mit dem Ladeninhaber, Heinrich Hellwege. Er wurde wenig später Chef der Deutschen Partei, diente als Minister in einem der Kabinette von Adenauer und wurde schließlich Ministerpräsident von Niedersachsen. Wir haben uns oft in fröhlicher Runde an dieses erste Treffen erinnert.

99

Chefreporter beim GNS war damals Heinz Köster. Seit der Zeit meines Arbeitsbeginns in der Redaktion des »German News Service« verfolgte er den Ravensbrück-Prozeß im Curiohaus und berichtete täglich darüber. In jenem Prozeß waren Frauen angeklagt, die im Konzentrationslager Ravensbrück, einem Frauen-KZ, die Lagerleitung und die Wachmannschaften gestellt hatten. Eines Tages wurde Köster krank, und Berman suchte einen Ersatzmann. Die Wahl fiel auf mich. Ich versuchte, mich in die bisherige Berichterstattung von Köster einzulesen, um nicht völlig unvorbereitet im Gerichtssaal zu erscheinen. Es war dennoch kompliziert, denn mir fehlte natürlich die wochenlange Erfahrung der Prozeßbeobachtung, die mein erkrankter Kollege gesammelt hatte. Ich hatte weder die Angeklagten und ihre Verteidiger erlebt, noch kannte ich die Staatsanwälte oder Richter auch nur von Angesicht und hatte keine Zeugen gehört. Es war meine erste Begegnung mit Opfern aus den KZs, mit der Realität des NS-Regimes, die uns auf der Napola verborgen geblieben war. Eine reine Routineberichterstattung über den Prozeßverlauf, für den ich nun bis auf weiteres zuständig sein würde, hätte gefährlich werden können. Dazu fehlten mir die wichtigsten Voraussetzungen.

Ich entschied daher, mich an meinem allerersten Tag im Curiohaus auf die Beschreibung von Äußerlichkeiten zu beschränken, also zu versuchen, über die »Farbe« im Gerichtssaal zu berichten, wie man journalistisch sagen würde. In Zeitungen würde so etwas heute auf der Seite drei erscheinen. Ich schilderte Aussehen und Reaktionen von Beteiligten und versuchte, den Lesern ein Bild des Verfahrens zu zeichnen, ohne auf die juristischen Feinheiten der Verhandlung einzugehen. Dann tippte ich meine Geschichte in eine klapprige alte Underwood-Schreibmaschine (mit englischer Tastatur). Und gab das Erstlingswerk dem Leiter der Reporterabteilung, Gustav »Guschi« Döring, einem ganz alten Hasen des Geschäfts, der lange Jahre Chefreporter wichtiger Berliner Tageszeitungen gewesen war. Am darauffolgenden Tage wurde ich zu Döring und später zu Berman bestellt. Mir schwante Schlimmes. Das Gegenteil war der Fall. Döring erklärte, ich sei ein geborener Gerichtsberichterstatter, und Berman stellte in Aussicht, daß ich deshalb in Kürze nach Nürnberg geschickt werden würde, um dort über die dem inzwischen abgeschlossenen Hauptprozeß folgenden Kriegsverbrecher-Prozesse zu berichten. Einstweilen aber kehrte ich in die Auslandsredaktion zurück, denn Köster war mittlerweile wieder genesen. Das war die Zeit, in der auch mein Vater in Husum beim »Deutschen Presse-Dienst« angestellt wurde. Er war »Westküstenkorrespondent« für den dpd-Landesdienst Schleswig-Holstein. Da war natürlich nicht viel los, und manchmal war mein Vater schier verzweifelt, wenn er nur über Viehmärkte oder die Öffnungszeiten der städtischen Bäder berichten konnte. Aber er war froh, eine feste und ausbaufähige Anstellung gefunden zu haben und seine kargen Einkünfte nicht mehr mit Gelegenheitsgedichten oder als Redenschreiber zu Fest- und Feiertagen bestreiten zu müssen. Zu Beginn des Jahres 1946 hatte er das »Husumer Krippenspiel« in Versform über die Weihnachtsgeschichte verfaßt. Der Evangelische Verlag Reich&Heidrich in Hamburg gab das 24 Seiten umfassende Stück heraus, das von Laienspielgruppen aufgeführt wurde. Im Vorwort zu dem kleinen Heftchen schrieb der Verleger, Dekoration und Ausstattung entsprächen den bescheidenen Verhältnissen, unter denen »der Erlöser seinen dornenvollen Erdenwandel begann, Verhältnissen, die vieles gemein haben mit dem derzeitigen Los unserer Vertriebenen, Flüchtlinge und Ausgebombten«. Auf dem Deckblatt stand das Datum: »Husum, im Notjahr 1946«.

Ende der vierziger Jahre, mit der Gründung der politischen Parteien und den Wahlen zu Kommunal- und Landesparlamenten, konnte mein Vater seine Berichterstattung für dpd dann auch »politischer« werden lassen, und als in Bonn die Bundesrepublik Deutschland aus der Taufe gehoben worden war, wechselte er als Korrespondent verschiedener Zeitungen mit einem sogenannten »Bauchladen« – nach einer Zwischenstation in Frankfurt am Main – in die Bundeshauptstadt Bonn. Dort wurde er der erste Vorsitzende der gerade gegründeten Bundespressekonferenz.

Im Winter nach meiner Rückkehr aus der Gefangenschaft war es bitterkalt in Deutschland. Nach Dienstschluß in der Redaktion an der Rothenbaumchaussee zog ich mit anderen Kollegen und mit Säcken und Beuteln bewaffnet zu den Bahngleisen zwischen den Bahnhöfen Dammtor und Altona. Vorzugsweise zu solchen Gleisabschnitten, an denen sich viele Weichen befanden. Dort warteten wir auf vorbeifahrende Kohlezüge aus dem Ruhrgebiet. Wenn die Waggons über die Weichen ratterten, fielen immer mal wieder ein paar Stückchen Koks herunter. Und wo die Güterzüge ihre Fahrt verlangsamten oder gar zu einem kurzen Halt kamen, kletterten wir schnell auf die Wagen und sackten Koks ein, was das Zeug hielt. Mein Kanonenofen bei Mutter Krüger-Nordquist konnte es brauchen. Natürlich war Kohlenklau streng verboten, und wir mußten aufpassen, daß uns deutsche Bahnpolizisten oder britische Militärpolizei nicht erwischten.

Aus der Auslandsredaktion wurde ich erneut im Februar 1947 abgezogen, um für die Reporterabteilung über den Besuch des ehemaligen amerikanischen Präsidenten Herbert Hoover in Hamburg zu berichten. Man hatte wohl gedacht, daß ich als früherer POW und Englisch sprechender Mitarbeiter mit dem damals über siebzig Jahre alten Ex-Präsidenten würde richtig umgehen können. Es war Hoovers zweiter Besuch im Nachkriegsdeutschland. Anfang 1946 war er im Auftrag des damaligen US-Präsidenten Harry S. Truman schon einmal nach Europa gereist, um sich ein Bild von der Versorgungslage der Bevölkerung zu machen. Seine Vorschläge führten in den darauffolgenden Jahren auch zu erkennbaren Verbesserungen der Ernährungslage für die hungernden Deutschen. Hoover hatte eine gleiche Aufgabe auch nach dem Ersten Weltkrieg übernommen. Die damals eingeführte »Hoover-Speisung« trug seinen Namen.

Der hohe Besuch weilte einen Tag in Hamburg, wo er sich auch mit den Ministerpräsidenten der Länder in der britischen Zone traf. Ehe die Konferenz im Gebäude der Militärregierung begann, begleitete ich ihn morgens auf einer längeren Fahrt durch die zerstörten Stadtviertel Hamburgs. Hoover war tief berührt. Im Verlauf der anschließenden Besprechung mit den Länderchefs erklärte der Hamburger Bürgermeister Max Brauer, daß die Hansestadt gegenwärtig »ihre schlimmste Krise« erlebe. Die Wintermonate hätten in der Bevölkerung einen »schweren Stimmungsumschlag« ausgelöst. Schleswig-Holsteins Ministerpräsident Theodor Steltzer erläuterte, die Vertrauenskrise könne nicht überwunden werden, wenn die vorgesehenen erhöhten Rationen von täglich 1500 Kalorien nicht auch tatsächlich ausgegeben werden. Sein Kollege aus Nordrhein-Westfalen, Rudolf Amelunxen, fügte hinzu: »Es ist die letzte Chance, die unter bitterem Hunger und eisiger Kälte leidenden Menschen für den Aufbau einer wahren Demokratie zu gewinnen.« Und der niedersächsische Ministerpräsident Hinrich Wilhelm Kopf forderte eine gleichmäßige Verteilung der deutschen Ostflüchtlinge auf das ganze Land, also auch auf die anderen Besatzungszonen.

Der dramatische Appell der Länderchefs verhallte nicht ungehört. Hoover versprach, daß durch die Regierungen Großbritanniens und der Vereinigten Staaten »alles geschehen werde, um dem deutschen Volk zu helfen«. Außer psychologischen Schwierigkeiten (Hilfe für den einstigen Kriegsgegner) müßten aber auch reale Gesichtspunkte in Betracht gezogen werden. Auch die Briten hätten wenig zu essen. Die Entwicklung müsse darum »schrittweise« erfolgen. Und so kam es dann auch. Bis zu einer relativ normalen Versorgung aller Bürger mit Lebensmitteln und Heizmaterial verging noch eine lange Zeit. Die konnte auch der gutwillige Hoover nicht verkürzen.

Hoovers Besuch in Hamburg war, wenn man so will, meine erste politische Berichterstattung. Ich stützte mich auf Interviews mit den Beteiligten, insbesondere mit Hoover selbst, denn zur eigentlichen Konferenz war die Presse natürlich nicht zugelassen. Meine Nachrichten wurden über das dpd-Fernschreibnetz an die Zeitungen und Rundfunkstationen abgesetzt. Tags darauf registrierte ich nicht ohne Stolz, daß nahezu alle Blätter meine Berichte abgedruckt hatten.

Es gab zu jener Zeit vier deutsche Nachrichtenagenturen: dpd, DENA, Süd-Dena und ADN (in der sowjetisch besetzten Zone). Hinzu kamen als direkte Konkurrenten auf dem deutschen Medienmarkt die deutschsprachigen Dienste von UP und AP. Der International News Service (INS) berichtete nur auf englisch, TASS sendete (damals) nur in russischer Sprache. Wer seine Meldungen zuerst auf dem Ticker hatte, der konnte damit rechnen, auch von den Zeitungen gedruckt oder vom Rundfunk gesendet zu werden. Von Abdruck oder Sendung aber hing es dann oft ab, wie die nächsten Vertragsverhandlungen der Agenturchefs mit Verlagen oder Radiostationen über den Bezug des Nachrichtenmaterials ausgingen. Junge Journalisten wie ich suchten von den Erfahrungen der Älteren zu lernen. Ihre Bereitschaft, uns zu helfen, war groß. Gelegenheit dazu gab es nicht nur in unserer Redaktion, sondern auch in der Kantine des »Nordwestdeutschen Rundfunks« (NWDR) auf der anderen Straßenseite, von dpd an der Rothenbaumchaussee. Dort begegnete ich zum ersten Mal Peter von Zahn, Axel Eggebrecht, Sefton Delmer und vielen anderen. Die Leitung von dpd bestand nach guter britischer Pressetradition auf einer strikten Trennung von Nachricht und Meinung. Gesinnungsjournalismus, wie er sich heute häufig breitmacht, war verpönt. Auch damals schon waren die Nachrichtenagenturen aber Stichwortgeber für die Zeitungsredakteure. Später hieß es manchmal: Von dpa liegt noch keine Meldung zum Bericht des eigenen Korrespondenten vor, also warten wir lieber noch etwas mit dem Abdruck – »bis die Agenturen das bestätigen«. Und in der alljährlichen Sauregurkenzeit hieß es manchmal ironisch: »Von unserem ins Archiv entsandten Sonderberichterstatter«. Im Archiv fand sich nämlich immer noch ein Aufhänger zum Füllmaterial für leere Seiten.

Nachrichten, die als »Eilmeldung« oder gar »Blitzmeldung« gekennzeichnet waren, fanden in den Zentralredaktionen von Presse und Rundfunk besondere Aufmerksamkeit. Eine sorgfältige Recherche einer solchen Meldung war deshalb selbstverständlich. Dennoch gab es immer mal wieder Pannen. Zum Beispiel als Thomas E. Dewey von der »Chicago Tribune« zum amerikanischen Präsidenten »gewählt« worden war oder eine »Eilmeldung« die falsche Nachricht vom Tode Nikita Chruschtschows verbreitete.

Reporter und Korrespondenten übermittelten zu jener Zeit eilige Berichte per Telefon oder über Fernschreiber. Man arbeitete anhand handschriftlicher oder in die Reiseschreibmaschine getippter Texte. Zur Standardausrüstung des Journalisten gehörten Bleistift und Notizblock. Oft habe ich mir Stichworte auf den Rand einer Tageszeitung oder die Rückseite einer Pressemitteilung notiert. Kassettenrecorder oder gar Laptops kamen erst Jahrzehnte später in Mode.

Bei den Nürnberger Prozessen und im Parlamentarischen Rat

(1947/1948)

Nach meinem Einstand beim Hamburger Ravensbrück-Prozeß hieß es nun bald, den Koffer zu packen und in die amerikanische Besatzungszone nach Nürnberg umzusiedeln, wo im Frühjahr 1947 die sogenannten Folgeprozesse gegen Deutsche begannen, die Kriegsverbrechen angeklagt waren. Allerdings trat ich die Reise diesmal nicht allein an, denn mittlerweile hatte ich im März 1947 in Heidelberg Rosemarie »Rosely« Warlimont geheiratet. Kennengelernt hatten wir uns in Hamburg. Wegen der bevorstehenden Versetzung nach Nürnberg wurde rasch und, wie sich später herausstellte, zu rasch geheiratet. »Guschi« Döring schickte zur Hochzeit noch ein Telegramm an meine Braut: »Heirate nie einen Journalisten!« Meine Eltern und andere Mitglieder der Familie konnten bei der Trauung nicht dabeisein. Sie waren in heftigem Schneesturm auf der Bahnreise von Husum nach Heidelberg steckengeblieben und tagelang an der Weiterreise gehindert. Ein böses Omen?

Rosely und ich machten uns also auf den Weg in die US-Zone nach Nürnberg. Auch das war mit Schwierigkeiten verbunden, denn zu jener Zeit konnte man nicht einfach von einer Besatzungszone in die andere umziehen. Wir brauchten eine Art Visum und am Zielort natürlich wieder eine Zuzugsgenehmigung, eine Aufenthaltserlaubnis und eine Arbeitsbescheinigung. Schließlich bezogen wir ein möbliertes Zimmer mit Badbenutzung in der Nähe des Nürnberger Justizpalastes, wo die parallel laufenden Einzelverfahren gerade begonnen hatten. Frühstück und Abendessen bei unserer Wirtin Wundermild beschränkten sich auf kalte Mahlzeiten in unserem Zimmer, denn eine Mitbenutzung der Küche war in der Mietvereinbarung nicht vorgesehen. Ein Tauchsieder, den wir vor der Vermieterin verbergen mußten (weil er ja die Stromkosten erhöhte), erlaubte wenigstens, Ersatzkaffee oder Früchtetee aufzugießen.

Anders als beim Prozeß gegen die Hauptkriegsverbrecher war die Anklagebehörde jetzt nur von Amerikanern besetzt, die im Verlauf des Jahres 1947 mehrere Prozesse gleichzeitig in Gang setzten: gegen ehemalige Direktoren der IG-Farben, gegen Ärzte, gegen frühere Beamte des Auswärtigen Amtes (der sogenannte Wilhelmstraßen-Prozeß), gegen das SS-Verwaltungshauptamt sowie gegen ehemalige Generale, die auf dem Balkan befehligt hatten. Auch gegen Richter und die Direktoren von Krupp wurde Anklage erhoben.

Für mich und meinen Kollegen Jacobs, der im Auftrag von dpd als ehemaliger Pressestenograph den Gang der Verhandlungen mitstenographierte, war es nicht immer einfach, die nebeneinander laufenden Prozesse ausreichend wahrzunehmen. Wir hetzten von einem Gerichtssaal in den anderen, um nichts zu verpassen.

Zunächst hieß es aber erst einmal, als Reporter bei Gericht zugelassen zu werden. Also wieder Anträge ausfüllen, Auftragsschreiben von dpd vorlegen und einen Presseausweis ausstellen lassen, für den man ein Paßfoto brauchte. Das wurde von einem GI im Fotolabor des Justizpalastes gemacht, wo auch die Angeklagten und Zeugen schon abgelichtet worden waren. Wie die Beschuldigten mußte ich zur Aufnahme ein Schild mit meinem Namen und einer Nummer unters Kinn halten. Das Foto hat für mich eine gewisse »historische« Bedeutung, weil es das einzige Bild ist, das mich mit einem Schnurrbart zeigt, den ich mir damals gerade hatte stehen lassen. Es mag sein, daß aus jener Zeit auch meine Abneigung gegen Presseausweise stammte. Ein Reporter, so meinte ich, der erst durch einen Presseausweis dokumentieren muß, daß er ein richtiger Journalist ist, der ist keiner.

Jacobs und ich hatten uns die Berichterstattung der verschiedenen parallel zueinander stattfindenden Verfahren geteilt. Mir war unter anderem der Prozeß gegen hohe Beamte des Auswärtigen Amtes zugefallen. Hauptangeklagter in diesem sogenannten Wilhelmstraßen-Prozeß war der einstige Staatssekretär im AA, Ernst Freiherr von Weizsäcker, der Vater des späteren Bundespräsidenten. Richard von Weizsäcker unterstützte in Nürnberg die Verteidiger seines Vaters, und so kam es, daß ich ihn 1947 dort bei gemeinsamen Besuchen in der Kantine des Gerichts kennenlernte, wo Verteidiger, Zeugen und akkreditierte Journalisten aus der Küche des amerikanischen Bewachungspersonals auf Blechtabletts eine warme Mahlzeit empfangen konnten. In der

Warteschlange vor der Essensausgabe stand auch der junge Weizsäcker.

Neben dem Verfahren gegen die früheren deutschen Diplomaten war ich unter anderem auch für den Prozeß gegen die ehemaligen Mitarbeiter des SS-Verwaltungshauptamtes unter SS-Obergruppenführer Oswald Pohl zuständig. Diese Dienststelle hatte die Verantwortung für die nationalsozialistischen Konzentrationslager. Erbeutete Dokumente und zahlreiche Zeugen berichteten in erschütternder Eindringlichkeit, was Menschen anderen Menschen alles angetan hatten und wie die planmäßige Vernichtung von Leben sorgfältig verwaltet worden war. Die kurzen Erfahrungen beim Hamburger Ravensbrück-Prozeß wurden in schrecklicher Weise potenziert durch die wochenlangen Schilderungen grausamer Ausrottung in weiten Teilen Europas. Die Todesmaschine war gerade zwei Jahre zuvor angehalten worden, die Erinnerungen der Opfer noch frisch. Von wenigen Ausnahmen abgesehen, suchten die Angeklagten ihre eigene Rolle im Vernichtungsapparat zu verkleinern, beriefen sich auf Befehlsnotstand oder beschuldigten Mitangeklagte. Oswald Pohl und weitere SS-Führer wurden zum Tod durch den Strang verurteilt und hingerichtet. Oft war es bei der Berichterstattung schwer, sich an die dpd-Regel zu halten und strikt von den Tatsachen zu berichten, ohne sich von Emotionen hinreißen zu lassen. Die Kommentierung der Prozesse übernahmen, nicht zuletzt aufgrund unserer Agenturberichte aus Nürnberg, jedoch die Zeitungen und Rundfunkstationen.

Anfang Juni 1947 wurde meine Arbeit als Gerichtsreporter unerwartet unterbrochen. Der bayerische Ministerpräsident Hans Ehard hatte die Ministerpräsidenten der deutschen Länder in West und Ost telegrafisch zu einer Konferenz für den 6. und 7. Juni nach München eingeladen. Dort sollten Vorschläge für gemeinsame Maßnahmen beraten werden, um sie dann den vier für Deutschland zuständigen Militärregierungen vorzulegen. So sollte – wie Ehard schrieb –»ein weiteres Abgleiten des deutschen Volkes in ein rettungsloses wirtschaftliches und politisches Chaos« verhindert werden.

Es wurde die erste und zugleich letzte gesamtdeutsche Konferenz von Länderchefs bis zur Wiedervereinigung. Auf Druck der Führung der»Sozialistischen Einheitspartei« (SED) knüpften die fünf Ministerpräsidenten aus der damaligen sowjetischen Besatzungszone an ihre Teilnahme die Forderung, daß die Konferenz über die rasche Bildung einer zentralen Verwaltung für ganz Deutschland beraten, Parteien und Gewerkschaften hinzuziehen und im übrigen nicht in München, sondern in Berlin zusammentreten sollte. Das war die Zeit, als die kommunistische Führung in Ostberlin, und mit ihr die Sowjetunion, noch die Einheit Deutschlands forderten.

Meine Vorgesetzten in Hamburg hatten entschieden, mich mit der Berichterstattung über diese Konferenz zu beauftragen, und zwar aus einem ganz praktischen Grund: Ich war in der amerikanischen Besatzungszone schon akkreditiert, hatte einen dort gültigen amtlichen Presseausweis und war aus Nürnberg nur eine kurze Bahnstrecke von der bayerischen Landeshauptstadt entfernt. Die Entfernung Nürnberg-München war zwar kurz, die Züge jedoch wie oft in jener Zeit überfüllt, so daß ich mich ein Stück der Strecke auf dem Trittbrett anklammern mußte. Welch ein Unterschied zu dem bequemen Transport in einer Limousine mit Fahrer während meiner beruflichen Aufgaben in der zweiten Lebenshälfte!

Am Vortag der Zusammenkunft meldete ich mich in der Münchener Staatskanzlei, wo sich Hans »Johnny« von Herwarth-Bittenfeld um die Konferenzteilnehmer und Pressevertreter kümmerte. Er ist mir in den folgenden Jahren immer wieder begegnet, zunächst als erster Protokollchef der Bundesrepublik Deutschland in Bonn und danach als deutscher Botschafter, unter anderem auch in London, wohin ich ihm nach über dreißig Jahren folgte. Meine eigentliche Zulassung zur Konferenz, samt Sonderausweis mit Lichtbild und Stempel, erhielt ich von Dr. Georg Schreiber. Er war später lange Jahre mein journalistischer Kollege in Bonn und leitete bis zu seinem Tode in Oberaudorf die populäre Talk-Show mit Prominenten für die Patienten der Krebsklinik Bad Trissl, wobei ihm seine Frau, die frühere FDP-Bundestagsabgeordnete Hedda Heuser, zur Seite stand.

Ehard versammelte die Regierungschefs der Länder – auch die fünf Vertreter aus der Ostzone waren erschienen – am Tag vor dem eigentlichen Beginn der Konferenz zu einer Vorbesprechung. Bereits dort kam es zum Bruch zwischen West und Ost. Die Vertreter der Länder aus der sowjetischen Besatzungszone beantragten entsprechend ihrer schon erhobenen Forderung, daß folgender Punkt als erstes auf die Tagesordnung zu setzen sei: »Bildung einer deutschen Zentralverwaltung zur Verständigung der demokratischen Parteien und Gewerkschaften, um einen deutschen Einheitsstaat zu schaffen.« Die Ministerpräsidenten aus dem Westen rochen den (kommunistischen) Braten und lehnten den Antrag nach einer vertraulichen Besprechung untereinander ab. Ehe es zu irgendeiner Diskussion kam, verließen die Ostdelegierten den Sitzungssaal. Die Konferenz war gescheitert, bevor sie überhaupt begonnen hatte.

Die Länderchefs aus den drei westlichen Besatzungszonen setzten ihre Beratungen an den beiden eigentlichen Konferenztagen, dem 6. und 7. Juni, unter sich fort und verabschiedeten eine Reihe von Entschließungen zu Wirtschafts- und Finanzfragen. Der thüringische Ministerpräsident Rudolf Paul hatte zuvor, nach dem Auszug aus der Sitzung, auf einer Pressekonferenz im Münchener Hotel Schottenhamel den Abbruch der Teilnahme zu begründen versucht. Paul war es nicht recht wohl in seiner Rolle. Man hatte ihn wohl als Sprecher ausgewählt, weil er nicht Mitglied der SED war. Später flüchtete er in den Westen und ließ sich in Frankfurt als Rechtsanwalt nieder.

Schon vor dem Beginn jener Vorbesprechung aller Ministerpräsidenten am Abend des fünften Juni mußte ich mich entscheiden, wie ich über Verlauf und Ergebnis der Konferenz berichten wollte. Anders als die zahlreichen ständigen deutschen und ausländischen Journalisten, die schon länger in München akkreditiert waren, hatte ich kein Büro, keine Mitarbeiter, keinen Fernschreibanschluß und keinerlei Ortserfahrung. Auch meine Sachkenntnis in gesamtdeutschen Fragen ließ zu wünschen übrig.

Es waren waren jedoch drei ganz andere Dinge, die mir weiterhalfen: Ich kannte die Länderchefs aus der britischen Zone vom Hoover-Besuch in Hamburg, ich hatte einen amtlich aussehenden Aktendeckel mit deutlich lesbarem Aufdruck »Zonenbeirat«, und ich besaß einen schwarzen Anzug. So sah ich ziemlich offiziell aus, als ich den Sitzungssaal betrat, wo die Pressefotografen vor Beginn der Beratungen gerade ihre Aufnahmen machten. Unter den Delegierten entdeckte ich auf der Hamburger Bank den mir bekannten Dr. Kurt Sieveking, einen Mitarbeiter von Bürgermeister Max Brauer. Sieveking war im Krieg als Offizier bei meinem Vater an der Ostfront eingesetzt gewesen und hatte einmal erwähnt, daß ihm mein Vater während einer Abwehrschlacht im Mittelabschnitt das Leben gerettet habe. Ich fragte, ob ich nach

Schluß der Sitzung von ihm einige Einzelheiten über den Verlauf erfahren könne, um so ein wenig mehr in Erfahrung zu bringen als auf einer schon angekündigten Pressekonferenz Ehards.

Sieveking, der später selber Bürgermeister der Hansestadt wurde, flüsterte mir ins Ohr:»Setzen Sie sich mal auf die letzte Stuhlreihe und hören Sie der Verhandlung gut zu. Bei uns ist einer ausgefallen, und so wird niemand merken, wer unser Ersatzmann ist. Max Brauer sage ich Bescheid.« Die von mir vorgebrachten Bedenken wischte er beiseite. »In Ihrem Anzug wird man Sie ohnehin für einen Delegierten halten«, sagte er. »Und auf diese Weise kann ich Ihrem Vater ein kleines Dankeschön sagen.« So kam es, daß ich die ganzen Beratungen unmittelbar miterlebt – und natürlich mitgeschrieben – habe. Und während die journalistischen Kollegen noch in der Pressekonferenz saßen, hing ich schon am Telefon und gab meinen Bericht durch. dpd in Hamburg jubelte, denn wir lagen mit unserer Nachricht um wenigstens eine Stunde vor der gesamten Konkurrenz. Der Ausspruch des früheren Chefs meines Vaters im Büro Friedländer & Friedländer kam mir wieder in den Sinn: »… der kennt die Leute.«

Etwas anderes habe ich in München damals auch gelernt: »Always dress to the occasion«, immer das Richtige anhaben. Als ich im Jahr darauf in Bonn mit der Berichterstattung für United Press begann, besorgte ich mir frühzeitig einen Homburg, der damals gewissermaßen zur Uniform von leitenden Beamten gehörte. Das war, zusammen mit meinem schwarzen Anzug, besser als ein Presseausweis. Als Ergänzung zu dem Aktendeckel »Zonenbeirat« hatte ich bei der erstbesten Gelegenheit eine sogenannte Gittermappe mit dem Aufdruck »Auswärtiges Amt« mitgehen lassen, die ich bei Eingangskontrollen deutlich sichtbar in der Hand hielt. So verkleidet fand, ich meist Zugang.

Mit meiner Garderobe war ich allerdings vorher einmal in Hamburg eher unangenehm aufgefallen. Dort traf ich zusammen mit anderen Reportern beim Zonenbeirat (wo ich den Aktendeckel hatte mitgehen lassen) Konrad Adenauer, der sich unseren Fragen stellte. Voller Stolz hatte ich mir am Morgen eine amerikanische Krawatte umgebunden, die ich auf dem Schwarzmarkt am Hamburger Gänsemarkt erstanden hatte und die durch ungewöhnlich grelle Farben auffiel. Als ich dem künftigen Bundeskanzler eine Frage stellte, sah der mich prüfend an und fragte dann:»Junger Mann, tragen Sie denn immer so bunte Krawatten?« Eine Antwort auf meine Frage blieb aus. Der Schlips verschwand in der Versenkung.

Kaum war ich zurück in Nürnberg und hatte meine Prozeßberichterstattung wiederaufgenommen, als mich neue Marschorder von der dpd-Zentrale erreichte: Wir sollten nach Frankfurt umziehen, wo Ende Juni 1947 der Zweizonen-Wirtschaftsrat mit seiner Arbeit begann, das erste deutsche Nachkriegsparlament oberhalb der Länderebene, das aufgrund eines Abkommens der amerikanischen und britischen Militärregierungen zustande gekommen war. Der Wirtschaftsrat der »Bizone« – so nannte man damals die Zusammenarbeit der beiden Besatzungszonen – setzte sich aus Abgeordneten zusammen, die von den Parlamenten der Länder gewählt worden waren. Der Rat nahm seinen Sitz in Frankfurt und wurde zum Vorläufer des Deutschen Bundestages. Zu seinem Präsidenten wurde der hessische CDU-Politiker Dr. Erich Köhler bestimmt, der nach der Gründung der Bundesrepublik auch erster Präsident des Bundestages in Bonn werden sollte.

Der dpd hatte aus den Erfahrungen mit der Münchener Ministerpräsidentenkonferenz einen für mich nützlichen Schluß gezogen: Weil »der Wechmar« in der amerikanischen Zone schon als Korrespondent akkreditiert sei, könne er relativ rasch in die Mainmetropole wechseln. Doch das war leichter gesagt als getan. Wieder hieß es Zuzugsgenehmigung, Aufenthaltsbescheinigung, Lebensmittelmarken und Bezugsscheine besorgen und eine Unterkunft suchen. Aus Hamburg und Nürnberg geübt, gelang mir das diesmal schneller, was allerdings auch daran gelegen haben mag, daß die Frankfurter Behörden ein Interesse daran hatten, den zum Wirtschaftsrat anreisenden Journalisten das Leben zu erleichtern. Auch Frankfurt war im Krieg stark zerstört worden, weshalb sich die Wohnungssuche als der schwierigste Teil des Umzugs erwies. Schließlich wurden wir im Westend fündig und bezogen als Untermieter den zum Wohn-Schlafzimmer umfunktionierten und ungewöhnlich scheußlich möblierten ehemaligen Salon einer Villa. Eine zusätzliche Kellerkammer diente als Küche mit Eßecke.

Der »Deutsche Presse-Dienst« hatte in der Taunusstraße ein Büro gemietet. Wilhelm K. Papenhoff wurde zum Bürochef bestellt, und mir wurde aufgetragen, mich um den Wirtschaftsrat zu kümmern. Zwei weitere Redakteure waren für die hessische Innenpolitik beziehungsweise die Kultur zuständig. Wir hatten eine eigene Fernschreibverbindung mit Hamburg und sogar eine Telefonanlage mit Nebenstellen, zur damaligen Zeit das absolute Optimum. Neben uns war die »Neue Zeitung«, die deutschsprachige Tageszeitung der amerikanischen Besatzer, eingezogen, wo Franz-Josef Schneider, Mitglied der Gruppe 47, Autor von »Die Ziege hat ein schwarzes Fell« und Stadtschreiber von Bergen-Enkheim, die Frankfurter Redaktion leitete. Trotz meiner neuen Aufgabe blieb es bei einem Gehalt von 600 (Reichs-)Mark. Dennoch freute ich mich über die Versetzung, denn die Nürnberger Prozesse gingen ihrem Ende entgegen, und der Arbeitsbeginn des Wirtschaftsrates führte mich direkt in die deutsche Politik.

Am 25. Juni eröffnete der hessische Ministerpräsident Christian Stock (SPD) die erste Sitzung des Rates mit der Feststellung, daß die »Wiederherstellung der wirtschaftlichen und politischen Einheit Deutschlands die Voraussetzung für den Wohlstand der Bevölkerung« sei. Er nannte den Rat die »höchste gesetzgebende Instanz« für die beiden Besatzungszonen, dem auch die Kontrolle der in Minden eingerichteten zentralen Verwaltungsbehörden obliegen sollte, die ihrerseits Vorläufer der späteren Bundesministerien waren. In dieser ersten Sitzung kamen die Vertreter der politischen Parteien zu Wort, und an ihren Ausführungen war abzulesen, was die Menschen damals bewegte. Da war vom Hunger ebenso die Rede wie von der Forderung nach einem Ende der weiterhin stattfindenden Demontage deutscher Industrieanlagen, von erhöhter Kohleproduktion, von der Notwendigkeit eines Lastenausgleichs für die Vertriebenen, von der Heimführung der Kriegsgefangenen und ganz allgemein vom Neuaufbau der Wirtschaft und des Verkehrs. Der CDU-Fraktionsvorsitzende Friedrich Holzapfel forderte für seine Partei damals sogar eine einheitliche Bodenreform.

Die Aufmerksamkeit der deutschen, aber auch der internationalen Öffentlichkeit war groß. Die Deutschen begannen, sich überregional zu organisieren. Für uns Agenturjournalisten entbrannte ein heißer Wettkampf, wer mit seinen Meldungen zuerst auf dem Draht war. Bei wichtigen Sitzungen hatte ich eigens einen Kollegen aus dem Büro mitgebracht, der nichts anderes tat, als eine Telefonleitung offenzuhalten, damit ich die Beratungsergebnisse sofort weitergeben konnte. Die Abgeordneten verfolgten unseren Wettstreit mit ungläubigem und meist amüsiertem Staunen, wenn wir uns schon vor den Abstimmungen an den Ausgangstüren des Sitzungssaals postierten, um das Ergebnis mitzubekommen und dann zu den Telefonzellen zu stürzen. Jeder von uns dachte an die bekannte Regel: Wer mit seiner Meldung zuerst bei den Zeitungs- und Rundfunkredaktionen ankommt, hat die größten Chancen auf Abdruck oder Sendung.

Ein paar Wochen später holte mich die Vergangenheit ein: Die britischen Aufsichtsbeamten von dpd nahmen mit über einjähriger Verspätung Anstoß daran, daß ich eine Napola besucht hatte, und verlangten meine Entlassung. Bei meiner Einstellung hatte mich niemand – auch nicht im obligaten Fragebogen – danach gefragt, und zwei Monate vor diesem Bescheid von dpd hatte mich der Öffentliche Kläger bei der Entnazifizierungs-Spruchkammer, in Kenntnis der NPEA-Erziehung, gerade als »nicht betroffen« eingestuft. Fritz Sänger, inzwischen zum Chefredakteur des Deutschen Presse-Dienstes avanciert, schrieb mir einen herzlichen Brief des Bedauerns. Der dpd verliere einen ausgezeichneten Journalisten, aber er könne nicht anders, als dem Wunsch der Besatzungsmacht zu entsprechen.

So wurde denn der 31. Oktober 1947 mein letzter Diensttag bei dpd. Aber auch das hatte sein Gutes. Schon im Spätsommer hatte nämlich die Frankfurter Deutschland-Zentrale von United Press bei mir angefragt, ob ich nicht für UP arbeiten wolle. Der deutschsprachige Dienst von UP unter der Leitung seines Chefredakteurs Johannes »Johnny« Haas-Heye hatte offenbar meine Arbeit bei der Konkurrenz beobachtet. Der amerikanische Deutschlandchef der Agentur, Pat Conger, und ich waren uns schnell einig: Das Anfangsgehalt entsprach dem von dpd, nämlich 600 Reichsmark. Aber dazu kamen pro Monat noch ein Pfund Fett, ein Pfund Zucker und eine Stange Zigaretten. Das allein war auf dem Schwarzmarkt ein Vielfaches der Geldzahlung wert. Mit dem Thema Napola habe er keine Probleme, meinte Mr. Conger. Die Besatzer waren eben auch die Stellenbesetzer.

Am ersten November 1947 trat ich bei UP ein, die ihr Büro im Gewerkschaftshaus in der Wilhelm-Leuschner-Straße eingerichtet hatte. Aber wenn meine Berichterstattung für dpd über den Zweizonen-Wirtschaftsrat vielleicht auch das Interesse an meiner Mitarbeit ausgelöst haben mochte, so sah für mich die Wirklichkeit bei UP vorerst ganz anders aus. Ich wurde zunächst einmal zur Nachtschicht für den englischsprachigen Dienst eingeteilt. Dienststunden von 21 Uhr bis sechs Uhr früh.

UP-Frankfurt war das Zentrum im Spinnennetz der kontinentalen Fernschreibverbindungen. Aus London, der Europa-Zentrale der United Press, wurden die Nachrichten von Übersee in englischer Sprache per Telex in den Redaktionsraum am Main geschickt. Ein gutes Dutzend Fernschreibmaschinen in einem dafür viel zu kleinen Zimmer nahmen die Meldungen bei ihrem Eingang in gestanzten Lochstreifen auf und ratterten die Nachrichten weiter an ihren Bestimmungsort. Damals konnte ich jene geheimnisvollen Lochstreifen aus den Tickermaschinen sogar lesen. Für meine Nachtschicht bekam ich den wohlklingenden, aber bedeutungslosen Titel eines »overnight wire-filing editor«. Im Grunde genommen war ich nichts anderes als ein Polizist in der Mitte eines verkehrsreichen Platzes, der Staus vermeiden und für einen flüssigen Ablauf des intensiven Straßen- sprich Fernschreibverkehrs zu sorgen hatte. Nicht jedes UP-Büro in Europa bekam jede Meldung. Deswegen hatte ich ein gutes Dutzend Stempel vor mir auf dem Arbeitstisch mit den Namen der jeweiligen Empfangsorte. Für die richtige Entscheidung, wer was bekam, mußte ich innerhalb kurzer Zeit lernen, welche Nachricht für welche Zeitungen in welchem Land interessant sein würde. Meldungen über argentinischen Fußball mußten beispielsweise in jedem Fall nach Italien, Nachrichten von der New Yorker Börse stets auch nach Zürich gegeben werden.

Wenn alle Fernschreibmaschinen gleichzeitig liefen, gab es trotz der im UP-Eigenbau für einige Fernschreibmaschinen geschreinerten, schallschluckenden Holzkästen über den Geräten einen Höllenlärm. Da war es oft nur mühsam möglich, Telefonanrufe zu beantworten. Und das war immer wieder notwendig, weil Korrespondenten von auswärts ihre Berichte telefonisch absetzen wollten. Einen Stenographen und eine Telefonaufnahme hatten wir nur tagsüber, und automatische Bandaufzeichnungen der gesprochenen Texte gab es erst später. Also hieß es: Telefonhörer zwischen Ohr und Schulter klemmen und die Durchsage mit zwei Fingern in die Schreibmaschine tippen. Wie in Hamburg bei dpd war es wieder eine Underwood mit englischer Tastatur. Wenn dann gleichzeitig die Telexgeräte ratterten, waren es wegen der immer wieder notwendigen Rückfragen (»Können Sie noch mal wiederholen, ich habe wegen des Krachs hier nicht verstanden«) häufig langwierige Gespräche. Agentur-Journalismus der Steinzeit sozusagen. In den ruhigeren Morgenstunden konnte ich dann

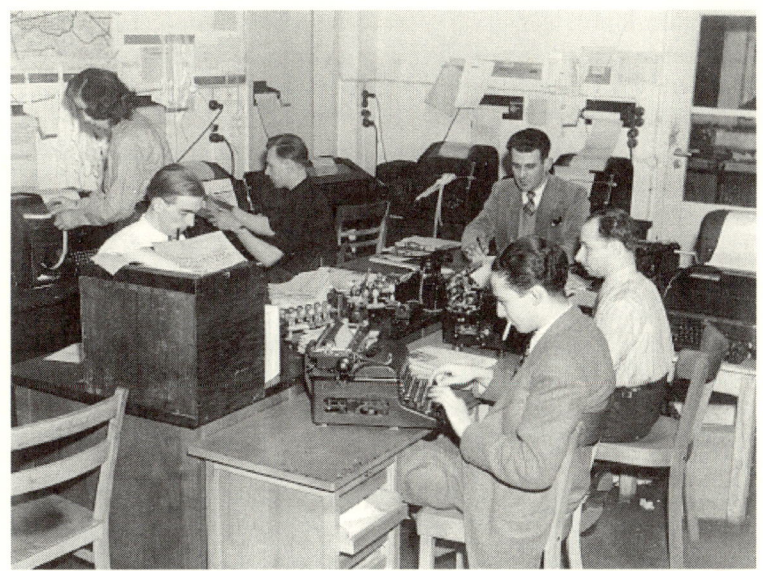

1947 vor den ratternden Fernschreibern mit Pfeife am Redaktionstisch der United Press in Frankfurt am Main. Hinten rechts Chef John Anspacher, vorn George Gaal, dazwischen Arthur Watt.

endlich die »New York Times« oder die US-Armee-Zeitung »Stars and Stripes« lesen, die meine amerikanischen Redaktionskollegen aus ihrem nahen US-Pressezentrum im Parkhotel am Wiesenhüttenplatz mitgebracht hatten. Oder wir schalteten das kleine Büro-Radio ein und hörten Musik im »American Forces Network« (AFN). Diese auch bei Deutschen sehr beliebte Rundfunkstation begann eine ihrer täglichen Sendungen mit dem Slogan »Always remember: *now* is the beginning of the rest of your life.« Daran habe ich bis heute jeden Tag gedacht.

Chef des Frankfurter UP-Büros war John R. Anspacher, ein pfeiferauchender amerikanischer Journalist mit pechschwarzen Haaren und wasserblauen Augen. Die verbarg er fast immer hinter einer dunklen Sonnenbrille, weil ihn das Neonlicht in der Redaktion störte. Er war ein erfahrener alter Hase des Geschäfts, der seinen Ärger mit mir in ironische Bemerkungen zu kleiden wußte, wenn ich in meiner Anfangszeit als Nachtredakteur wieder einmal Fehlentscheidungen getroffen und aus London hereintickernde Meldungen an falsche Adressaten weitergeleitet hatte. Ihm zur Seite saß Arthus P. Watt, ein ebenso stiller wie fleißiger Brite, der am Schreibtisch so aussah wie ein Offizier Seiner Majestät. Nur aufstehen durfte er nicht, denn da half auch sein British-Army-Schnurrbart nicht mehr, seine eher geringe Körpergröße zu kaschieren. Er wurde durch den Ungarn George Gaal unterstützt, der vor mir Nachtdienst gehabt hatte und nun in die Tagesschicht aufgestiegen war. Diese Beförderung von der Nacht zum Tag stand mir noch bevor. Als es dann soweit war, sah ich auch die UP-Reporter in der Deutschland-Zentrale, Robert »Bob« A. Haeger und Wellington »Bill« Long, hereinschauen und ihre Berichte abliefern. Beide waren anschließend mit mir in Bonn, wohin ich nach der Gründung der Bundesrepublik Deutschland zunächst als Korrespondent und dann als Leiter des Bonner Büros von United Press versetzt worden war.

Nebenan, in anderen engen Büros, arbeitete der deutschsprachige Dienst der United Press unter der ebenso kundigen wie sorgfältigen Regie von Johannes »Johnny« Haas-Heye, einem wirklichen Gentleman unter den manchmal schon etwas rauhbeinigen Nachkriegsjournalisten. Seine spätere Frau Trude saß als Redaktionssekretärin an einen schmalen Schreibmaschinentisch geklemmt neben dem Chefredakteur und versorgte ihn oder hungrige Mitarbeiter und Besucher mit Marmeladebroten und Kaffee. In der Auslandsredaktion wurden die englischsprachigen Weltnachrichten ins Deutsche übersetzt und für den Markt von Flensburg bis Garmisch und von Aachen bis Berlin aufbereitet. Da hielten zwei baltische Barone die Stellung, Olaf von Fersen und Nikolaus von Behr. Um den Vertrieb unseres UP-Angebots von Nachrichten, Artikeln und Hintergrundmaterial bei den Agentur-Kunden kümmerte sich der unter den Nazis aus Deutschland emigrierte Amerikaner Ernst »Ernie« Cramer, heute einer der ganz Großen des Springer-Konzerns. Ihm assistierte Carol von Radowitz, noch jemand aus dem Almanac de Gotha im Frankfurter Team der United Press.

Für mich wurde über viele Monate die Nacht zum Tage. Abends zog ich mit Thermosflasche und belegten Broten los und war am folgenden Morgen gegen sieben Uhr wieder daheim in unserer Einzimmerwohnung. Da verschwand ich im Bett, um erst einmal auszuschlafen. Anfang 1948 änderte sich das, weil Anspacher mich häufiger zu Interviews mit prominenten Deutschen losschickte. Schrittweise rutschte ich so in den Tagesdienst hinein, und als ich im Sommer des gleichen Jahres Interviews mit Pastor Martin Niemöller und dem Atomphysiker Werner Heisenberg in die Redaktion gebracht hatte, endete meine Rolle als »overnight wire-filing editor«, und ich wurde Reporter.

Am 18. Juni 1948 gab es dann die große Story: Die Militärgouverneure der drei westlichen Besatzungszonen setzten mit eigenen Verordnungen die Währungsreform in Kraft. Abends um 18 Uhr wurden die Deutschen über den Rundfunk von diesem einschneidenden Schritt zu neuem Geld in Kenntnis gesetzt. Mit Wirkung vom 21. Juni galt die Deutsche Mark in Westdeutschland und anschließend auch in Westberlin. Tagelang schwärmten andere UP-Reporter und ich aus, um über die Einführung des neuen Geldes und den Umtausch des Altgeldes (Barmittel und Guthaben) zu berichten. Jeder Deutsche bekam einen sogenannten »Kopfbetrag« von sechzig D-Mark, von denen vierzig Mark gleich und die restlichen zwanzig Mark ein paar Wochen später ausgezahlt wurden. Dazu mußten meine Frau Rosely und ich uns in die langen Schlangen vor den Lebensmittel-Kartenstellen einreihen, wo uns die neuen Scheine gegen Vorlage des Personalausweises in die Hand gedrückt wurden. Beim Umtausch von Altgeld zum Kurs von 1:10 war »Vordruck A« auszufüllen, und der Personalausweis wurde gelocht.

Mit der Einführung des neuen Geldes wurde auch die Bewirtschaftung von rund 400 Waren aufgehoben und etwa eine Milliarde Textil- und Schuhpunkte über neue Bezugsscheine ausgegeben. »Bewirtschaftet«, sprich: weiterhin nur über Bezugsscheine zu erwerben, blieben unter anderem Seife, Tabakwaren, Hausbrandstoffe und Glühlampen, aber auch Autoreifen sowie Mineralöl und dessen Produkte, also zum Beispiel Benzin.

Kaum waren das neue Geld auf dem Markt und die noch aus Kriegszeiten stammende staatliche Bewirtschaftung der Waren aufgehoben, da füllten sich schlagartig die bisher leeren Schaufenster der Geschäfte, und man konnte bald wieder – fast – alles kaufen. Wir wunderten uns, wo das plötzlich herkam. Der Schwarzmarkt verödete. Damit entfiel auch für mich die Chance, in der Frankfurter Moselstraße die Stange Zigaretten zu versetzen, die ich monatlich als Teil der Bezüge von UP erhalten hatte. United Press stellte die Lieferung der Glimmstengel, des Fetts und des Zuckers an ihre deutschen Mitarbeiter mit der Währungsreform ein. Und doch hatte ich großes Glück gehabt: Wenige Wochen zuvor war mein Antrag an die Zweizonen-Verwaltung für Verkehr positiv beschieden worden, und ich bekam einen Bezugsschein für den Erwerb eines Volkswagens zugeteilt. Der Käfer war mausgrau, kam in Einfach-Ausführung mit dem berühmten brezelförmigen Rückfenster. Aber ich konnte ihn noch in alter Währung, der Reichsmark, bezahlen und machte auf diese Weise ein gutes Geschäft. Denn nach der Währungsreform mit der Altgeldumstellung von eins zu zehn hätte er – in Reichsmark ausgedrückt – das Zehnfache gekostet.

Mein Vater hatte sich inzwischen entschieden, den eher stillen Arbeitsort Husum zu verlassen und gleich mir auch über den Zweizonen-Wirtschaftsrat aus Frankfurt zu berichten. Ein paar kleinere Tages- und Heimatzeitungen hatten ihm Verträge gegeben, und so bediente er seinen gemischten »Bauchladen« aus der Kellerküche unserer kleinen Wohnung, wo wir ihm ein Bett aufgeschlagen hatten. Es entwickelte sich eine höchst erfreuliche familiäre Teamarbeit bei der Berichterstattung. Meine Mutter verblieb noch eine Weile in der Storm-Stadt am Meer, bis beide in eine kleine Wohnung in Frankfurt-Nied einziehen konnten. Mit dem Vater im Haus, neuem Geld in der Tasche (auch die Gehälter wurden jetzt natürlich in D-Mark gezahlt) und interessanten Aufgaben im Tagesdienst von UP hatte ich mich ganz darauf eingestellt, die nächsten Jahre in Frankfurt damit zu verbringen, die Zeitungs- und Rundfunkkunden von United Press mit meinen Berichten zu versorgen. Zuerst mußte ich umlernen und, wie auch später noch viele Jahre, die Meldungen doppelt zu Papier bringen: einmal in ausführlicher Fassung in deutscher Sprache für den deutschen Dienst von UP und zugleich in kürzerer Form auf englisch für den Weltdienst.

Doch meine Arbeit in Frankfurt sollte nicht mehr lange andauern. Die Stadt Bonn bereitete sich darauf vor, Gastgeber für den Parlamentarischen Rat zu werden. Meine Arbeitgeber entschieden, daß ich mich nun um die Beratung des Grundgesetzes, der deutschen Verfassung, für die drei westlichen Besatzungszonen und Westberlin kümmern sollte.

Da war der neue Volkswagen hilfreich, denn so konnte ich unter der Woche zu den Verhandlungen des Parlamentarischen Rates nach Bonn reisen und zum Wochenende wieder daheim bei der Familie sein. Die Fahrt über die Autobahn Frankfurt-Bonn war

118

damals noch ziemlich umständlich, weil fast alle wichtigen Brücken im Krieg zerstört worden waren. Man mußte die Autobahn viele Male verlassen, über Landstraßen zur nächstgelegenen Brücke fahren und dann wieder auf Umwegen zurück zu den großen Fernstraßen. Hin und wieder schlossen sich andere Journalisten oder Abgeordnete des Wirtschaftsrates der Reise an. Ein paarmal war auch der SPD-Politiker Carlo Schmid mein Beifahrer, für den es wegen seiner damals schon beträchtlichen Körperfülle recht beschwerlich war, sich in meinen kleinen VW zu zwängen. Bei einer dieser Reisen gab er mir einen nützlichen Rat, wie man eine verdreckte Frontscheibe des Autos wieder sauber bekommt: erst mit einer nassen Zeitung abwischen und dann mit einer trockenen Zeitung nachreiben. Dem Professor und Baudelaire-Übersetzer hatte ich soviel Sinn fürs Praktische gar nicht zugetraut.

Mit Adenauer unterwegs
(1950–1954)

Am 1. September 1948 konstituierte sich der Parlamentarische Rat in der unzerstört gebliebenen Pädagogischen Akademie am Bonner Rheinufer. Zuvor hatte es, in Anwesenheit der Ministerpräsidenten der westdeutschen Länder, im Bonner Museum Alexander König einen Festakt gegeben, dessen Feierlichkeit allerdings dadurch deutlich gemindert wurde, daß die Versammlung inmitten von ausgestopften Tieren aus dem Museumsbestand abgehalten werden mußte. Nie werde ich Adenauers schlanke Gestalt vergessen, als er an Giraffe, Bär und allerlei anderem Getier vorbei zu seinem Sitzplatz schritt. Beide, Museum König und Pädagogische Akademie, gehörten zu den wenigen im Krieg unversehrt gebliebenen größeren Gebäuden in Bonn, die nicht von der belgischen Besatzungsmacht mit Beschlag belegt worden waren und deren Einverständnis eingeholt werden mußte, wenn öffentliche Bauten zu politisch begründeten Sitzungen genutzt werden sollten.

Die Pädagogische Akademie beherbergte anschließend auch den ersten Deutschen Bundestag. Auf die Stadt am Rhein fiel die Wahl, weil Nordrhein-Westfalen zum Gastgeber des Parlamentarischen Rates auserkoren war. Später ist oft behauptet worden, daß Adenauer damit etwas zu tun gehabt habe, weil er am Zennigsweg in Rhöndorf auf der anderen Rheinseite wohnte. Daran mag etwas gewesen sein, als es dann zur Wahl der vorläufigen Bundeshauptstadt durch die Väter des Grundgesetzes und anschließend durch den ersten Bundestag kam. Aber der Sitz der verfassunggebenden Versammlung ging auf einen Beschluß der westdeutschen Länderchefs zurück, zu denen der spätere Bundeskanzler gar nicht gehörte. Im Parlamentarischen Rat saßen 65 Männer und Frauen aus der CDU/CSU (27), der SPD (27), der FDP (5), der Deutschen Partei (2), dem Zentrum (2) und der KPD

(2). Zudem waren noch fünf Abgeordnete aus Westberlin als Gäste und beratende Mitglieder anwesend. Schon damals wehrten sich die weiblichen Mitglieder des Rates übrigens gegen die von Journalisten schnell kreierte Bezeichnung »Väter des Grundgesetzes«.

Die Männer und Frauen des Parlamentarischen Rates wählten zunächst einmal Konrad Adenauer zu ihrem Präsidenten. Sie versammelten sich dazu und zu ihren nachfolgenden Beratungen in der Aula der Pädagogischen Akademie, die anschließend bis zu ihrem Umbau den Bundesrat beherbergte. Draußen vor den Türen der Aula hatte die Post ein halbes Dutzend hölzerner Telefonzellen aufgestellt, aus denen wir unsere Berichte fernmündlich an die Zentralredaktionen weitergaben. Erst später konnten wenigstens wir Agentur-Journalisten unsere Meldungen aus bald bereitgestellten Bürozimmern im Hauptgebäude per Fernschreiber absetzen.

Die »Frankfurter Allgemeine Zeitung« wurde unter anderem von Fritz Fay versorgt, dessen ungeheure Professionalität uns allen Bewunderung abnötigte. Er gab seine Meldungen von der Telefonzelle stets bei offener Tür an seine Redaktion durch, so daß Neugierige mithören konnten, was er berichtete. Doch nicht nur das. Gestärkt durch ein oder zwei Schnäpse, die vor ihm auf dem kleinen Pult in der Zelle standen, begann er täglich mit der Frage: »Wieviel Platz habt ihr für Bonn, und wieviel Druckzeilen gebt ihr mir?« Dann wischte er sich mit einer typischen Bewegung der linken Hand seine unbändige Mähne aus Stirn und Augen und diktierte von seinen stenographischen Notizen aus dem Stegreif auf den Punkt genau die bewilligte Zeilenzahl. Ein Phänomen.

Fay war zugleich sozialdemokratischer Stadtrat in Frankfurt und vertrat mit Geschick die Interessen der Mainmetropole, als es im weiteren Verlauf der Sitzungen des Parlamentarischen Rates darum ging, die Entscheidung vorzubereiten, ob Bonn oder Frankfurt vorläufiger Sitz der Bundesorgane werden sollte. Sein Gegenspieler in diesem Hauptstadtstreit war der nordrhein-westfälische Staatssekretär Hermann Wandersleb. Dieser setzte sich – schließlich erfolgreich – bei Abgeordneten, Journalisten und den ersten am Rheinufer auftauchenden Verbandsvertretern für Bonn als Bundeshauptstadt ein.

Die drei Alliierten Militärgouverneure verfolgten die Arbeiten der Verfassunggeber mit nachhaltigem Interesse und griffen mehrfach mit schriftlichen Weisungen und Vorschlägen in die Debatten ein. So schickten sie Ende November 1949 eine »Instruktion« an Adenauer, daß im Grundgesetz ein Zweikammersystem vorzusehen sei, das vor allem die Interessen der Länder berücksichtigen sollte. Auf den Gedanken war eine Mehrheit der Abgeordneten im Rat bei ihren Debatten allerdings auch schon selbst gekommen. Der im Grundgesetz schließlich verankerte Bundesrat lieferte den einvernehmlichen Beweis. Die Militärgouverneure trafen sich damals noch im IG-Farben-Hochhaus in Frankfurt, waren in Bonn jedoch durch einen fleißigen Stab von Verbindungsleuten vertreten. Einige dieser Beamten der Besatzungsbehörden bekleideten später wichtige Regierungsämter in ihren Heimatländern. Als dann nach der Gründung der Bundesrepublik 1949 die Militärgouverneure durch die Alliierten Hochkommissare ersetzt wurden und diese ihren Sitz in Bonn nahmen, kümmerten sich für Frankreich Louis de Guiringaud und Claude Cheysson um die Deutschen. Beide wurden über dreißig Jahre später nacheinander Außenminister in Paris.

Für die Amerikaner hatte es sich Anthony »Tony« Pabsch gleich zu Anfang in der Bonner Zitelmannstraße bequem gemacht. Er war überall dabei, hatte Augen und Ohren offen und kümmerte sich mit grenzenlosem Fleiß um seine deutschen »Kunden«. Er nahm nicht nur, sondern er gab auch. Als Informationsquelle über amerikanische Absichten war er für uns Journalisten Gold wert, und wir lernten bald zu unterscheiden, wann er uns die offizielle Lesart seiner Chefs verkaufen wollte und wann er wirklich aus dem Nähkästchen plauderte. In der »Villa Spiritus« am Rheinufer brachte der unter den Nazis nach Großbritannien emigrierte Michael Thomas deutsche Parlamentarier und neugierige Korrespondenten mit interessanten britischen Gesprächspartnern bei Tee und Biskuits zusammen. So konnte er die Position Londons zu den jeweiligen Tagesproblemen des Parlamentarischen Rates bekanntgeben und eher beiläufig herausfinden, wie es um die Verfassungsberatungen stand. Thomas war der Sohn des Berliner Schriftstellers Felix Hollaender. Konrad Adenauer hatte ihm schon 1947 geschrieben: »Sie sind einer der wenigen Männer, die Deutschland und England kennen und verstehen.« An der richtigen Stelle eingesetzt, könne er »wirklich sehr segensreich wirken«. Die »Villa Spiritus« war so eine Stelle. Sie führte diesen erstaunlichen Namen, weil es einmal einen Bonner Bürgermeister namens Spiritus gegeben hatte.

Neben Michael Thomas kümmerte sich auch Lance Pope von den Briten um Abgeordnete und Journalisten. Aktiver Offizier, vorzüglicher Ziehharmonikaspieler und fröhlicher Sänger deutscher Volkslieder, wurde der fehlerlos Deutsch sprechende Lance bald eine Bonner Institution. Ihm wurden ausgezeichnete Kontakte zu führenden Sozialdemokraten nachgesagt.

So spann sich an verschiedenen kleinen Schauplätzen entlang des Rheins für beide Seiten – Alliierte wie Deutsche, Besatzer wie Besetzte – ein ebenso neuartiges wie nützliches Netzwerk. Das half Informationen, Ratschläge und Vorwarnungen, aber auch hilfreiche Hinweise auszutauschen, ohne daß der ganze offizielle Apparat eingeschaltet werden mußte. Natürlich gehörte auch das »Jüngste Gerücht« zum Tagesmenü. Dies wurde vor allem an einem anderen beliebten Treffpunkt serviert: der Nachrichtenbörse in der Kantine des Parlamentarischen Rates und danach im Bundeshausrestaurant des Paul LaRoche. In den Mittagspausen der Verfassungsarbeit traf man sich am Pressetisch: die Journalisten (von denen sich keiner um diese Zeit aus dem Hause traute, weil man ja etwas Wichtiges verpassen konnte, das aufzuschnappen sich lohnte), ein paar Abgeordnete und die »Horchposten« der Militärgouverneure oder später der Hochkommissare.

Zu den Reportern der ersten Stunde zählten am Pressetisch neben vielen anderen Franz Hange von dpa, Karl Flick-Steger von AP, Lothar Rühl für Agence France Press, Heinz Medefind von der »Neuen Zeitung«, Hans-Joachim Kausch für die »Welt« und Wilhelm K. Papenhoff, mein früherer Chef bei dpd in Frankfurt, nebst Ludwig von Danwitz für den »Westdeutschen Rundfunk«. Und nicht zu vergessen Bernhard Lescrinier, der mir für UP zuarbeitete. Er bemühte sich mit Erfolg um enge Kontakte zu den Vorzimmerdamen Adenauers und entwickelte auch zum Präsidenten des Parlamentarischen Rates und späteren Bundeskanzler eine augenzwinkernde Beziehung. Sie bescherte uns manchen »Scoop«. Lescrinier traute sich als einziger unter den Journalisten, Adenauer auch zu Hause in Rhöndorf anzurufen. Sogar nachts, wenn es denn sein mußte. Wie zum Beispiel nach dem Eingang der berühmten Stalin-Note zur Deutschen Frage im Jahre 1952. Der Bundeskanzler vermied eine Sofort-Wertung, wollte Zeit gewinnen und empfahl erst einmal eine sorgfältige Prüfung durch die drei Westmächte. Die lehnten die Kreml-Vorschläge später ab.

Unter den vielen Auslandskorrespondenten, die bei der Geburt eines neuen deutschen Staates dabeisein wollten, fand sich auch Edwin »Ed« Hartrich von der »Chicago Tribune«, dem das Bonmot zugeschrieben wurde: »Bonn ist nur halb so groß wie der Zentralfriedhof von Chicago, aber doppelt so tot.« Ein anderer Amerikaner war Gaston Coblentz, der für die »New York Herald Tribune« über die Urzeit von Bonn berichtete. Bei einer dieser Mittagspausen am Pressetisch stellte sich heraus, daß er mich als Pilot einer P38 Lightning in unserer Stellung in Tunesien im Mai 1943 mit dem MG beharkt hatte. In seinem Doppelrumpf-Aufklärer flog er morgens als eine Art »Milchmann vom Dienst« die Front bei Mateur ab und feuerte, wann immer sich unten etwas bewegte. Dieses ganz besondere Kantinenessen dauerte etwas länger, und die Weinrechnung war beträchtlich. Mir und den übrigen erstaunten Zuhörern war es recht, denn die Kosten übernahm das Spesenkonto der »Tribune«. Ende der sechziger Jahre wohnte Coblentz zufällig im selben Haus wie wir auf der Ostseite von New York. Er war ins Bankgeschäft gewechselt und konnte sich stolz einen vermögenden Mann nennen.

Die Monate zwischen September 1948 und Mai 1949, in denen das Grundgesetz seine Gestalt annahm, waren auch die Zeit der ersten Pressekonferenzen in Bonn. Sie sollten die offiziellen Interpretationen zu dem liefern, was im Plenarsaal des Parlamentarischen Rates zu hören gewesen war. Sie wurden vom Rat, von den politischen Parteien, von den Alliierten sowie anderen am Geschehen interessierten Gruppen einberufen. Von den alten Fuhrleuten aus dem Gewerbe lernte ich rasch ein paar Regeln für Pressekonferenzen, die ich auch dann noch beherzigt habe, als ich längst die Reporterkappe an den Nagel gehängt und den Diplomatenhut aufgesetzt hatte: 1. frühes Kommen sichert gute Plätze; 2. das Mienenspiel und die Körpersprache der Veranstalter genau beobachten, denn sie vermitteln oft mehr Informationen als das mündlich Gesagte; 3. nach Ende der Pressekonferenz weiter »dranbleiben«, weil häufig wirklich Wichtiges erst dann geäußert wird, wenn die Mikrofone schon abgeschaltet sind; und 4. stets auch dann Notizen machen, wenn man schon weiß, daß man sie gar nicht verwenden will. Das vermittelt dem Redner den Eindruck, er habe etwas Bedeutendes gesagt. Er wird im weiteren Verlauf der Pressekonferenz die Fragen eines offenbar so »interessierten« Journalisten eher beantworten als die von Korrespondenten, die offenkundig nur gelangweilt zuhören.

Im Parlamentarischen Rat ging mittlerweile das Ringen um das Grundgesetz weiter. Auch die Alliierten mischten sich immer wieder ein. Der SPD-Vorsitzende Kurt Schumacher berief schließlich eine erweiterte Vorstandssitzung seiner Partei nach Hannover ein, wo die Änderungsvorschläge der Westmächte zum Verfassungsentwurf verworfen wurden. Die Sozialdemokraten billigten auf dieser Tagung einen eigenen, vereinfachten Text für die Verfassung. Für mich hatte es sich wieder gelohnt, »die Leute zu kennen«. Auf dem Wege von Bonn nach Hannover hatte sich mir in meinem kleinen Volkswagen der SPD-Abgeordnete und Gewerkschaftler Gustav Dahrendorf angeschlossen (der Vater des heutigen Lord Ralf Dahrendorf) und mir dafür am Tagungsort der SPD hilfreich den Weg ins Innere der Konferenz geebnet. »Warten Sie mal hier auf mich«, erklärte er. »Ich erzähle Ihnen hinterher, was wir beschlossen haben.« Er schob mich in einen kleinen Raum ohne Tageslicht, aber mit einer komfortablen Sitzgarnitur. Die eine Wand war mit einer samtenen roten Portiere verkleidet, und ich entdeckte zu meiner freudigen Überraschung, daß hinter dem Stoff nicht etwa eine Mauer, sondern der Sitzungssaal verborgen war. Dahrendorf hatte das sicher nicht gewußt, aber so konnte ich – fast wie bei der Ministerpräsidenten-Konferenz in München – der ganzen Beratung zumindest am ersten Tag Wort für Wort folgen. Und da ich beim Parlamentarischen Rat und anderswo inzwischen auch gelernt hatte, Stimmen zu unterscheiden, konnte ich – auch ohne die jeweiligen Redner von Angesicht sehen zu können – bei vielen erkennen, wer gerade sprach. Der Abdruck meiner Meldungen am anderen Tage zeigte, daß ich schnell und vollständig hatte sein können. Und das war damals das Motto für Agenturjournalisten: fix zu sein, ohne an Präzision zu verlieren.

Am 25. April 1949 kam der ganze Streit zwischen den Deutschen (und unter den Deutschen selbst) auf der einen und den Alliierten Militärgouverneuren auf der anderen Seite über das Grundgesetz in einer gemeinsamen Konferenz im IG-Farben-Hochhaus in Frankfurt zu einem einvernehmlichen Ende. Adenauer konnte uns wartenden Journalisten nach Schluß der Sitzung mitteilen, daß eine vollständige Einigung über die Verfassung erzielt worden sei.

Knapp zwei Wochen später, nämlich am 6. Mai, billigte der Parlamentarische Rat den Grundgesetzentwurf in zweiter Lesung und verabschiedete den Text mit seinen 146 Artikeln am 8. Mai in feierlicher Sitzung und bei namentlicher Abstimmung mit 53 gegen 12 Stimmen. Bei dieser Geburtsstunde der deutschen Verfassung hatte ich in der Aula der Pädagogischen Akademie einen Stuhl schräg hinter Theodor Heuss ergattert (»frühes Kommen sichert gute Plätze«) und so das historische Ereignis um fünf Minuten vor Mitternacht aus nächster Nähe miterleben können. Kaum hatte Adenauer das Ergebnis der Abstimmung verkündet, stürzten wir Journalisten höchst unfeierlich aus dem Saal und an die Telefone oder zu den Fernschreibern, um unsere Meldungen abzusetzen. Ich hatte meinen Bericht mit dem voraussehbaren Inhalt schon am Vorabend auf den Tickerstreifen stanzen lassen. Jetzt mußte ich nur noch das Stimmergebnis einfügen und Adenauers Schlußworte sowie die zahlreichen Stimmerklärungen nachschieben.

Kurz davor, nämlich am 5. Mai, war die sowjetische Blockade Berlins aufgehoben worden. Ein Ergebnis von Verhandlungen am Sitz der UNO in New York zwischen dem amerikanischen Sonderbotschafter Philip Jessup und dem UNO-Botschafter der UdSSR, Jakob Malik. Letzteren fand ich dort immer noch vor, als ich selber 1974 deutscher Botschafter bei den Vereinten Nationen geworden war.

Mit der Verabschiedung des Grundgesetzes war die Tätigkeit des Parlamentarischen Rates nicht zu Ende. Am 10. Mai bestimmte er in geheimer Abstimmung mit der knappen Mehrheit von 33 zu 29 Stimmen Bonn zur vorläufigen Bundeshauptstadt. Der Erste Deutsche Bundestag bestätigte diese Wahl über den »vorläufigen Sitz der leitenden Bundesorgane« dann am 3. November 1949, ebenfalls in geheimer Abstimmung, mit 200 gegen 176 Stimmen. Frankfurt war in beiden Fällen die unterlegene Mitbewerberin.

Dem war eine erbitterte Zahlenschlacht zwischen den beiden Kandidaten im »Hauptstadtstreit« vorausgegangen. Bonn und Frankfurt waren den Abgeordneten im Parlamentarischen Rat und anschließend im Bundestag von ihren jeweiligen Hilfstruppen in den schönsten Farben geschildert worden: Quadatmeterzahlen angeblich verfügbarer Büroflächen, offenkundig geschönte Angaben über Größe und Lage der Plenarsäle, Listen bezugsfähiger Gebäude für Ministerien und deren Troß, eindrucksvolle Summen trotz Wohnraumbewirtschaftung angeblich sofort beziehbarer Wohnungen und natürlich detailliert aussehende Berechnungen aller zu erwartenden Kosten. Bonn und Frankfurt versuchten, ihr jeweiliges Angebot als besonders preisgünstig hinzustellen.

Die Befürworter Bonns vergaßen nicht, darauf hinzuweisen, daß die kleine Provinzstadt viel eher als Provisorium angesehen werden würde als die Großstadt Frankfurt. Zudem ließen sie nicht unerwähnt, daß die Mainmetropole einen sozialdemokratischen Oberbürgermeister habe und im SPD-regierten Hessen liege. Zunächst wurde auch noch das Argument vorgebracht, daß sich eine Bundeshauptstadt Frankfurt gewissermaßen im steten Schatten der Alliierten Hochkommission werde entwickeln müssen, die damals noch im IG-Farben-Hochhaus amtierte.

Die Freunde Frankfurts wiederum machten geltend, daß mit einer Wahl Bonns einem vermeintlichen Privatwunsch Adenauers nachgegeben werde, daß im katholischen Rheinland eine viel zu starke Westbindung der Bundesrepublik zu erwarten sein würde und daß Bonn dann im Schatten des Kölner Doms und damit unter dem Einfluß von Joseph Kardinal Frings stehe. Der Hauptstadtstreit Bonn-Berlin in den frühen neunziger Jahren läßt grüßen. Die doppelte Entscheidung für Bonn – zuerst von den Verfassungsvätern und dann vom Ersten Deutschen Bundestag – beendete den ziemlich kleinkarierten Streit. Wäre er zugunsten von Frankfurt ausgegangen, mag die deutsche Nachkriegspolitik vielleicht anders verlaufen sein.

Die neuen Bundesorgane – Bundestag, Bundesrat, Bundesregierung – konnten sich nun in der Universitätsstadt am Rhein einrichten. Für viele Ministerien hieß es damals, sich mit einem Provisorium abzufinden. So zog das Bundesministerium für Wirtschaft auf das Gelände einer ehemaligen Artilleriekaserne, die Ministerien für Arbeit und Landwirtschaft in frühere Infanteriekasernen und das Finanzministerium in eine einst kaiserliche Husarenkaserne. Für uns Journalisten ließ der inzwischen zum Staatssekretär im Wohnungsbauministerium avancierte »Vater von Bonn als Bundeshauptstadt«, Hermann Wandersleb, direkt gegenüber vom Bundestag Presse-Baracken in Fertigbauweise errichten. In denen habe ich bis zu meinem Weggang aus Bonn 1958 mit vielen damals bekannten Journalisten gearbeitet. Es waren diese Angebote der kurzen Wege und der sofort verfügbaren Büros, die bei einem großen Teil der beim Parlamentarischen Rat akkreditierten Korrespondenten freundliche Begleitmusik zu einer Wahl Bonns ausgelöst hatten. Die Universitätsstadt selbst empfand ihre neue Rolle wohl mehr als eine Art »Einquartierung«, wie es Johannes Gross einmal passend beschrieben hat. Auch um Unterkünfte hatte sich Wandersleb gekümmert. Journalisten wurden bevorzugt untergebracht. Das war damals noch gar nicht so einfach, denn die bereits erwähnte Wohnraumbewirtschaftung war immer noch nicht aufgehoben. Unterkunft wurde zugeteilt. Einen freien Markt gab es nicht. So wurde meine von United Press vorgesehene Versetzung in die Bundeshauptstadt durch meinen Dienstherrn in Frankfurt davon abhängig gemacht, ob es mir gelingen würde, eine Wohnungszuteilung zu erlangen. Ein langer Hotelaufenthalt wäre den sparsamen UP-Finanzchefs zu teuer geworden.

Im Juni war unsere Tochter Stephanie geboren worden. Wandersleb wußte Rat, und ich bekam eine Einweisung in die prächtige am Rhein gelegene Villa des örtlichen Unternehmers Ringsdorff in der Rolandstraße von Bad Godesberg. Außer der Familie des Eigentümers wohnte dort noch der schweizerische Generalkonsul in Köln, ein Freund Adenauers. Wir bezogen eine Zwei-Zimmer-Wohnung in der oberen Etage. Die Freude war allerdings nur von kurzer Dauer.

Als die Militärgouverneure, nunmehr als Hochkommissare, ihren Arbeitsplatz von Frankfurt nach Bonn verlegten, machte sich eines Tages auch der stellvertretende amerikanische Hochkommissar, General George P. Hays, mit seinem Wagen auf, um in der Nachbarschaft und in angenehmer Lage für sich eine Residenz zu suchen. Die Villa Ringsdorff gefiel ihm, und so wurde sie kurzerhand requiriert. So einfach war das damals. Alle in dem Hause bekamen schriftlich eine Frist gesetzt, bis zu der wir auszuziehen hätten. Familie Ringsdorff räumte als erste das Feld. Der Schweizer Diplomat folgte wenig später. Meine Frau und ich beschlossen, die Aufforderung zunächst einmal zu ignorieren. Wir wollten nicht glauben, daß die amerikanische Hochkommission ausgerechnet den Korrespondenten einer amerikanischen Nachrichtenagentur auf die Straße setzen würde. Also widersprach ich dem Räumungsbefehl schriftlich und verwies auf unser Baby. Ein paar Tage geschah nichts. Dann wurde uns zuerst das Licht, kurz darauf das Gas und schließlich das Wasser abgestellt. Wir blieben wohnen, wuschen uns bei Freunden und gingen auswärts essen. Dann riß den Amis der Geduldsfaden. Eine kurzgefaßte Mitteilung lautete: morgen früh ausziehen oder gewaltsam entfernt werden. Wir ließen es darauf ankommen. Ich unterrichtete Wandersleb und bestellte für den nächsten Morgen nicht etwa einen Spediteur, sondern Pressefotografen von United Press.

Anderntags, ganz in der Frühe, erschien Militärpolizei mit einer letzten drakonischen Räumungsorder, einem Lastwagen und drei kräftigen Männern. Die paar Möbel, Geschirr, Kochtöpfe und Kleidungsstücke waren schnell auf dem Wagen verstaut, die Fahrt konnte losgehen. Aber keiner wußte wohin. Während ich versuchte, unter den Argusaugen eines grimmig dreinschauenden Militärpolizisten mit Wandersleb zu telefonieren, hatten meine Fotografen ein paar schöne Bilder geschossen. UP in Amerika hatte eine feine Story: »American MP evicts UP-Correspondent from Villa for General«. Hays bekam Ärger, aber wir hatten deswegen noch keine neue Wohnung. Da standen wir nun im wahrsten Sinne des Wortes auf der Straße mit unseren Habseligkeiten auf einem Lastwagen der US-Army. Die Militärpolizisten bekamen langsam Mitleid. Sie wußten ja auch nicht, wohin mit uns und den Sachen. Nach zwei, drei Stunden meldete sich Wanderslebs Mitarbeiter, nannte eine Adresse in Bonn, wo wir Ende der Woche einziehen könnten. Wieder zwei Zimmer, diesmal Altbau direkt neben der Eisenbahn. In der Ringsdorff-Villa bin ich in den folgenden Jahren noch oft zu Besuch gewesen. General Hays konnte dort nämlich auch nicht lange bleiben. Sein Chef, John J. McCloy, der langjährige Hochkommissar und spätere Botschafter, fand das Haus gleichfalls schön und übernahm es als Botschafterresidenz.

Zwei Wahlen standen am Anfang der neuen und nun mit einer Verfassung versehenen Bundesrepublik Deutschland: die von Theodor Heuss (FDP) zum ersten Bundespräsidenten und die von Konrad Adenauer (CDU) zum ersten Bundeskanzler des westdeutschen Teilstaates. UP-Kunden in aller Welt wollten Näheres über diese beiden außerhalb Deutschlands weitgehend unbekannten Persönlichkeiten erfahren. Am Vorabend der Wahl von Heuss, die am 12. September 1949 stattfand, hatten die Freien Demokraten zu einem Presseabend mit Schnittchen und Bier eingeladen. Bei Erich Raederscheidt, dem tüchtigen Pressesprecher der FDP-Fraktion im neuen Bundestag, bat ich um ein Interview mit Heuss. Seine Wahl galt als sicher, aber ich zweifelte, ob sich der sensible Kandidat noch vor seiner Vereidigung würde öffentlich äußern wollen. Die Presseparty fand in einem zum Nachtlokal umgebauten ehemaligen Pferdestall mit dem verlockenden Namen »Eldorado« am Fuße des Bonner Venusberges statt. In dem einzigen Raum herrschte drangvolle Enge. Die Führung der Liberalen war an Tischen auf einer etwas erhöhten Bühne plaziert. Wir Journalisten kämpften unterhalb dieser Bühne um Plätze und um die viel zu wenigen Stühle. Eine Vier-Mann-Band machte flotte, aber laute Musik, so daß man sein eigenes Wort nicht verstehen konnte. Ein gußeiserner Kanonenofen in der Mitte des Raumes sorgte für unnötige Hitze.

Nach einer Weile und, wie ich vermuten mußte, einigen Gläsern Rotspon für den künftigen Bundespräsidenten kam Raederscheidt vorbei und versuchte, mir etwas ins Ohr zu flüstern, aber Musik und Gesprächslärm machten eine Verständigung unmöglich. Also gingen wir hinaus vor die Tür. Er hatte unerwartet frohe Botschaft. Heuss sei bereit, mir das erbetene Interview zu gewähren, »und zwar hier und heute abend«. Meine Überraschung paarte sich mit gelindem Grausen. Ich hatte nichts zum Schreiben dabei, und bei dem Krach im »Eldorado« würde ich Schwierigkeiten bekommen, den schwäbelnd-nuschelnden Professor zu verstehen. Raederscheidt beruhigte mich. Papier und Bleistift habe er zur Hand, und er würde neben mir Platz nehmen und notfalls als »Übersetzer« einspringen. Einzige Bedingung: Das Interview unterliege einer Sperrfrist bis nach der Wahl des Kandidaten zum Bundespräsidenten. Ich sagte sogleich zu. Und so saß ich denn bald neben Heuss auf der erhöhten Bühne und vernahm seine ersten offiziellen Äußerungen als künftiges Staatsoberhaupt.

Meine gleichzeitig angestellten Versuche, auch ein Interview mit Konrad Adenauer zu bekommen, waren weniger erfolgreich. Der Kanzlerkandidat wollte weder mir noch einem anderen Vertreter von United Press in Deutschland ein Interview geben. Erst als der Präsident der Agentur, Hugh Baillie, eigens aus Amerika anreiste, erklärte sich Adenauer zu einem Gespräch bereit.

Nicht viel mehr Glück hatte ich ein paar Jahre später beim Hamburger Parteitag der CDU, kurz vor dem großen Wahlsieg Adenauers 1953. Mein erneuter Gesprächswunsch wurde vom damaligen Chef des Presseamtes, Felix von Eckardt, mit dem Hinweis abgelehnt, daß der Kanzler während des Parteikonvents keine Zeit für Interviews habe. Meine Liste mit zehn Fragen reichte er mir unkommentiert und unbeantwortet zurück. So versuchte ich einen Trick. Aus Reden Adenauers im Bundestag, die ich sicherheitshalber von Bonn mit nach Hamburg genommen hatte, und aus seinen bisherigen Äußerungen vor dem Parteitag suchte ich mir geeignete Formulierungen für Antworten auf meine zehn Fragen heraus, in der Gewißheit, daß der beständige alte Herr auch mir nicht viel anderes sagen würde. Dann reichte ich meinen Fragenkatalog mit den vorbereiteten »Antworten« erneut bei Eckardt ein. Noch am Nachmittag desselben Tages bekam ich das Eigenbau-Interview zurück. Adenauer hatte es mit grüner Tinte (»Cheffarbe« im Bonner Gebrauch) abgehakt und ein großes »A« daneben geschrieben. Doch unser »Interview« war kein Erfolg. Heute würde man es einen »Flop« nennen. Die Zeitungen und die Rundfunknachrichten waren voll mit Berichten vom CDU-Parteitag und den aktuellen Bemerkungen des Kanzlers dort. Der Abdruck meines Archiv-Interviews war höchst mager. Manch einem Redakteur in den Medien mag das eine oder andere auch zu bekannt vorgekommen sein.

Im August 1948 war eine große Sonntagszeitung auf den Markt gekommen, die »Welt am Sonntag« aus dem Springer Verlag. Die Zeitung hatte einen Umfang von acht Seiten, eine Auflage von 350 000 Stück und kostete im Handel dreißig Pfennig. Chefredakteur Bernard Menne ließ über seinen Vize, Ernst von der Decken, bei mir anfragen, ob ich nicht Lust hätte, sein Bonner Korrespondent zu werden. United Press stimmte unter der Voraussetzung zu, daß meine Berichte für die »WamS« nicht namentlich gezeichnet würden. Wir einigten uns auf das Kürzel RR, den ersten und letzten Buchstaben meines Vor- und Nachnamens. Die Folge dieser neuen Aufgabe war logischerweise, daß ich an Samstagen in Bonn für den Sonntag Neuigkeiten sammeln mußte, schon damals eine Sisyphosarbeit, denn Bundestag und Regierung hatten sich bereits angewöhnt, am Freitagabend die Pultdeckel zuzuklappen und aus Bonn oder in Bonn ins Wochenende zu verschwinden. So legte ich denn bereits unter der Woche »entwicklungsfähiges« Material beiseite und pflegte meine Kontakte zu Quellen, die ich auch noch am Samstag anzapfen konnte. Zudem hatte ich Glück: Es waren die Jahre der außenpolitischen Aktivitäten. Einbindung der Bundesrepublik in die westlichen Gemeinschaften und die Wiederbewaffnung. Beides auch Themen voller innenpolitischer Brisanz. Die »Welt am Sonntag« schreckte oft die Bonner Korrespondenten anderer Medien auf, die aufgrund meiner Meldungen aus der Bundeshauptstadt Rückrufe ihrer Redaktionen bekamen. So etwa, wie das heute mit den Vorberichten über Meldungen im »Spiegel« oder »Focus« der Fall ist.

Die Regelung der auswärtigen Beziehungen Westdeutschlands zu seinen Nachbarn und zu den USA war für mich in den fünfziger Jahren mit ausgedehnter Reisetätigkeit verbunden. Konrad Adenauer fungierte bis 1955 als sein eigener Außenminister. Er verhandelte für seine Regierung über den Schuman-Plan und das Zustandekommen der Europäischen Wirtschaftsgemeinschaft. Den Beratungen über eine Verteidigungsgemeinschaft folgten nach deren Scheitern die Konferenzen über eine deutsche Mitgliedschaft in der NATO. Der Kanzler verhandelte mit Paris über die Zukunft des Saarlandes, das damals mit Frankreich eine Wirtschafts- und Zollunion eingegangen war und in dem der französische Franc als offizielle Währung galt. Und er erreichte eine zunächst assoziierte und dann volle Mitgliedschaft der Bundesrepublik im Europarat von Straßburg. United Press beschloß, alle diese Verhandlungen von Bonn aus wahrnehmen zu lassen. Die Rolle der Bonner Republik war wenige Jahre nach ihrer Gründung so wichtig geworden, daß nicht nur deutsche, sondern auch europäische Zeitungs- und Rundfunkkunden der UP detailliert und mit einem Berichterstatter vor Ort bedient werden wollten. Die Wahl fiel auf mich. Dabei war für United Press vermutlich ausschlaggebend gewesen, daß ich meine Meldungen zweisprachig, auf deutsch und auf englisch, absetzen konnte. Und daß ich, aus meiner Zeit als Nachtredakteur in Frankfurt, die Bedürfnisse der europäischen UP-Büros genau kannte.

Darüber hinaus war meinen Chefs nicht verborgen geblieben, daß ich einen Draht zu Adenauer hatte und enge Kontakte zu Bundespressechef Felix von Eckardt sowie freundschaftliche Beziehungen zu Günter Diehl, dem Sprecher des Auswärtigen Amtes. UP hatte mich inzwischen auch befördert: Vom simplen Reporter war ich zum Leiter des Bonner Büros von United Press aufgestiegen und durfte wichtige Berichte mit meinem Namen signieren. Für den englischen Text wurde aus Rüdiger »Rudy«, und das »von« fiel weg. Rudy Wechmar bin ich bei Amerikanern und Briten dann zeit meines Lebens geblieben. Daß Rudy gar nicht die englische Übersetzung von Rüdiger ist, hatte keiner gemerkt. Richtig wäre Roger gewesen.

Also konnte es losgehen. Eine meiner ersten Reisen ging 1950 zum Europarat nach Straßburg, wo die Bundesrepublik Deutschland gerade assoziiertes Mitglied geworden war. Niemand konnte damals ahnen, daß ich 1989 als Abgeordneter des Europäischen Parlaments erneut nach Straßburg reisen würde. Mit Alliierten Reisepapieren versehen, einem sogenannten »Travel Document«, erreichte ich das Elsaß in meinem kleinen grauen VW. Ich teilte mir die UP-Arbeit mit einem Kollegen aus Paris, dem in Prag geborenen Georges Sibera. So konnten wir die United Press-Berichte sogar dreisprachig absetzen, auf deutsch, englisch und französisch. Bei Pressekonferenzen brillierte der belgische Stardolmetscher M. Kaminker mit wahren Wundern der Übersetzungskunst. Amtssprachen des Europarats waren Englisch und Französisch. Kaminker dolmetschte aber auch für deutsche, niederländische und italienische Politiker. Dazu machte er sich niemals auch nur eine einzige Notiz, sondern übersetzte akkurat und präzise ausschließlich aus dem Gedächtnis, auch dann, wenn längere Ausführungen ohne Pause gemacht worden waren. Paul Henri Spaak, der belgische Präsident der Beratenden Versammlung des Europarats, war einer derjenigen, die sich und den Dolmetschern selten Atempausen in ihrem Gedankenfluß gönnten. Für Kaminker war das überhaupt kein Problem.

Als die deutschen Abgeordneten unter der Führung des späteren Außenministers Heinrich von Brentano (CDU) zum ersten Mal den Plenarsaal der Beratenden Versammlung in Straßburg betraten, war das Erstaunen bei den achtzehn Parlamentariern ebenso groß wie bei den drei Dutzend angereisten deutschen Korrespondenten. Da saßen nämlich schon deutsche Delegierte: die sechs Vertreter des Saarlandes. Denn obgleich die Saar zu jener Zeit noch in einer Wirtschafts- und Zollunion eng mit Frankreich verbunden war, hatte das Land eine eigene Regierung und einen Landtag und war, zugleich mit der Bundesrepublik Deutschland, auch assoziiertes Mitglied des Europarats geworden. Seine Abgeordneten hatten ein paar Minuten vor den je sieben Christdemokraten und Sozialdemokraten, den drei Liberalen und dem Vertreter der Deutschen Partei aus Bonn schon Platz genommen.

Einer von diesen sechs Saarländern bescherte mir später einmal ein böses Erwachen nach einer fröhlich durchzechten Nacht. Ich hatte verschlafen, traf erst eine gute Stunde nach Sitzungsbeginn im Palais de l'Europe ein und wollte zunächst nur kurz ins Büro, um über Nacht eingegangene Fernschreiben durchzublättern.

Gleich oben auf der säuberlich sortierten Sammlung nächtlicher Telexe lag ein Stapel ärgerlicher Rückfragen der Frankfurter Zentrale:»dpa meldet Tod eines Abgeordneten aus dem Saarland. Wo bleibt Ihr Bericht?« Und:»AP flashes: deputy drops dead in assembly hall. catch up quickest.« Wertvolle Zeit war verstrichen, die Konkurrenz mit Details auf dem Markt (und in den Rundfunknachrichten), von UP aber, also von mir, kam nichts als Schweigen. Hastig sammelte ich von Augenzeugen späte Einzelheiten. Ein saarländischer Sozialdemokrat hatte während einer kurzen Rede im Plenum einen Herzinfarkt erlitten, war sofort ins Krankenhaus geschafft worden und dort wenig später verstorben. Ich zog daraus eine Lehre für den Rest meiner beruflichen Tätigkeit als Berichterstatter und später als Botschafter: Wie kurz und feuchtfröhlich die Nacht auch gewesen sein mag, am Morgen danach heißt es dennoch, stets pünktlich zum Sitzungsbeginn zu erscheinen. Meine eigene Wiederkehr nach Straßburg fast vierzig Jahre später – diesmal als Abgeordneter und in einen neuen, größeren Plenarsaal – ließ mich daran denken, daß ich schon in »Sachen Europa« unterwegs gewesen war, als manche meiner Kollegen im heutigen Europäischen Parlament noch in den Windeln lagen.

Die Beratende Versammlung des Europarats sollte nur beraten, aber nicht wirklich entscheiden. Ihre Mitglieder kamen aus den nationalen Parlamenten der Mitgliedsländer sowie aus dem saarländischen Landtag. Der belgische Sozialist Paul Henri Spaak wurde nach dem Einzug der Deutschen mit 90 zu 23 Stimmen zum Präsidenten der Versammlung wiedergewählt. Auch Winston Churchill stimmte für ihn. Brentano bekam das Amt eines der Vizepräsidenten. Im Verlauf der zweiwöchigen Tagung im August 1950 stellte Churchill den Antrag auf Schaffung einer europäischen Armee. 89 Abgeordnete unterstützten diesen Vorschlag, nur fünf sagten nein. Für UP war das eine große Story. Der Aufbau eines vereinigten Europas, die gemeinsame Verteidigung eingeschlossen, war damals – fünf Jahre nach Kriegsende – sehr populär. Unter den 27 Abgeordneten, die sich der Stimme enthielten, waren auch die sieben deutschen Sozialdemokraten. Der spätere Präsident des Deutschen Bundestages, Eugen Gerstenmaier (CDU), legte seinerseits in derselben Sitzungsperiode einen Resolutionsentwurf vor, der die Ausarbeitung eines Europäischen Bundespaktes zum Ziel hatte. Er brachte neben zwölf deutschen auch

1951 an der Arbeit im Bonner UP-Büro. Vor dem Fenster grasten manchmal Schafe.

je ein Dutzend Unterschriften der französischen und italienischen Abgeordneten bei. Beide Projekte – die europäische Armee und der Bundespakt – verliefen vorerst einmal im Sande.

In Bonn hatte United Press mittlerweile im Haus VI der Pressebaracken gleich gegenüber vom Bundeshaus ihr »Bonner Büro« eingerichtet. Zwei Zimmer im Erdgeschoß nahmen uns und die Fernschreibmaschinen auf. Außer mir und Lescrinier arbeiteten in drangvoller Enge noch die Amerikaner »Bob« Haeger und »Bill« Long sowie, bei großen Ereignissen, auch der neue UP-Deutschlandchef Joseph »Joe« W. Grigg, der sonst in Frankfurt residierte. Den deutschen Dienst betreuten Rudolf Radke, später beim ZDF, Friedhelm Kemna, anschließend bei der »Welt« und dem »Bonner Generalanzeiger«, und Hans Kohlmey, der danach zu den »Fuchsbriefen« wechselte. Radke und Kemna kümmerten sich um Bundestag, Bundesrat und die Innenpolitik, Kohlmey war für die Wirtschaft und ich für die Außen- und Verteidigungspolitik zuständig. Als unmittelbare Augen- und Ohrenzeugen erlebten wir hautnah mit, wie die Bundesrepublik aus ihren Kinderschuhen wuchs. Unsere Baracken-Nachbarn waren die Münchener Blätter »Neue Zeitung« mit Heinz Medefind, die »Süddeutsche Zeitung« mit Fritz Brühl, der RIAS mit Egon Bahr, der »Spiegel« mit Claus Jacobi und Conrad Ahlers, britische Korrespondenten wie George Vine, Kenneth Ames und Peter Webb sowie der Amerikaner Tom Agoston vom International News Service (INS). UP und INS haben nach meinem Weggang von Bonn nach New York 1958 fusioniert und gründeten UPI.

Trotz des hektischen politischen Geschäfts im und um das Bundeshaus hatte sich die junge Bundeshauptstadt noch viel Beschaulichkeit bewahrt. Dann und wann ließ ein Schäfer seine Herde auf einer Wiese direkt vor unserem Bürofenster grasen. Die bald davon veröffentlichten Pressefotos trugen ihren Teil zum Spitznamen »Bundesdorf Bonn« bei. Die kleine Universitätsstadt war international noch so unbekannt, daß wir unsere Berichte für den Weltdienst von UP bis in die Mitte der fünfziger Jahre mit der Datumszeile »Bonn, Germany« versehen mußten, woraufhin sich DDR-Funktionäre beschwerten, daß wir nicht »Westgermany« schrieben. Die im Schnellbau errichteten zweistöckigen Baracken (von denen unsere noch heute steht) waren natürlich nicht schalldicht, Dielen und Treppen knarrten. Wir konnten hören und verstehen, was Nachbarn neben oder über uns telefonierten. Wenn ich auch sonntags ins Büro mußte, durfte meine Tochter Stephanie mich zuweilen begleiten, und noch heute erinnert sie sich an das Rattern der Telexapparate, an die endlosen Tickertapes und an den Geruch von kaltem Rauch und ölpoliertem Linoleumboden. Es war eine spannende Zeit des Pionier-Journalismus. Und, wie gesagt, noch ohne Computer, Fax oder Internet. Auch das Fernsehen sendete noch nicht in die Wohnzimmer.

Über uns hatte sich die »Welt« eingerichtet, deren Korrespondent zunächst Hans-Joachim Kausch, später dann Georg Schröder war. Kausch war ja schon 1946 mein Chef in der Auslandsredaktion von dpd in Hamburg gewesen. So etwas verbindet. Bei Feiern war er in vorgerückter Stunde oft vielbewunderter Star, denn er zerbiß und schluckte Blumen und Gläser der Tischdekoration. Sektgläser würden ihm am besten schmecken, meinte er schmunzelnd.

Wie wir von der Presse in Baracken arbeiten mußten und die Ministerien ihre Tätigkeit in ehemaligen Kasernen aufnahmen, so waren auch die Abgeordneten des Parlamentarischen Rates und des ersten Deutschen Bundestages auf engstem Raum untergebracht. Da es noch keine Einzelbüros für die Parlamentarier gab, mußten sie sich kleine Räume zu mehreren teilen. Fraktionssitzungen fanden in ehemaligen Klassenzimmern der einstigen Pädagogischen Akademie statt. Der Bau des »Langen Eugen«, des Büroturms des Bundeshauses, stand noch in weiter Ferne. Welch ein Unterschied zu den Ansprüchen der Ministerien und Abgeordneten bei ihrem Umzug von Bonn nach Berlin!

Ein Bonner Wortwechsel, der dann rasch zu einem handfesten Streit ausuferte, hatte in den fünfziger Jahren gar ein richtiges Duell zur Folge. Verkracht hatten sich die beiden Kontrahenten über den vermeintlichen Ausgang einer Bundestagswahl. Dabei ausgestoßene Schmährufe führten zur Forderung auf Pistolen. Gegner waren der damalige diplomatische Korrespondent der »Welt« und spätere Protokollchef der Bundesregierung, Hans-Werner Graf Finck von Finckenstein, und der Bonner Berichterstatter der »Ruhrzeitung«, Claus Heinrich Meyer, heute Redakteur der »Süddeutschen Zeitung«. Zum Schußwechsel kam es am frühen Abend am Alten Zoll, einer kleinen Befestigung gleich über dem Rhein. Die Teilnehmer hatten den eigentlich für Duelle vorgeschriebenen frühen Morgen verworfen, weil es viel zu frühes Aufstehen verlangt hätte. Aber der Abendnebel Bonns konnte ohne weiteres der Stimmung gleichgesetzt werden, die in den frühen Morgenstunden am Rhein geherrscht hätte. Selbstverständlich wurden die strengen Regeln aus ferner Vorzeit beachtet, über die auch Mark Twain schon einmal aus Paris berichtet hatte: Der Graf und die Sekundanten trugen Frack mit Zylinder (aus dem Bonner Frackverleih), und Pastorensohn Meyer trug einen wundervollen Gehrock seines Vaters mit stoffbezogenen Knöpfen. Der

Herausforderer Meyer hatte in einem Spielzeugladen am Münster zwei echte Duell-Pistolen besorgt und dazu selbst ein zweifächriges, mit Samt ausgeschlagenes Behältnis gefertigt. Auch Platzpatronen hatte der zweikampfbesessene Journalist dabei. Die »Zeugen« waren Mitglieder der Bundespressekonferenz, also alles veritable Bonner Korrespondenten. Ich amtierte als Meyers Sekundant. Es gab natürlich einen richtigen Arzt, und die Wagenkolonne, in der wir uns vom Bundeshaus aus zum Alten Zoll aufmachten, führte einen eigens bestellten Krankenwagen mit. Meyer verbarg in einem Plastikbeutel, den er sich vorher unter das Hemd geschoben hatte, rote Flüssigkeit. Die Duellanten stellten sich Rücken an Rücken auf, die Pistolen mit den Platzpatronen in der Hand. Auf ein Kommando machte jeder zehn Schritte vom Gegner weg, drehte sich um und schoß. Meyer zerdrückte seine Plastiktüte, »Blut« färbte sein weißes Hemd, und er ließ sich zu Boden sinken. Neugierige Bürger klatschten Beifall, ein zufällig anwesender Polizist sah weg. In einem schon vorher schwarz drapierten Lokal gab es gleich anschließend eine zünftige Trauerfeier, bei der Cognac aus kleinen Fässern floß. Den ovalen Tisch zierte eine Trauerkarte: »Herzliches Beileid den Hinterbliebenen.«

Die Sache hatte noch ein originelles Nachspiel, denn anderntags berichtete eine Ostberliner Zeitung davon und kommentierte empört, der Vorfall zeige, wie sich die »Junker« in der BRD schon aufführten: Man duelliere sich sogar schon wieder!

Ohne Duell ging ein Streit zu Ende, den ich mit Finckenstein über die langwierige Frage hatte, welche unserer beiden Familien wohl die ältere sei. Finckenstein beendete die Kontroverse schließlich mit einer kleinen Geschichte: Als Gottvater nach Schöpfung und Sündenfall auf der Erde einmal nach dem Rechten sah, erblickte er einen alten und gebeugten Mann, der in einer Ackerfurche hart arbeitete. Der liebe Gott dankte dem Manne, daß er im Schweiße seines Angesichtes auf dem Felde schaffe, und fragte, ob er denn wohl einen Wunsch habe. Der alte Mann sagte, daß er sich nichts sehnlicher wünsche als endlich einen richtigen Namen. Gottvater wandte sich an seinen Adjutanten mit dem Begehr: »Finckenstein, welchen Namen geben wir ihm denn?« Der Angesprochene erwiderte: »Wir können ihn ja Wechmar nennen!«

Bis 1958 war ich immer wieder zu Besuch in Straßburg, wo ich über die Beratende Versammlung des Europarats berichten mußte. Während einer dieser Sitzungswochen stattete uns eine Delegation des amerikanischen Senats unter der Leitung des greisen Senators Greene einen Besuch ab. Ein willkommenes Thema für UP-Kunden in den USA. Da Greene gerade seinen 90. Geburtstag gefeiert hatte, wurde er in einer Pressekonferenz bedrängt, doch einmal zu erzählen, wie man sich als Neunzigjähriger denn so fühle. »Quite well – considering the alternative«, gab er mit fester Stimme zurück.

Straßburg war – neben Paris – auch die Stadt, wo Adenauer immer wieder über die Zukunft des Saargebietes verhandelte. Dort traf er sich mit Frankreichs Außenminister Robert Schuman und anderen führenden Politikern. Vor einer dieser langwierigen Beratungen, diesmal 1954 in Paris und schon mit dem dann amtierenden Ministerpräsidenten Pierre Mendes-France, hatte ich den erfahrenen Saar-Experten des Auswärtigen Amtes, den Gesandten Dr. Gustav Strohm, um Auskunft über die deutsche Verhandlungsposition gebeten. Er willigte in eine solche Vorabinformation ein und empfing mich dazu in seiner Bonner Wohnung. Während ich sonst meine Quellen vorsichtig umschrieb, machte ich diesmal den – wie Günter Diehl Jahre danach anmerkte – »verzeihlichen Fehler«, auf ein deutsches Delegationsmitglied als Informanten hinzuweisen.

Mein Bericht ging am Abend vor der Konferenz über den Ticker von United Press und löste in Paris ziemliche Aufregung aus. Das französische Außenministerium kabelte seinen Inhalt sofort an Botschafter André François-Poncet nach Bonn. Der beschwerte sich bei den Deutschen. Adenauer ließ alle seine Delegationsmitglieder befragen. Strohm gab sofort zu, mit mir gesprochen zu haben. Er wurde unverzüglich aus dem Verhandlungsteam ausgeschlossen, und der »Fall Strohm« war geboren. Das Auswärtige Amt veranstaltete, wohl mehr pro forma, eine hochnotpeinliche Untersuchung, in deren Verlauf auch ich durch den damaligen Leiter der Rechtsabteilung, Professor Hermann Mosler, vernommen wurde. Mit ihm hatte ich viele Jahre später, als UNO-Botschafter in New York, auf eine ganz andere Art zu tun: Ich mußte seine Kandidatur für den Internationalen Gerichtshof in Den Haag im Sicherheitsrat durchsetzen, was auch gelang. Gustav Strohm aber wurde in Bonn damals zunächst eine

Weile »auf Eis gelegt« und bekam dann den Botschafterposten in Südafrika.

Die Saarverhandlungen haben manch einen Bonner Journalisten damals zu einem Experten in puncto Saarland gemacht. Natürlich nutzten wir unsere häufigen Fahrten nach Straßburg oder Paris, um uns in dem umstrittenen Gebiet sachkundig zu machen. Dazu gehörte für mich auch ein Interview mit dem damaligen Ministerpräsidenten an der Saar, Johannes »Joho« Hoffmann, dessen damaliger Pressemitarbeiter Peter Scholl-Latour war. Das Volk an der Saar führte die komplizierten Verhandlungen über die Zukunft des Landes auf seine Weise zu einem guten Ende. Es verwarf in einer Volksabstimmung am 23. Oktober 1955 mit mehr als zwei Dritteln aller Stimmen das von Adenauer und Mendes-France vereinbarte Saar-Statut, das eine politische Autonomie bei gleichzeitiger wirtschaftlicher Bindung an Frankreich vorsah. Die Saarländer votierten statt dessen für die Rückkehr zu Deutschland.

Intensive Verhandlungen, vor allem zwischen Paris und Bonn, galten den sogenannten Pariser Verträgen. Das waren der Deutschlandvertrag (in der politischen Diskussion auch Generalvertrag genannt) über die Souveränität der Bundesrepublik und die Beendigung des Besatzungsregimes, ferner der Truppenvertrag über den Aufenthalt ausländischer Streitkräfte auf dem Bundesgebiet sowie das Vertragswerk über den Beitritt der Bundesrepublik Deutschland zur Westeuropäischen Union und damit zur NATO und schließlich das Saarabkommen. Durch die Volksabstimmung acht Monate nach dem Votum des Bundestages war dieses Abkommen zu Makulatur geworden. Über den Deutschlandvertrag mit den drei Westmächten hatte es in Bonn heftige Auseinandersetzungen zwischen der von Adenauer geführten Koalition und der sozialdemokratischen Opposition unter der Führung von Kurt Schumacher gegeben.

Im Mai 1952 wandte sich der SPD-Vorsitzende in einem United Press-Interview vehement gegen die Unterzeichnung des Vertrages. Schumacher erwartete mich im Garten seines Bonner Hauses, zusammen mit seiner Sekretärin, Frau Annemarie Renger, der späteren Präsidentin des Bundestages. Auch ich kam nicht allein. In Sorge um genaue Formulierungen hatte ich meinerseits unsere UP-Stenographin Elisabeth Ciosseck mitgebracht. Sie nahm jedes Wort penibel auf. Das stellte sich schon ein paar Stunden später

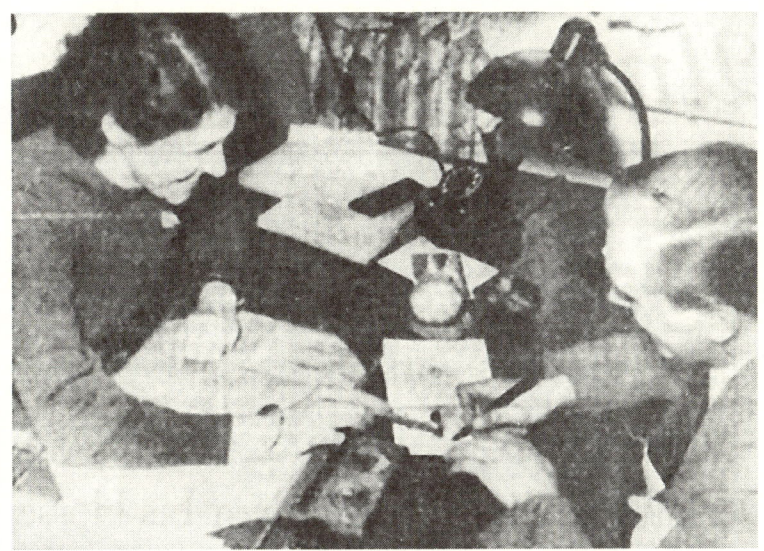

Der spitze Bleistift zeigt, wo man unterschreiben muß. Der erste Kunde des Bonner Paßamtes bekommt den Paß Nummer eins.

als überaus nützlich heraus. Schumacher hatte nämlich unter anderem gesagt:»Wer diesem Generalvertrag zustimmt, hört auf, ein guter Deutscher zu sein.« Der ganze Wortlaut des Interviews wurde sogleich von UP verbreitet und von dem damaligen Pressechef der SPD, Fritz Heine, auch im SPD-Pressedienst veröffentlicht.

Die Aufregung war groß, der Protest der Regierungsparteien scharf. Adenauer ließ über dpa verbreiten:»Es ist bedauerlich, daß sich der Führer der Opposition in Argumentation und Tonart nun den Herren (Otto) Grotewohl und (Walter) Ulbricht anpaßt.« Das brachte wiederum die Sozialdemokraten in helle Wut. Unsere UP-Telefone standen nicht still. Alle wollten wissen, ob Schumacher das wirklich gesagt hatte. Ich konnte auf unser Stenogramm und die gleichzeitig mit UP erfolgte Veröffentlichung durch den SPD-Pressedienst verweisen.

Die Berichterstattung über diese Vertragsverhandlungen und die damit verbundenen Reisen nach Paris waren für mich durch eine unerwartete Neuerung wesentlich erleichtert geworden: Die Bundesrepublik hatte Anfang 1951 beginnen dürfen, eigene Rei-

Im Februar 1951 die amtlich beglaubigte Nummer 1 in Bonn: Der erste Reisepaß der Bundesrepublik ging an einen Journalisten.

sepässe auszugeben. Das war das Ende der »Allied Travel Documents«. Ich hatte mich sogleich telefonisch beim Ordnungsamt der Stadt Bonn erkundigt, wann denn mit den Pässen zu rechnen sei. »Kommen Sie morgen früh um acht, die neuen Paßformulare sind gerade eingetroffen«, lautete die überraschende Auskunft. Eine freundliche Angestellte hatte anderntags nicht nur das Reisepapier vorbereitet, sondern auch einen Fotografen der Lokalzeitung informiert.

Grund für diese unerwartete Vorsorge: Ich bekam mit dem Datum des 14. Februar 1951 den Paß Nummer eins. Die Bildunterschrift im Lokalblatt: »Ein Journalist war der erste Kunde des

Paßamtes im Stadthaus.« Ich quittierte den Empfang eines historischen Dokuments, das vierzig Jahre später als Leihgabe im Bonner Museum für Deutsche Geschichte ausgestellt wurde. Der Paß allein reichte natürlich nicht für die Fahrt nach Frankreich. Ein Visum der französischen Hochkommission mußte beschafft werden, und bei der Landeszentralbank Nordrhein-Westfalen mußte ich Reisedevisen erwerben. Deren Zuteilung war begrenzt, und der eingetauschte Betrag wurde mit Stempel im Paß gleich neben dem Visum vermerkt. Bei den Grenzübertritten wurden zudem vom Zoll handschriftlich die Typenbezeichnungen meiner jeweiligen Schreibmaschinen eingetragen und mit Amtsstempel bei Ein- und Ausreise beglaubigt. So fuhr ich denn mit zwei Damen im Paß hin und her. Eine hieß »Gabriele« und die andere »Erika«.

Adenauer und seine Begleiter – Staatssekretär Walter Hallstein, Botschafter Herbert Blankenhorn, Felix von Eckardt, Günter Diehl und andere – nahmen stets im Pariser Hotel »Bristol« an der Faubourg St. Honoré Quartier. Meine französischen UP-Kollegen fanden das merkwürdig, weil während der deutschen Besatzung dort auch Dienststellen der Gestapo ihr Quartier aufgeschlagen hätten. Als ich Eckardt davon erzählte, leitete er diese Bedenken an Adenauer weiter. Doch der wischte sie vom Tisch. Das Hotel, so erklärte er, sei ihm schließlich von François-Poncet, dem französischen Botschafter, höchstpersönlich empfohlen worden. Ebenjener François-Poncet hatte Adenauer bei einem seiner ersten Besuche in Frankreichs Hauptstadt übrigens auch in das berühmte »Louis Carton« zum Mittagessen geführt, wo der um seine Sicherheit besorgte Bundeskanzler um einen Tisch gebeten haben soll, an dem er mit dem Rücken zur Wand sitzen könne. Das »Louis Carton« fand gleichfalls keine Gnade bei United Press in Paris, denn es stand in dem Ruf, während der deutschen Besatzungszeit prominente Deutsche bewirtet zu haben. Angesichts der vorzüglichen deutsch-französischen Beziehungen von heute ist es schwer, sich vorzustellen, daß solche Details einmal eine Rolle spielen konnten.

Während solcher Pariser Konferenzen war mein Arbeitsplatz das UP-Büro in der Rue des Italiens. Gleich gegenüber befand sich der Sitz von »Le Monde«, wo wir die neueste Ausgabe immer schon nachts kurz nach dem Andruck abholten. So waren wir frühzeitig über die jeweiligen Positionen der französischen Regierung unterrichtet. Die meisten Beratungen wurden im Außenministerium, dem Quai d'Orsay, abgehalten, das sich bald zu einer Art offiziellem Wartesaal für die Journalisten entwickelte. Wir wurden allerdings nur bis in die Halle am Fuße der steilen Treppen zu den Konferenzsälen eingelassen. Das war wenigstens bei schlechtem Wetter nützlich. Die Zeit vertrieben wir uns mit Kartenspielen. Einmal kam Adenauer nach einer endlosen Nachtsitzung in den frühen Morgenstunden als erster aus dem Konferenzraum und rief uns schon von der obersten Stufe der breiten Treppe aus ärgerlich zu: »Armes Europa!« Man habe viel Zeit darauf verwendet, sich auf eine künftige Hauptstadt Europas zu verständigen. Jede Seite habe den einen oder anderen Vorschlag unterbreitet, nur um ihn durch einen anderen zu ersetzen, wenn er abgelehnt worden war. Und als die Luxemburger schließlich Mondorf Les Bain als europäische Metropole empfohlen hätten, da sei es Zeit für ihn geworden zu verschwinden. »Mondorf Les Bains! Ich gehe jetzt erst einmal schlafen«, sagte der Kanzler. Sprach's und ging.

In der Regel waren wir für United Press zu zweit am Quai, ein französischer UP-Kollege und ich. Bald gewöhnte ich mir allerdings an, das ziemlich unergiebige Außenministerium schon am späteren Nachmittag wieder zu verlassen und mich in der Halle des Hotels »Bristol« zu postieren. Dort schien mir die Aussicht auf Informationen größer, wenn es gelang, die deutsche Delegation bei ihrer Rückkehr abzufangen. Auf diese Idee waren aber auch schon andere gekommen, und so fand ich denn meist schon ein gutes Dutzend deutscher Korrespondenten in den komfortablen Sesseln der Hotelhalle ausgebreitet. Wir harrten manchmal stundenlang aus, bis Adenauer und seine Mitarbeiter eintrafen, die nämlich oft vom Konferenzort aus zunächst einmal miteinander zum Abendessen gegangen waren. Da eine richtige Pressekonferenz erst nach Abschluß aller Verhandlungsrunden veranstaltet werden sollte, sammelten wir vorerst nur Brosamen auf, mit denen die heimkehrenden Verhandler uns bedachten. Die fielen aber meist karg aus: Zum einen unterstellten Eckardt und Diehl wohl, daß wir die Zusammenhänge bereits so gut kannten, daß sie uns nur ein paar Brocken hinzuwerfen brauchten, die wir dann schon richtig einordnen würden. Oder aber die Verhandlungen waren an einem kritischen Punkt angelangt, der Mitteilungen über Einzelheiten nicht erlaubte. Damals hat mich das oft geärgert, aber später, als ich als Regierungssprecher unter Willy Brandt und

Walter Scheel selber zu jenen Personen gehörte, die Auskünfte geben konnten oder verweigern mußten, verstand ich dieses Verfahren.

Ehe ich mit der Ausbeute des Tages mit meinem VW-Käfer in das Büro der United Press zurückkehrte, galt mein Augenmerk der Konkurrenz, vor allem dem dpa-Kollegen Franz Hange. Zwischen uns gab es einen freundschaftlichen Wettbewerb, wer seine Meldungen zuerst – und zugleich möglichst exklusiv – auf dem Draht hatte. Wir ließen uns ungern aus den Augen. Blieb Hange im »Bristol« noch zurück und verwickelte eines der Delegationsmitglieder in ein Gespräch unter vier Augen, mußte ich befürchten, daß er mehr erfahren würde, als mir bis dahin bekannt war. Also hängte ich mich ans Haustelefon und rief einen der anderen Begleiter Adenauers in seinem Zimmer in der Hoffnung an, von ihm noch zusätzliche Informationen über den Verhandlungsstand zu erfahren. Die Reaktionen auf solche sicher störenden Anrufe waren höchst unterschiedlich. Die Angerufenen hatten alle viele Stunden des Tages angestrengt konferiert, und die meisten empfanden dieses neugierige Nachbohren als aufdringlich. Aber es gab Ausnahmen. Günter Diehl war einer von denen, die sich auch zu später Stunde noch zu Verhandlungsthemen vorsichtig äußerten, und Felix von Eckardt schlug mir mitunter vor, am folgenden Morgen zu ihm zum Frühstück zu kommen. Das war zwar gut gemeint (und ich nahm die Einladung natürlich auch gern an), aber es nützte mir am Abend des Arbeitstages wenig, denn ich mußte jetzt und nicht erst am kommenden Morgen meinen Tagesbericht absetzen.

Eckardt war eben immer Zeitungsjournalist geblieben, dem der permanente Zeitdruck eines Agenturkorrespondenten fremd war. Das Angebot eines solchen Frühstücksgesprächs war jedoch verbindlicher als die sehr bestimmten Absagen, die ich bei solchen Gelegenheiten beispielsweise von Staatssekretär Hallstein oder Botschafter Blankenhorn erfuhr.

Vom »Bristol« ging es dann ins UP-Büro, um den Tagesbericht für den deutschsprachigen Dienst in die Schreibmaschine zu tippen und für den englischen Weltdienst den sogenannten »overnighter« zu Papier zu bringen. Beide Meldungen faßten zwar die Ereignisse des jeweiligen Verhandlungstages zusammen, gaben aber in erster Linie eine Vorschau auf die Konferenz am darauffolgenden Tage. Dafür hatte ich mir ein System zurechtgelegt, das fleißige Archivarbeit voraussetzte. Um den mutmaßlichen Verlauf einer weiteren Verhandlungsrunde beschreiben zu können, war es notwendig, die jeweilige deutsche Position im Detail zu kennen. Die Vorarbeit dafür war schon in Bonn zu leisten. Das erwähnte Gespräch mit Dr. Strohm war beispielsweise ein Teil davon. Außerdem besorgte ich mir vorher alle verfügbaren veröffentlichten Unterlagen – Interviews, Zeitungsartikel und Stellungnahmen von Regierungsseite – und versuchte eine Gliederung nach klar definierten Einzelpunkten. Daraus und aus den wenigen aktuellen Äußerungen der deutschen Delegierten in der Hotelhalle des »Bristol« entstanden die Konferenzvorschauen.

Bei einem seiner Pressetees mit einem kleinen Journalistenkreis hatte Adenauer 1951 seine Ausführungen mit dem Hinweis eingeleitet: »Es wird mir eben übergeben ein Bericht von UP, aus dem ich allerhand Neues sehe über die Verhandlungen in Paris. Ich glaube, der Bericht ist von Herrn von Wechmar.« Anschließend zitierte er die Überschrift meines Berichts: »Kanzler und Hohe Kommissare arbeiten Tagesordnungsentwurf aus« und fuhr fort: »Dann kommt eine sehr lange Sache, die zum Teil natürlich selbstverständlich ist, zum Teil aber auch auf ziemlicher Phantasie beruht.« Adenauer räumte aber auch ein, daß er nicht wisse, ob von seiten der Außenminister noch irgendwelche Punkte angeschnitten würden. Hinterher stellte sich jedenfalls heraus, daß ich mit meinem Bericht ziemlich richtiggelegen hatte. Schließlich war er ja auch am Tage meines Geburtstags – dem 15. November 1951 – erschienen. Zu dem Kanzlertee war ich übrigens nicht eingeladen gewesen. An den Pariser, Brüsseler und Straßburger Verhandlungen war neben Adenauer zumeist auch sein schon erwähnter Staatssekretär Walter Hallstein beteiligt, der dann später der erste Präsident der Hohen Behörde der Montan-Union wurde. Der eingefleischte Junggeselle bewohnte in der Bonner Reutersiedlung zwei kleine Zimmer in einem Flachbau direkt gegenüber meinen Eltern. Von dort konnten wir beobachten, wie er sich seinen Kaffee kochte und sonntags in dem winzigen Garten seine Akten studierte, die er aus einer prallen braunen Aktentasche hervorkramte.

Paris war aber auch der Ort, wo – letztlich vergeblich – um eine Europäische Verteidigungsgemeinschaft gerungen wurde. Die Beratungen fanden im Palais d'Orsay neben dem Außenministerium statt, und einer der Teilnehmer war der spätere General-

146

inspekteur der Bundeswehr, Ulrich de Maizière. Er war aus seinem Nachkriegsberuf als Musikalienhändler herausgeholt und der deutschen Delegation zugeteilt worden. Frankreichs Kommunisten hatten das erfahren und herausgefunden, daß de Maizière Violine spielte. Sie organisierten Demonstrationszüge durch Paris und kamen an einem Nachmittag auch am UP-Büro vorbei. Vom Fenster konnte aus ich sehen, wie sie einen riesigen schwarzen Sarg in der Form eines Geigenkastens vorbeitrugen, auf dem zu lesen war: »A bas Nazis!« Dem späteren Generalinspekteur habe ich davon noch am selben Tag am Konferenzort erzählt. Er sei nun wirklich kein Nazi gewesen, reagierte er ärgerlich. De Maizière gehörte zum kleinen Kern jener Männer der ersten Stunde der künftigen Bundeswehr, die sich unter dem früheren Gewerkschafter Theodor Blank (CDU) in der Ermekeilkaserne in Bonn zusammengefunden hatten, unter ihnen auch Hans Speidel, Johann-Adolph Graf Kielmannsegg, Axel von dem Bussche und Achim Oster. An diese lautstarke KP-Demonstration mußte ich zurückdenken, als ein knappes Vierteljahrhundert später, 1994, deutsche Soldaten am französischen Nationalfeiertag gemeinsam mit Einheiten aus Frankreichs Armee an Staatspräsident François Mitterrand vorbeimarschierten.

Zähflüssige und erfolglose
Deutschland-Konferenzen
(1954/55)

In Bonn war inzwischen Anfang 1950 die Bundespressekonferenz gegründet worden. Diese weltweit wohl einmalige Institution gibt der Regierung an drei Tagen der Woche Gelegenheit, die Öffentlichkeit zu informieren. Veranstalter der Pressekonferenzen sind die Journalisten und nicht die Regierung, den Vorsitz führt ein Journalist, der auch die Fragesteller aufruft. Die Gründer der Bundespressekonferenz wollten einerseits an die Tradition der Weimarer Reichspressekonferenz anknüpfen, die auch von den Berliner Korrespondenten ausgerichtet worden und keine Regierungskonferenz gewesen war. Zum anderen sollten angebliche Pläne der ersten Bundesregierung verhindert werden, eine regierungseigene, sprich regierungstreue Pressekonferenz ins Leben zu rufen. Und schließlich wollten sich die deutschen Journalisten in Bonn von den gleichfalls dort tätigen ausländischen Korrespondenten abgrenzen, die als Relikt der Besatzungszeit noch gewisse Vorrechte gegenüber den Alliierten Hochkommissaren beanspruchten. Die nichtdeutschen Pressevertreter riefen danach ihrerseits einen konkurrierenden Verein der Auslandspresse ins Leben. Im Sommer 1950 war ein Vorstand der Bundespressekonferenz bestimmt worden, und mein Vater wurde zum ersten Vorsitzenden gewählt.

Ich gehörte damals zu dem kleinen Kreis der Gründer der Bundespressekonferenz und war auch Mitglied des Satzungsausschusses, der sich in mühseligen und endlosen Sitzungen um den Entwurf einer Satzung kümmerte, welche die Regeln für Auftritte der Regierungsvertreter vor der Presse festlegen sollte. Es zeigte sich, daß die schreibende Zunft einige Mühe hatte, sich selbst eine Satzung zu schreiben. Damals konnte ich nicht ahnen, daß ich selber einmal als Regierungssprecher an jene Satzung gebunden sein würde, deren Vorschriften ich mitentworfen hatte. Als ich 1969 vor der Bundespressekonferenz zum ersten Mal in dieser Eigenschaft das – satzungsgemäß vom vorsitzenden Journalisten erteilte – Wort ergriff, sagte ich:»Daß ich jetzt hier stehe, ist ein bißchen meine eigene Schuld.

Ich bin, wie Sie vielleicht wissen, Gründungsmitglied der Bundespressekonferenz, und ich bin auch Mitglied des Satzungsausschusses gewesen; insbesondere habe ich an den Paragraphen 16 und 17 mitgearbeitet, die das Auftreten der Regierungsvertreter regeln.«

Der Vorsitzende quittierte diesen Hinweis mit der Anregung: »Für manchen von uns wird sich dadurch die Notwendigkeit ergeben, noch einmal die Satzung nachzulesen.« Sie war in der Tat in den seit der Gründung der Bundespressekonferenz vergangenen fast zwanzig Jahren ein wenig in Vergessenheit geraten. Nicht vergessen hingegen blieb, daß der damalige Bundesfinanzminister Fritz Schäffer zu Beginn des Frage- und Antwortspiels stets gegen die Unsitten des schwarzen Marktes wetterte, um sich dann beim jeweiligen Vorsitzenden für die angebotene amerikanische Zigarette zu bedanken. Und die stammte mit Sicherheit aus dem gerade beklagten Markt.

Nahezu zeitgleich mit der Gründung der Bundespressekonferenz begannen die Journalisten in Bonn den Bundespresseball auszurichten, der sich bald zu einem wichtigen gesellschaftlichen Ereignis in Deutschland entwickelte. Der erste Presseball fand am 2. Februar 1951 im Restaurant des Bundeshauses statt. Auf Veranlassung des damaligen Präsidenten des Bundestages, Hermann Ehlers (CDU), war das Düsseldorfer »Kom(m)ödchen« engagiert worden, für die Tanzmusik sorgten Adalbert Luczkowski und sein Orchester, und begehrter Hauptgewinn der schon damals stattfindenden Tombola war ein Auto. Paul Steinfurth von der DIMITAG, dem »Dienst Mittlerer Tageszeitungen«, zog das große Los. Zusätzlicher Ärger für alle Nichtgewinner: Steinfurth war einer der wenigen, die schon längst einen eigenen Wagen hatten.

Viele Jahre lang war ich, zusammen mit dem Bonner Journalisten Wolf Bell und Elisabeth Bachhausen, der Sekretärin der Pressekonferenz, für die Tischordnung beim Ball verantwortlich, eine höchst mühsame Aufgabe, bei der es nicht selten zum Krach mit vermeintlich »schlechtplazierten« Gästen kam. Die Bundespressekonferenz hatte sogar bis 1994 die Freundlichkeit, meine Frau und mich immer wieder zu den Pressebällen einzuladen, obgleich

ich schon lange keine Bonner Funktion mehr hatte. Inzwischen aber ist das eingeschlafen, weil ich für die Veranstalter wohl »weg vom Fenster« bin.

Auch auf seiten der Bundesregierung waren die Karten sortiert worden. Schon 1949 war Heinrich Böx (mit dem ich beim »German News Service« zusammengearbeitet hatte) für kurze Zeit als Bundespressechef tätig. Ihm folgte für drei Monate Paul Bourdin, dann kamen Heinrich Brand und danach Fritz von Twardowski und ab Februar 1952 schließlich Felix von Eckardt. Als dieser von Adenauer drei Jahre später als Chef der deutschen Beobachter-Mission bei den Vereinten Nationen nach New York geschickt worden war, übernahm Edmund Forschbach die kommissarische Leitung des Bundespresseamtes. Auch er blieb nur zwölf Monate, und der Bundeskanzler holte Eckardt aus den USA zurück, der Adenauer dann erneut vom Juli 1956 bis Juni 1962 diente. Aus dem raschen Wechsel der Pressechefs wurde sichtbar, welche Schwierigkeiten der damalige Bundeskanzler mit der Presse zu haben schien. Außer Eckardt konnte es ihm keiner recht machen.

Zu seinen Anfangszeiten arbeitete das Bundespresseamt in der Drachenfelsstraße, nahe dem Bundeshaus. Im Souterrain waren die sogenannten Chefs vom Dienst damit beschäftigt, uns neugierigen Journalisten die Routineanfragen zu beantworten. Günter Diehl, Hans Schirmer und Conny Ahlers waren damals, neben anderen, unsere kundigen und geduldigen Gesprächspartner. Für die Pressekonferenzen gab es noch keinen eigenen Saal, wie später im Tulpenfeld, sondern wir versammelten uns im Sitzungssaal 216 A des Bundeshauses. Und weil dies eigentlich der Versammlungssaal der CDU-Fraktion war, mußten wir oft auf dem Flur warten, bis deren Sitzungen zu Ende gegangen waren.

Mittlerweile hatten außer der »Welt am Sonntag« noch andere Zeitungen nach einem Bonner Mitarbeiter Ausschau gehalten und auch bei mir nachgefragt. Wiederum mit Erlaubnis der United Press durfte ich gelegentlich für die »Times of India«, für die »Rhein-Neckar-Zeitung« und für den New Yorker »Aufbau« schreiben. Die »Times of India« war mir von Thilo Bode vermittelt worden, der sich damals um Pressefragen an der deutschen Botschaft in Neu-Delhi kümmerte. Für die »Rhein-Neckar-Zeitung« schrieb ich außenpolitische Betrachtungen, und beim »Aufbau« hatte sich der Chefredakteur Manfred George an mich gewandt. Sein Blatt war die 1934 gegründete deutschsprachige

»Wochenzeitung für jüdische Einwanderer«, und die Mitarbeit daran erfüllte mich mit Stolz, denn zu den Autoren des Blattes hatten einmal Thomas Mann, Fritz von Unruh, Carl Zuckmayer, Franz Werfel, Stefan Zweig, Albert Einstein und Oskar Maria Graf gezählt. Letzteren lernte ich bei meiner späteren Tätigkeit in New York als Presseattaché des Deutschen Generalkonsulats durch Vermittlung von George persönlich kennen, und auch zu Unruh entspann sich ein freundlicher Kontakt.

Im August 1950 war in Bad Godesberg unser Sohn Alexander auf die Welt gekommen, und die Wohnung an der Eisenbahn war inzwischen für zwei kleine Kinder zu eng geworden. Wieder half das Büro Wandersleb: Trotz der immer noch fortdauernden »Bewirtschaftung« des Wohnungsmarktes fanden wir eine neue Unterkunft in der Hofgartenstraße. Parkplatznot gab es damals noch nicht, so daß ich meinen grauen VW, trotz der zentralen Lage unserer Wohnung, ohne Probleme vor der Haustür abstellen konnte. Von dort aus befand ich mich im Winter des gleichen Jahres mit Joe Grigg, dem Deutschland-Chef der UP, auf dem Weg nach Luxemburg, als wir in der Eifel von starkem Schneefall überrascht wurden. Mit Sommerreifen am Wagen – Winterreifen gab es damals noch nicht – fuhren wir vorsichtig über die spiegelglatten Bergstraßen. Dunkelheit brach herein. Plötzlich sprang aus dem Wald rechts des Weges ein Reh. Ich konnte weder ausweichen noch bremsen. Das Tier landete auf der Kühlerhaube, rappelte sich aber wieder auf und verschwand im Wald. Durch den Aufprall geriet der Wagen ins Schleudern, drehte sich ein paarmal um sich selbst und überschlug sich. Wir krabbelten durch die Fenster ins Freie, beide gottlob unverletzt. Aber die Windschutzscheibe des Autos war beim Überschlag zerborsten, und so legten wir die restlichen fünfzig Kilometer nach Luxemburg im Schneckentempo zurück, mit einem Wagen, der »vorne offen« war und uns daher schutzlos dem bitterkalten Fahrtwind aussetzte. Als wir endlich gegen elf Uhr abends im Hotel eintrafen, wollten wir – verfroren und hungrig – wissen, ob es noch etwas Warmes zu essen gäbe. »Ja gern«, hieß es, »aber es gibt nur noch Rehbraten!«

Eine willkommene Abwechslung von den zahlreichen Europa-Konferenzen in Paris, Rom, Brüssel, Baden-Baden und den regulären Straßburg-Reisen bot 1953 ein Auftrag der »Welt am Sonntag«, über die Filmfestspiele in Venedig, die Biennale, zu berichten. Dort konnte ich meinem römischen UP-Kollegen Daniel

Gilmore zur Hand gehen, so daß auch UP-Frankfurt keine Einwendungen hatte – zumal ich die pfennigfuchsenden Finanzchefs der United Press mit dem Hinweis beruhigte, daß alle Spesen vom Hamburger Sonntagsblatt bezahlt werden würden. In Venedig zählten Joseph Cotton und Orson Welles zu meinen Interviewpartnern, und Franz-Josef Schneider von der »Neuen Zeitung« in Frankfurt hatte mich an Peggy Guggenheim weitergereicht, die mich höchstpersönlich durch ihre unvergleichliche Sammlung führte. Die Biennale war auch damals schon am Lido zu Hause, und wir schlugen unser Arbeitsquartier im Hotel »Excelsior« auf.

Einmal mußte ich dort schon am frühen Morgen auf einen Gesprächspartner warten, der sich verspätete. So vertrieb ich mir die Zeit mit einem kurzen Strandspaziergang. Da fiel mir ein fahlweißer, älterer Mann auf, der ein paar Schritte vom Ufer entfernt im flachen Meer vor einer ins Wasser gestellten Staffelei stand und malte, in einer etwas zu großen Badehose und mit einem Strohhut auf dem Kopf. Als ich näher kam, entdeckte ich einen alten Bekannten aus Straßburg: Winston Churchill. Ich eilte zurück ins Hotel, um meine Kamera zu holen, aber als ich wiederkam, hatte seine Frau Clementine schon die Staffelei gepackt und ihn aus dem Wasser geleitet. »Du mußt dir jetzt was Warmes anziehen«, hörte ich sie noch sagen. Ein Wort von Churchill habe ich übrigens in meiner Laufbahn als Botschafter und Abgeordneter bis heute beherzigt: »Zu einem guten Politiker gehören die Haut eines Nilpferdes, das Gedächtnis eines Elefanten, die Geduld eines Bibers, das Herz eines Löwen, der Magen des Vogels Strauß und der Humor einer Krähe. Diese Eigenschaften sind allerdings nichts wert ohne die Sturheit eines Maulesels.«

Gilmore hatte unterdes von UP den Auftrag, über eine Riesenparty zu berichten, welche die Woolworth-Erbin Barbara Hutton (»Poor little rich girl«) in einem der Paläste am Canal Grande geben wollte. Dazu hatte sie alles eingeladen, was man heute Schickimicki nennen würde. Aber nicht die United Press. Aus London war eigens die Gesellschaftskolumnistin Aline Mosby eingeflogen worden, doch die Türen zum Palast blieben für uns geschlossen. An Eintrittskarten zu kommen war unmöglich. Also mietete Gilmore eine Gondel, mit der wir vor dem Palast »vor Anker« gingen, um wenigstens ein paar äußere Eindrücke sammeln zu können. Wir waren zu fünft an Bord: Gilmore, Aline Mosby, ein Fotograf, der Gondoliere und ich. Es wurde Mitternacht, bis das Fest richtig in Gang kam. Wir versuchten, durch laute Zurufe Gäste auf uns aufmerksam zu machen, die sich an den Fenstern oder auf dem kleinen Landungssteg zeigten. Aber nur wenige beantworteten unsere Fragen, und mit den Antworten war überdies nicht sonderlich viel anzufangen. Wir kannten ja nicht einmal das Programm der musikalischen und anderen festlichen Darbietungen, hatten keine Menükarten mit der Speisenfolge (was Leser immer interessiert), geschweige denn eine Gästeliste. Plötzlich aber erblickten wir Miss Hutton an einem der Fenster und machten durch heftiges Winken auf uns aufmerksam. Der Fotograf beugte sich vor, um Miss Hutton ins rechte Bild zu rücken, die ohnehin schon einseitig belastete Gondel nahm bedenkliche Schlagseite an – und kenterte schließlich. Allesamt landeten wir im Wasser und sorgten so für eine unvorhergesehene Belustigung der Partygesellschaft. Für mich war es doppelt peinlich, denn ich hatte keinen Anzug zum Wechseln in Venedig. Barbara Hutton traf ich über zehn Jahre später in New York, als ich Gottfried von Cramm (den »Tennisbaron«) besuchte, mit dem sie damals zusammenlebte. Sie konnte sich an unseren Reinfall erinnern: »Ach, Sie waren das! Wir haben sehr gelacht damals.«

Im darauffolgenden Jahr machte Adenauer offizielle Besuche in Griechenland und der Türkei. Ein Kontingent Bonner Korrespondenten durfte ihn begleiten, mußte sich aber mit einem Omnibus auf die Reise machen. Eckardt übertrug die Führung dieses Presse-Konvois seinem tüchtigen Persönlichen Referenten und späteren Botschafter Willi Ritter. Es war Anfang März und noch recht kalt. Bei Bad Gastein geriet der Bus auf einem steilen Straßenstück ins Rutschen und wurde vom Absturz in eine Schlucht nur durch einen soliden Begrenzungsstein am Rande der Höhenstraße bewahrt. Aber wir steckten auf der spiegelglatten Fahrbahn fest. Und so kommandierten der Busfahrer und Ritter uns Journalisten zum nächsten Vorratsbehälter mit Streukies ab, der sich in knapp hundert Metern Entfernung am Straßenrand befand. Mangels geeigneten Werkzeugs schleppten wir den Kies bei hereinbrechender Dunkelheit mit bloßen Händen heran, um unser Fahrzeug wieder flottzumachen. Ein höchst seltsames Schauspiel: Emsig wie die Ameisen trugen hochmögende Leitartikler deutscher Tageszeitungen, bedeutende Rundfunkjournalisten, Bonner Chronisten und Gesellschaftsreporter sowie die Korrespondenten von Magazinen und Nachrichtenagenturen kleine

Häufchen Kies von einem Ort zum anderen, um sie auf dem vereisten Straßenstück vor dem Bus zu verteilen. Nach einer Stunde echter Handarbeit waren wir erfolgreich, doch für die Bahnverladung zur Fahrt durch den Tunnel in Böckstein war es natürlich zu spät, und so mußten wir in dem lausig kalten Bahnhofsgebäude mehr schlecht als recht übernachten. Am Morgen des nächsten Tages folgte gleich ein zweites Wintererlebnis. Die Anfahrt zum Wurzen-Paß an der österreichisch-jugoslawischen Grenze war tief verschneit, und der Omnibus blieb an einer der zahlreichen Haarnadelkurven hängen. Wieder hieß es: alle Mann raus aus dem Gefährt und Schnee schippen. Der Busfahrer hatte sich, in weiser Voraussicht, in Kärnten noch drei Schaufeln besorgt.

Endlich in Belgrad angelangt, gab uns die deutsche Botschaft zwar ein karges Abendessen, hatte aber zugleich die wenig erfreuliche Nachricht, daß der Südteil Jugoslawiens nach schweren Regenfällen total überflutet und eine Weiterreise per Bus ausgeschlossen sei. Also fuhren wir mit der Bahn, die weit nach Mitternacht an der griechischen Grenze eintraf. Dort hatte eine griechische Regierungsdelegation unter Leitung des Informationsministers lange auf uns gewartet. Der Minister hielt eine wohlgesetzte Rede in deutscher Sprache und bat uns ins einsame – und natürlich ungeheizte – Stationsgebäude zu einer »kleinen Erfrischung«. Diese entpuppte sich als ein großzügiges Buffet mit ausreichenden Getränken. Ritter trieb uns zur Eile an: Der Zug müsse schließlich weiterfahren. Doch der Minister widersprach: Wir sollten uns nur ruhig Zeit nehmen, der Zug sei ohnehin schon verspätet. Er werde in Athen Bescheid sagen lassen. So kamen wir dank des liebenswürdigen Schlendrians auf dem Balkan zum ersten Mal seit unserer Abreise aus Bonn zu einem großzügigen Gastmahl.

Dem offiziellen Besuchsteil in Athen schloß sich eine Schiffsreise zu den Inseln um den Peloponnes an, zu der die griechische Regierung außer Adenauer und seiner Begleitung auch die mitgereisten Journalisten eingeladen hatte. Wir gingen an Bord der »Agamemnon«, die später einmal als Hochzeitsschiff für Fürstenhäuser in die Klatschspalten geriet. Adenauer hatte eine seiner Töchter auf die Reise mitgenommen, und wir machten uns einen Heidenspaß daraus, den eingeschworenen Junggesellen Hallstein mit Fräulein Adenauer zu »verloben«. Kanzler und Tochter spielten mit, aber Hallstein reagierte ziemlich sauertöpfisch. Er hatte wenig Sinn für unsere Art von Humor. Eine der besuchten Inseln war natürlich Santorin, und viele fröhliche Fotos zeigen den greisen Bundeskanzler, der – mit dem brav aufgesetzten Homburg auf dem Kopf – auf einem Esel über den schmalen Feldweg vom Hafen zur Ortschaft am oberen Rand eines früheren Kraters ritt.

Unsere nächste Station war Ankara, wo Adenauer im Rahmen des offiziellen Besuchsprogramms auf Empfehlung der türkischen Regierung auch der Kriegsschule einen Besuch abstattete. Der Kommandant hatte sich etwas »Ziviles« für den ungedienten Kanzler ausgedacht und eine Reihe von gymnastischen Übungen vorgesehen, die von den Kadetten im Sportdreß in der Turnhalle vorgeführt wurden. Militärisch exakt und in gleichem Takt, um nicht zu sagen Gleichschritt. Adenauer, sein Stab und wir von der Presse waren auf einer Art Galerie oberhalb der Halle postiert, und als die Vorführung beendet war, trat ein Major in Uniform vor die rund hundert Kadetten, legte die Hand an die Offiziersmütze und meldete – fast grotesk – in akzentfreiem Deutsch herauf zur Empore: »Dem Bundeskanzler der Bundesrepublik Deutschland, Herrn Dr. Konrad Adenauer ... ein dreifaches: Sieg Heil! Sieg Heil! Sieg Heil!« Im offiziellen Abschlußkommuniqué über den Kanzlerbesuch wurde auch der Aufenthalt in der Kriegsschule mit einem Satz erwähnt. »Die deutschen Teilnehmer«, so hieß es da wortwörtlich, hätten sich »vorzüglich beeindruckt erklärt.«

Kommuniqués dieser Art, die am Ende von Konferenzen veröffentlicht werden, haben ohnehin ein merkwürdiges Eigenleben. Die Entwürfe sind in der Regel schon vor Beginn der Beratungen von den Experten der beteiligten Seiten zu Papier gebracht worden. Strittiges wird in dieser Phase noch in Klammern gefaßt, damit die jeweiligen Delegationsleiter auch noch etwas zu verhandeln haben. In den meisten Fällen ist jedenfalls die Zahl derer, die an der Ausarbeitung eines Kommuniqués beteiligt sind, größer als die Zahl derer, die es dann aufmerksam lesen. Kommuniqués oder Resolutionen aber schaffen Bezugspunkte für künftige Konferenzen, sie schreiben gewissermaßen fortlaufend Geschichte. Das gilt bis heute zum Beispiel für Dokumente der UNO, der NATO oder der Europäischen Union.

Heutzutage duzen sich Staatsmänner oder nennen sich wenigstens beim Vornamen. Das war völlig unvorstellbar zu Zeiten, als Adenauer noch Bundeskanzler und sein eigener Außenminister war. Es wäre einer Sensation gleichgekommen, hätte der Kanzler

1954 bei seinen offiziellen Besuchen in Athen und Ankara die griechischen oder türkischen Gastgeber geduzt. Selbst Willy Brandt gebrauchte das Du im Ausland nur für seine sozialdemokratischen Parteifreunde wie Bruno Kreisky, Olof Palme und James Callaghan. Und erst recht wäre es den damals im Westen handelnden führenden Politikern nicht in den Sinn gekommen, sich mit Bruderküssen zu begrüßen, wie dies im Ostblock gang und gäbe war.

Zu einer richtigen Konferenz – egal ob in West oder Ost – gehörten natürlich damals wie heute das Familienfoto und die lächerlich überflüssigen »handshakes« der gequält lächelnden Hauptbeteiligten, die ihrerseits dann vorbereitete und zur Publikation bestimmte Reden (»Sperrfrist beachten!«) austauschten, welche sich weniger an die im Saal anwesenden Delegationen als an die heimische Presse richten. Und ein Erfolg von Verhandlungen kann schließlich auch dadurch verkündet werden, daß Strittiges verborgen wird. Was die Verkünder solcher Verlautbarungen betraf, so beschlich mich nicht selten der Verdacht, daß sie deren Wortlaut gar nicht richtig gelesen hatten. Ihre »Experten« hatten es ihnen aufgeschrieben.

Mit dem Jahr 1954 begann zwischen den vier Besatzungsmächten aus West und Ost eine Serie von großen Nachkriegskonferenzen über Deutschland und Europa. Zahlreiche Ansätze, sich über die deutsche Frage und die europäische Sicherheit auf diplomatischem Wege oder durch die Außenminister-Stellvertreter (in Paris 1951) zu verständigen, waren schon fehlgeschlagen. Nun sollte im Winter 1954 in Berlin mit einem Treffen der Außenminister der vier Großmächte selbst ein neuer Versuch unternommen werden. Sie versammelten sich zu ihren Sitzungen vom 25. Januar bis zum 18. Februar abwechselnd im ehemaligen Kontrollratsgebäude im amerikanischen Sektor oder in der sowjetischen Botschaft im Osten der geteilten Stadt. Seit dem Volksaufstand gegen das SED-Regime in der DDR am 17. Juni war gerade ein gutes halbes Jahr vergangen. Die Delegationschefs John Foster Dulles (USA), Anthony Eden (Großbritannien), Georges Bidault (Frankreich) und W.M. Molotow (UdSSR) saßen den zähen und letztlich erfolglosen Beratungen im täglichen Wechsel vor. Die Außenminister der Großen Vier hatten jeder einen Stab von Sachverständigen mitgebracht. Zu ihnen zählten auch Diplomaten, denen ich bei späteren Ereignissen wiederbegegnen sollte.

So wurde Dulles vom langjährigen amerikanischen Botschafter in Moskau, Charles »Chip« Bohlen, begleitet, der zu den besten Rußlandkennern Washingtons gehörte. Ein Jahr später erregte er großes Aufsehen im Moskauer Bolschoi-Theater: Als Adenauer nach der Ballettaufführung von »Romeo und Julia« die von seinen Gastgebern Bulganin und Chruschtschow ausgestreckten Hände ergriff und betont herzlich schüttelte, verließ Bohlen demonstrativ seinen Platz. Später begründete er seinen plötzlichen Aufbruch damit, daß er unverzüglich einen telegrafischen Bericht über diesen für ihn bemerkenswerten Vorgang nach Washington habe absenden wollen. Uns Journalisten, die wir das Intermezzo von den Rängen beobachtet hatten, blieb das vorzeitige Verlassen des Theaters durch finster dreinblickende Saalwächter verwehrt. Auch ich hätte UP gern unverzüglich über diese völlig unerwartete Geste berichtet. Clifton Daniels, der neben mir sitzende Korrespondent der »New York Times«, schüttelte nur den Kopf und murmelte: »What the hell is happening?« Wobei offenblieb, ob er den Auftritt von Bohlen oder das Händeschütteln meinte.

Eden hatte den Deutschlandexperten des Foreign Office, Sir Frank Roberts, nach Berlin mitgebracht, der einige Jahre später Botschafter in Bonn wurde und schon kurz vor dem Zweiten Weltkrieg im Deutschland-Referat des Foreign Office gesessen hatte. Und Bidault wurde von seinem Top-Diplomaten Roland de Margerie begleitet, der in den achtziger Jahren gleichzeitig mit mir Botschafter seines Landes in Großbritannien war. Molotow kam mit dem stets grimmig dreinschauenden Andrej A. »Grim Grom« Gromyko und Jakob A. Malik. Gromyko wurde später Molotows Nachfolger; Malik hingegen sollte dereinst mein sowjetischer Gegenpart bei der UNO werden. Kern der Berliner Konferenz war, wieder einmal, die deutsche Frage. Die Deutschen saßen nicht mit am Tisch, weder die aus West noch die aus Ost, obwohl es um ein Thema ging, das sie unmittelbar betraf. Denn der britische Außenminister legte im Namen der Westmächte einen nach ihm benannten Vorschlag – den Eden-Plan – zur deutschen Wiedervereinigung vor, der freie Wahlen in ganz Deutschland unter internationaler Kontrolle, die Einberufung einer aus freien Wahlen hervorgegangenen Nationalversammlung, die Ausarbeitung einer Verfassung, die Vorbereitung von Friedensverhandlungen und die Bildung einer gesamtdeutschen Regierung vorsah, mit der dann ein Friedensvertrag unterzeichnet werden sollte.

Doch Molotow war strikt dagegen. Die Sowjets wollten die Einbindung Deutschlands in das westliche Bündnissystem verhindern. So verlangte er, daß der Entwurf eines Friedensvertrages von den vier Großmächten auszuarbeiten sei, der dann einer »provisorischen« Regierung vorzulegen wäre, die von beiden deutschen Staaten gebildet werden solle. Moskau wollte beide Teile Deutschlands als gleichberechtigte Partner ins Spiel bringen. Und von freien Wahlen war natürlich nicht die Rede. Dulles erklärte deshalb, daß sich Moskau nicht nur vor echten freien Wahlen in der sowjetischen Besatzungszone fürchte, sondern den Sowjetblock bis zum Rhein ausdehnen wolle. Der Weg dorthin sollte über eine Neutralisierung Deutschlands führen. Tatsächlich war eine solche Absicht schon in dem Friedensvertragsentwurf erkennbar gewesen, den die Sowjets bereits im März 1952 unterbreitet hatten und der schon damals vom Westen abgelehnt worden war.

United Press hatte für diese Konferenz Sonderberichterstatter aus den Hauptstädten der vier Großmächte und aus Bonn nach Berlin geholt. Die internationale und die deutsche Presse war in großer Zahl in die ehemalige Reichshauptstadt gereist. Da die Deutschen aber nicht am Konferenztisch saßen, waren uns deutschen Journalisten nur Informationen aus zweiter Hand über den Verlauf der Beratungen zugänglich. Denn die offiziellen Konferenzbeobachter, die Delegation der Bundesregierung mit Botschafter Herbert Blankenhorn, Professor Wilhelm Grewe und Bundespressechef Felix von Eckardt an der Spitze, befanden sich ja in einer ähnlichen Situation wie wir. Sie hatten eine schwierige Doppelaufgabe: Einerseits mußten sie den Bundeskanzler und die Regierung über den Verlauf der Konferenz unterrichten, und zum anderen mußten sie versuchen, den Standpunkt Bonns zu den einzelnen Phasen der zahen Verhandlungen bei den Westmächten und bei den Journalisten an den Mann zu bringen. Sie mußten Teilnehmer ansprechen, Pressekonferenzen wahrnehmen und Redetexte einsammeln, und so eilten sie denn jeweils am Abend der Sitzungstage wie wir Journalisten mitten durch die von strenger Winterkälte und Schneefall geplagte Stadt, um zu den weit voneinander entfernten Arbeitszentren der Verhandlungsdelegationen zu gelangen.

Eckardt war deshalb einer eher beiläufigen Anregung des Bundeskanzlers gefolgt und hatte schon vom ersten Tage an im Quartier der Bonner Beobachterdelegation, dem »Hotel am Zoo«, ein Mittel ersonnen, wie das Interesse der Weltpresse für die Position der Bundesregierung geweckt werden konnte. Täglich von sechs bis acht Uhr abends lud er in seiner »Bouletten-Bar« zum Presse-Cocktail: *Open House* für Korrespondenten aus der ganzen Welt. Jeder, der irgendwie mit der Konferenz zu tun hatte – ganz gleich ob Journalist oder Delegierter –, war willkommen. Innerhalb weniger Tage schon entwickelte sich dieser Treffpunkt in zentraler Lage zur nützlichen Nachrichtenbörse für die erste große Versammlung der Weltpresse seit der Potsdamer Konferenz. Hier erfuhr ich meist mehr, als meine UP-Kollegen aus Washington, London, Paris oder Moskau bei den offiziellen Pressekonferenzen der Großen Vier amtlich mitgeteilt bekamen. Die Regierungsvertreter aus dem Westen hatten nämlich sehr schnell begriffen, daß Informationen von Sitzungsteilnehmern bei den Korrespondenten weit willkommener waren als die Mitteilungen der amtlichen Sprecher. Auch jene, die bei den Beratungen selbst dabeigewesen waren, kamen gern. Nicht nur wegen der Bouletten und der Getränke, sondern auch wegen der Möglichkeit, die Positionen ihrer jeweiligen Delegationen noch einmal ausführlicher zu erläutern.

United Press hatte ihr Berliner Büro unweit des »Hotel am Zoo« mit zusätzlichen Telefon- und Fernschreibleitungen ausgerüstet, um die Berichtsflut aus Pressekonferenzen, Hintergrundgesprächen und nicht zuletzt aus der »Bouletten-Bar« bewältigen zu können. Ruhender Pol in dem Gewirr tipp- und telefonfreudiger Korrespondenten blieb Roger H. Tatarian, Europachef von UP. Er kümmerte sich penibel um die sorgfältige Sammlung und chronologische Reihenfolge der einzelnen Meldungen, wenn die Reporter aus Washington, London, Paris und Moskau wieder einmal darauf bestanden, daß natürlich vor allem ihre Berichte mit Vorrang über den Ticker verbreitet werden sollten. Zum ersten Mal bei einer Viererkonferenz der Großmächte wurde mir als deutschem Korrespondenten aus Bonn eine gewisse Sonderrolle zugewiesen. Immer öfter wollte Tatarian wissen, wie denn die westdeutsche Delegation den jeweiligen Konferenzstand beurteile. Die Haltung Bonns war nicht nur für den deutschsprachigen, sondern auch für den Welt-Dienst von United Press interessant geworden – auch wenn die Bundesrepublik nicht mit am Konferenztisch saß. Die Position des ostdeutschen SED-Regimes hingegen spielte keine Rolle. »Das lesen wir besser im Original bei den Sowjets«, befand Ralph Shackford, der diplomatische Chefkorrespondent der United Press aus London.

Für Deutschland sprang bei der Berliner Konferenz nicht viel heraus. Die deutsche Einheit kam keinen Schritt voran. Aber auch die sowjetischen Versuche, zu einer Einigung auf der Grundlage ihrer eigenen Vorschläge zu gelangen, waren angesichts der festen Haltung der Westmächte zum Scheitern verurteilt. Eine Woche nach dem Ende der Konferenz bedauerte der Deutsche Bundestag in einer einstimmig angenommenen Entschließung »auf das tiefste, daß die Berliner Konferenz keine Lösung der Deutschlandfrage gebracht hat«.

Ein halbes Jahr später geriet aber auch der europäische Integrationsprozeß in Schwierigkeiten. Und so hieß es wieder die Koffer packen. Diesmal ging die Reise nach Brüssel. Dort wollten die Außenminister von Frankreich, Italien, den Beneluxstaaten und der Bundesrepublik damit beginnen, noch verbliebene Meinungsverschiedenheiten mit den Franzosen über den Entwurf eines Vertrages für eine Europäische Verteidigungsgemeinschaft (EVG) zu beseitigen. Der EVG-Vertrag hätte auch einen deutschen Verteidigungsbeitrag vorgesehen und war vom Bundestag bereits über ein Jahr zuvor, nämlich am 19. März 1953, gebilligt worden. Jetzt aber brachte die französische Regierung unter Verweis auf die wachsende Zahl kritischer Stimmen im Parlament über genau diese deutsche Rolle ihre Bedenken ins Spiel. Sie legte Änderungsvorschläge vor, die zum Beispiel vorsahen, daß jeder Vertragspartner die EVG im Falle einer deutschen Wiedervereinigung verlassen könne.

Die Regierung in Paris hatte schon vorher, eigentlich seit der Unterzeichnung des EVG-Vertrages im Frühjahr 1952, dessen Ratifizierung durch die französische Nationalversammlung wegen erkennbarer Widerstände unter den Abgeordneten verzögert. Regierungschef und zugleich Außenminister war mittlerweile Pierre Mendes-France geworden. Fünf Tage lang hielten die Franzosen bei den Brüsseler Beratungen nahezu verbissen an ihren Änderungsvorschlägen zu einem Vertrag fest, den sie selbst zwei Jahre zuvor unterzeichnet hatten. Die Außenminister der fünf anderen Signatarstaaten widersprachen und machten, erfolglos, Gegenvorschläge zu den Gegenvorschlägen. Schließlich gaben sie auf. Die Konferenz platzte. In der Nacht vom 30. auf den 31. August verwarf die Pariser Nationalversammlung den EVG-Vertrag mit

319 gegen 264 Stimmen bei 12 Enthaltungen. Für die Sowjet-union war dies ein großer, zudem noch müheloser Erfolg. Ade-nauers Politik der europäischen Einigung unter Einschluß der Deutschen hatte einen empfindlichen Rückschlag erlitten. Der alte Herr war tief enttäuscht, ja verbittert. Er befand sich zur Kur auf der Bühlerhöhe, als die Nachricht vom Ende der EVG bei ihm eintraf. Viele Bonner Korrespondenten, darunter auch ich, eilten noch in derselben Nacht nach Baden-Baden und von dort zum Kanzler, der die Lage in einer kurzen Erklärung als »in ihren Kon-sequenzen noch nicht übersehbar, aber sicher äußerst ernst« be-schrieb. Der Führer der sozialdemokratischen Opposition, Erich Ollenhauer, erklärte die Außenpolitik der Regierung für geschei-tert.

Einer der vielen Gründe für das französische Nein war auch die Weigerung Großbritanniens gewesen, sich ebenfalls an der EVG zu beteiligen, obgleich es die Verhandlungen mit freundli-chem Interesse begleitet hatte. Um so überraschender war es, daß London nach dem Debakel in der Nationalversammlung nun von sich aus einen Vorstoß unternahm, wie die Bundesrepublik mit ei-nem eigenen Verteidigungsbeitrag am Schutz der europäischen Si-cherheit beteiligt werden könnte. Knapp vierzehn Tage nach dem Fall der EVG begab sich Außenminister Anthony Eden auf eine Rundreise durch die Hauptstädte der Unterzeichnerstaaten des gescheiterten Vertragswerks und traf schließlich am 12. Septem-ber in Bonn mit einem Vorschlag in der Tasche ein, auf den ihn Frank Roberts gebracht hatte, Edens Persönlicher Referent. Der nämlich hatte die Frage aufgeworfen, ob nicht im Brüsseler Ver-trag ein Ausweg aus dem europäischen Dilemma enthalten sei. So kam es schließlich zu der britischen Empfehlung, den 1948 abge-schlossenen und eigentlich gegen Deutschland gerichteten Pakt zur kollektiven Verteidigung seiner Mitgliedstaaten sowie zur wirtschaftlichen, sozialen und kulturellen Zusammenarbeit zu nutzen und ihn durch den Beitritt von Italien und der Bundesre-publik Deutschland zu erweitern.

Wenige Tage nach Eden kam auch der amerikanische Außen-minister Dulles in die Bundeshauptstadt. Auch sein Ziel war es, die Eingliederung Bonns in die westliche Sicherheitsgemeinschaft zu retten und dabei an einem deutschen Verteidigungsbeitrag fest-zuhalten. Natürlich gab es fortwährende Zusammenkünfte mit Adenauer und seinen wichtigsten Beratern, und natürlich blieben wir Journalisten den Ministern aus London und Washington Tag und Nacht auf den Fersen. Und wieder hieß es: »Wechmar, was sagen die Deutschen?«

Das Ergebnis ist bekannt: Auf einer Neunmächte-Konferenz von sieben europäischen Staaten sowie den USA und Kanada in London vom 28. September bis zum 3. Oktober 1954 wurde im Lancaster House ein Vertrag über die Gründung einer Westeuropäischen Union (WEU) paraphiert. Italien und die Bundesrepublik beantragten ihren Beitritt. Der NATO-Ministerrat sollte darüber hinaus die Deutschen einladen, dem Atlantischen Bündnis als Mitglied beizutreten. In der sogenannten Londoner Akte des WEU-Vertrags verpflichtete sich Deutschland, sich an die Grundsätze der UNO-Charta zu halten, die Wiedervereinigung und die Lösung von Streitfragen mit Nachbarn nur mit friedlichen Mitteln anzustreben sowie im Rahmen der Kontrollen von Rüstung und Bewaffnung auf die Herstellung von atomaren, biologischen und chemischen Waffen (ABC-Waffen) zu verzichten. Die Westmächte ihrerseits bekräftigten ihren Wunsch, das damals ja immer noch geltende Besatzungsregime so bald wie möglich zu beenden.

Als sei es selbstverständlich, hatte United Press wieder angeordnet, daß ich mich in London um die deutsche Delegation kümmern sollte, die diesmal nicht nur mit am Tisch saß, sondern eine Schlüsselrolle spielte. Die Bonner Abordnung wurde von Adenauer geleitet, für die USA waren Dulles, für Großbritannien natürlich Eden, für Frankreich Mendes-France und für Kanada Lester Pearson erschienen. Belgien war durch Paul Henri Spaak, Italien durch Gaetano Martino, Luxemburg durch Joseph Bech und die Niederlande durch Johem Willem Beyen vertreten. Noch vor Beginn der Konferenz hatte Premierminister Sir Winston Churchill den Bundeskanzler zu einem Abendessen nach 10 Downing Street eingeladen. Der Presse war erlaubt worden, das Eintreffen der Gäste und die Begrüßung durch den Hausherrn zu beobachten. So kam ich zum ersten Mal in die Downing Street und sah dort meinen »alten Bekannten« aus Straßburg und Venedig wieder.

Mein Arbeitsplatz waren das ehrwürdige Hotel Claridge, wo Adenauer und seine Begleitung abgestiegen waren, und das UP-Büro in der Bouverie Street im Presseviertel der britischen Metropole. Wenn wir nicht vor dem Lancaster House auf die Konfe-

1954: Journalisten-Briefing durch Pressechef Felix von Eckardt in der Halle des Londoner Hotels »Claridges«.
Dritter von links Wechmar, neben ihm Lothar Rühl, der in dieser Halle das Gespräch von Konrad Adenauer mit seinen Kollegen Joseph Bech (Luxemburg) und Paul-Henri Spaak (Belgien) mithören und im SPIEGEL veröffentlichen konnte. Rechts außen Franz Hange und Ludwig von Danwitz.

renzteilnehmer warteten, fanden sich deutsche und internationale Journalisten im »Claridge« ein, um wie immer von der deutschen Delegation etwas über den Tagesverlauf und die deutsche Position zum jeweiligen Konferenzstand zu erfahren.

An einem dieser Abende saßen wir, wie so oft in jenen Tagen, in den Sesseln der Halle und hofften auf Stoff für unsere Tagesberichte, als wir den Kollegen Lothar Rühl vom »Spiegel« erblickten, der sich an einem kleinen Tisch vor einer der Säulen des hohen Raumes eifrig Notizen machte. Da er sehr beschäftigt schien, ließen wir ihn allein – ohne auch nur im entferntesten zu ahnen, daß er an einer Exklusiv-Geschichte schrieb, die ihm für alle Zeiten den Namen »Säulen-Rühl« eintragen sollte. Was geschehen war, konnte man dann im »Spiegel« lesen: Auch Rühl hatte es sich zunächst völlig ahnungslos an dem Tischchen bequem gemacht, um in Ruhe seinen Tee zu trinken und Zeitung zu lesen.

Um so größer war sein Erstaunen, als sich Adenauer und dessen belgische und luxemburgische Außenministerkollegen ausgerechnet in diesem Moment auf der anderen Seite der Säule zu einem kleinen Imbiß niederließen. Dank der später so berühmten Säule blieb den drei Ministern verborgen, daß sie einen höchst wißbegierigen Mithörer hatten, und so stand es denn alsbald schwarz auf weiß im »Spiegel«, was Adenauer seinen Ministerkollegen anvertraut hatte. »Wenn ich einmal nicht mehr da bin«, klagte der Kanzler in offenkundiger Sorge, »weiß ich nicht, was aus Deutschland werden soll, wenn es uns nicht doch noch gelingen sollte, Europa rechtzeitig zu schaffen ... Wenn Europa nicht wird und Deutschland eine Nationalarmee hat, dann können Sie eines Tages was erleben, Herr Bech, das sage ich Ihnen jetzt. Wenn in Deutschland die Nationalisten wieder an die Macht kommen ... Mein Gott, ich weiß nicht, was meine Nachfolger tun werden, wenn sie sich selbst überlassen sind, wenn sie nicht in fest vorgezeichneten Bahnen gehen müssen, wenn sie nicht an Europa gebunden sind.«

Nicht einmal drei Wochen später gab es für die Beschlüsse der Londoner Konferenz Brief und Siegel. Daheim hatte ich mir inzwischen schon längst angewöhnt, einen halbgepackten Koffer bereitstehen zu haben, in den ich dann nur das Waschzeug und aktuelles Material für die Berichterstattung stopfen mußte, um jederzeit reisefähig und einsatzbereit zu sein. Und tatsächlich wurde dieses Konferenzgepäck gleich nach meiner Rückkehr aus London schon wieder gepackt: für das fünftägige Außenministertreffen in Paris. Dort wurde ich an den verschiedenen Arbeitsstätten mittlerweile schon als Stammgast begrüßt: im UP-Büro an der Rue des Italiens, im Hotel Haussman, von den Empfangschefs und den Kellnern im »Bristol« oder von den uniformierten Dienern des französischen Außenministeriums. Und vom Barkeeper der algerischen Bar im Keller des Redaktionsgebäudes von United Press, wo wir nach Mitternacht und nach getaner Arbeit immer noch einen Absacker bekommen konnten.

Wieder in Bonn, holte mich, wenn man so will, der Zweite Weltkrieg ein. In der Post wartete ein »Ergänzungsbescheid« der Städtischen Sparkasse. Gemäß zweier Paragraphen des Gesetzes über einen »Währungsausgleich Vertriebener« wurde mir – über neun Jahre nach Kriegsende – auf den kleinen Restbestand meines Sparbuchs bei der Städtischen Sparkasse in Bernstadt (Schlesien) über 450,– Reichsmark eine Ausgleichsgutschrift in Höhe von 12,25 DM erteilt. Zugleich teilte mir die Stadt Bonn mit, daß ich meinen Flüchtlingsausweis abholen könne. Flüchtling im Sinne des Gesetzes war ich geworden, weil meine Mutter während meiner Gefangenschaft aus dem bombenbedrohten Berlin-Stahnsdorf mit all unseren Habseligkeiten nach Schlesien evakuiert worden war. Damit hatte sich auch mein »Wohnsitz« dorthin verlegt. Für die DM 12,25 kaufte ich meinen Kindern zwei große Becher Eiscreme.

Die Runde der West-Konferenzen war vorerst vorüber. Aber Deutschland blieb auf der Ost-West-Tagesordnung. Im Juli 1955 versammelten sich die Großen Vier zu einer Gipfelkonferenz im Palais des Nations von Genf. Für die USA kam Präsident Dwight D. Eisenhower mit seinem Außenminister John Foster Dulles, und Großbritannien war durch den inzwischen geadelten Premierminister Sir Anthony Eden und seinen Außenminister Harold Macmillan vertreten. Auf Frankreichs Stuhl saß Ministerpräsident Edgar Faure, neben ihm Außenminister Antoine Pinay, und aus der Sowjetunion waren Ministerpräsident Nikolai A. Bulganin, Parteichef Nikita S. Chruschtschow und Außenminister W.M. Molotow sowie, in großer Uniform, Verteidigungsminister Marschall Grigori K. Schukow angereist. Die beiden deutschen Staaten hatten wiederum keinen Zutritt zur Konferenz, waren aber durch offizielle Beobachterdelegationen in Genf präsent. Die Bonner Besetzung war die gleiche wie in Berlin: Wilhelm Grewe als Delegationschef, Botschafter Blankenhorn, Felix von Eckardt und Günter Diehl. Die DDR-Beobachter wurden von Staatssekretär Georg Handke geleitet. Bundeskanzler Adenauer verfolgte die Deutschland-Konferenz von seinem Urlaubsquartier im 1640 Meter hohen schweizerischen Mürren im Berner Oberland.

Auch dieser Genfer Gipfelkonferenz blieb der Erfolg versagt. Zwar hatten sich die Großen Vier auf eine Tagesordnung verständigt, die unter Punkt eins die Wiedervereinigung Deutschlands zum Gegenstand hatte, aber am Ende der Beratungen gab es nur noch ein Einverständnis über Direktiven für eine Außenministerkonferenz der vier Mächte, die ein Vierteljahr später, nämlich im Oktober, und wiederum in Genf beginnen sollte. West und Ost standen sich auch auf höchster Ebene erneut unvereinbar gegenüber: Zu unterschiedlich waren noch die vom Kalten Krieg geprägten Frontstellungen im Hinblick auf die Einheit Deutschlands und die damit zusammenhängende Frage der europäischen Sicherheit. Selbst der Entwurf der Richtlinien für eine Fortsetzung der Verhandlungen im Herbst durch die Außenminister mißlang fast, trotz der an einem Konferenztag ununterbrochenen, achtzehnstündigen Beratungen.

Erst als sich Eisenhower, der einstige Oberbefehlshaber der alliierten Streitkräfte im Zweiten Weltkrieg und ehemalige General, am frühen Morgen des letzten Konferenztages mit Marschall Schukow – sozusagen von General zu General – allein getroffen hatte (nur Botschafter Bohlen war dabei), wurden die Meinungsunterschiede hinsichtlich eines Auftrages an die Minister mehr schlecht als recht überbrückt. Für die Oktober-Konferenz der Außenminister war wenigstens so etwas wie eine Liste der Besprechungspunkte gelungen. Das kam allerdings einer Einigung in der Sache überhaupt nicht näher. Alles war nur auf den nächsten Termin verschoben worden.

Adenauer hatte nach dem Ende der Gipfelkonferenz die Journalisten nach Mürren gebeten, und Hunderte pilgerten zu seinem »Gipfel« in über eineinhalb Kilometern Höhe. Angesichts des Fehlschlags der Verhandlungen gab er sich für die Presse geschickt ganz gelassen. Eine Beseitigung der Spannungen sei weder in sechs Tagen noch in sechs Wochen zu erwarten. Was gebraucht werde, sei »geduldige und mühsame Arbeit«. War Genf im Juli 1955 im Grunde nicht mehr als eine Wiederholung des Berliner Treffens auf höherer Ebene, so gab es für uns vor dem Konferenzzentrum in der Nähe des Genfer Sees oft stundenlang ausharrende Journalisten doch eine erkennbare Verbesserung: Statt der bitteren Kälte in der geteilten Stadt erleichterten jetzt sommerliche Temperaturen unser Warten auf das Ende der Konferenzsitzungen.

Wieder einmal wurde Warten nämlich eine unserer täglichen Hauptbeschäftigungen. Rechtzeitig vor dem Sitzungsbeginn sammelte sich die Presse vor dem Gebäude der Vereinten Nationen, um die Anfahrt der vier Delegationen zu beobachten. Außenstehende mögen sich damals gefragt haben, auf was wir denn eigentlich stundenlang warteten, denn im Grunde passierte ja nichts weiter, als daß bedeutend dreinblickende Herren aus blankpolierten Limousinen stiegen, denen aus den nächsten Wagen umtriebige jüngere Männer mit Aktenkoffern folgten. Tatsächlich war aber schon die tägliche Ankunft der Delegationsmitglieder von Bedeutung für uns. Es war nämlich nützlich zu wissen, ob auch wirklich alle hochrangigen Teilnehmer zum Beginn der Tagessitzung eingetroffen waren, und wenn das nicht der Fall war, galt es herauszufinden, wer aus welchem Grunde fehlte. Als zum Beispiel Marschall Schukow eines Morgens nicht erschien, ging prompt das große Rätselraten los.

Zudem galt es auch hier – nicht anders als auf Pressekonferenzen – das Mienenspiel der Hauptbeteiligten genau zu beobachten, um etwas über die allgemeine Stimmung in Erfahrung zu bringen. Das war insbesondere nach Sitzungsende wichtig, wenn die Delegationen den Konferenzort wieder verließen, denn dann ließen sich Rückschlüsse über den Verlauf der Beratungen anstellen. Und fast immer fand sich irgendein Teilnehmer, der auf zugerufene Fragen eine knappe Antwort hatte, der sozusagen das Stichwort des Tages ausgab. Londons Außenminister Macmillan allerdings wartete jeden Tag mit dem gleichen, wenig hilfreichen Spruch auf: »No questions, no comment.« Die Sowjets schwiegen grundsätzlich. Aber die Amerikaner waren immer mal wieder zu kurzen Bemerkungen bereit. »Der Westen hat Vorschläge unterbreitet«, hieß es dann, oder: »Morgen geht es weiter.« Für uns bedeutete dies, daß der immer wieder befürchtete Abbruch der Verhandlungen also vorerst ausgeblieben war.

Mein Auftrag blieb auch in Genf wieder der gleiche: die Reaktionen der Bonner Beobachterdelegation auf den jeweiligen Konferenztag herbeizuschaffen und für den deutschsprachigen Dienst von UP die Tageszusammenfassungen zu schreiben. Roger Tatarian hatte mittlerweile einen wichtigen deutschen Satz gelernt: »Der Aufzug ist da!« Solche Mitteilungen erwiesen sich als überaus nützlich, weil die Fahrstühle im »Hôtel du Rhône«, wo United Press ihr Konferenzbüro eingerichtet hatte, ständig überlastet waren. Die wie stets übergroße amerikanische Regierungsdelegation hatte sich nämlich gleichfalls in dem Hotel niedergelassen und zunächst einmal einen der drei Fahrstühle »aus Sicherheitsgründen« ganz für sich belegt – was die zahllosen US-Mitarbeiter nicht daran hinderte, auch die anderen Aufzüge mitzubenutzen. Für uns Agenturjournalisten, die wir gegen unsere Konkurrenz und für das frühzeitige Absetzen unserer Berichte um Sekunden kämpfen mußten, war das eine besonders ärgerliche Verzögerung.

Auch in Mürren gab es dann übrigens wieder »Aufzugsprobleme«: Die Gondelbahn vom Tal zum Gipfel war mit den Scharen von Journalisten schnell überfüllt, und einige kamen, reichlich verärgert, zu spät zur Pressekonferenz Adenauers. Eingedenk der Devise »frühes Kommen sichert gute Plätze«, war ich schon am Abend zuvor eingetroffen, konnte aber nicht verhindern, daß es nach der Begegnung mit dem Kanzler ziemlich grobe Auseinandersetzungen um die wenigen vorhandenen Telefone gab. So blieb den meisten von uns die Woche von Genf und Mürren in eher unfreundlicher Erinnerung. Ergebnis mager, Belastung groß.

Mit Adenauer in Moskau
(1955)

Zurück in Bonn, begegnete ich Adenauer bald erneut, als der Verein der Auslandspresse für den Bundeskanzler in der Godesberger Redoute sein Jahresbankett gab. Im Smoking standen nach dem Essen ein paar Journalisten um ihn herum, und der Kanzler erzählte eine kleine Anekdote. Wie immer, wenn ich angestrengt zuhörte, schob ich, ohne es zu merken, meine Zunge zwischen Zähne und Lippen. Hanns Hubmann, der berühmte Pressefotograf, hielt das im Bild fest, und aus dem Blickwinkel, aus dem er die Aufnahme geschossen hatte, schien es, als würde ich dem Kanzler die Zunge rausstrecken. Acht Jahre darauf, im März 1963, suchte ich Adenauer in seinem Ferienort Cadenabbia am Comer See auf, um ihn für das Zweite Deutsche Fernsehen zu interviewen. Ich nahm das Foto mit und bat ihn, das Bild zu signieren. Er lächelte verschmitzt und steckte die Aufnahme in Postkartengröße erst einmal in die Tasche. Das war's ja dann wohl, dachte ich bei mir. Tags darauf aber gab er mir das Beweisstück meiner vermeintlichen Ungehörigkeit zurück. In seiner Sütterlinschrift hatte er in großen Buchstaben »Pfui!« daraufgeschrieben und seinen Namen daneben gesetzt.

Einer der Gastgeber des Vereins der Auslandspresse bei dem erwähnten Jahresbankett war auch der Bonner Korrespondent der amerikanischen Fernsehgesellschaft CBS, Richard C. »Dick« Hottelet, gewesen. Auch er hatte früher einmal, noch vor dem Kriegseintritt der USA, für die United Press als deren Berliner Berichterstatter gearbeitet. Am 8. November 1939 klingelte in seinem Büro das Telefon. Der Anrufer sagte nur: »Bombe im Bürgerbräukeller explodiert, Tote und Verletzte« und hängte, ohne seinen Namen zu nennen, wieder ein. Aber Hottelet hatte die Stimme erkannt. Es war der Münchener Mitarbeiter der UP, ein sogenannter »Stringer«. Aus Furcht, das Telefonat könnte ab-

1954

»Pfui!« quittierte Adenauer eine ausgestreckte Zunge.

gehört werden, hatte er sich nicht zu erkennen gegeben. Hottelet
rief sofort den Bürgerbräukeller an, um Näheres zu erfahren. Hitler hatte dort am Vorabend des 9. November seine übliche Rede
zum Jahrestag des Marsches zur Feldherrnhalle gehalten, hatte sie
aber rascher als vorgesehen beendet und war kurz nach 21 Uhr
zum Bahnhof gefahren, um mit der Bahn nach Berlin zurückzukehren. Die Bombe explodierte knapp zwanzig Minuten später.
Es gab acht Tote und 23 Verletzte. Hottelets Versuch, Näheres in
Erfahrung zu bringen, blieb zunächst erfolglos. Schließlich versuchte er es mit einem Trick. »Hier spricht Berlin! Geben Sie mir
sofort den aufsichtsführenden Polizeioffizier!« verlangte er gebie-

terisch in seinem fehlerfreien Deutsch mit leichtem Berliner Akzent. Auf die Rückfrage, wer am Apparat sei, gab er fordernd zurück: »Stellen Sie keine Fragen! Hier spricht Berlin. Ich brauche sofort eine detaillierte Schilderung des Attentats.« Seine Frechheit siegte, und er erfuhr die wenigen bis zur Stunde bereits bekannten Einzelheiten.

Sogleich setzte er telefonisch einen Kurzbericht über den dramatischen Vorgang an UP-London ab, der als Sondermeldung in den britischen Zeitungen erschien. Die Gestapo vermutete deshalb die Engländer hinter dem Anschlag (wie konnten die Briten so schnell informiert sein?), und zur Beruhigung der deutschen Öffentlichkeit wurden daraufhin zwei britische Geheimdienst-Offiziere in eine Falle gelockt und an der deutsch-niederländischen Grenze verhaftet. Der Attentäter Georg Elser aber, ein arbeitsloser Schreinergeselle von der Schwäbischen Alb, wurde bei seiner Flucht in die Schweiz bei Konstanz gefaßt. Er saß bis April 1945 im KZ und wurde kurz vor der Befreiung umgebracht. Sein Anschlag war die Tat eines Einzelgängers ohne Hintermänner oder Drahtzieher gewesen.

Im September 1955 brach Adenauer zu seinem historischen Besuch in Moskau auf. United Press wollte, daß ich ihn begleite. Also mußte ich mir ein Visum und eine Arbeitsgenehmigung für die sowjetische Hauptstadt besorgen. Das Bundespresseamt wurde eingeschaltet, denn zahlreiche deutsche Journalisten wollten den Kanzler begleiten. Zu jener Zeit gab es ja weder eine sowjetische Botschaft in Bonn noch eine deutsche in Moskau, und so mußte alles über die sowjetische Mission in Ostberlin erledigt werden. Während der Kanzler und seine zahlreichen Begleiter von Bonn in zwei Sondermaschinen der Lufthansa in die sowjetische Hauptstadt flogen, waren wir von der Presse auf die Aeroflot angewiesen, die von Berlin-Schönefeld aus flog. Nach dem schon erwähnten Motto: »Frühes Kommen sichert gute Plätze«, hatte ich beschlossen, schon zwei Tage vor der Ankunft Adenauers in Moskau zu sein. In Schönefeld stieg ich in eine kleine zweimotorige Maschine der sowjetischen Luftfahrtlinie, die nach einem Zwischenstopp in Wilna nach Moskau flog. Neben mir saß Marion Gräfin Dönhoff von der »Zeit«, die offenbar auch nicht in allerletzter Minute ankommen wollte. Wir flogen in Bodennähe und, wie die Gräfin anmerkte, »immer entlang der Eisenbahngleise«.

Die Route ging auch über Ostpreußen, und in der unter uns dahinziehenden Landschaft erkannte Marion Dönhoff manche Einzelheit wieder, die ihr aus der Jugendzeit vertraut war.

In Moskau stützte ich mich auf das dortige Büro der United Press mit Korrespondent Kenneth Brodney und Dolmetscher Igor Kress. Chefkorrespondent Henry Shapiro, langjähriger und weltberühmter Moskauer Berichterstatter, hatte gerade seinen »sabbatical leavel« in den USA angetreten, so daß Ken Brodney froh war, für diesen wichtigen Besuch aus Bonn noch zusätzliche Hilfe zu bekommen. Er holte mich am Flugplatz Wnukowo ab, und gemeinsam mit Marion Dönhoff fuhren wir in die Stadt, wo United Press mich gleich neben dem Kreml, im Hotel »National«, untergebracht hatte, in dem Lenin während seiner Moskauer Tage einmal gewohnt hatte. Seine Statue in der schummerig beleuchteten Halle erinnerte an ihn.

Das UP-Büro war in einem der für Ausländer reservierten Gebäudekomplexe untergebracht, zusammen mit den Büros von AP, Reuters und der großen westlichen Zeitungen. Die Zahl der Pressevertreter aus dem Westen war zu jener Zeit kaum größer als ein Dutzend. Brodney wies mich in die Tagesroutine ein. Morgens um vier mußte Kress los und die neuesten Ausgaben der »Prawda«, der Parteizeitung, holen und sie sogleich nach Wissenswertem durchsehen. Die Zeitungen – außer der Prawda auch noch die etwas später am Tage erscheinende »Regierungs«-Zeitung »Iswestija« – waren neben der sowjetischen Nachrichtenagentur TASS oft die einzigen Nachrichtenquellen für die westlichen Korrespondenten. Pressekonferenzen gab es damals so gut wie überhaupt nicht, und an kenntnisreiche oder gar gesprächsbereite Funktionäre oder Regierungsvertreter des Sowjetimperiums heranzukommen war nahezu unmöglich.

Also war man darauf angewiesen, was dem Volk und damit auch uns über die Medien des Regimes bekanntgemacht werden sollte. Die »Prawda« war damals sechs Seiten stark und kostete zwei Kopeken. »Prawda«, zu deutsch »Wahrheit«, kannte keine unabhängigen Nachrichten, und die »Iswestija«, zu deutsch »Nachrichten«, enthalte alles, nur nicht die Wahrheit, hieß es bei den Moskauer Korrespondenten. Wir durften unsere Berichte natürlich nicht wie im Westen über Fernschreibleitungen an unsere Zentralen absetzen, sondern konnten sie nur telefonisch übermitteln. Vorher aber mußten wir sie zuerst den Zensoren vorlegen, die im Zentralpostamt an der Gorkistraße in Laufnähe vom »National« saßen. Dort schob ich das Manuskript durch den kleinen Spalt eines fast geschlossenen Milchglasfensters über den Tresen. Dann mußte man im Vorraum warten, bis die Zensoren ihre Arbeit verrichtet hatten und den zensierten Bericht wieder durch den Fensterspalt schoben. Was den Zensoren nicht gefallen hatte, war mit schwarzer Tusche ausgestrichen. Auch daraus ließen sich gewisse Schlüsse ziehen. So bekam Marguerite Higgins von der »New York Herald Tribune« einmal einen ausführlichen Artikel über die Kommunistische Partei vollständig geschwärzt zurück. Nur die Datumszeile hatte der Zensor unbeanstandet gelassen. Stalin war zwar schon eineinhalb Jahre tot, aber seine Methoden hatten ihn überlebt. Aus meinen Berichten über den Adenauer-Besuch strichen die Zensoren beispielsweise ständig den Begriff »Wiedervereinigung Deutschlands« heraus. Auch die Bezeichnung »SED-Regime« fiel der Zensur zum Opfer. Anfangs hatte ich geglaubt, daß die Beamten (die wir natürlich nie zu Gesicht bekamen) zügig arbeiten würden. Weit gefehlt! Manchmal dauerte es Stunden, bis wir unsere Texte wiederbekamen. Also hieß es warten, warten und noch einmal warten. Die nächste Zeitverzögerung verdankte sich der Telefonverbindung zu einem der europäischen UP-Büros, denn manchmal dauerte es wiederum Stunden, bis eine Verbindung mit Helsinki, Frankfurt, London oder irgendeinem anderen Ort im freien Europa zustande kam. Es war ein ständiges Dilemma: Mal hatte ich den zensierten Text schon in den Händen, aber noch keine Telefonverbindung, mal hatte ich ein UP-Büro in Westeuropa am Draht, aber die Meldung vom Zensor noch nicht zurückerhalten. Oft wartete ich in einer der kleinen Telefonzellen vor dem Fenster der Zensoren noch auf meinen Text, hatte aber schon einen Kollegen im Westen am Hörer, der meinen Bericht aufnehmen sollte.

In solchen Situationen versuchte ich, das Gespräch endlos auszudehnen, denn es wäre zu riskant gewesen, eine einmal bestehende und im doppelten Sinne des Wortes kostbare Verbindung abzubrechen, weil es wieder Stunden gedauert hätte, eine neue zustande zu bringen. Ich hatte ohnehin bald gelernt, daß ich mehrere Nummern in Westeuropa anrufen lassen mußte, um die Chancen für einen Anschluß zu erhöhen. Bei solchen »Wir halten mal die Leitung offen«-Gesprächen ist es mir ein paarmal passiert, daß ich plötzlich und ohne Angabe von Gründen unterbrochen wurde. Natürlich hörten auch da Zensoren mit und schalteten die Verbindung ab, wann immer ich irgend etwas vermeintlich Geheimes gesagt hatte, zum Beispiel die banale Bemerkung, daß in Moskau die Sonne scheine. Das war, wie mir später einmal erläutert wurde, eine militärisch wichtige Information und durfte nicht außer Landes. Schließlich ging ich dazu über, seitenweise aus einem Roman vorzulesen, um das »Gespräch« am Leben zu erhalten. Meine UP-Kollegen am anderen Ende der Leitung fanden das gar nicht komisch, denn es kostete schießlich auch ihre Zeit. Auf diese Weise stiegen die Telefonkosten für UP an manchen Tagen ins Unermeßliche, und das war wohl auch beabsichtigt, denn sie mußten in Dollars bezahlt werden.

Die Moskaureise des Bundeskanzlers war schon seit Juni in Notenwechseln zwischen Bonn und Moskau sowie durch die Pariser Botschaften der Sowjetunion und der Bundesrepublik schrittweise vorbereitet worden. Nur während der Genfer Gipfelkonferenz ruhten die Aktivitäten für einige Zeit. In der Bundeshauptstadt wurden für die Delegationsmitglieder umfangreiche Konferenzmappen hergestellt, und die Lufthansa bereitete zwei Maschinen für die Beförderung des Kanzlers und seiner zahlreichen Begleiter vor. Die Flugzeuge nahmen sowjetische Navigatoren an Bord, denn es war viele Jahre her, daß deutsche Flugzeuge der Luftwaffe nach Moskau gestartet waren. Die Bundesbahn ließ einen Sonderzug zusammenstellen, der an der russischen Grenze auf die dort übliche Spurweite umgestellt werden konnte und nicht nur die Hilfskräfte der Delegation, sondern auch die technischen Einrichtungen für schnelle Nachrichtenübermittlung per Fernschreiber (und damit vielleicht ohne Zensur) befördern sollte. Er bekam zudem einen abhörsicheren Wagen für vertrauliche Besprechungen, denn wir wußten alle, daß unsere Hotelzimmer in Moskau mit »Wanzen« bestückt sein würden.

Alles dies geschah im übrigen mit Kenntnis und Zustimmung der sowjetischen Behörden, die überdies zugesichert hatten, daß die siebzig bis achtzig deutschen Korrespondenten ihre Berichte ohne vorherige Zensur nach Hause durchtelefonieren konnten. Ich profitierte davon leider nicht, denn ich war dem Moskauer Büro von United Press zugeteilt, für das diese Sonderregelung nicht galt. Adenauers Reise, die für ihn ein Besuch von wirklich schicksalhafter Bedeutung war, erregte das Mißtrauen der westlichen Alliierten, die inzwischen aus Besatzungsmächten zu Schutzmächten der souveränen Bundesrepublik geworden waren. Die beabsichtigte Aufnahme diplomatischer Beziehungen und der Austausch von Botschaftern zwischen Bonn und Moskau stieß auf unverhohlene Kritik. Die deutsche und internationale Presse erging sich in den Wochen vor der Abreise nach Moskau in skeptischen Betrachtungen. Welchen Preis würde Adenauer für die diplomatischen Beziehungen zahlen müssen? Zwei deutsche Botschaften am gleichen Ort, die der Bundesrepublik und die der DDR? Und das in der Hauptstadt eines Staates, der als einer der vier Großmächte ja immer noch für Gesamtdeutschland zuständig war? Würde es dem Bundeskanzler gelingen, die noch rund 10 000 deutschen Kriegsgefangenen zurückzuholen? Gab es eine, wenn auch noch so kleine Chance, nach den Mißerfolgen der verschiedenen Viererkonferenzen über Deutschland in der Frage der Wiedervereinigung irgendeinen Fortschritt zu erzielen?

Bei strahlendem Sonnenschein landeten die beiden Maschinen mit der Kanzler-Delegation am 8. September 1955 kurz nach 16 Uhr auf dem Moskauer Flughafen Wnukowo. In der ersten saßen unter anderem Außenminister Heinrich von Brentano, Staatssekretär Hallstein, Professor Grewe und der für diese Reise aus New York zurückbeorderte Felix von Eckardt, der dort inzwischen seinen neuen Posten als Beobachter bei den Vereinten Nationen angetreten hatte.

Auf dem Rollfeld wurden Brentano und seine Begleiter von W. M. Molotow begrüßt, dem langjährigen sowjetischen Außenminister, der 1939 mit dem damaligen Reichsaußenminister Joachim von Ribbentrop den Hitler-Stalin-Pakt ausgehandelt hatte. Ich konnte mich an den sonst so wachsamen sowjetischen Sicherheitsbeamten vorbei bis zur Maschine pirschen und die zwar freundliche, aber doch reservierte Vorstellung der Gäste und Gastgeber aus der Nähe beobachten. Dazu hatte mir der Bonner Trick mit dem Homburg verholfen, den ich vorsichtshalber mit nach Moskau genommen hatte, eine sehr weise Entscheidung, wie sich jetzt zeigte. Denn auch die meisten Bonner Delegierten trugen diesen halbsteifen Hut, und so mag ich für die Argusaugen der Sicherheitsbeamten wie »einer von denen« ausgesehen haben. So konnte ich mich unbehelligt einfach unter die Gäste mischen.

Ein paar Minuten später schwebte das Flugzeug mit dem Bundeskanzler ein und rollte direkt vor uns aus. Adenauer wurde von Ministerpräsident Nikolai Bulganin begrüßt. Eine Ehrenkompanie der Roten Armee war in Uniformen angetreten, die auch aus der Zarenzeit hätten stammen können: hellblau mit roten Aufschlägen, Lackstiefeln und weißen Handschuhen. Der Kommandeur, den steil aufgerichteten Säbel vor sich in der Hand, marschierte im Paradeschritt auf den Bundeskanzler zu, um ihm die angetretene Formation zu melden. Der schlanke, hochgewachsene Adenauer und der dickbäuchige Bulganin mit dem weißen Kinnbart schritten nebeneinander die Front ab, und dann folgte der Vorbeimarsch der Soldaten im eindrucksvollen Stechschritt. Dieser »große Bahnhof« signalisierte, daß die Sowjets ein für sie erfolgreiches Ergebnis der noch bevorstehenden Verhandlungen wollten. Die Regie war so beeindruckend, als hätte Moskau den Botschafteraustausch schon in der Tasche. Während ich mir das Zeremoniell neben den wartenden Delegationsmitgliedern unter Brentanos Führung anschauen konnte, hakte der Bundeskanzler seinen sowjetischen Gastgeber Bulganin unter und zog ihn vor die weit abseits hinter einem Seil zurückgehaltenen deutschen Pressefotografen, die sich ungeduldig durch laute Zurufe bemerkbar gemacht hatten, um endlich ein paar Bilder schießen zu können. »Kommen Sie mit«, hörte ich Adenauer zu Bulganin sagen, »die da sind die wahren Diktatoren.«

Die Konferenz zwischen der deutschen und der sowjetischen Delegation begann am darauffolgenden Morgen, also am 9. September, im Spiridonow-Palais. Uns Journalisten hatte die Polizei zunächst auf der Straße vor dem Gitter zum Hof des Palastes warten lassen. Nachdem die Deutschen, allen voran Staatssekretär Felix von Eckardt, das lautstark moniert hatten, wurden wir doch noch hereingelassen. Die Delegationen saßen sich an einem langen, rechteckigen Tisch gegenüber (in demselben Saal übrigens, in dem ich fünfzehn Jahre später selbst als Delegierter an Verhandlungen uber den Moskauer Vertrag teilnahm). Auf sowjetischer Seite saßen neben Bulganin noch der KPdSU-Generalsekretär Nikita Chruschtschow (wie stets im übergroßen Anzug), Molotow, Gromyko, der Deutschlandexperte Botschafter Wladimir Semjonow und andere führende Vertreter Moskaus. Auf deutscher Seite befanden sich Adenauer, Brentano, Hallstein, Grewe und Spitzenbeamte des Auswärtigen Amtes und anderer Ministerien sowie für den Bundesrat Ministerpräsident Karl Arnold (CDU/NRW) und die Bundestagsabgeordneten Kurt-Georg Kiesinger (CDU) und Carlo Schmid (SPD) vom Auswärtigen Ausschuß. Bulganin und Adenauer begannen die Gesprächsrunden mit sorgfältig vorbereiteten Erklärungen, die sie vom Blatt ablasen.

Erst am Tag darauf wurde dann auch freier und zugleich auch deutlicher gesprochen. Dieser zweite Konferenztag brachte nachmittags den berühmten Zusammenstoß zwischen Adenauer und Chruschtschow. Dieser nämlich behauptete, daß es in der Sowjetunion gar keine deutschen Kriegsgefangenen, sondern nur noch einige verurteilte Kriegsverbrecher gäbe. Adenauer wies diese Behauptung entschieden zurück, und es bedurfte der Intervention anderer Delegationsmitglieder, insbesondere auch eines Einschreitens von Carlo Schmid, um die Wogen einigermaßen zu glätten. Während dieses Wortwechsels war die Presse natürlich nicht anwesend. Wir deutschen Korrespondenten waren also darauf angewiesen, nach Abschluß der Beratungen von Eckardt und Diehl im Hotel »Sowjetskaja«, der Unterkunft der deutschen Delegation, Einzelheiten zu erfahren. Man gab uns die vorbereiteten Texte der Erklärungen Adenauers und Brentanos; die sowjetischen Positionen mußten wir bei TASS und dann am nächsten Morgen in der »Prawda« und »Iswestija« nachlesen.

Als habe der Zwischenfall nicht stattgefunden, hatten die sowjetischen Gastgeber die deutsche Delegation am Abend nach diesem Konferenzkrach zu einer Aufführung von »Romeo und Julia« nach der Musik von Sergej Prokowjew in das Bolschoi-Theater eingeladen. Die damals schon fast fünfzigjährige Primaballerina Galina Ulanowa tanzte die Julia. 1939 war sie schon einmal vor einer deutschen Delegation aufgetreten: vor Ribbentrop und seiner Begleitung. Damals hatte man »Schwanensee« gegeben. Als jetzt Bulganin, Chruschtschow, Adenauer und Brentano mit ihren Begleitern in der ehemaligen Zarenloge des Bolschoi Platz nahmen, erhob sich das Publikum, und beide Nationalhymnen erklangen. Es war ein bewegender Augenblick. Auch die anwesenden Vertreter der DDR standen auf und mußten das Deutschlandlied anhören. Am Schluß der Aufführung kam es dann zu dem schon beschriebenen deutsch-sowjetischen Händeschütteln, das den amerikanischen Botschafter Bohlen zum sofortigen Verlassen des Theaters veranlaßte. Das Foto, das jenen Augenblick festhält, als Adenauer die ausgestreckten Hände Bulganins und Chruschtschows ergreift, ging um die Welt. In manchen westlichen Zeitungen konnte man das Wort »Rapallo« lesen.

An diesem zweiten Verhandlungstag war ich, statt vor dem

Spiridonow-Palais herumzulungern, um am Ende doch nichts zu erfahren, zum italienischen Botschafter gefahren. Mein Bonner Kollege Sandro Paternostro von »Il Tempo« hatte mich mitgenommen. Botschafter di Stefano empfing uns in seinem großen holzgetäfelten Dienstzimmer im Gebäude der ehemaligen deutschen Botschaft. Hier, in diesem Raum, war 1918 der deutsche Gesandte Graf Mirbach von einem Anarchisten erschossen worden. Der Botschafter fragte, ob auch wir zum großen Staatsbankett eingeladen seien, das in drei Tagen im Kreml stattfinden sollte. Als wir zustimmend nickten, holte di Stefano ein Buch aus dem Regal und schlug es an einer bestimmten Stelle auf. »Wenn Sie im Kreml angelangt sind«, so begann er vorzulesen, »werden Offiziere in Galauniform den Schlag ihres Wagens aufreißen, und Sie werden die vielen Stufen zum Saal hinaufschreiten. An jedem Treppenabsatz wird Ihnen ein Offizier mit gezogenem Degen Respekt zollen. Oben im prächtig geschmückten Saal werden lange Tafeln mit den Früchten des Landes, mit Wein, Krimsekt und Kaviar, auf Sie warten. Am Kopfende dieser Tafeln und quer dazu ist der Tisch für die Gastgeber und die Ehrengäste gedeckt. Allein diese dürfen sitzen, allein diese bekommen eine warme Speisefolge. Alle anderen müssen stehen und dürfen das Fest nicht verlassen, ehe die Ehrengäste sich nicht verabschiedet haben.« Wir hörten interessiert und ein wenig ungläubig zu. Weshalb las uns der Botschafter das vor? Jetzt, fast vierzig Jahre nach der Oktoberrevolution? Das Buch sei Mitte des vergangenen Jahrhunderts erschienen, erklärte er verschmitzt.

Als ich mich dann am Abend mit dem UP-Dienstwagen zum Kreml fahren ließ, war mir klar, weshalb di Stefano uns mit dem über 100 Jahre alten Text bekanntgemacht hatte: Tatsächlich spielte sich alles genauso ab, wie es in dem Buch beschrieben war. Der einzige kleine Unterschied: Ich kam nicht mit »meinem« Wagen, sondern nur mit dem Dienstfahrzeug der United Press. Aber auch dessen Tür wurde von einem Offizier in Galauniform aufgerissen, und auf jedem Treppenabsatz salutierten Offiziere mit dem gezogenen Degen – als wären die Zaren noch immer die Herrscher aller Reußen. Mit im Fahrzeug hatte mein alter Freund Hans Fuchs gesessen, der damals noch die »Fuchs-Briefe« herausgab und zur Journalistendelegation des Bundeskanzlers gehörte. Wir wunderten uns, warum unser Wagen von den zahlreichen Polizeiposten auf der Straße einfach durchgewinkt worden war. Die

Erklärung war einfach: Das Autokennzeichen hatte uns als Ausländer ausgewiesen und war – bei der damals noch ganz geringen Anzahl von Privatautos – eben »polizeibekannt«. Und nicht auszuschließen war überdies, daß unser Fahrer in den Diensten des KGB stand.

Mit Hans Fuchs hatte ich zuvor das Kaufhaus GUM besucht und das überaus kärgliche Warenangebot betrachtet. Schon damals erzählte man sich in Moskau jenen Witz, der dann auch in Ostberlin oft die Runde machte. »Haben Sie keine Nachthemden?« fragt der Kunde. »Tut mir leid«, sagt die Verkäuferin, »hier gibt es keine Schuhe. Keine Nachthemden haben wir heute im zweiten Stock.«

Aber zurück zum Georgs-Saal im Kreml: Wir hatten schon fast eine Stunde herumgestanden, geplaudert und dem Krimsekt zugesprochen, der von livrierten Dienern auf Silbertabletts gereicht wurde, als endlich die Gastgeber und ihre deutschen Gäste erschienen und das Essen begann. Für die rund 80 aus Bonn angereisten deutschen Korrespondenten hieß es, sich von den ortsansässigen ausländischen Kollegen (westdeutsche Journalisten waren ja damals noch nicht in Moskau) in das »Who's who« dieser illustren Gesellschaft einführen zu lassen. Und natürlich erörterte man den Verlauf der ersten beiden Tage, gab sein Urteil zum besten und befragte die selbsternannten Kreml-Astrologen: Journalisten interviewten wieder einmal Journalisten – und hatten hinreichend Zeit, den prächtigen Saal näher zu betrachten, dessen Wände die Namen und Wappen der St.Georgs-Ritter zierten, allesamt Adlige aus der Zarenzeit. Im Gewühl der vielen hundert Leute hatte ich Semjonow entdeckt und versuchte, von ihm Näheres über die Verhandlungen zu erfahren. Doch er blieb unverbindlich: Wenn die Bonner Delegation die sowjetischen Vorschläge annähme, käme alles bald zu einem guten Ende, sagte er – und wiederholte dann die für Moskau wichtigsten Punkte der Erklärungen von Bulganin, Chruschtschow und Molotow, die wir schon bei TASS gelesen hatten.

Durch das dichte Gedränge der Stehgäste hatte ich mich langsam nach vorn und in die Nähe des Ehrentisches geschoben und sah nun, daß Adenauer und Bulganin bei Tisch in ein intensives Gespräch gekommen waren, zu dem auch Chruschtschow kurz hinzugezogen wurde. Als das Essen beendet war, entschwand die deutsche Delegation in den abhörsicheren Konferenzwagen der

Bundesbahn. Wie wir Journalisten erst später erfuhren, erklärte Adenauer dort, Bulganin habe ihm gegen sein Ehrenwort, aber ohne schriftliche Garantien versichert, daß die 10 000 deutschen Kriegsgefangenen (mit einemmal gab es sie also doch!) zurückkehren würden, sofern Bonn sich schriftlich verpflichte, diplomatische Beziehungen zur Sowjetunion aufzunehmen. Das Einlenken der Sowjets verdankte sich nicht zuletzt einem geschickten Schachzug Adenauers: Über eine offene Telefonleitung hatte Ekardt im Auftrag des Kanzlers in Bonn veranlaßt, daß die Lufthansa-Maschinen dort für den Rückflug klargemacht und aufgetankt wurden. Das Gespräch war natürlich abgehört worden. Einen ergebnislosen Abbruch der Konferenz aber schien sich der Kreml nicht leisten zu können oder zu wollen.

Der Presse blieb die im Georgs-Saal erzielte Verständigung für längere Zeit verborgen. Und während Spitzenbeamte beider Seiten schon an Abschlußtexten feilten, war unser Wissensstand bis zum Ende der Konferenz noch beim Streit Adenauer-Chruschtschow gewissermaßen »eingefroren«. Fast bis zuletzt hatten wir wenig zu berichten, mit Ausnahme eben jenes erbitterten Streits zwischen dem Bundeskanzler und dem sowjetischen Parteichef über die deutschen Kriegsgefangenen in der zweiten Plenarsitzung der Delegationen.

In der Nacht dieses ereignisreichen Tages nahm mich mein Kollege Kenneth Brodney mit ins UP-Büro, damit ich meinen zusammenfassenden Bericht in die Maschine tippen konnte. Kurz vor Mitternacht schob ich dann die Seiten durch den kleinen Schlitz unter dem Milchglasfenster der sowjetischen Zensurstelle in der Hauptpost. Gleichzeitig meldete ich Telefongespräche nach Frankfurt und London an, zwei Zentralen von United Press, die in Europa auch nach Mitternacht noch aufnahmebereit waren, wie ich aus meiner Zeit als Nachtredakteur in Frankfurt nur zu genau wußte. Entweder hatten die Zensoren in jener Nacht nicht viel zu tun, oder der Adenauer-Besuch hatte gewisse Lockerungen erlaubt, jedenfalls bekam ich meinen Text ziemlich rasch und ungekürzt gerade zu dem Zeitpunkt wieder, als sich auch UP-Frankfurt in der Leitung meldete. Ich hatte in diesem Augenblick natürlich keine Ahnung, daß in den Verhandlungen ausgerechnet während des Staatsbanketts im Kreml vor unser aller Augen ein Durchbruch erzielt worden war. So mußte ich meine Meldung noch auf dem Zwist zwischen Adenauer und Chruschtschow aufbauen und hinkte damit, wie auch alle anderen Journalisten, den tatsächlichen Ereignissen hinterher. Tags darauf tröstete ich mich damit, daß auch Deutschlandfachmann Semjonow offenkundig ebenso ahnungslos geblieben war.

Erst zum Abschluß des Besuchs gab Adenauer das Ergebnis auf einer ausführlichen Pressekonferenz bekannt: diplomatische Beziehungen gegen Kriegsgefangene. Der Krach des zweiten Verhandlungstages schien vergessen. Zur Frage einer deutschen Wiedervereinigung gab es, erwartungsgemäß, wie in Berlin und Genf keinerlei Fortschritte. Vor uns Journalisten äußerte sich Adenauer dennoch zufrieden. Wir konnten aber spüren, wie müde und erschöpft er war. Doch auch dies war in seinem stoischen Indianergesicht nur für jene erkennbar, die schon jahrelang mit ihm zu tun gehabt hatten. Weise vermied der alte Herr jeden Triumph.

Adenauer und seine Begleitung sowie die mitgereisten Bonner Korrespondenten flogen wieder heim, ich aber blieb vorerst in Moskau. Wie damals in der amerikanischen Zone nützte United Press meine temporäre Zulassung als Korrespondent und meinen gültigen Presseausweis und ließ mich noch für ein paar zusätzliche Wochen in Moskau. Grund dafür war die verzögerte Rückkehr von Bürochef Henry Shapiro. So blieb ich länger als geplant und hielt gemeinsam mit Brodney und Dolmetscher Kress die Stellung in Moskau. Meiner Ehe tat diese lange Abwesenheit von Bonn nicht gut, ebensowenig wie es schon zuvor die zahlreichen Reisen zu Konferenzen in Europa getan hatten.

Für uns Journalisten war der Aufenthalt auf das Moskauer Stadtgebiet beschränkt, das von einer Sperrzone umgeben war. Fahrten aufs Land wurden nur mit einer Sondergenehmigung erlaubt. Die war aber kaum zu bekommen, und so blieben wir denn wohl oder übel in der Stadt. Immerhin wurde die Moskauer Tagesroutine – vor Sonnenaufgang aus den Federn im Hotel »National«, um mit Hilfe von Kress die Tageszeitungen nach Wissenswertem zu durchfliegen – einmal durch den Besuch des amerikanischen Senators E. Kefauver unterbrochen, den ich bei seinem Moskau-Aufenthalt begleiten sollte. Als wir gemeinsam ein bekanntes Moskauer Museum besuchten, blieb Kefauver vor einem monumentalen Gemälde stehen und wollte wissen, wer denn der kostbar gekleidete Mann auf dem Bild sei. Stolz erklärte die Dolmetscherin von Intourist, das Porträt stelle Iwan den Schrecklichen dar. »Was?« fragte der Senator. »Ihr Kommunisten hängt hier das Bild eines Zaren auf, und noch dazu das eines schrecklichen?« »Natürlich«, gab die uniformierte Begleiterin stolz zurück, »schließlich war er doch ein großer Russe.«

Eine Vorahnung von den inzwischen virulenten ethnischen Konflikten im Süden der damaligen Sowjetunion bekamen wir eines Abends, als ich mit westlichen Korrespondenten ein grusinisches Lokal in der Nähe der Gorkistraße besuchte. Kaum hatten die Georgier herausgefunden, wer wir waren, baute sich die Musikkapelle direkt vor uns auf, die Männer führten ihre Volkstänze auf und machten allerlei anzügliche Bemerkungen über die Russen. Mich wunderte, daß sie keine Angst vor den sicher präsenten Spitzeln der Geheimpolizei hatten. Als wir uns lange nach Mitternacht verabschiedeten, fielen einige der Georgier gar vor uns auf die Knie und küßten uns die Hände. »Befreit uns von Moskau«, flüsterte einer von ihnen meinem Kollegen Brodney ins Ohr.

Meinen Moskau-Koffer hatte ich gerade ausgepackt, als die Reise erneut losging. Wieder stand Genf auf dem Programm, wo im Oktober und November 1955 jene Außenministerkonferenz der vier Großmächte geplant war, über deren Tagesordnung sich die Staats- und Regierungschefs im Sommer am Genfer See erst in letzter Minute hatten einigen können. Wieder drehte sich alles im Kreis. Die Westmächte machten Vorschläge zur deutschen Wiedervereinigung, Molotow machte Gegenvorschläge, und der Westen legte Gegen-Gegen-Vorschläge auf den Tisch. Ein Ergebnis blieb auch dieses Mal aus. Die Bundesrepublik war durch Botschafter Herbert Blankenhorn als Beobachter vertreten, die DDR durch Staatssekretär Georg Handke. Der ließ uns auf einer Pressekonferenz wissen, daß Ostberlin gegen gesamtdeutsche Wahlen sei, wie sie der Westen vorgeschlagen hatte. Was Wunder: Molotow war ja auch dagegen gewesen.

Ein gutes halbes Jahr später, im Sommer 1956, tat sich etwas, das eine gewisse Rolle für meine künftige berufliche Entwicklung spielte. Eines Sonntags saß ich im UP-Büro unserer Pressebaracke VI, um wieder einmal an einem Vorbericht für eine Außenministerkonferenz zu arbeiten, als es an die Tür klopfte. Draußen standen zwei junge Holländer und fragten nach meinem englischen Kollegen Kenneth Ames. Ich empfahl den Besuchern, es zwei Türen weiter auf der rechten Seite zu versuchen, wo sich Ames Büro befand. Und wenn Ames nicht da sei, fügte ich hinzu, könne vielleicht seine Mitarbeiterin, Gabriele Hünermann, helfen (die später den Waschmittelkönig Konrad Henkel heiratete). Die beiden Holländer waren gleich wieder da. Das Büro von Ames sei verschlossen, berichteten sie. Wir versuchten gemeinsam, Ames oder Hünermann über ihre Privattelefone zu erreichen. Auch das ohne Erfolg. Bonn war an Wochenenden eben ausgestorben, und Handys gab es damals noch nicht. Die Besucher zogen enttäuscht wieder ab. Sie waren eigens aus den Niederlanden angereist und hatten fest damit gerechnet, den britischen Journalisten anzutreffen. Irgend jemand hatte angeblich einen Termin mit ihnen vereinbart, was Ames allerdings bestritt, als er am darauffolgenden Montag wieder auftauchte.

Meinen Vorbericht hatte ich gerade in die Schreibmaschine getippt, da baten die zwei jungen Niederländer erneut um Hilfe und Gehör. Sie seien Studenten der Universität Leiden und gehörten zum Vorstand der NBBS, einer Organisation für studentische Auslandsbeziehungen. Ken Ames sei ihnen als »lecturer« (Vortragsreferent) empfohlen worden, aber inzwischen hätten sie bei einem Kaffee im Bundeshausrestaurant überlegt, ob sie statt dem Engländer nicht mich engagieren könnten. Ausreichend Englisch schiene ich ja zu können. Die beiden Studenten erklärten mir, worum es ging: NBBS betreue jährlich ein paar hundert amerikanische Studenten und Schüler, die ihre Semester- und Schulferien im Sommer in Europa verbrachten. Damit diese jungen Amerikaner nicht allzu unvorbereitet in die Länder ihrer Wahl reisten, biete NBBS auf den Schiffsüberfahrten Vorträge über die jeweiligen Reiseziele an. Ob ich nicht Lust hätte, über Deutschland zu referieren? Während der Überfahrt nach Europa hätte ich vier Vorträge von je 45 Minuten zu halten und anschließend für Fragen zur Verfügung zu stehen. Ein Honorar gebe es nicht.

Ich war interessiert und versprach, telefonisch Bescheid zu geben. Natürlich mußte ich zunächst meine Vorgesetzten bei UP fragen, ob ich mich für knapp vierzehn Tage von meinem Posten in Bonn würde entfernen dürfen. Die Frankfurter Zentrale willigte unter der Voraussetzung ein, daß ich mir die Zeit der Abwesenheit vom Jahresurlaub abziehen ließe. Mich reizte die Aufgabe so sehr, daß ich durchaus bereit war, dreiviertel meiner Ferien zu opfern (damals gab es drei Wochen Urlaub bei UP), und so sagte ich in Leiden zu.

Ich habe es nicht bereut. Ganz abgesehen von den Vergnügen der Schiffsreisen und dem Wiedersehen mit New York – diesmal als freier Mann und nicht mehr als Gefangener –, war die Begegnung mit etwa 300 jungen Menschen vom »Experiment in International Living« faszinierend. Sie waren kritisch, wissensdurstig, oft ahnungslos, aber lernwillig, und so wurden vor allem die endlosen Gespräche in kleinen Gruppen außerhalb der Vortragsveranstaltungen auch für mich ein unschätzbarer Gewinn. Meine »Co-Lecturer« waren meist Universitätsprofessoren aus mehr als einem Dutzend europäischer Länder. Als »der Deutsche« an Bord mußte ich auch ihnen immer wieder Rede und Antwort über die Nachkriegsentwicklung in Deutschland stehen. Was für ein Unterschied zu den Atlantik-Überquerungen als Kriegsgefangener 1943 und 1946! Jedenfalls gab es keinen U-Boot-Alarm, und ich mußte nicht die Wäsche der Besatzung waschen.

NBBS und die Universität Leiden schienen mit meiner Arbeit an Bord der WATERDAM zufrieden gewesen zu sein. Jedenfalls wurde ich im darauffolgenden Jahr erneut gebeten, eine solche Vortragsreise zu unternehmen. Ich sagte gern zu und bereitete mich diesmal – mit mehr Vorlaufzeit – noch sorgfältiger vor. Ich suchte Felix von Eckardt in seinem Büro im Bundespresseamt auf, berichtete von meinem Auftrag und bat ihn, mich mit englischsprachigem Material über die Bundesrepublik Deutschland auszurüsten. Damals schon gab es eine nützliche Broschüre »Facts about Germany«, die ich bereits im Jahr zuvor hätte gut gebrauchen und an Bord verteilen können. Zu meiner Überraschung erwähnte der Bundespressechef, daß er von meiner Vortragtätigkeit gehört habe und mich gern unterstützen wolle. Sprach's, erhob sich von seinem Schreibtisch, ging zu seinem Wandsafe hinüber und entnahm ihm vierhundert Mark, die er mir in die Hand drückte. Das war damals eine Menge Geld. »Sie werden Auslagen haben«, sagte er nur.

Recht hatte er. In New York konnte ich zwar wieder bei Carli Mutius wohnen, der inzwischen mit meiner Unterstützung bei der deutschen UN-Mission Pressereferent geworden war, aber für den täglichen Kleinkram, für die Benutzung der öffentlichen Verkehrsmittel und das eine oder andere Mitbringsel für Familie und Freunde daheim war der Reisekostenzuschuß willkommen.

Um die Jahreswende 1957/58 ließ mich Eckardt zu sich kommen und fragte, ob ich nicht Lust hätte, als Pressereferent an das Generalkonsulat New York zu gehen. Deutschland »verkaufen« könne ich ja offenbar. Details solle ich mit dem Leiter des Amerika-Referats des Bundespresseamtes, dem späteren Botschafter Georg von Lilienfeld, besprechen. Lilienfeld beschrieb meine Aufgaben, offerierte eine Angestelltenstelle nach TOA II (Tarifordnung für Angestellte II) und nannte den April 1958 als Arbeitsbeginn. Schließlich sagte ich zu, und so führte der Sonntagsbesuch von zwei holländischen Studenten in meinem Bonner Büro zum Eintritt in den Auswärtigen Dienst. Wie bei der Bundeswehr hieß es auch dort: Man wird »einberufen«.

Die sechs Monate später vorgesehene Ausreise nach New York führte zu intensiven Gesprächen mit meiner Frau Rosely, ob sie und die beiden Kinder mit in die USA umziehen wollten. Ganz abgesehen von den damit verbundenen Schul- und Sprachproblemen, hatten wir schon seit einiger Zeit über die Belastungen unserer Ehe durch meinen Beruf gesprochen. Immer wieder war ich für viele Tage – und im Falle von Moskau sogar Wochen – nicht zu Hause gewesen, immer wieder hatte die anstrengende Tätigkeit für UP in Bonn zu Arbeitstagen von fünfzehn und mehr Stunden geführt. Morgens ging ich in aller Herrgottsfrühe, wenn Rosely noch schlief, ins UP-Büro, um dort die über Nacht eingegangenen Nachrichten zu sichten. Erst spätabends kehrte ich wieder heim, wenn Rosely, ihrerseits nun ausgeruht, eigentlich noch ausgehen wollte. Unsere Ehe litt sehr darunter.

So kamen wir überein, die Versetzung nach New York als äußeren Anlaß für eine Trennung anzusehen und eine Scheidung zu beantragen. Rosely war katholisch und ich evangelisch, wir waren katholisch getraut und die Kinder im gleichen Glauben getauft worden. Das bedeutete, bei der Rota im Vatikan eine Aufhebung der Ehe zu beantragen. Wir wußten, wie schwierig das sein würde, denn hier ging es um katholisches Kirchenrecht. Darum beauftragten wir einen sogenannten Ehebandsverteidiger der Kirche, die erforderlichen Schritte einzuleiten. Mit meinem Einverständnis wollte Rosely eine Aufhebung der Ehe statt einer bloß weltlichen Scheidung, damit sie wieder heiraten könne. Das umständliche Verfahren dauerte annähernd fünf Jahre, führte dann aber zu dem erwünschten Ergebnis. Für die Annullierung der Ehe spielte eine Bestimmung des katholischen Kirchenrechtes eine Rolle, wonach bei der Taufe eines Ehepartners »Wasser geflossen« sein müsse. Dies war, wie bereits erzählt, bei mir jedoch nicht der Fall gewesen, denn Pfarrer Moldaenke in Berlin-Südende hatte ja auf Wunsch meiner Großmutter von der Wasserspende abgesehen, weil ich so erkältet war. Moldaenke war noch am Leben, konnte ausfindig gemacht werden und erinnerte sich an den auch für ihn einmaligen Vorgang. Seine eidesstattliche Versicherung genügte schließlich.

Zwölf Jahre aufreibende Schleifmühle als Agenturjournalist hatten ihren hohen Preis gefordert. Auf der Habenseite konnte ich buchen: eine hervorragende journalistische Ausbildung nach dem Motto »learning by doing«, die hochinteressanten Erfahrungen als Augenzeuge nahezu aller für Deutschland wichtigen Ereignisse der Nachkriegsjahre und schließlich den Wechsel in den Staatsdienst. Die Tag- und Nachtschufterei bei UP war schlecht bis mäßig bezahlt worden, machte aber einem so neugierigen Menschen wie mir großen Spaß. Wie der berühmte amerikanische Journalist Henry L. Mencken so schön gesagt hat: »Ich kenne niemanden, der mehr Spaß hat als ein eifriger junger Reporter.«

United Press war immer schwach bei Kasse, und mit schöner Regelmäßigkeit verschickte die Londoner Europa-Zentrale kurze Fernschreibmahnungen mit der Forderung: »Downhold expenses!« Als sich in New York in den siebziger Jahren ehemalige UP-Mitarbeiter in einem Verein zusammenfanden, gaben sie sich darum den passenden Namen »Downhold Club«. Um so mehr hatte es mich erstaunt, als ich eines Tages vom Finanzchef in London einen Spesenbeleg über ein Informationsessen mit Botschafter Blankenhorn in Genf über vierzig Schweizer Franken zurückgereicht bekam mit der Bemerkung, ein UP-Korrespondent speise mit einer wichtigen Quelle nicht für bloße zwanzig Franken pro Person. Also lud ich den Botschafter auf Kosten der Firma alsbald nochmals zum Lunch, aber in ein teureres Restaurant.

Was ein Pressereferent in New York so alles zu tun hat
(1958–1963)

Als die Propellermaschine der Lufthansa in Richtung New York abhob, begann ein neuer Abschnitt meines Berufslebens. Damals konnte ich noch nicht ahnen, daß ich insgesamt vierzehn Jahre in der Metropole zwischen East River und Hudson verbringen würde: als Pressereferent beim Generalkonsulat, als Direktor des German Information Center und schließlich als Botschafter bei den Vereinten Nationen. Die Stadt wurde mir zur zweiten Heimat, wo mir auch meine zweite Frau, Susi begegnete.

Vor der Abreise nach New York hatte ich in Erfahrung gebracht, welche drei Dinge man bei der Wohnungssuche beachten müsse: erstens jeden Morgen um vier am Times Square die neueste Ausgabe der »New York Times« kaufen und die Kleinanzeigen studieren; zweitens feste Laufschuhe anziehen, Straße für Straße abklappern und bei den »Doormen« nach freien Wohnungen fragen und drittens schließlich die weltbewegende Frage entscheiden, ob man im Osten oder Westen der Stadt wohnen wolle. Im Osten lagen die Häuser mit den hohen Mieten. In der Zeitung fand ich schon am Tag nach meiner Ankunft ein preisgünstiges Apartment an einer Adresse unweit des Generalkonsulats. 60 Sutton Place South lautete die piekfeine Anschrift. Ein großes Wohn-Schlafzimmer mit einem etwas schiefen Blick auf den East River plus Bad und Küche für 230 Dollar. Und das auf der Ostseite der Stadt! Heute würde schon eine Garage das Vierfache kosten. Ich konnte sofort einziehen, denn das Apartment war teilmöbliert. Vom Doorman aus rief ich die Telefongesellschaft an, um schon einmal vorsorglich einen Telefonanschluß zu bestellen. Dann ging ich um die Ecke zum Supermarkt und kaufte eine Erstausstattung für Küche und Eisschrank. Als ich eine knappe halbe Stunde später zurückkam, fand ich vor meiner Wohnungstür schon die Monteure mit dem Telefon. Das ist New York.

Mein Generalkonsul hieß Reifferscheidt und war ein gestrenger Rheinländer, der für Pressesachen nur ein schwaches Ohr zu haben schien. »Sie müssen alles machen, was mit einem P anfängt«, wies er mich ein: Presse, Protokoll, Politik und peanuts, sprich die störenden Kleinigkeiten. Der Amtsbezirk des Konsulats erstreckte sich auf die Staaten New York, New Jersey und Pennsylvania mit einer Gesamtfläche von über 265 000 Quadratkilometern – also mehr, als die alte Bundesrepublik vor dem Fall der Mauer hatte. Schon am ersten Sonntag in Manhattan sollte ich den Generalkonsul gleich in den Stadtteil Queens zu einer Parade jüdischer Kriegsteilnehmer begleiten. Gemeinsam mit den Konsuln anderer Staaten saßen wir auf der Ehrentribüne. Für mich als Neuling war es ein nachdenklich stimmender Augenblick, als der Kommandeur der Veteranen an der Spitze der Formation mit Fahnen und Musikkorps dem Oberbürgermeister von New York, Robert Wagner, den Vorbeimarsch meldete und dabei auch den deutschen Generalkonsul ausdrücklich begrüßte. Neben mir saß Nathan Belth von der »Anti-Defamation-League«, der führenden Bürger- und Menschenrechtsorganisation. »Wie schön«, sagte er, »daß dies dreizehn Jahre nach Auschwitz schon wieder möglich ist. Willkommen in New York!«

Auch die Pflege der Beziehungen des Generalkonsulats zu den jüdischen Organisationen in New York gehörte in den Jahren meiner Tätigkeit am East River zu den vielfältigen Aufgaben des »P-Referats«, und ich war erleichtert zu erleben, daß es für vertrauensvolle Kontakte keine unüberwindlichen Hindernisse mehr gab. Das galt nicht nur für die »Anti-Defamation-League« von Nath Belth, sondern gleichermaßen für das »American Jewish Committee«, den »American Jewish Congress« und die jüdische Wohltätigkeitsorganisation B'nai Brith (»Söhne des Bundes«). Hilfreicher Gesprächspartner war Kurt »Jack« Bachrach Baker, ein emigrierter deutscher Jude, der seinen Lebensunterhalt als Korrespondent des »Spiegel« bestritt und Funktionen in jüdischen Organisationen übernommen hatte. Gleich zu Beginn unserer Bekanntschaft hatte er mir gesagt: »Sie müssen wissen, daß in New York mehr Juden leben als in Jerusalem und Tel Aviv zusammengenommen. Und sie haben weitreichenden Einfluß auf das öffentliche Leben.«

Ehe ich mich meinen eigentlichen Aufgaben als Pressereferent zuwenden konnte, mußte ich eine Art Lehrlingsausbildung in Protokollfragen durchlaufen: die minutiöse Vorbereitung eines mehrtägigen Aufenthaltes von Bundespräsident Heuss in New York. Der hatte Anfang Juni 1958 in Washington einen Staatsbesuch absolviert und war danach zwei Wochen lang durch die USA gereist. Jetzt, am Ende seiner Reise, kam er nach New York. Zusammen mit Carli Mutius von der Bonner Beobachter-Mission bei der UNO arbeitete ich das Besuchsprogramm aus und lernte auf diese Weise zwangsläufig auch selber die Stadt näher kennen. Denn jeder einzelne Ort, den der Bundespräsident aufsuchen würde, mußte besichtigt und jedes Detail dann mit den zuständigen Leuten besprochen werden: das Rathaus, die Börse, das Leo-Baeck-Institut, die New School for Social Research, einige Museen, ja sogar das Generalkonsulat selbst. Es war eine gute Übung für viele nachfolgende Staatsbesuche, an denen ich im Laufe der Jahre selber teilnehmen oder die ich mit vorbereiten mußte. Man lernte, was Sicherheit hieß und wie ein minutiös festgelegtes Besuchsprogramm in einer Riesenstadt wie New York einzuhalten war – bis hin zu so wichtigen Fragen, wann und wo der Ehrengast mal aufs Klo gehen konnte.

Amerikaner, ganz besonders aber die New Yorker, lieben Paraden. Kaum ein Monat im Jahr vergeht ohne irgendeinen sonntäglichen Vorbeimarsch auf der Fifth Avenue. So hatten wir mit dem Nachfolger Reifferscheidts, dem Generalkonsul Georg Federer, überlegt, ob es nicht Anfang der sechziger Jahre an der Zeit wäre, der langen Liste auch eine deutsche Parade hinzuzufügen. Darum nahmen wir Kontakt mit der Stadtverwaltung, mit dem Gouverneur des Staates New York und der deutschsprachigen New Yorker »Staatszeitung und Herold« auf. Auch mit der Wochenzeitung »Aufbau« und dem »New World Club« der deutschen jüdischen Emigranten wurde gesprochen. Nach einigem Hin und Her gab es schließlich allgemeine Zustimmung, und die erste »Steubenparade« konnte ihren Weg über die Fifth Avenue nehmen. Wieder saß der Generalkonsul mit seinen engsten Mitarbeitern auf der Ehrentribüne, diesmal neben Gouverneur Nelson Rockefeller und Oberbürgermeister Wagner. Die Spitze der Formation hielt vor der Tribüne und wurde den Ehrengästen gemeldet. Die Fahnen beider Länder, die dem Zug vorangetragen worden waren, wurden zum Gruß gesenkt, und die Nationalhymnen erklangen zum ersten Mal auf der Prachtstraße der Weltstadt. Und in diesem Augenblick öffnete sich gegenüber ein Fenster, und der greise jüdische Bankier Bernard Baruch beugte sich herunter und winkte dem Zug zu. »Jetzt hat eine Weltberühmtheit ihren Segen gegeben«, bemerkte Hans Steinitz, der damals für »Die Welt« in New York arbeitete.

Natürlich war die Pressebetreuung meine Hauptaufgabe. Ich mußte mich um die ständigen deutschen New York-Korrespondenten ebenso kümmern wie um die immer häufiger anreisenden Journalisten aus der Bundesrepublik. Vor allem aber waren die Redaktionen der großen amerikanischen Zeitungen und Zeitschriften, der Rundfunk- und Fernsehanstalten sowie die Nachrichtenagenturen meine Kundschaft. In diesen Jahren habe ich mein Büro selten gesehen, denn ich war ständig unterwegs. Da war es hilfreich, daß ich aus meiner UP-Zeit überall Kontakte hatte. Es war wieder einmal gut, »die Leute zu kennen«. Zur »New York Times« fand ich Zugang durch meinen alten Moskauer Kollegen Clifton Daniels und durch Sydney Gruson, der mich von Europa-Konferenzen kannte. Durch sie gelangte ich zu Otto Tolischus von der Leitartikelredaktion, der sich als gebürtiger Balte oft um deutsche Fragen kümmerte. Die »New York Times« war damals schon die wichtigste Zeitung in den Vereinigten Staaten, und ihre Leitartikel wurden weltweit beachtet. Und deshalb war es nützlich, zu einem der *editorial writer* Kontakt zu halten und ihm deutsche Positionen zu erklären.

Bei CBS war Fernsehstar Walter Cronkite mein häufiger Gesprächspartner, der früher übrigens auch einmal bei United Press gewesen war. Auch hier galt es, seine Auswahl der aktuellen Themen und seine Kommentare durch die Darlegung des deutschen Standpunktes zu erleichtern. Zu NBC gelangte ich durch Freunde, die mich mit der Moderatorin Barbara Walters bekannt machten. Durch sie konnte ich dann bei meinem zweiten New York-Aufenthalt als Direktor des German Information Center die berühmte NBC-Today-Show nach Bonn und Berlin bringen – und zwar für drei ganze Tage. Es war das erste Mal in der Geschichte der NBC, daß die einflußreiche News-Show aus dem Ausland gesendet wurde. Einer der Interviewpartner von Mrs. Walters war damals ein junger CDU-Abgeordneter namens Walther Leisler Kiep, der heute Vorsitzender der Atlantik-Brücke ist.

Es verstand sich von selbst, daß einer meiner ersten Besuche dem New Yorker Büro von United Press galt. Dort war Bruce Munn der Chef, stämmig, sensibel und kenntnisreich. In seiner

Redaktion fühlte ich mich wie zu Hause. Es roch nach Papier und kaltem Tabaksqualm, Tickerstreifen hingen an den Wänden, leere Kaffeebecher standen auf den Tischen, ein dickbauchiger Wasserbehälter war da, und Stapel von Zeitungen bedeckten den Fußboden.

Eines Sonntags klingelte bei mir das Telefon. Das Generalkonsulat hatte eine Vorwarnung bekommen, die ein Geheimtelegramm avisierte. Das dürfe nur unter der Aufsicht eines Beamten des Höheren Dienstes entschlüsselt werden. Ich möge bitte sofort ins Büro kommen. Mein Hinweis, daß ich gar kein Beamter, sondern nur Angestellter sei, wurde mit der Bemerkung abgetan, wegen des Sonntags sei kein Beamter des Konsulats erreichbar, und ich gehörte ja schließlich zum Höheren Dienst. Voller Spannung lief ich ins Generalkonsulat, eilte hinauf in den 28. Stock und in mein Büro. Der Entschlüsselungsvorgang durch den Fernschreibbediensteten konnte beginnen. Was konnte es nur sein? Ein Geheimtelegramm an einem Sonntag? Die Ausbeute war ernüchternd: Das Konsulat bekam mitgeteilt, daß der neue deutsche Botschafter in Washington, Wilhelm Grewe, mit seiner Frau in wenigen Tagen mit einem näher bezeichneten Schiff in New York eintreffen werde und daß man ihn abholen möge. Ich war fassungslos. Deswegen wurde also verschlüsselt telegrafiert, deswegen wurde am Feiertag ein Mitarbeiter des Höheren Dienstes ins Büro bestellt! Warum nur? Die bürokratische Erklärung wurde gleich mitgeliefert: Alle »Personalbewegungen« im Auswärtigen Dienst unterlägen der Geheimhaltung. Und die sonntägliche Zustellung des Telegramms wurde mit dem geringeren Arbeitsanfall in der Bonner Zentrale an einem Feiertag begründet.

Wenig später spielten wieder einmal die Holländer Schicksal, wenn auch unabsichtlich. Die niederländische Fluggesellschaft KLM gab einen Presseempfang in New York. Dort lernte ich den amerikanischen Bankier Christopher Lindsay kennen, der mich spontan einlud, ihn am darauffolgenden Wochenende nach Southampton auf Long Island zu begleiten. Der Besuch hatte Folgen. Der damals noch kleine Fischerort unweit einer Indianer-Reservation mit den rundherum liegenden Villen der vermögenden New Yorker zog mich in seinen Bann und wurde zum Wochenendziel und sommerlichen Urlaubsquartier. Später erwarben wir dort sogar selbst ein kleines Haus.

In Southampton angekommen, setzte mich Lindsay vor dem

Besitz von Angier Biddle Duke ab und wies mich an, mit meinem Gepäck hineinzugehen und nach Duke zu fragen, bei dem wir zu Gast sein würden. Im übrigen stamme »Angie« Duke aus der vermögenden Tabak- und Stahlfamilie gleichen Namens. So wandte ich mich denn an den Gärtner, der in Jeans und Hemd und mit einem verbeulten Strohhut auf dem Kopf beim Rasenmähen war, und fragte ihn nach Mr. Duke. »I am Mr. Duke«, war seine Antwort. Der Millionär war sich nicht zu schade, selbst in seinem Garten zu arbeiten. Zusammen mit anderen Junggesellen wurden wir eher spartanisch in einem ehemaligen Pferdestall untergebracht, mit Dusche und Gemeinschaftsbad am Ende des Flures. Neben dem Stall lag die sogenannte »Duke Box«, eine kleine Hütte, in der es Frühstück und am späten Nachmittag Drinks gab. Duke war zu jener Zeit einer der »Commissioners« (Minister) des Staates New York unter dem damaligen Gouverneur Averill Harriman. Später wurde er dann Protokollchef bei Präsident John F. Kennedy und Botschafter in Europa, unter anderem in Spanien, wo er durch eine aufsehenerregende Geste Schlagzeilen machte: Als eine Maschine der US-Air Force vor der Küste des Mittelmeers aus ihrem Ladeschacht eine Atombombe verlor, ließ sich Duke sofort zum Strand vor der Abwurfstelle fahren, stürzte sich in die Fluten und schwamm eine gute Stunde darin herum, um der Öffentlichkeit demonstrativ vor Augen zu führen, daß von der Bombe am Meeresgrund keine Gefahr mehr ausging.

In der »Duke Box« versammelten sich an Wochenenden eine Vielzahl von fröhlichen und vergnügten Menschen, von denen einige zu meinen Kunden im Pressereferat zählten. So der aus Frankreich gebürtige Jacques Fray vom Radiosender der »New York Times«, Jay Rutherford aus dem State Department, Oberst Sergej Obolensky (ein russischer Prinz, der im Krieg im Office of Strategic Services gedient hatte), der PR-Fachmann Sascha Tarsaidze aus Georgien, Charles Addams, der berühmte Karikaturist vom »New Yorker« – und natürlich eine ständig wechselnde Zahl hübscher junger Damen. Namen, so heißt es, sind Schall und Rauch. Aber hinter den Namen fanden sich Menschen, die bald Freunde wurden und deren vielfältige Kontakte geholfen haben, das Deutschlandbild einflußreicher Amerikaner zu korrigieren. Wir fuhren Wasserski, schwammen im Pool und trafen uns im Sommer tagsüber am weiten, weißen Sandstrand zum Zeitunglesen und Volleyballspielen. Mittags versammelte man sich im

»Beach Club« von Southampton zum Lunch, wo Joachim »Kim« Kirsten und ich die ersten deutschen Mitglieder wurden. Auf der Suche nach einer eigenen Bleibe wurden mein Konsulatskollege Eric Harder und ich an der Little Plains Road fündig. Für fünfzig Dollar pro Person und Monat mieteten wir das, was man eine »Saltbox« nannte: eine eher häßliche Schachtel von Haus mit zwei Schlafzimmern, einem Wohnraum mit Küche und einer Heizung für den Winter. Direkt vor dem Haus dehnte sich der Mündungsarm einer mit dem Meer verbundenen Bucht, ihm gegenüber begann die Reservation der Shinnecock-Indianer. Keine wirklich feine Gegend, aber ein nützliches Quartier. Nach dem Tod meines Vaters 1959 hatte ich seinen alten Opel-Olympia geerbt und war nun auch nicht mehr von Chris Lindsay wegen des Transports abhängig.

Southampton war auch der Platz, wo viele berühmte Tennisspieler ihre Ferien verbrachten. Zu ihnen gehörten damals unter anderem Don Budge, Sidney Wood und Frank Shields, der Vater von Brooke Shields. Sie hatten alle – beim Davis Cup oder in Wimbledon – gegen den deutschen Tennisbaron Gottfried von Cramm gespielt. Sidney Wood hatte 1931 das Einzel gewonnen. Zu der Zeit gingen die Herren noch in langen weißen Hosen auf den Platz. In New York hatten Budge und Wood eine erfolgreiche Firma gegründet, die meine Wäsche wusch und die Anzüge reinigte, was wegen der extrem hohen Feuchtigkeit und Luftverschmutzung in der Stadt während der Sommermonate mehr als nötig war. Ein »Blue Book« führte die Namen all derer auf, die in Southampton entweder ein Haus hatten oder ständige Sommergäste waren. Sozusagen das »Who's who« des Strandbades, das seit der Jahrhundertwende Ziel von erholungsuchenden reichen New Yorkern war, woran sich bis heute wenig geändert hat. Außer daß sich jetzt viele deutsche Namen im »Blue Book« finden, weshalb Southampton ironisch auch Krauthampton genannt wird. Den Amerikanern in der Armee waren wir Deutschen ohnehin als »Krauts« bekannt.

Im Februar 1959 gab die Sekretärin meines Generalkonsuls eine kleine Party. Margot Mauz hatte Geburtstag, und zu den Gästen zählte ihr späterer Ehemann, Spyros Granitsas, der bei einer griechischen Reederei beschäftigt war und seine deutsche Mitarbeiterin Susanne Woldenga mitbrachte, die später meine zweite Frau werden sollte. Ich verdanke es der großen Politik, daß ich

Susanne schon bald wiedersah: Nikita Chruschtschow hatte in einer Note an die Westmächte vorgeschlagen, Berlin zur »Freien Stadt« zu erklären. Die Bundesregierung reagierte mit der sogenannten »Berlin-Aktion«: Die Pressereferate wichtiger Auslandsvertretungen wurden durch sachkundige Journalisten und die dazu notwendigen Hilfsarbeiter verstärkt. So wurden unter anderem Egon Bahr, Hans »Johnny« Klein und der kluge Carl Weiß zeitweilig in den Auswärtigen Dienst »einberufen«. Auch mein Pressereferat wurde verstärkt. Manfred Bauer wurde mein Stellvertreter, und das Sekretariat mehrte sich um zusätzliche Schreibkräfte. Susanne Woldenga war eine der jungen Damen, die ihren Dienst im Generalkonsulat antraten, nachdem sie eine Stenoprüfung beim Verwaltungschef mit Bravour bestanden hatte. In jenen Tagen gab die deutsch-amerikanische Handelskammer einen Empfang, bei dem ich einen Herrn entdeckte, der mir in der Wüste Nordafrikas beim vergeblichen Warten auf einen General einmal einen Kaffee angeboten hatte. Der damalige Major war jetzt New Yorker Direktor der Transportfirma Schenker und Vater meiner neuen Sekretärin Woldenga. Ein denkwürdiges Wiedersehen.

Im ersten Winter flog ich zum Skifahren nach Sun Valley in Idaho, ein Skiort aus der Retorte, mit österreichischem Flair, Hotels im Alpenstil und Skilehrern aus Tirol. Meiner schimpfte mich in akzentreichem Englisch einen »steifbeinigen Baron«, wenn er mich den Mount Baldy herunterjagte. Aber er brachte mir auf den Pisten viel bei. Nach dem Skifahren zog man sich im Hotel die Badehose an, um unter freiem Himmel ein Bad in den heißen Thermalquellen zu nehmen, wo es am schönsten war, wenn es gleichzeitig von oben schneite.

Frisch gebadet und hungrig setzten wir uns gemeinsam mit den Skilehrern vor dem Abendessen an die geräumige Hotelbar, deren schwere Holzmöbel in pseudo-alpinem Stil gehalten waren, und bestellten einen Drink vor dem Dinner, den sogenannten »sundowner«. Fast jeden Tag kam um diese Zeit ein stämmiger, knapp sechzigjähriger Mann mit einem kurzgetrimmten, grauweißen Bart aus dem nahen Ketchum herüber, um sich ein paar Drinks zu genehmigen und aus seinem Leben zu erzählen. Meist trug er verwaschene Jeans, ein großkariertes Holzfäller-Hemd und ein Tuch um den Hals. Eigentlich habe ich ihn in all den drei Wochen nie in einem anderen Hemd gesehen. Jeder wußte natürlich, wer das war: der weltberühmte Schriftsteller Ernest Hemingway. Manchmal brachte er eine Handvoll Freunde aus seinem 750-Seelen-Dorf mit, oft kam er allein, und dann und wann stützte er sich auf einen Stock. Er hatte sichtlich Probleme mit der Gesundheit. In der Bar des »Lodge« steuerte er zielstrebig auf einen Tisch an der Wand zu, der jeden Abend für ihn freigehalten wurde. Sein Auftritt war bescheiden, offenkundig wollte er jedes Aufsehen vermeiden. Und er suchte keinen Applaus, sondern verlangte zuallererst nach einer Bedienung. Die mußte ziemlich oft an seinen Tisch kommen. Er konnte viel vertragen und blieb häufig bis Mitternacht.

Zum Glück kannte ihn unser Tiroler Skilehrer, weil er ihm bei irgendeiner Gelegenheit bei Tischlerarbeiten in seinem Haus geholfen hatte. Also schleppte er uns hinüber an Hemingways Tisch. Der freute sich über neue Gesichter und neue Geschichten – und auch darüber, daß sich immer jemand fand, der die Drinks bezahlte. »Ich bin gern Gast«, bekannte er schmunzelnd. Er redete so, wie er schrieb – nüchtern und eigentlich emotionslos. Und bekannte, daß er in seinen Reportagen und Romanen eigene Erfahrungen oder die Ereignisse seiner Zeit verarbeitet hatte, und wollte von uns wissen, warum wir Spaß am Skifahren hatten. War es die Beherrschung der Technik, der sportliche Anreiz oder gar die Herausforderung, die damit verbundene Gefahr? Er hatte den Krieg und den Stierkampf beschrieben und suchte noch immer Antworten auf die Frage, warum die Konfrontation mit der Gewalt so faszinierend war.

Als er eines Abends gar erfuhr, daß ich – als einziger in der Runde – Frontsoldat gewesen war, da hätte er mich als neues Opfer seiner Wißbegierde fast umarmt. »Haben Sie sich freiwillig gemeldet?« wollte er wissen. »Wie war das, als Sie den ersten Toten gesehen haben? Haben Sie jemals auf einzelne Menschen geschossen? Mit welchen Gefühlen?« Der Kriegsberichterstatter aus dem spanischen Bürgerkrieg war aber auch an der Kriegstechnik interessiert. So wollte er wissen, ob ein Karabiner mit gezieltem Einzelfeuer wirkungsvoller sei als ein Maschinengewehr und ob man sich in einem Panzerwagen wirklich sicher fühlen könne. Je länger das Soldatengespräch andauerte, desto gelangweilter verfolgten die anderen am Tisch das Frage- und Antwortspiel. Aber niemand wagte Hemingway zu unterbrechen. »Hello, young Rommel«, rief er mir tags darauf zu: »Come on over.« Aber an jenem

Abend redeten wir über einen anderen Teil Afrikas, den Kilimandscharo.

Im Sommer 1959 standen dann wieder einmal die Außenministerkonferenz der vier Großmächte über Deutschland und Berlin sowie Fragen der europäischen Sicherheit auf dem Programm. Tagungsort war erneut Genf. Bei Temperaturen von teilweise über dreißig Grad für Delegierte und Journalisten eine wahrhaft heiße Sache. Titularchef der Bonner Abordnung war Außenminister Heinrich von Brentano, der sich im Konferenzsaal aber vom neuen Botschafter in Washington, Wilhelm Grewe, vertreten ließ, jenem Mann, dessen Ankunft in New York dem Generalkonsulat mit einem sonntäglichen Geheimtelegramm angekündigt worden war. Er hatte auch bei den vorangegangenen Außenministerkonferenzen in Berlin und Genf zur Leitung der westdeutschen Delegation gehört. Grewe verlangte vom Auswärtigen Amt, daß ich ihn als Pressebetreuer für die amerikanischen Journalisten begleitete. Der persönliche Kontakt führte dazu, daß Grewe mich in die vormittäglichen Vorbesprechungen der westlichen Delegationen mitnahm und ich so über die Konferenztaktik des Westens aus erster Hand unterrichtet war. Das zahlte sich aus, denn mit diesem Wissen konnte ich die US-Korrespondenten quasi druckfrisch mit Vorinformationen über die bevorstehenden Beratungen zwischen Ost und West versorgen, nämlich schon zu einem Zeitpunkt, zu dem die Vertreter der vier Großmächte am jeweiligen Tag noch gar nicht zusammengekommen waren. Der britische »Economist« berichtete aus Genf, daß die amerikanischen Journalisten durch mich besser unterrichtet worden seien als durch ihre eigene Delegation.

Was Grewe tat, war natürlich gegen jede Spielregel, aber es hatte einen nützlichen Effekt. Für Pressereferenten aller Delegationen waren die Ministerbesprechungen, auch wenn es »nur« die des Westens unter sich waren, selbstverständlich tabu. Die amerikanische Delegation beschwerte sich denn auch bei Grewe über »deutsche Löcher« in der Vertraulichkeit der Zusammenkünfte. Anlaß war der Bericht einer US-Nachrichtenagentur, die unter anderem geschrieben hatte: »Wechmar… war so informativ, wie er nur sein konnte. Einige amerikanische Korrespondenten betrachten ihn als die beste Nachrichtenquelle in Genf. Mit Takt und Geschick gab er Informationen und schaufelweise deutsche Regierungsmeinung.« Das war zwar überaus freundlich, der Ruhm

Pressekonferenz bei der Genfer Außenministerkonferenz 1954: Delegationsleiter Wilhelm Grewe sagt den Journalisten, wie es weitergeht. Rechts neben ihm Staatssekretär Felix von Eckardt und Karl Günther von Hase, der Sprecher des Auswärtigen Amtes. Hinter Grewe macht sich Wechmar Notizen.

aber gebührte Grewe, der mich quasi under-cover »eingeschleust« hatte. Botschafter Grewe ließ mich weitermachen. Und Brentano schwieg. Mein journalistisches Training hatte sich für den Auswärtigen Dienst ausgezahlt.

Die eigentliche, die offizielle Unterrichtung für deutsche und andere Korrespondenten lag natürlich bei Felix von Eckardt, der als Mitglied der Bonner Beratergruppe aus der Bundeshauptstadt angereist war. Er kam aber immer erst abends zur Sache, wenn die Beratungen der Außenminister für den Tag geendet hatten. Da war ich mit meiner Ausbeute aus den morgendlichen Vorbesprechungen schon seit Stunden auf dem Markt, denn ich lud meine amerikanischen Kunden bereits am späten Vormittag zu Kaffee und Drinks in mein Zimmer ein. Ich wohnte im »Hôtel du Rhône«, wo es sich auch meine alten Kollegen von United Press bequem gemacht hatten, unter der Führung Roger Tatarians, der noch immer sein »Der Aufzug ist da!« auf den Lippen hatte, wenn er mich sah. Spätabends trafen wir uns manchmal im Straßencafé zu seinem geliebten »Coupe Denmark«, um mit Karol C.Thaler und Dottie Wood von UP über die Tagesereignisse der Konferenz zu plaudern.

An der eigentlichen Außenministerkonferenz nahmen für die USA Christian Herter, für Großbritannien Selwyn Lloyd, für die Franzosen Couve de Murville und für die Sowjetunion Andrej Gromyko teil. Alle vier waren, wie stets, von hochrangigen Diplomaten und Sachkennern begleitet. Zum ersten Mal konnten auch die Deutschen aus Ost und West mit im Saal sein. Über die Sitzordnung gab es deswegen schon vorher in westöstlichen Notenwechseln einen Streit. Der Westen hatte vorgeschlagen, daß die drei Westmächte und die Sowjetunion an einem viereckigen Tisch Platz nehmen sollten, mit den deutschen Beratern jeder Seite jeweils hinter ihnen. Die Sowjetunion hatte einen runden Tisch verlangt, an dem – sozusagen gleichberechtigt – auch die Vertreter der »beiden deutschen Staaten« sitzen sollten. Die Konferenz begann deshalb mit drei Stunden Verspätung. Der schließlich erzielte Kompromiß sah dann so aus: Die vier Großmächte saßen an einem runden Tisch und die deutschen Beobachter auf je sechs Sitzen an kleinen viereckigen »Katzentischen« daneben. Zwischen den »deutschen« Tischen war ein Abstand vorgesehen, in den dann später ein dritter Tisch für das Konferenzsekretariat geschoben wurde. Kleinkariertes Ostwest-Gewürge, sagten die Journalisten. Recht hatten sie, denn am Ausgang der wochenlangen Beratungen änderte auch das nichts.

Rederecht der Deutschen konnte bei den jeweiligen, wechselnden Vorsitzenden erbeten werden, wenn kein Einspruch erfolgte. Dazu kam es aber nicht. Leiter der Bonner Beratergruppe im Konferenzsaal war Grewe. Die DDR hatte Außenminister Lothar Bolz geschickt, der unter anderem von Peter Florin begleitet wurde dem Vorsitzenden des Außenpolitischen Ausschusses der Volkskammer. In den siebziger Jahren war er dann mein DDR-Kollege bei den Vereinten Nationen. US-Außenminister Herter legte einen westlichen Friedensplan vor, der eine stufenweise deutsche Wiedervereinigung vorsah und Vorschläge zur Lösung der strittigen Berlin-Frage enthielt. Aber wieder einmal kam man nicht voran. Die Konferenz scheiterte schließlich vollständig. Der Kreml wollte zuerst die Anerkennung von zwei deutschen Staaten und ihrer zwei Regierungen erzwingen, die dann unter sich über freie Wahlen in ganz Deutschland verhandeln sollten. Der Westen lehnte ab. Die Konferenz stand auch sonst unter keinem guten

Stern: Sie mußte Ende Juni wegen der Beisetzung des inzwischen verstorbenen früheren US-Außenministers John Foster Dulles unterbrochen werden, und gegen Ende der Beratungen erreichte Genf die Nachricht, daß Nikita Chruschtschow auf Einladung von Präsident Eisenhower im September in die USA reisen werde. Genf wurde nicht mehr gebraucht. Washington sprach direkt mit Moskau.

Ich nutzte die Konferenzpause, um meine Eltern am Tegernsee zu besuchen. Es war das letzte Mal, daß ich meinen Vater lebend sah. Ende November 1959 erlag er in Bonn einem Krebsleiden. Er war nur sechzig Jahre alt geworden. Zwei Weltkriege in einem Leben hatten seine Gesundheit zerstört. Wenige Wochen vor seinem Tod war er noch stolz als Oberst zu einer Reserveübung in die Bundeswehr eingerückt, und Soldaten der neuen deutschen Streitkräfte trugen bei der Bonner Trauerfeier und der anschließenden Beisetzung in Darmstadt seinen Sarg.

Im März 1960 war Adenauer zu Besuch in New York, wo es im Hotel »Waldorf Astoria« zu dem historischen Treffen mit dem israelischen Ministerpräsidenten David Ben Gurion kam. Mein Generalkonsul hatte mich eingeteilt, der deutschen Delegation bei der pressemäßigen Betreuung der Zusammenkunft behilflich zu sein. Während Bundespressechef von Eckardt versuchte, dem ziemlich rücksichtslosen Gedränge der Fotografen Herr zu werden, hatte ich den Auftrag bekommen, zusammen mit einem israelischen Kollegen in einem Nebenzimmer so etwas wie den Entwurf für ein gemeinsames Kommuniqué zu Papier zu bringen, das anschließend veröffentlicht werden sollte. Nach unseren Schreibübungen, die den beiden greisen Staatsmännern noch während ihres Gesprächs hereingereicht, aber nicht für gut befunden wurden, einigte man sich schließlich darauf, daß es keine gemeinsame Erklärung, sondern zwei getrennte Äußerungen geben sollte. Die Zeit für etwas Gemeinsames war eben doch noch nicht gekommen. Es war ja schließlich die erste Begegnung zwischen den Regierungschefs dieser beiden Staaten.

Aber auch die getrennten Erklärungen mußten miteinander abgestimmt werden, und so waren mein Partner aus Israel und ich während der Aussprache der Chefs lange damit beschäftigt, Einvernehmen herzustellen. Was Adenauer nach dieser als Weltsensation eingestuften Begegnung der Öffentlichkeit erklärte, ging zu einem großen Teil auf meinen Entwurf zurück, wie auch die

Äußerung Ben Gurions sich im wesentlichen auf den Entwurf meines israelischen Kollegen stützte. Adenauer hatte gesagt: »Ich bin tief bewegt über diese Zusammenkunft mit Ministerpräsident Ben Gurion. Seit langem bewundere ich seine Qualitäten als Staatsmann und seine Ausdauer als erster Architekt eines modernen Israels und dessen bemerkenswerter Entwicklung. Das deutsche Volk zieht eine große Befriedigung aus der Tatsache, daß es dank der Entschädigungen an die Opfer des Nazismus einen Beitrag an dem Aufbau Israels leisten konnte. Ich bin sicher, daß das deutsche Volk wie seine Regierung überzeugt ist, daß die gegenseitige Zusammenarbeit und Unterstützung auch hinkünftig Früchte tragen wird.« Ben Gurion erklärte, daß ihn das Treffen mit Genugtuung erfüllt habe. Er gehöre zu einem Volk, das seine Vergangenheit nicht vergessen könne. »Wir erinnern uns aber daran, um eine Wiederholung zu verhindern.« Im Sommer zuvor habe er vor dem israelischen Parlament erklärt, daß »das Deutschland von heute nicht das Deutschland von gestern« sei. Nach dem Treffen mit dem Bundeskanzler habe er die Gewißheit, daß sein Urteil richtig sei.

Im Sommer 1960 hatte in den Vereinigten Staaten wieder einmal ein Präsidenten-Wahlkampf begonnen, zu dem für die Republikaner der damalige Vizepräsident Richard M. Nixon und für die Demokraten der Senator John F. Kennedy antreten sollten. Kennedy war in Bonn ein unbeschriebenes Blatt, aber seine Wahlaussichten schienen nicht schlecht. Also schickte Adenauer seinen Felix von Eckardt im Juli als Kundschafter nach New York, um herauszufinden, was dieser junge Senator denn für ein Mann sei. Eckardt bat um meine Unterstützung, denn seine Englisch-Kenntnisse waren für eine schwierige politische Diskussion zu begrenzt. So begleitete ich den Bundespressechef in die Privatwohnung von Kennedy im Haus 230 Park Avenue. In der Wohnung angelangt, stießen wir zunächst auf einen korpulenten Herrn mit gelockerter Krawatte und Hosenträgern, der von einem Sofa mit dem Dampf seiner dicken Zigarre den Salon füllte: Pierre Salinger, Wahlkampfhelfer und späterer Pressesprecher des künftigen Präsidenten.

Als hätte er eben gerade noch Squash gespielt, betrat Kennedy federnden Schrittes den Raum, begrüßte uns mit dem routinierten Händedruck des Wahlkämpfers und wies mit einer angedeuteten Geste ins Nebenzimmer, was sagen sollte: »Kommen Sie, lassen

Sie uns nach nebenan gehen.« Ich fragte mich, ob er uns in dem angrenzenden kleinen Besprechungszimmer ungestörter wähnte oder ob er Salingers Zigarrenqualm entfliehen wollte. Jedenfalls blieben wir zu dritt unter uns.

Mit einer Handbewegung lud er uns ein, auf den Polstersesseln um einen kleinen runden Tisch herum Platz zu nehmen, und räumte im Hinsetzen einen kleinen Stapel gelesener Zeitungen von der gläsernen Tischplatte. Mit seinem blütenweißen Hemd und der einfarbigen Krawatte sah Kennedy frisch und präsent aus. Ich ahnte, daß das einreihige, zur Hose passende blaue Jackett irgendwo anders über eine Stuhllehne oder aufs Bett geworfen worden war. Es war Juli und sehr heiß in New York, und Eckardt und ich kamen uns etwas overdressed vor, aber Kennedy forderte uns nicht auf, die Jacketts abzulegen. Er setzte sich ganz vorn auf die Kante seines Sessels, so als wollte er sprungbereite Präsenz demonstrieren, und fragte ohne besonderen Nachdruck, ob wir einen Kaffee oder irgend etwas anderes wollten. Es war ziemlich deutlich, daß er eigentlich eine Ablehnung erwartete. Mir schien, daß er sofort zur Sache kommen und sich nicht mit scheinbar überflüssigen Höflichkeiten aufhalten wollte.

Zu unser beider Überraschung zeigte sich der Präsidentschaftskandidat über deutsche Verhältnisse hervorragend informiert, selbst wenn seine Kenntnisse nur für diese Begegnung angelernt sein mochten. Er brillierte mit präzisen (und richtigen!) Zahlen über die Versorgungslage Berlins – die zu kennen damals ganz wichtig war – und wußte über den Inhalt und vermutlichen Hintergrund der letzten sowjetischen Noten zu Deutschland und Berlin genau Bescheid. Seine knappen Sätze unterstrich er mit sparsamen Gesten, die schlaksige Lässigkeit, wie sie mir sonst bei Amerikanern der Führungsschicht aufgefallen war, fehlte bei ihm. Er fixierte uns mit durchdringendem Blick, konzentrierte sich auf die Sache und wollte offenkundig auch in Bonn einen guten Eindruck machen. Eckardts Fragen nach seiner künftigen Außen- und Europapolitik beantwortete Kennedy routiniert aus dem Stand und vergaß auch nicht, auf die irische, also europäische Herkunft seiner Familie hinzuweisen. Das unvermeidliche »yellow pad«, jenen gelben Notizblock, der in Amerika auf keiner Konferenz fehlen darf, hatte er zwar bei sich, warf aber nur selten einen Blick darauf.

Nach einer halben Stunde kam Salinger herein, um auf den

nächsten Termin aufmerksam zu machen. JFK unterhielt sich noch weitere zehn Minuten mit uns (höflich oder interessiert?), begleitete uns dann zur Tür und trug dem Bundespressechef Grüße an Adenauer auf. Dabei huschte über sein Gesicht ein Lächeln, als wollte er uns sagen: Sehen Sie, ich weiß Bescheid, und auf mich könnt ihr zählen.

Ich hätte Eckardt gern mit Kennedys Frau »Jackie« bekannt gemacht, aber sie war leider nicht da. Ich hatte sie bei einem Wohltätigkeitsbasar im Jahr zuvor in Southampton kennengelernt. »Angie« Dukes Freunde hatten sich freiwillig gemeldet, den Verkauf gespendeter Artikel zu übernehmen, und so fand ich mich auf dem Platz neben der Kirche hinter dem Tresen einer Verkaufsbuden mit dem Auftrag, möglichst viele der Spenden zu hohem Preis an den Mann oder an die Frau zu bringen. Ich teilte meinen Stand mit einem mir bis dahin noch nicht bekannten Engländer mit Menjoubärtchen und sehr britischem Akzent, dem Schauspieler David Niven. Wir beide traten wie gewiefte Teppichhändler mit marktschreierischen Methoden auf, als mitten in diesem Basargefeilsche »Angie« mit einer jungen Frau am Arm auftauchte und uns bekannt machte. Es war »Jackie«. Sie war sicher nur wegen David Niven an unseren Stand gekommen, doch es gelang mir, ihr einen gebrauchten Toaster für den hohen Wohltätigkeitspreis von einhundert Dollar zu verkaufen, den sie sofort und in bar entrichtete.

Von Kennedy liefen wir über die Park Avenue zurück ins Hotel, wo Eckardt untergebracht war. Aufgrund von Notizen, die wir uns während des Gesprächs gemacht hatten, diktierte der Kundschafter Adenauers ein langes Geheimtelegramm an seinen Bundeskanzler. Das Diktat nahm meine Sekretärin und spätere Ehefrau, Susanne Woldenga, auf. Danach beschlossen wir, den Abend dieses wichtigen Tages fröhlich abzuschließen. Eckardt lud ins »El Morocco« ein, das damals zu den bekanntesten Nachtclubs von Manhattan zählte. Beschwingt von dem Abend und von der erfolgreichen, für Deutschland so beruhigenden Begegnung mit Kennedy, entschieden wir, am darauffolgenden Wochenende gemeinsam nach Southampton zu fahren. Dort konnte Eckardt im Hause des inzwischen zum Freund gewordenen Duke ein Gespräch mit Averill Harriman, dem (demokratischen) Gouverneur des Staates New York, führen, und wir verbrachten eine vergnügte Zeit am Strand, wo der Bundespressechef mit perfekten

Kopfständen Eindruck schindete. Das habe er als Kadett gelernt, war seine Erklärung.

Der Wahlkampf in Amerika verlangte zur politischen Ausgewogenheit aber auch, daß Eckardt der »anderen Seite«, nämlich den Republikanern, seine Aufwartung machen mußte. So flogen wir gemeinsam nach Chicago, wo die Partei gerade ihren Wahlkongreß veranstaltete. Die Organisation für uns hatte Julius Klein, der Brigadegeneral der Nationalgarde, übernommen, der als PR-Berater für deutsche Interessen von sich reden machte. Klein war es auch, der uns vor unserer Abreise zu überreden versuchte, einen Hubschrauber zum Flugplatz zu nehmen. Gottlob bestand Eckardt auf einer Autofahrt. Der besagte Hubschrauber stürzte nämlich kurz vor dem Flugplatz ab. Keine Überlebenden.

Später, im September 1960, reiste der kubanische Staatschef Fidel Castro nach New York, um sich in der Generaldebatte der UN-Vollversammlung zu Wort zu melden. Am Rande dieser Debatte kam es zu einem Eklat. Castro und seine bärtigen Begleiter wurden wegen ungebührlichen Benehmens aus dem Hotel »Shelburne« hinausgeworfen. Sie hatten angeblich auf den Fußböden ihrer Zimmer kleine Feuerchen gemacht und Hühner gebraten. Kuba protestierte erfolglos, und Fidel Castro zog nach Harlem ins Hotel »Theresa«. Das hielt ihn nicht ab, sich eines Abends mit dem sowjetischen Parteichef Chruschtschow in dessen Botschaft im Zentrum von Manhattan zu treffen. Dort zeigte er sich mit dem KP-Chef aus Moskau vom Balkon einer Volksmenge auf der Straße, und beide hielten immer wieder lange Reden. Ich war beauftragt worden, mir das Schauspiel anzusehen, damit wir anschließend darüber nach Bonn berichten konnten. Im dichten Gedränge von Freunden und Feinden Kubas, Journalisten, Harlem-Schwarzen, Puertoricanern und vielen anderen Schaulustigen auf der Park Avenue unter dem Balkon konnte ich trotz der Dunkelheit erkennen, wie Chruschtschow und Castro den Beifall vieler Anhänger Kubas Arm in Arm entgegennahmen, die Buhrufe von Antikommunisten und Castro-Gegnern hingegen ignorierten. Eine gespenstische Szene.

Zu dieser Zeit hatte mich das Auswärtige Amt für die Dauer der Generalversammlung der Vereinten Nationen wieder an unsere UNO-Mission abgeordnet, denn die hatte nicht genug Personal, um den Beratungen im Plenum und in den Ausschüssen im Detail folgen zu können, und wurde deshalb wie jedes Jahr durch

Mitarbeiter des Generalkonsulats verstärkt. Chef der Ständigen Vertretung Bonns, damals noch eine Beobachtermission ohne Rede- und Stimmrecht in der Vollversammlung, war Botschafter Karl Heinrich Knappstein. Wiederum konnte ich nicht ahnen, daß ich selbst einmal die deutsche UNO-Botschaft sieben Jahre lang leiten und sogar Präsident der UN-Generalversammlung werden sollte. Diese XV. Generalversammlung im Jahr 1960 war auch der Schauplatz jenes legendären Auftritts Chruschtschows, der nicht nur eine endlose Rede ohne irgendwelche neuen oder gar nützlichen Vorschläge zur Abrüstung hielt, sondern auch überaus ausfällig gegen Generalsekretär Dag Hammerskjöld zu Felde zog, den Moskau auf die Abschußliste gesetzt hatte. Rückblickend könnte man das fast wörtlich nehmen, denn der UN-Generalsekretär kam später bei einem Flugzeugabsturz im Kongo ums Leben, dessen Ursache bis heute nicht restlos aufgeklärt ist. Chruschtschow war nach seiner stundenlangen Rede schon wieder zu seinem Platz im Plenum zurückgekehrt, als er sich erneut zu Wort melden wollte. Um sich Gehör zu verschaffen, zog er sich zu unser aller entsetztem Erstaunen den linken Schuh aus und hämmerte damit auf den Tisch. Ein miserabler Stil.

In jenen Tagen bekam ich Besuch von einem berühmten Blokadebrecher des Ersten Weltkriegs: vom »Seeteufel« Felix Graf Luckner. Als Kommandant eines Hilfskreuzers hatte er die britische Blockade um Deutschland durchbrochen und zahlreiche alliierte Kriegsschiffe gekapert. In New York war er stadtbekannt, denn er konnte mit bloßen Händen das enorm dicke New Yorker Telefonbuch in zwei Teile reißen. Jetzt suchte der Graf Kontakte zur amerikanischen Presse. Ich konnte ihm behilflich sein und brachte ihn zunächst einmal zum Bürochef der United Press.

Aber noch ein anderer Reisender kam in dieser Zeit nach New York, und dessen Besuch blieb nicht ohne Folgen. Es war Außenminister von Brentano, der mit einer kleinen Delegation auf dem Rückweg von Washington nach Bonn war. Zuständig für alles was mit P beginnt (so auch für das Protokoll), hatte ich für seine Unterkunft zu sorgen. Doch das war nicht leicht, denn New York war wegen der UNO-Vollversammlung nahezu ausgebucht. Wir fanden schließlich Zimmer im Hotel »Waldorf-Astoria«, wo man sich Gott sei Dank noch aus den Tagen der Begegnung zwischen Adenauer und Ben Gurion an mich erinnerte. Schon am nächsten Tag sollte Brentano zurück nach Deutschland fliegen. So fuhren wir mit Mietwagen hinaus zum Flughafen, der damals noch Idlewild hieß. Der Minister nebst Begleitung flog ab, und ich fuhr zurück in die Stadt, erleichtert, daß der Kurzaufenthalt ohne Pannen verlaufen war. Doch kaum war ich in meiner Wohnung angekommen, klingelte das Telefon. Die Lufthansa war am Apparat: »Wenn Sie Ihren Minister suchen, dann können Sie ihn hier wieder abholen.« Kurz nach dem Abflug hatte sich ein Motorschaden eingestellt, und die Maschine war zurückgekehrt.

Nun hieß es, rasch erneut Quartier zu suchen, die Mietwagen zu organisieren und gleich noch einmal zum Flughafen zu eilen. Wie lange der Aufenthalt des Ministers und seiner Delegation dieses Mal dauern würde, war nicht genau vorauszusagen. Man würde gleich Ersatzteile bestellen, hatte die freundliche Dame der Lufthansa noch beruhigend hinzugefügt. In den gerade geräumten Zimmern des Hotels waren die Betten zwar schon wieder gemacht, neue Bewohner gottlob aber noch nicht eingezogen. Brentano und seine Leute konnten ihre Koffer dort wieder auspacken. Natürlich war der Minister wütend. In Bonn warteten wichtige Termine auf ihn, unter anderem die Berichterstattung bei Adenauer über seine Gespräche in Washington. Zu allem Ungemach braute sich nördlich von New York ein gewaltiger Schneesturm zusammen, der die Stadt bald einhüllte. Als erstes wurde der Flugplatz geschlossen – und blieb es für volle drei Tage. So gab es auch keine Hoffnung auf ein baldiges Eintreffen der Ersatzteile für den defekten Motor. Für uns bedeutete dies, daß wir uns für den mürrischen Brentano und seine nicht minder ungehaltenen Begleiter eine Art Programm ausdenken mußten. Da jedoch wichtige Gesprächspartner aus Politik und Wirtschaft kurzfristig nicht zu bekommen waren, vermittelte ich ein Treffen mit führenden Redakteuren der »New York Times« und konnte Brentano und seiner Begleitung Karten für die Metropolitan Opera besorgen. Dabei war Rudolf Bing hilfreich, der damals Intendant der Oper und mit mir befreundet war.

Ich hatte wieder etwas dazugelernt – nämlich daß zu den mannigfachen Aufgaben einer Auslandsvertretung des Auswärtigen Dienstes, also einer Botschaft oder eines Konsulats, auch die technische, ja manchmal sogar die touristische Betreuung offizieller Besucher aus der Heimat gehört, von Mitgliedern der Bundesregierung über Abgeordnete und Länderminister bis hin zu Gewerkschaftsbossen und Generalen. Man macht da so seine Erfahrungen mit den Ansprüchen, die manch ein Gast stellte, nicht selten zu unserem großen Erstaunen. Und je geringer die Bedeutung der Gäste, um so größer die Wünsche. Oft kam mir der Spruch des Schwaben F.C. Oetinger in den Sinn: »Gott gebe mir die Gelassenheit, Dinge hinzunehmen, die ich nicht ändern kann, den Mut, Dinge zu ändern, die ich ändern kann, und die Weisheit, das eine von dem anderen zu unterscheiden.« Ich nahm mir vor, solche amtlichen Besuche gelassen zu ertragen. Zu ändern waren weder die Umstände noch gar die Personen.

In meiner Wohnung am Sutton Place meldete sich eines Tages telefonisch mein Pariser UP-Kollege Georges Sibera, mit dem ich aus Straßburg berichtet hatte. Er sei in New York und schlage ein Treffen mit der jetzt hier arbeitenden ehemaligen Pariser UP-Korrespondentin, Priscilla »Pitts« Buckley, vor. Gern stimmte ich zu und bat um Priscillas Telefonnummer. Bei meinem Anruf stellte sich heraus, daß sie seit vielen Monaten nicht nur im selben Haus, sondern sogar direkt neben mir in der Nachbarwohnung wohnte. Wir waren uns in dem Gebäude mit seinen über 200 Wohnungen nie begegnet. Das war New York, der Moloch des Unpersönlichen.

Aber New York heißt auch: ideale Einkaufsmöglichkeiten. Eines Abends bekam ich eine Einladung zum Abendessen nach einer Opernpremiere. Als Anzug war Smoking vorgeschrieben. Den hatte ich nicht. Der Doorman war mit dem Rat behilflich, ich solle es doch einmal am Times Square versuchen. Es war zwar schon gegen zehn Uhr abends, aber ich wurde fündig. Smoking, schwarze Schleife, Kummerbund und passende Schuhe. Alles in einem Laden.

Wenige Tage später übrigens war ich von mir noch unbekannten Gastgebern zu einem Cocktail in eines jener gesichtslosen Hochhäuser in Manhattan eingeladen und fand bei meiner Ankunft schon eine große Zahl von Gästen vor. Nach einer Weile hielt ich es für geboten, mich bei den Gastgebern für die Einladung zu bedanken, und fragte einen der Anwesenden nach ihnen. Wie sich herausstellte, standen sie unmittelbar neben mir. Nun klärte sich rasch auf, daß ich auf der falschen Veranstaltung war. »Sie sind uns herzlich willkommen«, meinte die Gastgeberin, »aber im Stockwerk über uns gibt es auch eine Party. Fragen Sie doch mal da nach.« Recht hatte sie.

ZDF-Korrespondent in Osteuropa – und wieder nach New York
(1963–1968)

Zum Alltag eines Pressereferenten des deutschen Generalkonsulats in New York gehörte natürlich der enge Kontakt mit den Korrespondenten deutscher Medien oder deutschen Autoren, die in der Millionenstadt lebten. Viele von ihnen waren aus Nazideutschland geflüchtet und hatten sich nur mühsam über Wasser halten können. Als es dann in den Jahren nach dem Krieg in Deutschland wieder Zeitungen und Verlage gab, konnten sie ihre Arbeit Schritt für Schritt wiederaufnehmen. Für manche Amerikaner waren sie aber immer noch Fremde, Emigranten eben. In Deutschland waren sie nicht mehr, und hier in New York waren sie noch nicht zu Hause. Ihr Verhältnis zur Bundesrepublik und zu den Deutschen besserte sich daher erst langsam und zögerlich, und dem galt es mit Verständnis und Einfühlungsvermögen zu begegnen. Aus den beruflichen Verbindungen wurden in vielen Fällen langwährende Freundschaften, die mir auch halfen, Amerika besser zu verstehen. Edgar Alexander, der Biograph Adenauers, etwa ließ mich an seinen Studien über die Vorgeschichte des Zweiten Weltkrieges teilhaben, deren Veröffentlichung sein Tod verhinderte. Er vermittelte auch Bekanntschaften mit Oskar Maria Graf und Hilde Spiel.

Kurt R. Grossmann, einst Mitarbeiter von Carl von Ossietzky, brachte mich mit seinem Freund Johannes Urdizil zusammen, dem Autor von »Goethe in Böhmen«. Dieser wiederum vermittelte mich – wie schon zuvor Manfred George – zu Fritz von Unruh. Den suchte ich in seinem Haus am Atlantik auf, das kurz vor seiner Rückkehr nach Deutschland Opfer einer Sturmflut wurde. Meine Konsulatskollegin Haide Russell arrangierte die Bekanntschaft mit Hannah Arendt und Hans Sahl. Der frühere Reichstagsabgeordnete Gerhart Seger half mit seinen großen Erfahrungen bei der Öffentlichkeitsarbeit für die Bundesrepublik. Und als

Ludwig Löwenstein, der Vorsitzende des New World Club der jüdischen Flüchtlinge aus Deutschland, vom Generalkonsul das Bundesverdienstkreuz ausgehändigt bekam, da zeigte mir einer seiner Freunde seine verschlissene Verleihungsurkunde für das Eiserne Kreuz. Er hatte im Ersten Weltkrieg für Deutschland an der Front gestanden.

Mein neuer Generalkonsul Georg Federer hatte 1960 dem Auswärtigen Amt vorgeschlagen, mich aus der Tarifordnung für Angestellte (TOA) II in die nächsthöhere Gruppe TOA I heraufzustufen, was er mit mancherlei freundlichen Bemerkungen über meine Arbeit begründet hatte. Das AA lehnte ab. Dem Antrag auf Höherstufung, hieß es in einem handschriftlichen Vermerk auf dem Originalbrief Federers, könne auch bei Würdigung der Leistungen »im Hinblick auf die Stellenlage und auf das verhältnismäßig jugendl. Lebensalter (37) nicht stattgegeben werden«. Diese Weisheit trug noch sechs andere Paraphen der Bonner Bürokraten. Federers späterer Versuch, mich wenigstens zur Prüfung und anschließenden Übernahme ins Beamtenverhältnis vorzusehen, scheiterte gleichermaßen. Ihm wurde bedeutet, daß es gegenwärtig über 100 Anwärter gebe, aber jährlich nur fünf zugelassen würden, die – wie ich – gewissermaßen »durch die kalte Küche« in den Auswärtigen Dienst gelangen würden. Da konnte ich mir ausrechnen, daß ich in rund fünfundzwanzig Jahren dran sein würde. Tolle Aussichten.

Ein paar Monate zuvor hatte ein bekanntes süddeutsches Unternehmen, nach vorheriger Rückversicherung beim Generalkonsulat, allen Mut zusammengenommen und im eher prüden New York eine Mieder-Modenschau veranstaltet. So etwas hatte es zwischen Hudson und East River noch nie gegeben. Vor der Büstenhalter-Parade zerfetzten sich Kritiker die Mäuler: Das könne doch nur danebengehen, hieß es. Damenunterwäsche ausgerechnet von den Deutschen! Hinterher mußten alle zugeben, daß es ein voller Erfolg war. Auch die Models hatten sich couragiert gezeigt.

Tags darauf gab ich in meiner winzigen Wohnung einen Presse-Empfang für Firmenleitung, Models und Journalisten. Kurz vorher hatte mich Barbara Nordhoff von Volkswagen of America angerufen und gefragt, ob sie ihre italienische Freundin Marisa mitbringen dürfe. Barbara war die Tochter des legendären ersten VW-Chefs Heinrich Nordhoff und arbeitete in der VW-Presseabteilung in New York. Die beiden Damen kamen mit einiger Verspätung, und weil die Mini-Wohnung schon übervoll war, blieben sie nahe des Eingangs neben einem Colonial Tea Wagon stehen, der zur Bar umfunktioniert war. Noch ein wenig später als die beiden jungen Frauen erschien Karl Horst Hahn, der damals VW-Chef in Amerika war und anschließend viele Jahre als Vorstandsvorsitzender bei Volkswagen in Wolfsburg das Sagen hatte. Hahn fand entweder die Bar oder aber die beiden Damen des Verweilens wert. Also verharrte auch er am Wohnungseingang – und hat die von Barbara Nordhoff mitgebrachte Marisa dann bald danach geheiratet. So wurde aus dem Presseempfang eine unbeabsichtigte Heiratsvermittlung.

Sehr beabsichtigt war es hingegen gewesen, die Menschen miteinander ins Gespräch zu bringen, gemäß jener Maxime für Pressereferenten: Menschen sind überzeugender als bedrucktes Papier. Das persönliche Gespräch, auch wenn es kontrovers geführt wird, vermittelt mehr an Informationen und Eindrücken als eine Broschüre, und sei sie noch so schön und bunt illustriert. So kam im April 1959 der damalige Verteidigungsminister Franz Josef Strauß nach einem Arbeitsbesuch in Washington für einen Tag nach New York und gab zu verstehen, daß er einen Auftritt im Fernsehen wünsche. Ich konnte ihn mit einiger Mühe zur Nachrichtensendung NBC-Today vermitteln, wo er um acht Uhr früh im Morgenprogramm auftreten sollte. Strauß hatte Sorgen, daß sein – damals noch etwas rostiges – Englisch für eine fließende Unterhaltung nicht ausreichen würde. Zudem wußte er, daß er auch seinen starken bayerischen Akzent nicht würde vermeiden können. Und da ihm überdies klar war, daß ein deutscher Verteidigungsminister Ende der fünfziger Jahre in den USA noch nicht überall Sympathien hatte, bat er mich um Rat. Ich empfahl ihm, sich während des Interviews doch gemächlich eine Zigarre anzuzünden und auf diese Weise eine »gemütliche Atmosphäre« zu schaffen. Die Zigarre hatte ich vorsichtshalber mitgebracht. Der Trick gelang (»cigar-puffing German defense minister«), und Strauß bekam eine gute Presse. Als dann später aus Deutschland wieder einmal Berichte über Hakenkreuzschmierereien die amerikanischen Zeitungen beschäftigten, hielten wir es für das beste, daß sich die Betroffenen einen persönlichen Eindruck von der demokratischen Stabilität der Bundesrepublik verschafften. Also luden wir eine Delegation der »Anti-Defamation-League« zu einem Besuch Westdeutschlands ein. Nach ihrer Rückkehr stellte sich heraus, daß die positiven Aussagen der Delegationsmitglieder in der Öffentlichkeit weit mehr Gewicht besaßen als unsere Pressemitteilungen, in denen wir Stellung zu den Grabschändereien nahmen.

Zu jener Zeit gaben sich deutsche Bundesminister in New York die Klinke in die Hand. Einer davon war Walter Scheel, der unter Bundeskanzler Erhard Minister für wirtschaftliche Zusammenarbeit oder Entwicklungsminister war. Er suchte und bekam Kontakte zu den wichtigsten Zeitungen und Sendestationen (»New York Times«, »Time«, »Newsweek« und anderen) sowie zu den Vereinten Nationen. Der spätere Vizekanzler, Außenminister und Bundespräsident hatte seine damalige Frau mitgebracht und wollte abends gern am Broadway ein Musical sehen. Doch das war leichter gesagt als getan, denn die meisten Häuser waren ausverkauft, und so mußten wir mit einer eher zweitklassigen Aufführung vorliebnehmen, für die es aber wenigstens noch genügend Karten gab. Das Stück hieß »How to succeed in business without really trying« und hätte auch auf mein eigenes berufliches Fortkommen nach der Bildung der sozial-liberalen Koalition gemünzt sein können.

Die Personalabteilung des Auswärtigen Amtes hatte sich auch zwei Jahre nach dem vergeblichen Vorstoß meines Generalkonsuls Federer nicht eines anderen besonnen und versagte sich noch immer meiner Beförderung oder der Zulassung zur Beamtenprüfung. Also reifte mein Entschluß, New York und dem Auswärtigen Amt den Rücken zu kehren. Da traf es sich gut, daß der frühere Bonner Rundfunkkorrespondent Wolf Dietrich der Chefredakteur des im Aufbau befindlichen Zweiten Deutschen Fernsehens geworden war. Eines Tages rief er mich an und fragte, ob ich ZDF-Korrespondent für Südosteuropa mit Sitz in Wien werden wolle. Susi und ich waren uns rasch einig, das Angebot anzunehmen, und so übernahm ich 1963 das Studio Wien des ZDF. Damals konnte ich natürlich nicht ahnen, daß ich schon bald in einer anderen Eigenschaft in den Auswärtigen Dienst und auch nach New York zurückkehren würde.

Wenige Tage nach meinem Entschluß, das Arbeitsverhältnis mit dem Auswärtigen Amt – schriftlich und fristgerecht – zu kündigen, kam der damalige Außenminister Gerhard Schröder zu einem Kurzbesuch nach New York. Diesmal gab es keinen Schneesturm, und so konnten wir Schröder ungestört auf dem Flughafen vor der Heimreise nach Bonn verabschieden. Während der kurzen Wartezeit nahm er mich zur Seite und fragte mit erkennbar ärgerlichem Unterton, ob es denn zutreffe, daß ich dem Auswärtigen Dienst den Rücken kehren wolle. Als ich bejahte und ihm die Gründe nannte, reagierte er verständnislos und begann, die Entscheidung seiner Personalabteilung lebhaft zu verteidigen. Ich müsse mehr Geduld haben, der Altersaufbau im Auswärtigen Amt erlaube keine andere Vorgehensweise. Schröders Ärger verflog allerdings sofort, als er von mir erfuhr, wer mein neuer Arbeitgeber sein würde. »Ach, zum Fernsehen werden Sie wechseln?« fragte er nunmehr betont freundlich. Dann würden wir uns ja hoffentlich noch öfter wiedersehen. Es war deutlich zu spüren, daß Schröder meine berufliche Entscheidung jetzt in einem ganz anderen Licht sah: Plötzlich war aus dem kleinen Pressereferenten, der gekündigt hatte, der künftige Fernsehkorrespondent geworden, der einmal nützlich für ihn sein könnte. Und so wünschte er mir denn mit überraschender Liebenswürdigkeit alles Gute für die Zukunft – ein jäher Stimmungswechsel, der mich nachhaltig gegen ihn eingenommen hat.

Da ich weder von den journalistischen Eigenarten noch von den technischen Details einer Fernsehberichterstattung Ahnung hatte, hieß es nun erst einmal, vor dem Dienstantritt in Wien einen Lernkurs einzuschalten. Mein Freund Walter Cronkite, der CBS-Fernsehstar und ehemalige UP-Reporter, wurde mein Lehrmeister. Ich durfte ihm bei den Vorbereitungen für seine CBS-Evening News über die Schulter gucken und ihn bei Reportagen vor Ort begleiten. »Du mußt lernen, in Bildern zu denken«, gab er mir mit auf den Weg und erklärte mir die Unterschiede zwischen einem Agenturjournalisten und einem TV-Korrespondenten, der mit Kamerateam, viel Technik und – damals noch – großem Zeitaufwand arbeitet. Elektronische Live-Übertragungen von jedem Fleck der Erde aus kamen erst viel später auf. Wir zogen damals noch mit Arriflex-Kamera, Nagra-Tonbandgerät und viel Zusatzequipment (wie Scheinwerfern und Fahrzeugen) los. Die Filme mußten dann vor der Sendung immer erst entwickelt und geschnitten werden. Damit ging Aktualität schnell verloren, weshalb die Berichterstattung eher den Charakter eine Wochenschau bekam.

Mein erster Auftrag hatte gleich einen politischen Hintergrund. Das ZDF wollte seinen Sendebetrieb mit einem Interview mit Alt-Bundeskanzler Adenauer beginnen. Und weil der sich gerade in seinem Ferienort Cadenabbia ausruhte, wurde ich zum Comer See geschickt, wohin meine Frau mich begleitete. Der erfahrene Kameramann hatte mir geraten, das Gespräch mit Adenauer im Garten seiner Villa zu führen, um so auch etwas von der Frühlingslandschaft einzufangen. Sein Kamera-Assistent schlug »die Klappe«, zeigte so den Beginn der Aufnahme an, und Adenauer begann zu reden. Doch meine Fragen hatte er offenkundig – oder absichtlich? – überhört, denn statt zu antworten, pries er ausführlich und langatmig den Comer See und seine Umgebung an. Nach endlosen Minuten und vielen Metern Film brachen wir das Gespräch ab. Schließlich war ich ja nicht hergereist, um mir touristische Empfehlungen über die zweifelsohne schöne Landschaft geben zu lassen. Adenauer war verärgert und nur nach langem Insistieren bereit, sich am nächsten Tag noch einmal der Kamera und dann doch meinen Fragen zu stellen. Dazu verlegten wir das Gespräch in das Innere des Hauses, um nicht wieder durch die Umgebung abgelenkt zu werden. Anschließend spielten Susi und ich mit Adenauer und seiner Tochter hinter dem Haus eine Partie Boccia. »Is dat Fräulein auch beim Fernsehen?« hatte Adenauer, mit Pepitahut, in seinem unverkennbaren kölnischen Idiom gefragt, als er meine Frau das erste Mal sah.

In Wien legte mir unsere tüchtige Studiosekretärin Maria Klepsch am Tag unseres Einzugs in das neue Studio die aktuelle Ausgabe des Wiener »Express« auf den Tisch, dessen Schlagzeile lautete »Doppelmord – weil man ihn einen Dodel schimpfte!«. Auf diese Weise lernte ich, daß mein Spitzname Dodel in Österreich so etwas wie Dorftrottel bedeutet.

Zum geographischen Arbeitsgebiet des ZDF-Studios Wien gehörten auch alle Länder, die östlich und südlich von Österreich lagen: Polen und die Tschechoslowakei, Ungarn, Jugoslawien, Rumänien, Bulgarien und eigentlich auch Albanien. Letzteres erteilte uns jedoch nie eine Einreise- oder gar Drehgenehmigung. Die Berichterstattung, ganz gleich, ob es sich um aktuelle oder um längerfristige Dokumentationen handelte, verlangte zeitraubende Vorarbeiten. Die kommunistischen Regierungen der südost- und zentraleuropäischen Staaten waren damals äußerst zurückhaltend, wenn es darum ging, Kamerateams aus dem »westlichen« Ausland ins Land zu lassen. Drehvorhaben mußten detailliert erklärt und umständlich begründet werden, und sehr häufig handel-

März 1963: ZDF-Korrespondent Rüdiger von Wechmar interviewt Bundeskanzler Konrad Adenauer in dessen Feriensitz Cadenabbia am Comer See.

ten wir uns eine Ablehnung ein. Visa mußten beschafft werden, und komplizierte Zollformalitäten für Kameras, Gerät und Fahrzeuge waren zu erledigen. Manchmal haben wir wochenlang auf die Zustimmung der Instanzen warten müssen, ehe wir endlich losfahren konnten.

Einmal am Zielort eingetroffen, wurden wir natürlich Tag und Nacht von »Dolmetschern« begleitet, die der jeweiligen Geheimpolizei zweifellos über unsere Aktivitäten berichten mußten. Mit der Zeit gewöhnten wir uns an diese Aufsicht, und umgekehrt war es wohl auch nicht anders, denn in der eigentlichen Berichterstattung sind wir nicht wirklich behindert worden. Schließlich mußten unsere Themen ja ohnehin einzeln vorher staatlich genehmigt werden. Hinzu kam, daß die Dolmetscher auch während der Tagesarbeit einen lückenlosen Überblick über unser Tun hatten, so daß wir unsere Berichte vor der Sendung keiner formellen Zensur mehr unterwerfen mußten – was wir natürlich sowieso abgelehnt hätten. Zu Beginn unserer Arbeit war das ZDF der einzige deutsche Fernsehsender, der ständig aus Südosteuropa berichtete; erst später kam die ARD mit einem eigenen Wiener Studio hinzu.

Es war die Zeit, in der man amtliche deutsche Handelsvertretungen in Budapest, Bukarest und Warschau einrichtete, die von deutschen Diplomaten im Range eines Generalkonsuls geleitet wurden, von meinen früheren Kollegen sozusagen, zu denen wir enge Kontakte unterhielten. Übrigens wurde ich zuweilen von den Sprechern der kommunistischen Regierungen gefragt, ob ich denn wirklich Abschied vom Auswärtigen Dienst genommen hätte. Man schloß von sich auf andere: Da die Journalisten im Ostblock häufig Staatsangestellte waren, argwöhnte man, daß auch ich – im Gewand des Fernsehkorrespondenten – in Wahrheit politische Aufträge zu erfüllen hatte.

Eine meiner ersten Aufgaben war es, eine Auswahl zu treffen, welche Länder für deutsche Fernsehzuschauer damals, Mitte der sechziger Jahre, von besonderem Interesse sein könnten. In Abstimmung mit der ZDF-Zentrale in Mainz, insbesondere mit dem erfahrenen Leiter der Hauptabteilung Politik und Zeitgeschehen, Hans Herbert Westermann, entschieden wir uns für das Dreieck Ungarn, Jugoslawien und Rumänien. Die Tschechoslowakei und Polen wurden Ziele weniger für Dreharbeiten als zu Vorgesprächen über Ko-Produktionen des ZDF mit dortigen Fernsehanstalten. Ungarn war von Wien aus rasch zu erreichen, Jugoslawien besaß eine besondere Bedeutung aufgrund der Sonderrolle, die Marschall Tito damals noch im Ostblock spielte, und ähnliches galt auch für Rumänien, das sich unter seinem damaligen Chef Gheorghe Gheorghiu-Dej und später Nicolae Ceausescu von der Sowjetunion deutlich zu entfernen schien. Für Ungarn und Rumänien sprach ferner die Tatsache, daß damals in beiden Ländern noch bedeutende deutsche Volksgruppen lebten.

Unsere erste Reise mit dem ganzen Team ging nach Belgrad und Sarajewo in Jugoslawien, das zu der Zeit noch ein festgefügter Staat war, von der kommunistischen Partei, dem Militär, den Geheimdiensten und dem Marschall Tito stramm zusammengehalten. Sarajewo war damals für uns in erster Linie als Schauplatz des Attentats auf den österreichischen Thronfolger interessant, das 1914 mit zum Ausbruch des Ersten Weltkrieges geführt hatte. Anschließend reisten wir auf die Insel Brioni (wo sich der Sommersitz von Tito befand) und fuhren weiter nach Istrien. Überall produzierten wir kleine Filmbeiträge für die Sendung »Blickpunkt«, das heutige »Auslandsjournal«. Was die Berichterstattung über aktuelle Begebenheiten betraf, so bekam ich während meiner ganzen Zeit am Wiener Studio nur zweimal eine Drehgenehmigung: Nach dem schrecklichen Erdbeben in Skopje und anläßlich eines Besuchs Chruschtschows, den ich zehn Jahre zuvor in Moskau erlebt hatte. Wie damals trug er auch diesmal einen seiner viel zu weiten Anzüge. An der Berichterstattung über die großen Erdbebenschäden in Skopje war man in Belgrad schon deshalb interessiert, weil man hoffte, die Fernsehbilder könnten die internationalen Hilfsaktionen beschleunigen. So kam die Dreherlaubnis sofort, und einen Tag nach der Katastrophe waren wir per Flugzeug unterwegs nach Skopje, wo ich zum ersten Mal die auf dem Balkan häufiger anzutreffenden »Klageweiber« sah, die laut jammernd an den Gräbern der Opfer standen. Mit uns traf auch ein Rettungstrupp des Deutschen Roten Kreuzes ein und errichtete über Nacht eine kleine Zeltstadt für die unglücklichen Bewohner völlig zerstörter Häuser.

Die meisten Auslandsreisen in jener Zeit führten mich nach Rumänien, wo ich 1966 sogar für viele Monate als der einzige westliche »ständige Korrespondent« stationiert war. Meine erste Erfahrung dort war eher makabrer Art. Gleich hinter der Grenze zu Ungarn, noch beim Zoll, wartete der erste Dolmetscher, der uns begleiten sollte: Victor Banciulescu, ein rumänischer Sportjournalist mit exzellenten Deutschkenntnissen. Schwarzhaarig und dunkelhäutig sah er wie ein echter Rumäne aus. Und das war er auch. Victor sollte uns in das einstige Csatad bringen, wo Nikolaus Lenau, der österreichische Lyriker, geboren war und längere Zeit gelebt hatte. Aus dem ursprünglich ungarischen Ortsnamen Csatad war inzwischen Lenauheim geworden. Victor kannte sich aus, denn er stammte selbst aus dem unweit gelegenen Temesvár. Als wir mit unserem kleinen Konvoi von drei Fahrzeugen in die Dorfstraße einbogen, stachen uns zwei Dinge ins Auge: Ganz im Gegensatz zu den meisten anderen rumänischen Dörfern herrschte peinliche Sauberkeit auf den Straßen, aber keine Menschenseele war zu sehen. Absolute Friedhofsstille, und das an einem Frühsommertag. Erst als wir am Dorfplatz haltmachten, traten zwei Männer auf uns zu, der Bürgermeister und der Parteisekretär, wie wir alsbald erfuhren. Man bat uns zum Kaffee, um das »Programm« zu besprechen, das in erster Linie aus einigen Tänzen bestand, die die Volkstanzgruppe des Dorfes am Nachmittag für uns aufführen würde. Wir könnten ja inzwischen mit den technischen Vorbereitungen beginnen.

Völlig in Anspruch genommen von dem Aufbau der Beleuchtung, der Mikrofone und vor allem der Kameras, bemerkten wir erst spät, daß sich inzwischen gut drei Dutzend Jungen und Mädchen in farbenfrohen – und wie sich später herausstellte nagelneuen – Trachten hinter der Bühne versammelt hatten. Der Bürgermeister hielt eine Ansprache auf rumänisch, der Parteisekretär tat es ihm gleich – und dann begann der Volkstanz, sauber eingeübt und präzis, so daß wir nicht schlecht staunten, in einem kleinen Dorf von vielleicht 600 Seelen eine so versierte Tanzgruppe anzutreffen Noch größer aber war unser Erstaunen nach dem Ende der Vorführung: Denn als wir unser Gerät zu den draußen geparkten Fahrzeugen schleppten, sahen wir, wie die Volkstänzer samt ihren Kostümen in einen bereitstehenden Bus einstiegen und Richtung Temesvár abfuhren. Man hatte uns also ein Potemkinsches Dorf vorgeführt. Die Tänzer gehörten zu einer herbeigekarrten Trachtengruppe, die – staatlich finanziert und angeleitet – sonst in den sozialistischen Bruderländern touristische Werbung betrieb.

Natürlich haben wir den Bürgermeister und den Parteisekretär darauf angesprochen. Die waren wenigstens ehrlich: Nein, man habe in Lenauheim gar keine Volkstanzgruppe, aber das Programm sei von Bukarest aus befohlen worden. Übrigens hatte außer dem Bürgermeister und Parteisekretär niemand sonst aus Lenauheim an der Vorführung im Saal teilgenommen. Gähnende Leere im Zuschauerraum, nur die Bühne gefüllt mit den Staatstänzern. Auch das Dorf war noch immer wie ausgestorben. Den ganzen Tag lang waren die Bewohner zu Hausarrest verurteilt worden. Bloß keine Begegnung mit Journalisten aus dem kapitalistischen Westen. Banciulescu gab sich betroffen, und die Leute im Außenministerium waren über die Verantwortlichen im offenbar zuständigen Parteiapparat verärgert. Man hätte uns nicht so zum Narren halten dürfen, hieß es.

Für unsere Arbeits- und Drehgenehmigungen war das rumänische Außenministerium zuständig. Dort leitete Petre Josif die Presseabteilung, und wenn wir von Wien aus oder später in Bukarest eine Dreherlaubnis brauchten, war er der Anlaufpunkt. Josif war eigentlich Arzt, und wie er zu seinem Pressejob gekommen war, blieb allen ein Rätsel. Während meines knapp einjährigen Aufenthaltes in der rumänischen Hauptstadt hatte ich im Hotel »Lido« eine Art Büro eingerichtet, und als wir wieder einmal ergebnislos wegen einer Genehmigung für ein Drehprojekt antichambriert hatten, setzte ich mich im Hotel an meine Schreibmaschine und bat meinen Chefredakteur Dietrich, uns nach Wien zurückzuholen, denn hier könnten wir auf absehbare Zeit nichts Vernünftiges mehr tun. Das Schreiben wollte ich am nächsten Tag zum Flugplatz bringen und es dem Piloten einer westlichen Luftfahrtgesellschaft zur sicheren Beförderung mitgeben. Zunächst ließ ich den Brief allerdings achtlos und offen in meinem Büro liegen.

Am Abend des gleichen Tages hatte Ceauçescu zu einem Empfang für den pakistanischen Staatschef General Ajub Khan in ein Palais eingeladen. Als einziger akkreditierter westlicher Vorzeigejournalist bekam ich eine Einladung. An der Seite des KP-Generalsekretärs schritt der General die Front der aufgereihten Gäste ab, blieb plötzlich vor mir stehen und fragte auf englisch: »Are you British and if so where did you serve?« Er verbarg seine Enttäuschung nicht, als er erfuhr, wer ich sei. Einen westdeutschen Fernsehkorrespondenten hatte er hier zuallerletzt erwartet. Daß der pakistanische General, der als junger Offizier natürlich eine britische Militärakademie besucht hatte, ausgerechnet bei mir stehengeblieben war, erregte einiges Aufsehen. Ceauçescu, der neben Ajub Khan die Reihe der Gäste entlanggeschritten war, ließ sich von einem Adjutanten erklären, wer ich sei. Hinterher erfuhr ich, daß ich dem General aufgrund meiner Größe und blonden Haarfarbe inmitten der dunkelhaarigen und körperlich zumeist kleineren Rumänen aufgefallen war. Wenn blond und groß, so hatte der Staatsgast aus Islamabad vielleicht geschlossen, dann konnte es nur ein Kolonialherr, also ein Brite, sein.

Gleich danach nahm mich der gleichfalls anwesende Petre Josif auf die Seite und bedauerte, daß wir so lange auf Drehgenehmigungen warten müßten. Die »staatlichen Organe« seien eben sehr bürokratisch, da dauere es seine Zeit. Er hoffe jedenfalls sehr, daß wir weiterhin in Bukarest bleiben und nicht übereilt nach Wien zurückkehren würden. Es war klar: Die Securitate, der gefürchtete Geheimdienst, hatte meinen Brief an Dietrich gelesen, vermutlich sogleich kopiert und dem Pressechef zugeleitet. Ich bewunderte Josifs Chuzpe und die Geschwindigkeit der Geheimpolizei. Und siehe da: Die nächste Dreherlaubnis kam relativ rasch.

Sie galt einem Dokumentationsvorhaben, das wir schon lange vorbereitet hatten: einem Film über die Religionsgemeinschaften im kommunistischen Rumänien. Da gab es die zahlenmäßig größte griechisch-orthodoxe Kirche, die katholischen Gemeinden im vornehmlich ungarisch besiedelten Teil des Landes, die (deutsche) evangelische Kirche Augsburger Bekenntnisses (A.B.) in Siebenbürgen, die kleinen jüdischen Gemeinden und die Moslems. Jede von ihnen mußte sich auf ihre Art mit dem Regime arrangieren. Staat und Partei wiederum ließen sie, wenn auch in enggezogenem Rahmen, gewähren. Der Metropolit von Bukarest war ebenso wie der Oberrabbiner Mitglied des sogenannten Parlaments, und der Metropolit gewährte mir ein eher mühsames, weil betont ausweichendes Interview, ließ uns aber Filmaufnahmen machen, als er das orthodoxe Osterfest für Tausende von Gläubigen zelebrierte. Kenner der Zusammenhänge haben mir später berichtet, daß es hierüber im Zentralkomitee der KP eine Auseinandersetzung gegeben hatte, eine Mehrheit dann aber für die Dreherlaubnis votiert habe, weil so die »freie Religionsausübung in Rumänien« im westlichen Ausland glaubhaft gemacht werden könne. Oberrabbiner Moses Rosen war im Gespräch vor der Kamera viel offener als der Metropolit und sprach bewußt von Beschränkungen für Juden im Land. Der deutsche evangelische Bischof in Hermannstadt (Sibiu) verhielt sich erkennbar vorsichtig und zurückhaltend. Er wollte seinen Gläubigen unter den Siebenbürger Sachsen durch allzu offene Äußerungen keine Unbill zufügen. Wiederum mutiger waren die deutschsprachigen Predigten der protestantischen Pfarrer in der Schwarzen Kirche zu Kronstadt (Brasov) und in dem sächsischen Dorf Großpold (Apoldul du Sus), wo wir später übrigens auch einen Film über die Siebenbürger Sachsen gedreht haben. Damals wollten die meisten von ihnen noch im Lande bleiben. »Hier sind die Gräber unserer Vorfahren«, sagten sie.

Im Nordosten Rumäniens machten wir Aufnahmen von den berühmten Klöstern in der Gegend um Iaşi und Suceava in der Nähe des Pruth, wo am 23. August 1944 die Rote Armee ihren Angriff auf Rumänien begann, der zum Sturz des Regimes Antonescu und schließlich zur Abdankung des jungen Königs Michael und der Ausrufung der Volksrepublik Rumänien führte. Wir suchten nach Kriegsgräbern deutscher Gefallener, die bei den verlustreichen Kämpfen ums Leben gekommen sein mußten. Eine erfolglose Suche. Niemand wollte sich erinnern, jemals etwas von deutschen Gräbern gehört zu haben. Bis wir am Schluß unseres

218

»Eroul General Hugo Svab«
Soldatengrab des 1944 am Prut (Rumänien) gefallenen deutschen Generals
Schwab, das ein von Wechmar geleitetes ZDF-Team auf dem Friedhof des Non-
nenklosters Agapia bei Jaşi entdeckte.

Aufenthaltes im Nonnenkloster Agapia Gäste der Äbtissin waren,
die uns mit Früchten aus dem Klostergarten bewirtete. Ich
brachte die Rede auf deutsche Gefallene, und sie lud uns ein, am
nächsten Morgen mit ihr auf den Klosterfriedhof zu gehen, wo sie
uns etwas zeigen wolle.

Wir wurden fündig. Mitten zwischen den Gräbern vieler Nonnen sahen wir ein frisch geschmücktes Grab unter einem schlichten Holzkreuz mit der (rumänischen) Inschrift »Eroul General
Hugo Svab« und dem Datum seines Todestages: 24. August 1944.
Daneben zwei gleichermaßen blumengeschmückte Gräber, deren
Kreuze rumänische Namen trugen. Die Äbtissin klärte uns auf: In
der Mitte liege ein deutscher General, links und rechts neben ihm
hätte man seine rumänischen Begleitoffiziere bestattet.

Die Geschichte war schnell erzählt: Der General hatte in der
Nachbarschaft sein Stabsquartier gehabt und war täglich auf einen Besuch ins Kloster geritten. Bei einem dieser Besuche sei er
auf den Friedhof gegangen und habe erklärt, dort wolle er einmal
begraben werden. Einen Tag nach dem 23. August 1944 hätten sie
ihn und die beiden rumänischen Offiziere gebracht. Tot, Opfer
von Fliegerbomben. Die Nonnen setzten sie bei und zimmerten
die Kreuze. »Eroul« heißt Held. Und jeden Tag wurden diese drei

Gräber von den Nonnen gepflegt und mit Blumen aus dem Klostergarten geschmückt. »Wir kannten ja die Familienangehörigen nicht und wußten keine Adressen. Da haben wir beschlossen, daß wir uns selbst um die Grabstellen kümmern«, sagte die Äbtissin entschuldigend.

Wir haben die Gräber dann gefilmt und fotografiert und die Aufnahmen dem Volksbund für Kriegsgräberfürsorge mit der Bitte geschickt, man möge doch Nachforschungen anstellen. Und tatsächlich fand man dort heraus, daß General Schwab aus Österreich stammte und seit dem August 1944 als vermißt gemeldet war. Der Volksbund machte die Familie ausfindig, schickte ihr die Aufnahmen und sorgte dafür, daß die Angehörigen das Grab besuchen und den Nonnen danken konnten. Es war, wie ich vermute, die erste Fundstelle eines deutschen Kriegergrabes aus dem Zweiten Weltkrieg in Rumänien. Heute befreit der Volksbund für Kriegsgräberfürsorge allein in der Nähe von Iaşi, unweit vom Kloster Agapia, einen Soldatenfriedhof mit mehreren tausend Gefallenen.

Übrigens hatte unsere Klösterreise noch einen höchst spirituellen Ausklang. In Iaşi waren wir mit dem Metropoliten der orthodoxen Kirche verabredet, von dem wir noch nähere Angaben über die Baugeschichte der Klöster brauchten. Er lud das Kamerateam und mich zu einem kleinen Imbiß ein, bei dem eine Flasche mit Tzuika, dem rumänischen Schnaps, kreiste. Als wir das Getränk lobten, ließ der Metropolit eine ganze Kiste davon in einen unserer Wagen laden. Wir dankten, verabschiedeten uns und fuhren über Ungarn zurück nach Wien. Es war ein heißer Tag, als wir an der ungarisch-österreichischen Grenze eintrafen und die übliche Frage vernahmen, ob wir etwas zu verzollen hätten. Unser verneinendes Kopfschütteln wurde plötzlich von einem mehrfachen »Plopp« begleitet: Wie sich herausstellte, waren bei drei Flaschen infolge der Hitze die Korken herausgesprungen. Deftiger Schnapsgeruch breitete sich aus. Wir gaben den Grenzern eine Kostprobe und zahlten den Zoll mit drei ungeöffneten Flaschen. Sechs blieben uns erhalten. Wie rigoros das Regime mit seinen Bürgern umging, erlebten wir übrigens zuweilen in den Hotels. Kamen Ausländer wie wir, die mit Devisen zahlten, so mußten die Rumänen augenblicklich ihre Hotelzimmer räumen, auch wenn sie bereits bezahlt waren.

Nicht anders als in Rumänien wurde uns auch in Ungarn ein

Dolmetscher zugeteilt, der zugleich als Bewacher fungierte, im Gegensatz zu Rumänien aber vom staatlichen Fernsehen abgeordnet wurde. Unsere Begleiter wechselten häufig, und manchmal befanden sich auch Frauen darunter. Zur Vorbereitung unserer Reportagen suchte ich Kontakt zu ungarischen Journalisten, von denen ich hoffte, daß sie bei aller Loyalität gegenüber dem Regime doch über genügend Landes- und Sachkenntnis verfügten, um uns nützliche Tips zu geben. Einer von ihnen war Tibor Pethö, damals Chef von »Magyar Nemzet«, einer Art Regierungszeitung. Pethö hatte viele internationale Beziehungen und arbeitete in der Friedensbewegung. Im Zweiten Weltkrieg war er Major in der ungarischen Armee gewesen und hatte auf deutscher Seite an der Ostfront gekämpft. Seine Position als Chefredakteur verdankte er den Zeitläuften: Vor dem Krieg war sein Vater Chef einer gleichnamigen, eher liberalen Zeitung in Budapest gewesen und hatte in dieser Eigenschaft einen jüdischen Redakteur vor dem Zugriff der Nazis und der faschistischen Pfeilkreuzler geschützt. Nach der kommunistischen Machtübernahme wurde aus dem jungen Redakteur ein wichtiger Parteisekretär, der nun wiederum seine schützende Hand über Pethös Sohn Tibor hielt und damit seine Dankbarkeit gegenüber dem Vater erwies.

Der andere Gesprächspartner war Peter Reniy, stellvertretender Chefredakteur der Parteizeitung »Népszabadság«. In Hamburg geboren, war er mit Helmut Schmidt auf dieselbe Schule gegangen. Reniy war eigentlich Filmkritiker, hatte sich im Lauf der Jahre aber auch zum außenpolitischen Leitartikler entwickelt. Ich nahm ihn einmal zu einer ZDF-Diskussionsrunde mit nach Mainz, wo er mitten in der Livesendung wütend aus dem Studio stürzte, weil er sich durch allzu direkte Fragen brüskiert fühlte. In Ungarn fand das bei amtlichen Stellen wenig Zuspruch. Reniy hätte ebenso offen antworten sollen, hieß es.

Zu jener Zeit übrigens lebte Kardinal Mindszenty in der amerikanischen Botschaft in Budapest im Asyl. Natürlich haben wir immer wieder versucht, ihn zu interviewen, doch die Amerikaner und auch er selbst lehnten ab. Es gelang uns nur, Aufnahmen in seinem Haus in Esztergom, dem Sitz seines Erzbistums, zu machen. Es war rührend zu sehen, wie sich seine Mitarbeiter dort auf die Freilassung und Heimkehr des Kardinals vorbereitet hielten. Jeden Tag wurden frische Blumen in seinen Arbeitsraum und sein Schlafzimmer gebracht, und an seinem Bett stand immer eine

Karaffe mit frischem Wasser. Etwas mehr Glück, ein Interview zu ergattern, hatten wir bei Terry Torday, einer jungen Filmschauspielerin, die damals ein Star in Ungarn und später zuweilen auch in deutschen Filmen zu sehen war. Sie führte uns in ein Budapester Restaurant, wo wir uns bei Speisen und Getränken vor der Kamera unterhalten sollten. Doch mein Team war mit den Aufnahmen nicht zufrieden. Mal haperte es mit dem Ton, mal mit der Beleuchtung, mal mit der Kameraführung. Mehrmals mußten neue Filmkassetten eingelegt werden, die Dreharbeiten zogen sich in die Länge – und zugleich stieg der Alkoholkonsum. Bei der dritten Flasche angelangt, hatten Terry Torday und ich schon ein bißchen Mühe mit der Aussprache, was mir hinterher den ironischen Kommentar in der ZDF-Zentrale eintrug: »Na, netten Abend gehabt, was?«

Von Wien aus führte mich mein Weg aber auch nach Prag und Warschau, wo es damals zunächst nur um Fragen der Zusammenarbeit mit dem jeweiligen Staatsfernsehen ging. Die aktuelle Berichterstattung begann erst später. In Prag traf ich mich mit Jiři Pelikan, der damals TV-Chef und Mitglied des Zentralkomitees der kommunistischen Partei war. Als die Sowjets den Prager Frühling durch den Einmarsch von Truppen des Warschauer Paktes (übrigens ohne Teilnahme der Rumänen) beendeten, verließ er das Land und wurde später für eine italienische Partei Abgeordneter des Europäischen Parlaments. In Warschau hatte ich mich mit dem stellvertretenden Außenminister Josef Winiewicz zu einem Mittagessen im ehrwürdigen Hotel »Bristol« verabredet. Winiewicz erzählte mir, daß das Hotel ein wehmütiger Ort sei, denn er sei hier das letzte Mal wenige Tage vor Kriegsausbruch gewesen, um sich mit dem damaligen deutschen Botschafter zu treffen in der Hoffnung, den Kriegsausbruch doch noch verhindern zu können. 1970 gehörte er zur polnischen Delegation, die mit uns den Vertrag mit Polen ausarbeitete.

Völlig unerwartet meldete sich 1968 eines Tages die Personalabteilung des Auswärtigen Amtes am Telefon. Am Apparat war Georg Federer, mein früherer New Yorker Generalkonsul, der inzwischen Personalchef des Auswärtigen Amtes war. Der Platz eines Direktors des German Information Center (GIC) sei neu zu besetzen, erklärte er mir. Ob ich nicht Lust hätte, in den Auswärtigen Dienst zurückzukehren. Zu »angemessenen Bedingungen«, wie er versicherte. Er kannte ja die Vorgeschichte.

Das klang verlockend. Das GIC hatte seinen Sitz in New York, seine Leitung war eine Herausforderung. Andererseits lagen fast fünf Jahre interessanter Arbeit beim ZDF hinter mir, an das ich überdies mit einem langfristigen Vertrag gebunden war. Ein Kompromiß war die Folge: Ich würde beim ZDF einen unbefristeten Urlaub antreten und zunächst einmal probehalber das Information Center übernehmen. Dann könne man ja weitersehen. Juristen der Regierung und des Fernsehens balgten sich um die schriftliche Fixierung, und bald war alles klar. Susi, unsere mittlerweile in Wien zur Welt gekommene Tocher Yvonne und ich verließen unsere Wohnung in der Wiener Theresianumgasse mit dem neuen, alten Ziel New York.

Ein folgenreicher Telefonanruf
(1968/69)

Das German Information Center, das mein Vorgänger und Freund Joseph Thomas aus dem Boden gestampft hatte, gehörte formell der Botschaft in Washington an und war deshalb für die ganzen Vereinigten Staaten zuständig. Zum Sitz war New York gewählt worden, weil dort die »nation-wide«-Medien ihre Zentralen hatten: die »New York Times«, »Time« und »Newsweek«, die Rundfunk- und Fernsehanstalten CBS, NBC und ABC und die großen amerikanischen Nachrichtenagenturen. Mit Gründung des GIC waren die Deutschen dem Vorbild von Briten und Franzosen, ja selbst der Österreicher gefolgt, die seit geraumer Zeit und mit erkennbarem Erfolg ähnliche Informationsbüros zwischen East River und Hudson eingerichtet hatten. Meine Klientel war im wesentlichen noch dieselbe wie während meiner Arbeit im Pressereferat des Generalkonsulats. Fast überall fand ich bekannte Gesichter vor. Otto D. Tolischus war zwar von der Leitartikelseite der »New York Times« zu den »Obituaries« gewechselt, jenem Redaktionsteil, der kunstvolle Nachrufe auf prominente Verstorbene drechselte. Deutschland aber blieb auch weiterhin von Interesse für den gebürtigen Litauer, der in den dreißiger Jahren Berlin-Korrespondent der »Times« gewesen war und 1938 auch über die »Reichskristallnacht« aus der Reichshauptstadt berichtet hatte. Gemeinsam mit der »New York Times« brachten wir bald eine Sonderausgabe über Deutschland heraus, die sich dank ihrer geistreichen und originellen Beiträge von den üblichen, ziemlich langweiligen Länderbeilagen des Blattes unterschied. Zur Vorstellung des Beiblatts luden wir in die gerade eröffnete, damals hochmoderne Discothek »Cheetah« ein, was von der Presse als Abkehr vom Hergebrachten mit Beifall aufgenommen wurde. Die »Times« hatte Mühe, den unerwartet hohen Bedarf zu decken. Es mußte kräftig nachgedruckt werden.

Susi und ich nutzten die Wiederkehr nach New York, um mehr von der Stadt und ihren Menschen kennenzulernen. An Wochenenden stiegen wir auf unsere Fahrräder und radelten hin und wieder auch zu Andy Warhol in seiner »Factory«. Die hatte er sich am Südende von Manhattan im zweiten Stock eines Lofts, in der verlassenen Fabrik (daher »Factory«) eines Kleinbetriebs eingerichtet, die ihm jetzt als Atelier und Werkstatt diente. Als wir das erste Mal zu ihm kamen, stand er an einer Serigraphiemaschine, um Kopien eines Siebdrucks herzustellen, ein eher mechanischer denn ein künstlerischer Vorgang. Er musterte uns prüfend und ein wenig mißtrauisch mit seinen wasserblauen Augen, führte uns dann aber freundlich durch sein Atelier. Mittelpunkt des Lofts war ein gewaltiger Eichentisch, um den sich jeden Mittag ein Dutzend seiner Freunde versammelte, um die in Tüten verpackten Sandwiches zu essen, die man beim »Deli« nebenan gekauft hatte. Andy war ein scheuer Mensch und fand wenig Gefallen an neugierigen oder gar aufdringlichen Besuchern. Wir hatten ihn durch einen Bonner Galeristen kennengelernt, der ihn wohl überzeugt hatte, daß wir relativ gesittete Menschen seien.

Abends war Harlem oft unser Ziel, wo wir Twist tanzten, der damals gerade in Mode war. Manchmal hatten wir nur ein paar Dollar in der Tasche, aber das reichte für den Eintritt oder für ein Bier in dem Lokal des Boxidols Sugar Ray Robinson. Hin und wieder war Frank Hercules unser kundiger Fremdenführer, ein in Amerika bekannter farbiger Schriftsteller. Mit seinem Roman »I want a black doll« hatte er gerade ziemlichen Erfolg, und im Schwarzenviertel der Millionenstadt kannte ihn jeder. Er nahm uns auch mit zu Vorstellungen ins Apollotheater, wo Farbige für Farbige spielten. Das einzige, was in Harlem in der drückenden Hitze des New Yorker Sommers störte, war der Mangel an Klimaanlagen. Schwitzen gehörte dort zur Tagesordnung.

Mit meinen Pressekunden ging ich zuweilen in das damals sehr populäre und deswegen stets überfüllte Ristorante »Gino's«. Es war sehr italienisch und zugleich typisch New York. Alles schien ein wenig desorganisiert. Stets mußte man an der Bar auf einen Tisch warten, selbst wenn man den schon lange vorher und zu fester Zeit vorbestellt hatte. Die Bar war gleich neben dem Eingang plaziert, so daß niemand ins Lokalinnere vordrang, ohne vorher einen Drink genommen zu haben. Unkundige erhofften sich durch flotten Alkoholkonsum am Tresen rascher einen Tisch zu erkaufen. Das hob die Stimmung der Gäste und die Umsätze der Lokalinhaber, verhalf aber längst noch nicht zu einem Tisch. Von der Bar aus konnte man durch eine große Schaufensterscheibe das Leben und Treiben auf der Lexington Avenue beobachten oder von draußen wie in einem Aquarium besichtigt werden. Direkt neben der Bar nahm die Garderobenfrau in einem winzigen Verlies im Winter die Mäntel ab und häufte sie übereinander auf ein paar Bügel. Wer keine Garderobenmarke bekam, konnte sich geadelt fühlen: Dann kannte die Garderobenfrau den Gast und fand beim Heimgang stets den richtigen Mantel.

Die Holzstühle waren hart, die Tische klein, das übrige Ambiente rustikal bis häßlich. Heizungs- und Wasserrohre waren sichtbar über Putz verlegt, die Weihnachtsdekoration hing das ganze Jahr über an den Wänden, und die Bedienung war ruppig-herzlich. Das Essen aber war ebenso exquisit wie die Preise. Trotzdem kam jeder gern. Neulinge wurden in den hinteren Teil, nach »Sibirien«, verbannt und mußten sich erst langsam nach vorn dienen. Mittags kamen Dutzende von schnatternden Damen, vollbepackt mit ihren Papiertüten von ihrem Einkaufsbummel im gegenüberliegenden Kaufhaus Bloomingdale's herein und ließen jedes gedämpfte Gespräch im Lärm von fröhlichem Klatsch und Tratsch versickern. Böse Zungen behaupteten, daß die Mafia ein Wort mitzureden habe bei »Gino's«. Die Inhaber wiesen das weit von sich und drohten mit Klagen. Wie dem auch sei: »Gino's« war in. Und sehr, sehr New York.

Auch zu Hause, in unserer Wohnung im 18. Stock eines jener anonymen Apartmentriesen, waren wir Gastgeber. Einmal boten wir »hot dogs, champagne and music« an und holten uns dazu einen Hot dog-Verkäufer von der Fifth Avenue samt seinem zweirädigen Verkaufswagen. Es kostete einige Mühe, das Gefährt im Aufzug heraufzubefördern. Der Musiker, ein Akkordeonspieler, hatte es leichter.

Im Spätherbst 1969, die Bundestagswahl war gerade vorbei, saß ich über einem neuen PR-Konzept in meinem Büro, als sich meine Sekretärin über die Gegensprechanlage meldete: »Da ist ein Herr Scheel am Apparat, der will Sie sprechen.« Die Unterbrechung störte, und so beschied ich meine Mitarbeiterin, erst einmal nachzufragen, was der Anrufer denn wolle. »Der will Sie und nur Sie sprechen.« Das Gespräch wurde durchgestellt, und eine Stimme sagte: »Hier ist Scheel.« »Ja«, erwiderte ich, »das weiß ich bereits. Worum handelt es sich denn?«»Ich bin Außenminister Scheel und komme gerade von meiner Ernennung durch Bundespräsident Heinemann.« Der Hörer fiel mir fast aus der Hand. Der Anruf hatte wie ein Ortsgespräch geklungen, und ich wäre nicht im Traum auf die Idee gekommen, den deutschen Außenminister an der Strippe zu haben. Scheel fragte mich, ob ich nicht interessiert sei, stellvertretender Chef des Presse- und Informationsamtes der Bundesregierung und zugleich zweiter Regierungssprecher zu werden. Seiner Partei falle diese Position zu. Ich war baff – und mußte gestehen, daß ich bei der Bundestagswahl nicht seine Partei, sondern die Sozialdemokraten gewählt hatte. Das mache gar nichts, war die Antwort. Man suche ja keinen FDP-Wähler, sondern einen Fachmann. Und die SPD sei ja immerhin der Koalitionspartner. Ich bat mir Bedenkzeit aus, aber Scheel drängte zur Eile und schlug vor, daß ich sogleich zu Vorgesprächen nach Bonn kommen möge. Danach könne ich mich ja dann entscheiden. »Dienstreise ist hiermit angeordnet. Ich sage dem AA Bescheid«, war seine Schlußbemerkung. Also flog ich am nächsten Tag nach Bonn. Und mußte an das Musical denken, das wir mit Scheel und seiner Frau vor Jahren in New York besucht hatten: »How to succeed in business without really trying«.

Einem Gespräch mit dem neuen Vizekanzler und Außenminister Scheel folgte eine nächtliche Begegnung mit Bundeskanzler Willy Brandt im Palais Schaumburg, im selben Raum, in dem mich einst Konrad Adenauer als UP-Korrespondent zu Interviews empfangen hatte. In allen benachbarten Büros brannte noch Licht. Die »Schreibstube« war dabei, einen Entwurf für die erste Regierungserklärung des neuen Kanzlers zu Papier zu bringen. Horst Ehmke, Egon Bahr, Günter Grass, Klaus Harpprecht, Leo Bauer und andere fügten das Manuskript zusammen.

Dem neuen Kanzler war ich aus meiner journalistischen Tätigkeit bekannt, aber auch von meiner Arbeit in New York, wo er uns als Regierender Bürgermeister von Berlin besucht hatte. Unsere Unterhaltung verlief kurz und herzlich. Wie ich es zuvor schon Scheel gegenüber getan hatte, versprach ich, Bescheid zu geben, sobald ich noch einmal mit meiner Frau in New York gesprochen hätte. Telefonisch stimmte Susanne dem Wechsel nach Bonn zu, und so konnte ich Brandt und Scheel Ende Oktober 1969 sagen, daß ich das Amt des Stellvertretenden Chefs des Bundespresseamtes und die Aufgabe eines zweiten Regierungsspre-

chers übernehmen würde. Leiter des BPA und erster Regierungssprecher war mein alter Freund Conrad »Conny« Ahlers geworden.

Günter Diehl, der das Amt zuvor unter Bundeskanzler Kiesinger geleitet hatte und den ich noch aus der Zeit kannte, als er
Sprecher des Auswärtigen Amtes gewesen war, hatte mir jetzt einen guten Tip gegeben: Wenn du aus dem AA in das Bundeskanzleramt versetzt wirst (dem das Presseamt zugeordnet ist), dann ist
es ratsam, einen »Rückfahrschein« in den Auswärtigen Dienst in
der Tasche zu haben. Wie sich später herausstellen sollte, war das
ein nützlicher Rat. Scheel bestätigte mir schriftlich seine Zusiche-
rung, »daß Sie nach Beendigung Ihrer Tätigkeit im Presse- und Informationsamt der Bundesregierung in das Auswärtige Amt
zurückkehren und dort weiter verwendet werden können«. Das
sollte fünf Jahre später dann von entscheidender Bedeutung sein.
Die Arbeit ist immens, aber der Service ist hervorragend – so lautete die Botschaft Karl Günther von Hases, der einer meiner Vorgänger war, als ich mich 1969 in die Welckerstraße aufmachte,
den Sitz des Bundespresseamtes. Hase, der mir auch als Botschafter in London voranging, sollte recht behalten: Das BPA war und
ist eine der ganz wenigen obersten Bundesbehörden, die rund um
die Uhr arbeiten. Manches mag sich seit den Anfangsjahren des
Bundespresseamts geändert haben, noch immer aber muß es in
der Regel als Prügelknabe herhalten, wenn die Regierungspolitik
nicht gut genug »verkauft« wird. Und daß es von der jeweiligen
Opposition beschuldigt wird, zuviel Geld für Regierungspropa-
ganda auszugeben.

Felix von Eckardt, der Grandseigneur unter den Pressechefs,
begegnete allfälliger Kritik Adenauers einmal mit der Forderung:
»Machen Sie eine gute Politik, dann mache ich Ihnen eine gute
Presse.« Eckardt war übrigens ein gutes Beispiel dafür, wie schnell
Bonner Ruhm verblassen kann. Eines Tages – ich war schon im
Amt – rief mich der Pförtner des Bundespresseamtes an und meldete, daß da jemand ohne Personalausweis an der Tür stehe und
mich sprechen wolle. Es sei ein Herr von Eckardt. »Kennen Sie jemanden, der so heißt?« fragte der Pförtner. Dieser Jemand war
neun Jahre Chef des Amtes gewesen. Der Pförtner war neu.

Das Presse- und Informationsamt war mit damals knapp 800
Mitarbeitern größer als manches Ministerium. Morgens um fünf
Uhr begann man mit der Zusammenstellung von neunzehn ver-

schiedenen Nachrichtenspiegeln, in denen die wichtigsten Meldungen und Kommentare zur Innen-, Außen- und Wirtschaftspolitik zusammengefaßt wurden. Um halb sieben in der Früh kam mein Fahrer mit diesen Informationsblättern zu unserer Wohnung, um mich zum Arbeitsbeginn ins Büro abzuholen. Schon auf dem Weg dorthin mußte ich mit dem Studium der Nachrichtenlage beginnen, denn in meinem Arbeitszimmer wartete noch ein Stapel Tageszeitungen auf eine erste Durchsicht. Alles diente der Vorbereitung auf die Morgenbesprechung mit den Abteilungsleitern im Kanzleramt, die von Brandt selbst beziehungsweise vom Kanzleramtsminister geleitet wurde. Auch da erwies sich die Lehrzeit bei UP als sehr nützlich: Ich hatte gelernt, Gedrucktes diagonal zu lesen und zu erkennen, wo wirklich Wichtiges stand.

Die »Kanzlerlage« begann – ungeachtet der berühmten Morgenmuffeligkeit Brandts – schon um acht Uhr. Sie dauerte etwa eine Stunde und sollte der gegenseitigen Information und der Festlegung von aktuell notwendigen Vorentscheidungen für die Regierungspolitik dienen. Für uns Regierungssprecher war sie zu jener Zeit die wichtigste Informationsquelle des Tages. Jeden Dienstag schloß sich dieser Beratung dann noch die sogenannte »Wesselrunde« an, in welcher der damalige Chef des Bundesnachrichtendienstes, General Gerhard Wessel, einem kleinen Kreis von Staatssekretären über die neuesten Erkenntnisse des BND berichtete. Ich machte dabei die eigentlich kaum überraschende Erfahrung, daß die BND-Meldungen nur selten über die Informationen hinausgingen, über die wir im Presseamt ohnehin schon verfügten. Alles war irgendwo schon auf dem offenen Markt. Auch beim BND wurde offenbar nur mit Wasser gekocht – wenn man einmal von eher humoresken Einlagen absieht, wie etwa der Meldung über ein abgehörtes Telefongespräch des damaligen FDGB-Vorsitzenden Harry Tisch, der einen »Westkontakt« wieder einmal um frische Zahnpasta gebeten hatte.

Für Ahlers und mich waren die morgendlichen »Kanzlerlagen« auch eine willkommene Gelegenheit, auf die politische Marschroute der Bundesregierung einen gewissen Einfluß zu nehmen. In den jeden Mittwoch stattfindenden Kabinettssitzungen war dazu wenig Gelegenheit. Da saßen wir, zusammen mit Dieter Spangenberg, dem Staatssekretär im Bundespräsidialamt, am Katzentisch und konnten uns Notizen für die anschließenden Pressekonferenzen machen, durften uns aber nur zu Wort melden, wenn wir etwas gefragt wurden. Rede- oder gar Stimmrecht hatten wir nicht. So gingen wir denn zur Zettelpost über und schickten dem Kanzler oder einem seiner Minister durch den Saalboten eine Notiz, um unsere manchmal abweichende Meinung zur Kenntnis zu bringen oder auf pressepolitische Aspekte aufmerksam zu machen.

Bonn war die offenste, aber auch die geschwätzigste Metropole, die ich kenne. Der Zugang zu Informationen war dort so liberal wie in keiner anderen Hauptstadt der Welt. Das galt nicht nur für die drei wöchentlichen Pressekonferenzen, die von den Journalisten geleitet werden und auf denen die Sprecher der Regierung Erklärungen abgeben und dann Fragen beantworten können, sondern auch für die nahezu unbegrenzte Möglichkeit, Kabinettsmitglieder direkt um Auskunft zu bitten. In den letzten Jahren sind zahlreiche sogenannte »Kreise« hinzugekommen, in denen Journalisten von Regierungsmitgliedern vertrauliche Informationen zu ergattern suchen. »Unter drei« heißt das in der Fachsprache der Bonner Korrespondenten. »Unter eins« gibt es zitatfähige Stellungnahmen, also zum Beispiel die offiziellen Erklärungen der Regierungssprecher, »unter zwei« bedeutet »aus amtlichen Kreisen« ohne Namensnennung, und »unter drei« sind Informationen ohne direkte Angabe der Quelle gemeint. Das System hat sich eingespielt und funktioniert eigentlich ganz gut.

Bei meinem Amtsantritt hatte ich mir vorgenommen, das Vertrauen der Bonner Journalisten in eine faire Information zu stärken und sie möglichst umfassend an den Überlegungen der Bundesregierung zu beteiligen. Je mehr die Korrespondenten von den jeweiligen Hintergründen und Ausgangslagen wüßten, um so größer würde ihr Verständnis für die dann getroffenen Entscheidungen sein, dachte ich mir. Die Journalisten frühzeitig mit den Überlegungen der Regierung bekanntzumachen hieß aber auch, uneingeschränktes Vertrauen in ihre Verschwiegenheit zu haben. Im nachhinein sage ich gern, daß ich nicht ein einziges Mal enttäuscht worden bin. Dazu mag beigetragen haben, daß ich ja vor gar nicht so langer Zeit einer von ihnen gewesen war. Auf Bundespressekonferenzen blickte ich in viele bekannte Gesichter und wußte bei Fragen der Journalisten zumeist nicht nur den Namen des Fragestellers, sondern kannte auch seine Arbeitgeber bei Zeitungen oder Sendern. Bei meiner ersten Pressekonferenz, zu der Brandt mitgekommen war, um mich vorzustellen, hatte ich an

Wechmar reicht Bundeskanzler Brandt in der Kabinettssitzung eine Eilmeldung. Links außen Hans Apel, daneben Karl Moersch. Rechts Karl Ravens und Egon Bahr.

»Faust« erinnert: »Im ganzen haltet Euch an Worte. Am besten ist's auch hier, wenn Ihr nur einen hört und auf des Meisters Worte schwört.«

Für einen Pressechef – übrigens auch so ein mißglückter Ausdruck, denn der Chef des Bundespresseamtes ist keineswegs der Chef der Presse – war es damals wichtig (und ist es sicher heute noch), am Abend in den Fernsehnachrichten gehört und gesehen zu werden. Eine meiner treuesten Zuschauerinnen war meine Mutter. Gleich nach meiner Sendung rief sie mich an und meinte oft besorgt: »Junge, sahst du aber schlecht aus!« Wenn ich dann aber wissen wollte, was ich denn eigentlich gesagt hatte, fiel ihr das meistens nicht mehr ein.

Friedrich Nowottny war zu meiner Zeit Chef des ARD-Fernsehstudios in Bonn und ein häufiger, wenn auch für einen Regierungssprecher manchmal unbequemer Interviewpartner für die »Tagesschau«. Er hatte sich nämlich stets präzise vorbereitet und konnte die Regierung mit maliziösem Lächeln ganz schön in die Enge treiben. Andere nutzten das Telefon, um nach Pressekonferenze noch einmal nachzuhaken. Die Kollegen vom »Spiegel« waren darin Meister. Die waren allerdings eher an »Quotes«, also wörtlichen Zitaten aus Konferenzen oder Diskussionen, interessiert, mit denen sie Authentizität in ihre Berichte bringen wollten. Und wer nicht anrief, der kam selbst. Bonn war die Hauptstadt der kurzen Wege, und das Tagesprogramm eines Regierungssprechers lief über fünfzehn Stunden.

Regierungspolitik zu vermitteln heißt in erster Linie, selbst über ausreichende Informationen zu verfügen. Damit haben alle Regierungssprecher ihre liebe Mühe gehabt. Auch Ahlers und ich machten da unsere Erfahrungen und sahen uns dann und wann gezwungen, dem Bundeskanzler oder dem Vizekanzler Kritik vorzutragen. Schon im Februar 1971 gab es Grund zu Beschwerden: In einem Vermerk machte Conny Ahlers den Kanzler auf einen »gewissen Auflösungsprozeß« im Regierungssystem aufmerksam. Darunter leide die Arbeit der Bundesregierung, und die Tätigkeit der Regierungssprecher werde davon unmittelbar in Mitleidenschaft gezogen. Konsultation und Information innerhalb der Bundesregierung hätten nachgelassen, und das führe zu einer »bedauerlichen Verminderung der Kooperation« und einem daraus resultierenden Informationsdefizit. Ahlers äußerte den Verdacht, daß »gerade dieses Informationsdefizit gewünscht wird und deshalb die Beratung nicht stattfindet«.

Vier Tage später schrieb ich einen ähnlichen Beschwerdebrief an Scheel. »Die schwierigen Phasen in der West- und Ostpolitik unserer Regierung, die uns in den kommenden Monaten bevorstehen, werden es notwendiger als zuvor machen, daß im Bundeskabinett nicht nur die Vorlagen einzelner Ressorts behandelt werden, sondern daß die Minister und ihre Staatssekretäre häufiger als bisher in eine ausführliche Erörterung unserer Zielvorstellungen eintreten.« Über einen Monat später antwortete Scheel mit einer nur auf die Außenpolitik begrenzten Zusage: »Wir haben uns vorgenommen, künftig etwa einmal im Monat das Kabinett über anstehende außenpolitische Entscheidungen zu unterrichten. Dies könnte sicher dazu beitragen, die von Ihnen mit Recht beklagten Mängel abzustellen.« Verbessern tat sich zwar kaum etwas, aber immerhin hatte der Außenminister eingestanden, daß ich gewisse Mängel »mit Recht« beklagt hatte.

1972 zeichnete sich ab, daß Conrad Ahlers das BPA verlassen und Mitglied des Bundestages werden würde. Alsbald entbrannte eine koalitionsinterne Diskussion darüber, wer seine Nachfolge antreten solle. In der SPD wurde die Forderung laut, daß die Partei erneut die Nummer eins im Presseamt stellen müsse. Eine Reihe von Kandidaten wurde gehandelt, der eine oder andere davon hatte sich selbst ins Gespräch gebracht. Der Bundeskanzler beendete den Streit und machte mich zum Nachfolger von Ahlers, nachdem dieser bei der Bundestagswahl vom 19. November 1972 ins Parlament gewählt worden war. Von Brandts Parteifreunden wurde diese Entscheidung kritisiert. Er habe, so hieß es, »eine Schlüsselposition preisgegeben«, denn im Hinblick auf meine Parteizugehörigkeit sei ich ja dem Koalitionspartner zuzurechnen. Brandt hingegen erklärte, ich würde »gute Voraussetzungen« für das Chefamt mitbringen. Also verließ ich mein bisheriges Stellvertreter-Büro, aus dem ich gerade die gräßlichen Plüschmöbel entfernt hatte, die aus der Zeit Werner Krügers, des Vertreters von Eckhardt, stammten, und zog um in Conny Ahlers' Zimmer, das ich noch aus jenen Tagen kannte, als mir Felix von Eckardt aus seinem Safe ein paar hundert Mark Reisespesen für die USA gegeben hatte. Und ich rückte auf in die Stelle eines beamteten Staatssekretärs. Die Angehörigen der Personalabteilung des Auswärtigen Amtes, die über zehn Jahre zuvor meine Beförderung oder die Übernahme ins Beamtenverhältnis abgelehnt hatten, dürften sich geärgert haben.

Im September 1973 war es dann wieder einmal nötig, deutliche Beschwerde einzulegen. Mit einem sechsseitigen Vermerk wandte ich mich an Egon Bahr, den damaligen Bundesminister für besondere Aufgaben im Kanzleramt. Seit unserer gemeinsamen Zeit als Korrespondenten in den Bonner Anfangsjahren (er für RIAS und ich für UP) waren wir befreundet, und ich glaubte, offen sein und auf journalistisches Verständnis bauen zu können. Meine Arbeit, so schrieb ich ihm, sei zunehmend durch »eine Vielzahl von (absichtlichen oder unabsichtlichen?) bürokratischen Hemmnissen erschwert worden«. Das veranlasse mich zu der Frage, ob »diese Regierung nur jemanden benötigt, der vorbereitete Texte verliest, oder jemanden beschäftigen möchte, dessen Informationsstand ihm eine vernünftige Beantwortung von Journalisten-Fragen erlaubt«. Sollte man in dem Regierungssprecher jedoch nur eine Art gehobener Chef vom Dienst sehen, so hielte ich es für zweckmäßig, wenn sich die Regierung nach einem anderen Sprecher umsähe. Ein Regierungssprecher, schrieb ich dem einstigen Journalisten Bahr in der Hoffnung auf Zustimmung, sei »genau so gut wie die Informationen, über die er verfügt – wenn er keine hat, braucht er gar nicht erst anzutreten«. Die Intervention hatte Erfolg. Die Quellen sprudelten wieder.

Zu den Aufgaben von Regierungssprechern gehörte manchmal auch das Entwerfen von Reden für Kanzler oder Kabinettsmitglieder. Außenminister Scheel hatte mich einmal gebeten, ihm für einen London-Besuch eine Rede zu schreiben. Ich gab mir besonders viel Mühe und verwendete kostbare Zeit. Scheel hielt jedoch einen vollkommen anderen Vortrag, der parallel zu meinem Entwurf in seinem Ministerium vorbereitet worden war. Ich hörte erstaunt zu. Als er seine Ausführungen beendet hatte, wollte Scheel wissen, wie ich die Rede gefunden hätte. Ich bedauerte, daß er meinen Text nicht verwendet hatte. »Was wollen Sie denn«, gab er schmunzelnd zurück, »ich habe doch gesagt, daß ich gern immer mal wieder in London sei.«

Ähnliches widerfuhr einmal dem Bundeskanzler Brandt. Er wollte in Genf grundlegende Ausführungen zur Abrüstung machen, und auch er hatte sich mit dem Text unendliche Arbeit gemacht. Die öffentliche Reaktion war mager. Irgendein anderes aktuelles Ereignis hatte seine Rede von den Titelseiten der Zeitungen verdrängt, und natürlich wurde im Presseamt nach Schuldigen für das mangelnde Echo gesucht. Wenig später erwähnte Klaus Schütz, der damalige Regierende Bürgermeister von Berlin, am Rande einer Kabinettssitzung (an der er wegen der Berlin-Verhandlungen teilnahm), daß er sich öffentlich zu Abrüstungsfragen äußern müsse. Ob denn nicht jemand noch einen nützlichen Gedanken habe. Brandt warf ein, daß er nicht nur einen nützlichen Gedanken, sondern sogar eine ganze Rede habe, die kaum einen Widerhall gefunden hätte. Schütz nahm das Manuskript dankbar entgegen, kam aber aus Zeitgründen nicht mehr dazu, es wesentlich zu ergänzen. Also hielt er Brandts Rede in Originalfassung und erntete dafür am nächsten Tag in der ganzen deutschen und internationalen Presse ein Riesenecho. Schütz war stolz und Brandt verärgert.

Vor dem Hintergrund meiner Erfahrungen mit der ausländischen Presse hatte ich es mir zur besonderen Aufgabe gemacht, die in Bonn akkreditierten Auslandskorrespondenten intensiv zu betreuen, die schließlich diejenigen waren, die das Deutschlandbild im Ausland nachhaltig beeinflußten. Ein fairer, selbst ein kritischer Bericht bewirkte oft mehr Positives als ein halbes Dutzend vom Presseamt publizierter Broschüren. Wie die deutschen Journalisten wollte ich auch die ausländischen Korrespondenten möglichst offen über die Regierungsarbeit informieren, was gerade angesichts der neuen Entspannungs- und Ostpolitik der sozialliberalen Koalition notwendig war und nicht nur für die ständig in Bonn arbeitenden Berichterstatter ausländischer Medien, sondern auch für die gelegentlich anreisenden Sonderkorrespondenten galt.

In Bonn waren schon bald nach dem Amtsantritt der sozialliberalen Koalition die Bemühungen um den Abschluß von Gewaltverzichtsverträgen mit den Staaten in Osteuropa intensiviert worden. Diese gipfelten Anfang der siebziger Jahre in der Unterzeichnung von Vertragswerken mit der Sowjetunion, Polen und der Tschechoslowakei. Die Regierung Brandt-Scheel konnte dabei an die Bemühungen ihrer Vorgänger anknüpfen. So hatte Erhards Außenminister Schröder den osteuropäischen Staaten schon im März 1966 in einer sogenannten »Friedensnote« einen Austausch von Gewaltverzichtserklärungen vorgeschlagen. Die Große Koalition von CDU/CSU und SPD unter Bundeskanzler Kiesinger und Außenminister Brandt wiederholte dieses Angebot. Informelle und vertrauliche Gespräche mit der Sowjetunion folgten. In der Regierungserklärung der sozialliberalen Koalition versicherte Willy Brandt im Oktober 1969 im Deutschen Bundestag, daß sie die Politik ihrer Vorgängerin fortsetzen wolle und »gleichmäßig verbindliche Abkommen über den gegenseitigen Verzicht auf Anwendung oder Androhung von Gewalt« anstrebe. Die Bereitschaft dazu gelte auch gegenüber der DDR. Über die neue Ostpolitik der ersten sozialdemokratisch geführten Bundesregierung kam es bald zu den bekannten und leidenschaftlichen Auseinandersetzungen mit der christdemokratischen Opposition.

Auf diplomatischer Ebene begannen die Verhandlungen Bonn-Moskau bereits am 8. Dezember 1969, kaum ein Vierteljahr nach Brandts Regierungsantritt. Zu regelmäßigen bilateralen Beratungen über erste schriftliche Rohentwürfe für den Text eines Abkommens kam es dann Anfang 1970 zwischen Staatssekretär Egon Bahr aus dem Bonner Kanzleramt und dem sowjetischen Außenminister Andrej Gromyko. Das umstrittene »Bahr-Papier« war das Ergebnis. Wenige Wochen nach dem Abschluß der Gespräche zwischen Bahr und Gromyko veröffentlichten die Illustriete QUICK und die BILD-Zeitung wesentliche Teile des bis dahin als geheim eingestuften Textentwurfs für einen Vertrag Bonns mit Moskau. Dieser journalistische Knüller führte zu erheblichen Verärgerungen auf sowjetischer Seite (wegen deutschen »Geheimnisverrats«) und belastete die bereits für Juli anberaumten eigentlichen Vertragsverhandlungen zwischen Scheel und Gromyko. In Bonn verschärften die Veröffentlichungen den Streit über die Ostpolitik zwischen Regierung und Opposition. Conny Ahlers und ich hatten unsere liebe Mühe, die Sache herunterzuspielen (»Die veröffentlichten Texte können wir nicht bestätigen«), waren insgeheim aber immer noch Journalisten genug, um uns über den Coup unserer früheren Kollegen zu freuen.

Auch andere Gesprächsfäden waren inzwischen geknüpft worden: Brandt hatte sich am 18. Februar in einem Brief an Willi Stoph, den Regierungschef der DDR, zu einem Treffen mit dem Vorsitzenden des DDR-Ministerrats bereit erklärt, bei den Verhandlungen über einen Gewaltverzicht und die Regelung der innerdeutschen Beziehungen vorbereitet werden sollten. Aber obgleich die oppositionelle CDU/CSU-Fraktion des Bundestages dieser Absicht zustimmte, gerieten die Vorgespäche der Beauftragten beider Seiten über den technischen Ablauf der Begegnung bald zu einem hektischen Hickhack wegen politisch-protokollarischer Details. Das erste Treffen hätte in Ostberlin, in der »Hauptstadt der DDR«, stattfinden sollen, aber die DDR-Unterhändler weigerten sich, einer Anreise Willy Brandts über Westberlin und einem damit verbundenen Aufenthalt in der westlichen Hälfte der geteilten Stadt zuzustimmen. Als ein halber Monat verstrichen war, ohne daß man sich geeinigt hatte, schlug Brandt in einem weiteren Brief an Stoph vor, sich »notfalls auch (an) einem anderen Ort« zu treffen. Die DDR schlug Erfurt vor, und dort kam es dann Mitte März 1970 zur ersten Begegnung der Regierungschefs beider deutscher Staaten. Dem folgte am 21. Mai in Kassel das zweite – und vorerst letzte – Treffen.

Während Conny Ahlers in Erfurt als Mitglied der Brandt-Delegation an den Besprechungen teilnahm und ich in Bonn die Stellung im Presseamt hielt, war mir in Kassel eine kleine – und, wie sich herausstellte, wenig dankbare – Nebenrolle zugewiesen worden. Conny Ahlers, damals noch mein Chef, nahm wieder an den Begegnungen der beiden Regierungschefs und ihrer Mitarbeiter teil und war somit Augen- und Ohrenzeuge, als der Bundeskanzler die »20 Punkte von Kassel« vortrug, nämlich jene »Grundsätze und Vertragselemente für die Regelung gleichberechtigter Beziehungen zwischen der Bundesrepublik Deutschland und der Deutschen Demokratischen Republik«. Sie bildeten später eine der Voraussetzungen für die Aushandlung des Grundlagenvertrages mit der DDR. Mir war die pressemäßige Betreuung des »Drum und Dran« zugeteilt worden, und davon gab es eine ganze Menge – und weiß Gott nicht nur Erfreuliches.

Wie vereinbart, kamen Stoph und seine Mitarbeiter mit einem DDR-Sonderzug um 9.30 Uhr in Kassel an. »Pünktlich wie die Maurer«, sagte jemand aus der DDR-Delegation und mag dabei Stophs ursprünglichen Beruf des Maurers im Sinn gehabt haben. Brandt hatte sich zur Begrüßung auf dem Bahnhof eingefunden. Von dort ging die Fahrt mit Autos zum Hotel »Schloß Wilhelmshöhe«. So weit, so gut. Aber den Weg säumten neben Tausenden von Schaulustigen hinter kilometerlangen Polizeigittern auch Hunderte von Demonstranten mit roten Fahnen und kommunistischen Spruchbändern und auf der gegenüberliegenden Straßenseite rechtsradikale Gruppen mit Parolen wie »Volksverräter Hand in Hand – Willi Stoph und Willy Brandt«. Dazwischen, in einem gepanzerten Mercedes 600 mit zwei schwarz-rot-goldenen Standern, von denen einer den bundesdeutschen Adler, der andere Hammer und Zirkel zeigte, die beiden Willi(y)s, gefolgt von zahllosen Delegationsfahrzeugen. Vorneweg fuhren sieben »weiße Mäuse« auf Motorrädern der Polizei.

Kurz nach dem Eintreffen der Delegationen im Hotel kam es zu einem Zwischenfall: Drei junge Männer aus Norddeutschland rissen die Fahnen der DDR vom Mast. Sie wurden festgenommen, aber der erste Eklat war da. Doch damit nicht genug. Kurze Zeit später stießen ein paar hundert rechts- und linksextreme Demonstranten in der Stadt zusammen. Sie hatten sich mit Plakaten und Spruchbändern – gegen und für die DDR – vor allem in der Nähe des Denkmals für die Opfer des Faschismus versammelt, wo Stoph und Brandt am Nachmittag einen Kranz niederlegen sollten. Die zeitweilig undurchsichtigen Verhältnisse entlang der nahen Weinbergstraße (wo sich außerdem noch mehrere tausend friedliche Zuschauer versammelt hatten) veranlaßten den Kasseler Polizeipräsidenten zu einem kleinlauten Eingeständnis: Die Polizei sei nicht in der Lage, die Sicherheit Stophs und seiner Begleitung zu garantieren. Der hilflose Polizeichef bekam nicht einmal ein paar hundert Demonstranten in den Griff. Stoph zeigte sich empört, Brandt mußte sich entschuldigen, und der Besuch am Mahnmal wurde abends nachgeholt. Nachts wurden dann allerdings noch die Schleifen von den Kränzen abgeschnitten und gestohlen.

Der damalige Leitende Regierungskriminaldirektor Hans-Wilhelm Fritsch, der tüchtige Chef der BKA-Sicherungsgruppe Bonn, war verzweifelt. Schließlich hatte er an den mühseligen Vorbesprechungen mit der anderen Seite selbst teilgenommen und fühlte sich für einen störungsfreien Ablauf verantwortlich. Kein erfreulicher Auftakt für die deutsche West-Ost-Begegnung auf dem Boden der Bundesrepublik. Und kein leichter Job für den für das »Drum und Dran« zuständigen Regierungssprecher, der die Ereignisse vor Journalisten aus aller Welt, die DDR eingeschlossen, kommentieren mußte. Bis dann am Abend schließlich über die »Aussprachen« (die im wesentlichen aus dem Verlesen sorgfältig vorbereiteter Erklärungen bestanden) in Pressekonferenzen berichtet werden konnte, hatten die in großen Scharen angereisten Journalisten kaum anderes zu melden als die Zwischenfälle, bei denen sie ja Augenzeugen gewesen waren. Die Konferenzteilnehmer beendeten ihren ziemlich ergebnislosen Meinungsaustausch mit dem etwas hilflosen Beschluß, jetzt erst einmal eine »Denkpause« einzulegen. Kassel und Erfurt hatten gezeigt, wie schwierig die innerdeutschen Beziehungen waren.

Regierungssprecher in Bonn
und Moskauer Verhandlungen
(1969–1974)

In der Bundeshauptstadt hatten wir in der Europastraße der sogenannten »Amerikanischen Siedlung« eine Wohnung gefunden. In
Plittersdorf, zwischen Bonn und Bad Godesberg und nahe den
Rheinauen, waren diese Apartments zwischen großzügigen Ra-
senflächen ursprünglich nur für Angehörige der US-Hochkom-
mission errichtet worden, komplett mit Kirche, Kino, Schule und
einem eigenen Supermarkt – *for Americans only*. Da gab es auch
einen amerikanischen Club, einschließlich Schwimmbad und Ten-
nisplätzen – und natürlich mit einer Bar samt Endlostheke sowie
einem gutgeführten Restaurant, in dem es die besten und zugleich
preiswertesten Steaks gab. Im Laufe der Jahre hatte sich die ursprünglich nur von Amerikanern bewohnte Siedlung ein wenig
geöffnet, weil die Zahl der anspruchsberechtigten Amerikaner
immer weiter abnahm. Auch Diplomaten fremder Botschaften
durften nun in freiwerdende Wohnungen einziehen, und sogar
dem Bund wurden ein paar davon zur Verfügung gestellt. Eine
dieser Wohnungen wurde uns zugewiesen, als der Vormieter seinen neuen Posten als Missionschef in Kairo antrat. Das war Georg Federer, der in New York einmal mein Generalkonsul gewesen war und später als Personalchef des Auswärtigen Amtes
meine Rückberufung in den Diplomatischen Dienst als GIC-Di-
rektor bewirkt hatte. Die Wohnung hatte einen typisch amerikanischen Schnitt mit einem L-förmigen »Living Room«, Schlafzimmern, Bad und Küche. Genug Platz für Susi, Yvonne und mich.

Yvonne, die in New York nur den Kindergarten besucht hatte,
wurde in Godesberg in die Grundschule eingeschult, die sie bequem zu Fuß erreichen konnte. Als wir 1974 erneut in die USA
umzogen, hatte sie alle vier Grundschulklassen absolviert und
konnte in New York zunächst die Internationale Schule der UNO
und später die Rudolf-Steiner-Schule besuchen. Ihr Abitur be-

stand sie schließlich im Internat Schondorf am Ammersee. Für Kinder deutscher Diplomaten war dieser ständige Schul- und Sprachwechsel typisch. Heute ist Yvonne alleinerziehende Mutter und lebt und arbeitet in München. Ihre große Halbschwester Stephanie aus meiner Ehe mit Rosely hatte mittlerweile Christian von Doderer geheiratet, den sie bei der gemeinsamen Arbeit für einen Münchener Möbelrestaurator kennengelernt hatte. Das Handwerk hatte Stephanie in Bonn gelernt. Christian machte sich selbständig und restauriert seither erfolgreich antike Möbel auf einem selbsterworbenen Hof in der Nähe von München. Aus dieser Ehe stammen fünf Enkel: vier Jungen und ein Mädchen.

Unsere Wohnung in der Siedlung lag zu ebener Erde, und deshalb sperrten wir einen Teil des angrenzenden Rasens mit einem Jägerzaun ab und schafften damit einen kleinen Auslauf für unseren Dackel. Den hatte ich in einer Zoohandlung in Freiburg entdeckt, als ich am historischen Freiburger Parteitag der FDP als Beobachter teilnahm. Auf dem Weg vom Hotel zum Tagungsort kam ich täglich an dem Schaufenster vorbei und betrachtete den winzigen Welpen. Schließlich konnte ich nicht widerstehen, kaufte den Hund und brachte ihn – zur Freude meiner beiden Damen – als Überraschung mit nach Bonn. Wir tauften die Hündin »Biene« und hatten bis zu unserem erneuten Umzug zur UNO nach New York fast vier Jahre lang großen Spaß mit ihr. Die Hausverwaltung monierte unseren eigenmächtigen Zaunbau, hatte aber schließlich ein Einsehen, und alsbald folgten Nachbarn unserem Beispiel.

Wo sich später einmal eine Gartenschau in den Rheinauen ausbreitete, gab es damals noch weite Felder und eine kleine Laubenkolonie, szenische Erinnerung an das »Bundesdorf«. In den ersten Monaten meiner Sprechertätigkeit bin ich deshalb bei gutem Wetter mit dem Fahrrad ins Büro geradelt, über Feldwege und zwischen Sturzäckern. Bald zeigte sich, daß ich auf diese zwar gesunde und sportliche Fortbewegungsart wichtige Arbeitszeit verlor, denn auf dem Sattel konnte ich weder die Nachrichtenspiegel noch die Presseausschnitte lesen, die ich für die morgendlichen Lagebesprechungen beim Bundeskanzler studiert haben mußte. Also sattelte ich um, vom Fahrrad in den Dienstwagen. Der Wechsel war auch für das äußere Erscheinungsbild hilfreich. Radfahren im Sommer führte auch in den frühen Morgenstunden häufig zu verschwitzten Hemden – nicht gerade die rechte Auf-

240

machung für das Kanzleramt. Andererseits hatte die Zeit begonnen, in der der Absatz von Krawatten, Lederschuhen, Oberhemden und Rasierklingen zu stocken anfing. Mit den »68ern« hatten sich Jeans, Turnschuhe, Sweatshirts und Bärte eingebürgert, die Sweatshirts zumeist mit Aufdruck. Das war nicht mein Stil. Also auch kein schweißgebadetes Hemd am Leib – obwohl noch immer gilt: Wer die Form beherrscht, der kann sie getrost überschreiten. Aber wohl doch lieber nicht beim Bundeskanzler zur Lagebesprechung. In den vergangenen Jahrhunderten hielt sich die vornehme Gesellschaft ihre Hofnarren. Ich frage mich manchmal, ob sie inzwischen nicht mit sich selbst vorliebnimmt und diese Rolle selbst spielt.

Kaum hatte ich mich in Bonn einigermaßen eingerichtet, da gingen die Auslandsreisen wieder los, wie sie mir aus der UP-Zeit in so lebhafter Erinnerung geblieben waren. Diesmal mußte ich zwar nicht mehr Agenturmeldungen verfassen, sondern den Außenminister Walter Scheel begleiten, aber anstrengend war es allemal. Statt der einstigen journalistischen Berichterstattung war es nun meine Aufgabe als Regierungssprecher, die Presse an den einzelnen Reisestationen über die Aktivitäten Scheels zu informieren. Die erste Reise ging schon im Mai 1970 nach Asien, nach Indonesien, Malaysia, Japan und Südkorea. In Djakarta weihte Scheel eine Ausbildungs- und Produktionsstätte für das indonesische Fernsehen ein, die von der deutschen Technischen Hilfe für Entwicklungsländer finanziert worden war. Als ehemaliger ZDF-Korrespondent konnte ich die gute technische Qualität dieses Fernsehzentrums beurteilen, fragte mich aber damals schon, was wohl in zehn, zwanzig Jahren daraus geworden sein würde. Würde es am Ende des Jahrhunderts im unruhegeplagten Indonesien wohl noch funktionieren?

In Japan traf sich die Scheel-Delegation mit Bundespräsident Gustav Heinemann, der mit seiner Begleitung auf dem Weg zum Deutschen Tag bei der Weltausstellung in Osaka war. Die ungeschriebene Regel lautete damals wie heute: Bei Staatsbesuchen im Ausland wird der Bundespräsident vom Außenminister begleitet. Mitte Mai wurden Heinemann, seine Frau Hilda, der Außenminister und die engsten Mitarbeiter von Kaiser Hirohito im kaiserlichen Palast von Tokio zum Essen empfangen, das einzige Mal in meinem Leben, daß ich einem Kaiser die Hand gedrückt habe. Nach Osaka – vorbei am schneebedeckten Gipfel des Fujijama –

fuhren die deutschen Besucher mit dem Hochgeschwindigkeitszug der japanischen Staatseisenbahnen, einem frühen Vorläufer des heutigen ICE. Zur Eröffnung des Deutschen Tages auf der Weltausstellung durch den Bundespräsidenten wurde eine Tonbandaufzeichnung der Musik von Karlheinz Stockhausen gespielt, der die Stereoanlage mittels eines Keyboards persönlich aussteuerte. Heinemann ließ das Konzert der 12-Ton-Musik »über sich ergehen«, wie er später bekannte. Er hatte kein Verhältnis zur Musik. Der eher spröde »Bürgerpräsident« fühlte sich bei solchen Veranstaltungen sichtlich unwohl. Gradlinig, aufrichtig und von hoher moralischer Integrität, war sein Verlangen nach Entertainment erkennbar gering.

In Südkorea, und nun wieder ohne den Bundespräsidenten, stand natürlich das auch für uns damals bewegende Thema Wiedervereinigung auf dem Gesprächsprogramm mit der Regierung in Seoul. Wir machten einen Abstecher zum 38. Breitengrad, blickten an der Grenze bei Panmunjon in den kommunistischen Norden und fühlten uns an die Mauer in Berlin und den Checkpoint Charlie erinnert. Ansonsten bekamen wir während unserer gesamten Besuchsreise durch alle vier Länder nur das zu sehen, was man auch sonst bei offiziellen Reisen geboten bekommt: Flugplätze, Hotels, Konferenzzimmer. Kaum daheim, ging es mit dem Bundespräsidenten schon wieder auf Reisen, diesmal zu einem Staatsbesuch nach Schweden, wo wir Gäste des Königs waren. Gleich bei unserer Ankunft erhielten wir – »gemäß Liste« – jene Orden, die uns von Hotelpagen aufs Zimmer gebracht wurden, verpackt in kleine Pappschachteln.

Am Tag nach unserem Eintreffen in Stockholm hatte Ministerpräsident Olof Palme den Bundespräsidenten zu einem Privatausflug in sein Landhaus an einem See in der Nähe der Haupstadt gebeten. Pressefotografen drängten Heinemann, sich in einen Kahn zu setzen und über den See zu rudern, eine Prozedur, der sich, wie wir später hörten, alle offiziellen Besucher der Seevilla unterziehen mußten, um die Vorläufer der Paparazzi zufriedenzustellen. Unterdessen hatte Palme, der fließend, wenn auch mit einem leicht baltisch klingenden Akzent deutsch sprach, Spangenberg und mich dazu überredet, nach Tisch eine »Wanderung mit kleiner Plauderei« – wie er das nannte – durch den nahen Wald zu unternehmen. Daraus wurde ein mehrstündiger Fußmarsch durch das wegelose Gehölz, in dessen Verlauf wir ausgiebig über die künftigen Beziehungen Westeuropas zur Sowjetunion sprachen. Auf dem Heimweg wurden wir von einem wolkenbruchartigen Gewitter überrascht, so daß wir völlig durchnäßt wieder in Palmes Landhaus eintrafen. Überdies hatten wir uns mit der Zeit verkalkuliert, denn Heinemann und seine Begleitung saßen schon in abfahrtsbereiten Fahrzeugen, die uns zurück nach Stockholm bringen sollten, wo am Abend ein Galadiner im Königlichen Schloß stattfinden sollte. Der unerbittliche Terminkalender verlangte höchste Eile. Trockene Kleidung hatten weder Spangenberg noch ich dabei, und so setzten wir uns klitschnaß in unsere Luxuslimousine. Palme sprang in sein Haus und kam Minuten später in trockenen Sachen wieder heraus: Er hatte sich einen Trainingsanzug angezogen. So brauste denn die offizielle Kolonne unter Polizeibegleitung mit Blaulicht zurück in die Stadt, vorneweg der Mercedes mit dem Bundespräsidenten und einem Ministerpräsidenten im Trainingsanzug. Nach dem Diner in Frack mit Orden nahm mich der Kronprinz, der heutige König, einen Moment beiseite, um mir zu sagen, daß er sich freue, einen entfernten Vetter im Schloß zu sehen. Jemand hatte ihn wohl auf unsere Verwandtschaft mit dem Königshaus über den Großherzog von Baden aufmerksam gemacht.

Inzwischen hatte Egon Bahr die über vier Monate dauernden »exploratorischen« Gespräche mit Gromyko über den Entwurf eines Vertrages zwischen Moskau und Bonn zu Ende geführt. Sie hatten ihren Regierungen berichtet, daß eine »tragfähige Grundlage« gefunden sei, auf der ein Vertrag ausgehandelt werden könne. Dazu kam es dann in zwölftägigen Verhandlungen im Juli und August 1970 zwischen Scheel und Gromyko in Moskau. Vor dem Beginn der Beratungen hatte das Bundeskabinett einen Verhandlungsauftrag für Scheel beschlossen und darin ein Junktim zwischen einer befriedigenden Berlin-Regelung und einer Ratifizierung des Moskauer Vertrages festgelegt. Die heftigen Auseinandersetzungen, die zwischen der Koalition und der CDU/CSU-Opposition über die Ostpolitik entbrannten – auch angeheizt durch die vorzeitige Publikation des »Bahr-Papiers« –, verlangten von Ahlers und mir als Regierungssprecher eigentlich genaueste Kenntnis des jeweiligen Verhandlungsstandes, äußerste Präzision bei der Beschreibung der Fakten und sorgfältige Trennung zwischen dem ganz Geheimen und dem weniger Vertraulichen. Bahr war uns da als Mitautor des Textentwurfs allerdings keine große

Hilfe. Er war schweigsam, ließ sich nicht ungern »graue Eminenz« nennen und liebte seine Rolle als Einzelgänger. Arnulf Baring hat ihm einmal »mönchisches Wesen« attestiert.

Auch über ein Vierteljahrhundert nach der Veröffentlichung von Teilen des geheimen »Bahr-Papiers« in QUICK und BILD ist noch nicht abschließend geklärt, wer den Medien eine Kopie des Dokuments hatte zukommen lassen (und mit welcher Absicht). Der Verdacht, Ost-Berlin habe damit einen Vertrag Bonn-Moskau zu Fall bringen wollen, ist bis heute nicht erhärtet oder gar bewiesen. Bahr selbst nannte in seinen Lebenserinnerungen den Namen eines Botschaftsrates der damaligen Bonner Botschaft in der sowjetischen Hauptstadt. Aber auch dies will Bahr nur von einem Dritten gesprächsweise gehört haben und kann selbst jedenfalls keine Beweise ins Feld führen. Gromyko reagierte wütend auf die Vorveröffentlichungen, denn die Sowjetunion sah sich bloßgestellt. Immerhin war Gromyko schon damals dienstältester Außenminister der Welt und hatte sich vor seinen insgesamt vierzehn Treffen mit dem Staatssekretär aus dem Bonner Kanzleramt noch nie soviel Zeit für Gespräche mit einem Vertreter einer westlichen Regierung genommen. Frankreichs Botschafter in Moskau kommentierte das damals mit der Feststellung, daß sich die Landschaft Europas geändert habe.

Gromyko war ein harter, unbeugsamer Verhandler. Achtundzwanzig Jahre lang war er Chef des sowjetischen Außenamtes und fünfzehn Jahre Mitglied des Politbüros der KPdSU. Meist schaute er grimmig drein, was ihm bei amerikanischen Journalisten den Beinamen »Grim-Grom« eingebracht hatte. Dabei war er nicht ohne Charme. Während der sieben Jahre meiner Arbeit als deutscher UNO-Botschafter in New York bin ich ihm häufiger in kleinem Kreis begegnet, sei es in seiner sowjetischen Botschaft oder in meiner Residenz. Da zeigte sich eine andere Seite an ihm. Er konnte liebenswürdig sein, und manchmal kam sogar so etwas wie Humor zum Vorschein. Aber in dem Augenblick, in dem sich eine Unterhaltung unverhofft irgendeinem Sachthema zuwandte, fiel das Visier, und er war wieder ganz der alte Fuchs mit lauerndem Blick, immer auf dem Sprung, sein Veto einzulegen. »Njet« war wohl sein liebstes Wort.

Die Publikation des »Bahr-Papiers« hatte auch Scheel in eine mißliche Lage gebracht: Wollte er Änderungen oder Verbesserungen bei den Sowjets durchsetzen, hätte dies das Prestige des

Kremls berührt, denn jedermann hätte bei einem Textvergleich leicht feststellen können, ob und wo Gromyko doch noch Konzessionen gemacht hatte. Andererseits mußte der deutsche Außenminister nachweisen, daß er noch Verbesserungen durchgesetzt hatte, ja, es wurde geradezu zur Bewährungsprobe im politischen Bonn, inwieweit ihm das gelungen war. Scheel hat die Feuerprobe mit Bravour bestanden. Sein Naturell, das Heiterkeit mit Härte paarte, hatte obsiegt. Gern war er fröhlich und liebenswürdig; er konnte aber auch unvermutet energisch und zäh sein, und Gromyko bekam das zu spüren.

Als stellvertretender Regierungssprecher war mir die schwierige Aufgabe zugefallen, die Presse während der Verhandlungen in Moskau täglich vor Ort über den jeweiligen Verhandlungsverlauf zu unterrichten. Das war angesichts der sowjetischen Empörung über die Veröffentlichung des »Bahr-Papiers« überaus heikel. Beide Delegationen waren eigentlich übereingekommen, den Journalisten über Inhalt und Verlauf der Beratungen gar nichts zu sagen. Andererseits lief man damit Gefahr, die Medien erst recht zu wilden Spekulationen zu ermuntern. So mußte ich mit der Unterstützung Guido Brunners, des Pressesprechers des Auswärtigen Amtes, eine prekäre Gratwanderung unternehmen: Da ich nach den ersten Verhandlungstagen keine konkreten Fakten mitteilen konnte, versuchte ich, die aus der ganzen Welt angereisten Pressevertreter mit möglichst viel »Farbe« wenigstens bei Laune zu halten. Ich griff zu dem Bild des Autofahrers, um zurückhaltend Auskunft über den Verlauf der Verhandlungen zu geben: »Die Konferenz hat den Vorwärtsgang eingeschaltet«, oder: »Heute mußte der Rückwärtsgang eingelegt werden.« Natürlich ließen die Korrespondenten nicht locker: Wieviel Gänge der Wagen denn habe, wollte man wissen. Und ob das Getriebe synchronisiert sei. Bis zu wieviel Touren man denn den zweiten Gang hochjagen könne. Aber auch mit detaillierten Beschreibungen der Tischdekoration und der Menüs bei offiziellen Essen versuchten wir leidlich erfolgreich, uns an der unzulässigen Preisgabe von Verhandlungsdetails vorbeizuschummeln.

Die Journalisten ließen Brunner und mich gewähren. Sie hatten Verständnis für unsere prekäre Lage. Nach Abschluß der Beratungen zollte mir Hermann Poerzgen in der FAZ freundlichen Respekt (»Sprecher von Weltklasse«), und Valentin Falin, damals noch Abteilungsleiter im sowjetischen Außenministerium und

Gromykos Helfer in der Delegation, nannte mich den »Stellvertretenden Schweiger der Bundesregierung«. An den eigentlichen Verhandlungen hatte ich übrigens, wie die meisten Mitglieder der umfangreichen Abordnung aus Bonn, gar nicht teilgenommen. Die waren Sache der sogenannten »inneren Delegation«. Nach Abschluß der einzelnen Gesprächsrunden traf man sich jedoch in der »Laube«, dem abhörsicheren Raum der Botschaft, zum »De-Briefing«, wo alle, die nicht dabeigewesen waren, über den Tagesverlauf unterrichtet wurden. So kannten wir wenigstens den neuesten Stand der Dinge und wußten, worüber wir reden durften und worüber wir schweigen mußten. Es heißt zwar: Wer sich in die Öffentlichkeit begibt, hat keine Milde zu erwarten, und das gilt erst recht für Regierungssprecher. Gleichwohl wurde ich von den Journalisten mit Nachsicht behandelt. Sie waren ja selbst nicht viel besser dran: Für deutsche Korrespondenten gab es in Moskau kein westliches Presseorgan, keine verwertbaren Rundfunknachrichten (nur staatliche in russischer Sprache) und keine Agenturmeldungen, außer im deutschsprachigen Dienst von TASS, die aber auch nur übersetzte Meldungen der »Iswestija« brachte. Daher hatte ich für die deutschen Korrespondenten die täglich vom Auswärtigen Amt für Scheel überspielte Nachrichtenzusammenfassung ans Schwarze Brett des Hotels »Intourist« nageln lassen, wo unsere täglichen Pressekonferenzen abgehalten wurden.

Zum Durchbruch bei den Verhandlungen kam es am Sonntag, dem 2. August 1970. Scheel war von Gromyko in dessen Datscha zum Mittagessen eingeladen worden. Nach einer vierstündigen Unterredung zog Gromyko unvermittelt einen Zettel aus der Tasche und las ihn auf englisch vor. Es war der Entwurf eines Briefes zur deutschen Einheit, den Moskau für akzeptabel erklärte, sofern Bonn ihn der sowjetischen Regierung zustellen würde. Obgleich es Wort für Wort der gleiche Text war, den der deutsche Außenminister seinem sowjetischen Kollegen schon Tage zuvor als Vorschlag Bonns zur Prüfung übergeben hatte, heuchelte Scheel Überraschung und versprach, Rücksprache mit seiner Delegation zu halten. Die war natürlich unnötig, denn der Wortlaut des »Briefes zur deutschen Einheit« war von Scheel und seinen Beratern ja selbst abgesegnet worden. Der Brief wurde schließlich Teil des Vertragspakets und vom Obersten Sowjet beim Ratifizierungsverfahren angenommen. In Form einer einseitigen Erklärung der Bundesregierung an die Adresse der sowjetischen Regierung stellte das Schreiben in Übereinstimmung mit der Präambel des Grundgesetzes fest, daß der Moskauer Vertrag nicht im Widerspruch zu dem politischen Ziel der Bundesrepublik Deutschland stehe, auf »einen Zustand des Friedens in Europa hinzuwirken, in dem das deutsche Volk in freier Selbstbestimmung seine Einheit wiedererlangt«.

Im Politbüro mußten die Weichen neu gestellt worden sein: Offenkundig wollte man jetzt auch dort einen Verhandlungserfolg. Kurz zuvor hatte ich in der täglichen Pressekonferenz noch erklärt, daß die Verhandlungen »schwierig, in einigen Punkten sehr schwierig« seien, jedoch auch hinzugefügt, daß der »große Ernst der sowjetischen Gesprächspartner und ihr offenkundiges Interesse an einem Vertragsabschluß« bemerkenswert wären. Gromyko hatte sich jedoch bislang stets geweigert, mit den Westdeutschen über Berlin zu sprechen. Immer wieder verwies Scheel auf den Beschluß des Bundeskabinetts, wonach eine Ratifizierung des Vertrages – und damit sein Inkraftsetzen – ohne eine Berlin-Regelung im Bundestag nicht zu erwarten sei.

Einen Tag vor der Vertragsparaphierung trafen sich die beiden Minister mit einer Handvoll Begleiter zu einer Art Schlußgespräch in der Gästevilla auf den Lenin-Hügeln, die Scheel für die Dauer seines Aufenthaltes als Quartier diente. Da Gromyko sich verspätete, weil wieder einmal das Politbüro zusammengetreten war, vertrieb Scheel sich die Wartezeit mit Billardspielen. Als sein sowjetischer Kollege schließlich erschien und man an einem Tisch auf der Terrasse Platz nahm, von wo aus sich der Blick auf Moskau darbot, nahm Scheel aus seinem Aktenpaket ein Papier heraus und begann es langsam, gewissermaßen zum Mitschreiben, vorzulesen. Es war der Wortlaut des Kabinettsbeschlusses zum Berlin-Junktim: »Die Bundesregierung hofft, daß die Gespräche der Vier Mächte über Berlin dazu führen, die engen Bindungen zwischen Berlin West und dem Bund sowie den Zugang von der Bundesrepublik nach Berlin West zu sichern. Sie ist der Auffassung, daß Fortschritte bei der Entspannung in Europa untrennbar mit einer befriedigenden Regelung in und um Berlin verbunden sind. Ein Gewaltverzichtsvertrag wird daher erst in Kraft gesetzt werden können, wenn dies vorliegt.«

Nachdem Scheel geendet hatte, reichte er das Papier dem sowjetischen Außenminister. Der aber weigerte sich, es entgegenzu-

Die Väter des Moskauer Vertrages auf dem Roten Platz.
Von links: Staatssekretär Egon Bahr, Bundeskanzler Willy Brandt, Außenminister
Walter Scheel (»Ich habe Ihnen doch gesagt, daß alles gut geht«), im zweiten
Glied Regierungssprecher Rüdiger von Wechmar.

nehmen, und schaute statt dessen in die Ferne. Daraufhin reichte
Staatssekretär Frank den Text dem neben ihm sitzenden Falin
weiter. Der legte es, ungelesen, wieder auf den Tisch und schob es
im weiteren Verlauf der Diskussion (die sich dann anderen Themen zuwandte) ganz langsam, Zentimeter für Zentimeter, wieder
in Richtung Frank zurück. Nicht gelesen, nicht akzeptiert,
zurückgewiesen – war wohl der Sinn dieser Geste. Gleichwohl
spähte Falin aus den Augenwinkeln auf das Papier, offenbar um
sich den Wortlaut einzuprägen. Da ich ihm schräg gegenübersaß,
konnte ich das ganz genau beobachten. Als die Besprechung
schließlich zu Ende war und Gromyko durch die Villa zu seinem
Dienstwagen eilte, hielt ich die Sache schon für abgetan. Nicht so
Scheel: Er folgte Gromyko, öffnete ihm den Wagenschlag, und als
Gromyko schon im Fond saß, holte Scheel das besagte Papier aus
der Tasche und drückte es seinem Gast in die Hand. »Sie haben
da was vergessen, Exzellenz«, sagte er mit strahlendem Lächeln
zu dem verdutzten Minister. Gromyko fuhr, mit der Kabinettser-
klärung in der Hand, davon.

Drei Monate danach hat dann auch er das Berlin-Junktim akzeptiert. Nach zwölf Tagen zäher Verhandlungen wurde der Vertrag im Spiridonow-Palais von den Außenministern paraphiert. Der berühmte Karikaturist der »Süddeutschen Zeitung«, E.M. Lang, hat es im Bild festgehalten: Vor den Kremltoren tragen Scheel und Bahr einen riesigen Fisch davon, vor ihnen bin ich als Erfolgsverkünder zu sehen, hinter ihnen ein trauriger Gromyko.

Am 12. August 1970 wurde der Vertrag von Bundeskanzler Brandt und Ministerpräsident Kossygin sowie von ihren beiden Außenministern im Moskauer Kreml unterzeichnet, im ehrwürdigen Großen Katharinensaal direkt neben jenem St. Georgssaal, wo Adenauer seinen Durchbruch in den Verhandlungen mit den Sowjets erzielt hatte. Im Katharinensaal hatten 31 Jahre vorher Hitlers Außenminister Joachim von Ribbentrop und sein sowjetischer »Kollege« Molotow den Hitler-Stalin-Pakt unterschrieben. Zuschauer war damals Stalin gewesen. Diesmal, beim Moskauer Vertrag von 1970, sah Leonid Breschnew, der allmächtige Generalsekretär der KPdSU, aufmerksam zu. Was das überaus positive Auslandsecho auf den Vertragsabschluß betraf, so erklärte Brandt anschließend vor der Presse: »Ich habe ein bißchen Angst vor den Superlativen, die man hier und dort hört. Wenn ich etwas von ›historischer Bedeutung‹ höre, dann kann ich als gelernter Berliner nur sagen: ›Ha'm Se's nicht 'ne Nummer kleener?‹«

Aus einem sowjetischen Fernsehstudio konnte sich der Bundeskanzler noch aus Moskau an die Bürger der Bundesrepublik wenden und ihnen die Bedeutung des Vertrages schildern. Dies war das erste Mal, daß ein westdeutscher Politiker aus der Hauptstadt der Sowjetunion direkt zu den deutschen Fernsehzuschauern sprach. Brandt hatte sich mit den 85 Druckzeilen Text viel Mühe gemacht. Ehe wir ins Studio fuhren, zeigte er mir eine Schreibmaschinenabschrift seines handschriftlichen Entwurfs und bat mich um mein Votum. Ich schlug ihm die Umstellung zweier Absätze vor, aber er wollte lieber bei seiner Fassung bleiben. »Das liest sich so besser«, war die Begründung. Das handgeschriebene Original der Rede nahm er auch mit in den Aufnahmeraum des Fernsehens. Wie so oft hatte er es mit schwarzem Filzstift auf einen Block weißen Papiers der Größe DIN A5 niedergeschrieben, vielfach verbessert und mit Randnotizen versehen. Wann immer der Bundeskanzler etwas Wichtiges sagen wollte, notierte er sich Kernsätze mit der Hand. Beim Schreiben denkt man besser als beim Diktieren, war wohl auch seine Devise.

Es war der Vorabend des neunten Jahrestages des Mauerbaus, und Brandt nahm ausdrücklich darauf Bezug und fuhr dann – live im sowjetischen Fernsehen – fort: »Heute haben wir…einen Anfang gesetzt, damit der Zerklüftung entgegengewirkt wird, damit Menschen nicht mehr im Stacheldraht sterben müssen, bis die Teilung unseres Volkes eines Tages hoffentlich überwunden werden kann.« Wir hatten uns erfolgreich geweigert, den Sowjets irgendein Mitspracherecht zum Inhalt der Fernsehrede zu gewähren, denn schließlich sprach der Regierungschef eines Vertragspartners zu seinem Volk – und zwar nicht nur zur Bevölkerung der Bundesrepublik, sondern auch zu den Menschen in der DDR.

Der sowjetischen Seite war zweifellos bewußt, welche Bedeutung der 13. August für uns hatte, und sie ging zu Recht davon aus, daß Brandt in seiner Fernsehansprache aus Moskau am Abend zuvor darauf eingehen würde, zumal er am neunten Jahrestag in Berlin ohnehin dazu reden wollte. Also machten die Russen Schwierigkeiten und behaupteten, daß es »technische Probleme« gäbe, die Ansprache des Bundeskanzlers zu überspielen. Der wies mich daraufhin an, den Sowjets zu drohen, daß er eine Luftwaffenmaschine kommen lassen würde, um das Sendeband abzuholen, damit es von einem Studio in der Bundesrepublik ausgestrahlt werden könne. Das zog, und Brandts Rede wurde aus Moskau live in die Wohnstuben der Deutschen übertragen. Noch während das Studiopersonal den Eindruck erweckte, als würde es versuchen, die »technischen Schwierigkeiten« zu beseitigen, erschien der oberste Chef des sowjetischen Fernsehens, Sergej Lapin, im Aufnahmeraum. Es blieb unklar, was der Mann im Ministerrang dort sollte. Kam er als Kontrolleur, oder war seine Anwesenheit gar als Ehrung für den Studiogast gedacht? Lapin sprach nicht deutsch, und so mußte ihm von einem mitgebrachten Dolmetscher übersetzt werden, was Brandt im Fernsehen erklärte. Als die Sendung zu Ende war, verabschiedete Lapin sich artig, allerdings ohne ein Wort des Glückwunsches zu den Ausführungen des deutschen Bundeskanzlers.

Wenige Monate später unterzeichneten Willy Brandt und Ministerpräsident Józef Cyrankiewicz den deutsch-polnischen Vertrag im ehemaligen Palais Radziwill in Warschau. Ein Vertrag mit der Tschechoslowakei und der Grundvertrag mit der DDR folgten. Fast noch mehr als der Moskauer Vertrag sorgte das Warschauer Dokument für innenpolitische Spannungen in Bonn, weil darin die Oder-Neiße-Linie als westliche Staatsgrenze Polens festgelegt worden war. Die Vertragspartner in Moskau und Warschau hatten dabei hingenommen, daß die Bundesrepublik eine Grenze bestätigte, die gar nicht ihre eigene, sondern damals die der DDR war. Die Hoffnung der Koalition, die Zustimmung der Opposition zu bekommen, trog – was die Bundesregierung angesichts der heftigen Auseinandersetzungen über die Ostpolitik eigentlich hätte wissen müssen. Noch am Abend der Vertragsunterzeichnung wandte sich der Bundeskanzler über das Fernsehen an seine Landsleute. Er begann seine Rede mit dem Satz: »Ich bin mir bewußt: dies ist eine schwierige Reise.« Der Vertrag habe nur »nach ernster Gewissensforschung« unterschrieben werden können. »Wir haben uns nicht leichten Herzens entschieden.« Man habe von den geschaffenen Tatsachen ausgehen müssen, »auch in bezug auf die Westgrenze Polens«. Der Vertrag gebe nichts preis, was nicht längst verspielt worden sei. Er bedeute nicht, daß »wir Unrecht anerkennen oder Gewalttaten rechtfertigen. Er bedeutet nicht, daß wir Vertreibungen nachträglich legitimieren.« Die Rede hatte Brandt selbst, wieder mit seinem schwarzen Filzstift, zu Papier gebracht.

Ungeachtet seines eigenen und häufig vorgebrachten ironischen Mottos »Deutsch sein heißt zahlreich sein«, war Brandt mit großer Begleitung in Warschau eingetroffen. Die Bedeutung des Vertragsabschlusses für Deutsche und Polen sollte unterstrichen werden. Zu verhandeln gab es nichts mehr, doch es ging dem Kanzler darum, ein Zeichen zu setzen. Außer den Bundestagsabgeordneten Carlo Schmid (SPD) und Ernst Achenbach (FDP) gehörten auch der Danziger Günther Grass, der Ostpreuße Siegfried Lenz, der »Stern«-Chefredakteur Henri Nannen sowie die Vorsitzenden des DGB, Heinz Oskar Vetter, und der Krupp-Stiftung, Berthold Beitz, neben zahlreichen hohen Beamten aus Bonn zur Delegation des Bundeskanzlers – und natürlich Journalisten aus aller Welt. Im Protokoll waren für den Morgen nach der Ankunft gleich zwei Kranzniederlegungen vorgesehen: eine am Grabmal des Unbekannten Soldaten und eine am Ehrenmal für die Toten des Warschauer Ghettos. Doch was wie eine bei offiziellen Auslandsbesuchen übliche, quasi obligatorische Pflichtübung aussah, wurde zur Weltsensation.

Viele der angereisten Journalisten hatten sich diesen Programmteil geschenkt, eben weil sie einer Kranzniederlegung keinen besonderen Nachrichtenwert beimaßen. Nur ein paar Wortberichterstatter, zwei Dutzend Fotografen und das Fernsehen gingen mit – und wurden Zeugen eines historischen Ereignisses. Denn am Ghetto-Denkmal legte Brandt seinen Kranz nieder, ordnete wie üblich dessen Schleife, trat zwei oder drei Schritte zurück und verharrte Sekunden in stiller Andacht. Ich stand wenige Meter von ihm entfernt, als Brandt sich plötzlich an der Treppe zum Mahnmal auf die Knie niederließ und gleichsam betend der Opfer gedachte. Es gab ein Geschiebe und Gedränge der Presse, und wir Zuschauer versuchten, das Unerwartete zu begreifen. Der historische Kniefall von Warschau hatte sich vor unser aller Augen vollzogen. Nichts hatte zuvor auf dieses einmalige Verhalten hingedeutet, und Brandt selbst hatte zu niemandem vorher darüber gesprochen.

Die Bilder vom Kniefall gingen um die Welt. Die Medien hatten eine Sensation, und die Berichterstatter wollten natürlich wissen, was Brandt zu dieser außergewöhnlichen Geste bewogen hatte. Ahlers und ich konnten keine Auskunft geben, und der Kanzler schwieg. Auch am Abend nach der Vertragsunterzeichnung im Schloß Wilanow, wo Brandt ein Essen für seine polnischen Gastgeber gab, wich er Fragen seiner Begleiter und der Journalisten aus. Sie alle hatten – vergeblich – gehofft, er würde zu später Stunde und mit einem guten Tropfen im Glas seine Gefühle preisgeben. Er wahrte sein Geheimnis fast ein Vierteljahrhundert, bis er sich in seinen Erinnerungen erstmals öffentlich dazu äußerte. Dort hat Brandt die immer wieder gestellte Frage, ob seine Geste geplant gewesen sei, verneint. Er habe zwar nichts geplant, sei aber zu der Kranzniederlegung in dem Gefühl gefahren, »die Besonderheit des Gedenkens am Ghetto-Monument zum Ausdruck bringen zu müssen«. Er habe getan, was Menschen tun, wenn die Sprache versage.

Die Ostverträge blieben auch in den nun folgenden Monaten einer der zentralen Punkte der Auseinandersetzung zwischen der sozialliberalen Koalition und der CDU/CSU-Opposition, denn es ging um die Ratifizierung der Vertragswerke durch den Deutschen Bundestag, der sie schließlich im Mai 1972 vollzog. Vorher, nämlich im September 1971, hatten die vier Siegermächte nach 34 Sitzungen im Verlauf von siebzehn Monaten ein befriedigendes Abkommen über Berlin abgeschlossen. Die Bundesregierung stimmte dem Abkommen der Großmächte zu und erklärte sich bereit, mit der DDR über die notwendigen Detailregelungen der praktischen Durchführung des Viermächte-Abkommens zu verhandeln. Mit der Einigung der Siegermächte sei, so die Bundesregierung, eine »tragfähige Grundlage einer befriedigenden Berlin-Regelung« geschaffen worden. Die Opposition erklärte, das Abkommen enthalte zwar auch positive Bestimmungen, wies aber auf viele Punkte hin, die als bedenklich zu werten seien. Eine endgültige Entscheidung wollte sie erst treffen, wenn das Ratifizierungsverfahren eingeleitet worden sei.

Ahlers und ich gaben uns alle Mühe, um Verständnis für die Position der Regierung zu werben, stießen dabei aber manchmal auch auf Kritik aus dem eigenen Lager. So hatte Herbert Wehner, der Fraktionsvorsitzende der SPD im Bundestag, vor dem Parteibezirk Hessen-Süd einmal gegen die »miese Art« gegiftet, mit der »Regierungssprecher X und Regierungssprecher Y die Regierungsarbeit verkaufen«. Im Fernsehen dazu befragt, hatte er dann erläutert, man werde mit »denen« (den Regierungssprechern) reden und dann vielleicht sehen müssen, daß »sie ihre Fähigkeiten und Freundlichkeiten an anderer Stelle anbringen und nicht in dieser Eigenschaft«. Daraufhin hatte ich Wehner geschrieben, er möge ja der Auffassung sein, daß ein Beamter oder ein Regierungssprecher kein Recht auf Anhörung habe, und zudem die Ansicht vertreten, daß öffentliches Anprangern einem klärenden Gespräch über vermeintliche Fehler vorzuziehen sei. Öffentlich gemaßregelte Regierungssprecher hätten aber zwischen Selbstachtung und Loyalität zu wählen. Kein Mensch sei fehlerfrei. Dennoch sei ich der Überzeugung, »einen Anspruch auf Anhörung zu haben, ehe ich öffentlich gescholten werde«. Dies gelte besonders dann, wenn mir Bemerkungen angelastet würden, die ich laut der amtlichen stenographischen Protokolle gar nicht gemacht hätte. Wehner antwortete postwendend, aber ausweichend: »Sie sind Regierungssprecher, und Sie wie ich sind offensichtlich bemüht, die Bundesregierung gegen Angriffe zu verteidigen. Die Unzufriedenheiten, die Sie gegenüber meiner Person haben, mögen begründet sein. Zu meinem Teil aber möchte ich nicht eine Auseinandersetzung nähren, die nur zu Lasten der Bundesregierung gehen kann.« Auf meinen Anspruch auf Anhörung ging Wehner gar nicht erst ein. Auch eine Beschwerde beim Kanzleramtsminister Horst Ehmke über sein Verhalten blieb ohne Resonanz.

Zuchtmeister Wehner neigte eben zur Bissigkeit. Manchmal kam er in seiner Eigenschaft als SPD-Fraktionsvorsitzender – zusammen mit Wolfgang Mischnick, seinem Kollegen von der FDP – auch zu Kabinettssitzungen ins Palais Schaumburg. Da konnte ich dann beobachten, wie er aus seiner prallgefüllten Aktentasche einen Notizblock hervorkramte und sich ans Mitstenographieren machte. Zwischen die Zähne schob er seine unvermeidliche Pfeife. Die Fraktionsvorsitzenden der Koalition waren immer dann dazugeholt worden, wenn es im Kabinett um Gesetzesvorlagen ging, die von der Koalition gestützt werden sollten.

Wehner meldete sich selten zu Wort, aber wenn er sich in die Diskussion der Minister unter Vorsitz von Brandt einschaltete, trug er knurrend Einwände hervor. Er brachte seine Position schnell auf den Punkt. Wie im Bundestag waren seine Zwischenrufe auch im Kabinett gefürchtet und bewundert. Im übrigen achtete Wehner auf Distanz zu seinen Mitmenschen – vielfach auch zu Parteigenossen – und hatte daher wenig wirkliche Freunde. Respekt ersetzte die Zuneigung. Eine schwere Diabetis machte ihm zu schaffen und galt als Erklärung für sein oft brüskes Verhalten.

Ende April 1972 wurde es dann wirklich spannend in Bonn. Die CDU/CSU-Fraktion hatte im Bundestag einen Mißtrauensantrag gegen Bundeskanzler Brandt eingebracht, der nach heftiger Debatte scheiterte. Doch dem Kanzlerkandidaten Barzel fehlten nur zwei Stimmen zu der erforderlichen Mehrheit. Ob es damals einen Stimmenkauf gegeben hat, ist bis heute ungeklärt. Jedenfalls konnte Brandt weiterregieren, und die Koalition steuerte entschlossen auf die Ratifizierung der Ostverträge durch den Bundestag zu, die im Mai 1972 bevorstand. Abgesehen von den Vertragstexten selbst, ging es dabei bis in die letzten Tage um die Frage, ob sich Regierungskoalition und Opposition über eine gemeinsame Entschließung zu den Vertragswerken würden einigen können und ob die Sowjetunion bereit sein würde, diese Resolution des deutschen Parlaments widerspruchslos entgegenzunehmen. Und so sah ich mich in jenen Tagen als Regierungssprecher in der schwierigen Lage, der Presse über Angelegenheiten Auskunft zu geben, die eigentlich den Bundestag betrafen, und zugleich Fragen zu beantworten, die höchst sensible Punkte unserer Beziehungen zu Moskau berührten. Die Journalisten hatten natürlich längst herausbekommen, daß es zwischen den Regierungsparteien und der CDU/CSU schon zu Gesprächen über eine gemeinsame Resolution gekommen war, und stellten bohrende Fragen nach deren Wortlaut.

Eine interfraktionelle Kommission, der Horst Ehmke (SPD), Hans-Dietrich Genscher (FDP), Werner Marx (CDU) und Franz Josef Strauß (CSU) angehörten, hatte sich mehrere Tage lang darum bemüht, aus dem Resolutionsentwurf eine gemeinsame Erklärung des Deutschen Bundestages zu entwickeln. Zeitweilig saß bei diesen Beratungen auch ausgerechnet Falin mit am Tisch, wovor Brandt dringend gewarnt hatte und was er eine »Groteske« nannte. Später bekannte Brandt, der Text der Kommission sei »bis an die Grenze dessen gegangen, was ich noch vertreten konnte«. Aber die vier Verhandler waren letztlich erfolgreich: Ein gemeinsamer Resolutionsentwurf lag auf dem Tisch. Die Hoffnung der Regierungskoalition, daß mit einer solchen Sicherung der deutschen Rechtsposition eine Zustimmung der CDU/CSU-Opposition zu den Verträgen erreicht werden könnte, trog jedoch. Im Vorstand der CDU/CSU-Fraktion wurden dann schließlich durch einen der »wise old men« die Weichen gestellt: Walter Hallstein plädierte für eine Enthaltung von CDU und CSU, nachdem er vorher vehement gegen eine Zustimmung zu den Verträgen gewesen war. Diesem Vorschlag folgte eine große Mehrheit der Fraktion, was auch für mich eine Enttäuschung war, denn ich hatte bei einigen CDU-Abgeordneten wie etwa Walther Leisler Kiep und Richard von Weizsäcker in Privatgesprächen lange vorher – und wie ich glaubte erfolgreich – für eine positive Stimmabgabe geworben. Nun hatten sie sich für die Geschlossenheit ihrer Fraktion entschieden.

Gleichwohl stimmte der Bundestag den Verträgen mit einfacher Mehrheit zu und gab der Erklärung des Parlaments zu den Grundzügen der Ost- und Deutschlandpolitik der Bundesrepublik mit 513 Stimmen bei fünf Enthaltungen seinen Segen. Von der Unionsfraktion stimmte niemand für die Ostverträge, aber keiner gegen die gemeinsame Entschließung. Bei den Voten zu den Ratifizierungsgesetzen gab es geringfügige Unterschiede.

Die erste Hürde bei der Inkraftsetzung der Ostverträge war genommen. Die monatelange Anspannung für alle Beteiligten war einer Erschöpfung gewichen, die an den Gesichtern deutlich abzulesen war. Am Morgen der namentlichen Abstimmung hatte sich so etwas wie dumpfe Erwartung gezeigt, als wir zur Lagebesprechung im zweiten Stock des Palais Schaumburg zusammenkamen. Ich war schon um fünf Uhr früh ins Büro gegangen, um mich besonders sorgfältig auf den Presse-Vortrag vorzubereiten. Das erwies sich als völlig umsonst: Niemand hörte richtig zu. Die bevorstehende historische Entscheidung des Parlaments ließ Informationsroutine nicht so recht aufkommen. Der Bundeskanzler war gar nicht erst gekommen, und die Runde ging bald wieder auseinander. Kurz darauf saß ich auf der Regierungsbank im Bundestag schräg hinter Brandt und Scheel und verfolgte von dort den Abstimmungsvorgang. »Atemlose Spannung« herrschte, wie ein Berichterstatter die Atmosphäre beschrieb.

Zwei Tage später billigte auch der Bundesrat die Ratifikationsgesetze, die von Brandt und Scheel sogleich unterzeichnet wurden. Die Resolutionserklärung des Bundestages stellte die Regierung den vier Großmächten und Polen zu. Ende Mai wurde der Verkehrsvertrag mit der DDR in einer Art Probelauf für den später abzuschließenden Grundvertrag unterzeichnet. Brandt nannte die Zustimmung der Mehrheit des Parlaments einen neuen Abschnitt in der Geschichte der Bundesrepublik Deutschland auf dem Wege der Vernunft. Die Entscheidung habe die Einordnung Bonns in das westliche Bündnis ergänzt, die in den fünfziger Jahren beschlossen worden war.

Für den Vorsitzenden der CDU/CSU-Fraktion des Bundestages kam die Ratifikation der beiden ersten Ostverträge einer weiteren Niederlage gleich. Im April war Barzels Versuch, den Kanzler mit einem Mißtrauensvotum zu stürzen, gescheitert, und jetzt hatte er es nicht vermocht, seine Fraktion auf eine positive Stimmabgabe zu den Vertragswerken einzuschwören. Dann brachten die Neuwahlen am 19. November 1972 einen überraschenden Sieg der Koalitionsparteien, und als ihm die Fraktion bei der Entscheidung über eine Mitgliedschaft beider deutscher Staaten in den Vereinten Nationen die Gefolgschaft versagte, trat Barzel im Mai des darauffolgenden Jahres als Fraktionschef der CDU/CSU zurück.

Mit Brandt bei Tito und Nixon
(1973)

Die Neuwahlen vom 19. November, die auf eine Initiative von Brandt und Scheel zurückgingen und die Zustimmung aller Parteien gefunden hatten, kamen einem Plebiszit über die Ost- und Deutschlandpolitik gleich. Bei einer Wahlbeteiligung von über 91 Prozent erhielten die Sozialdemokraten 45,8 % und die FDP 8,4 % der Stimmen. Die CDU/CSU verbuchte 44,9 Prozent. Zweifellos hatte der Kampf um die Verträge die Wahl entschieden, und der Erfolg der Koalition war unbestritten. Am Abend des Wahltages, als die Hochrechnungen des Fernsehens schon den Erfolg der Koalition ankündigten, zogen Jungsozialisten im Fackelzug vor das Palais Schaumburg. Brandt dankte vom Fenster im ersten Stock und erwies dabei auch dem FDP-Partner seine Reverenz, indem er erklärte, daß die Ost- und Friedenspolitik auch auf das Konto von Walter Scheel zu buchen sei. Neben dem Bundeskanzler stand Günther Grass, der eine sozialdemokratische Wählerinitiative angeführt hatte. Hinter beiden, im zweiten Glied der Zuhörer, sah ich im Halbdunkel Günter Guillaume, Brandts Referenten für Partei- und Gewerkschaftskontakte, dessen Enttarnung als DDR-Spion später maßgeblich zum Sturz des Kanzlers beitragen sollte. Anschließend gingen wir alle zum Feiern hinüber in den unter Ludwig Erhard gebauten Bungalow, wo Scheel und andere Gäste auf den Wahlsieger warteten, unter ihnen auch der heutige US-Senator Ted Kennedy, der seiner Frau Joan den Kanzler mit den Worten vorstellte: »This is the greatest man.«

Im weitläufigen Park des Palais Schaumburg gab Brandt einmal im Jahr seine Kanzlerfeste mit Musik und Tanz. Meine Frau Susi war bei dieser »Kanzler-Kirmes« begehrtes Objekt der Fotografen, weil sie das Festpublikum mutig mit Hot pants unter einem Rock aus lagunenfarbenem Jacquard schockiert hatte. Bunt und heiter war es auch bei Scheels Sommerfesten am Rhein, wo

James Last aufspielte, und zum bunten Teil der Bonner Zeit gehörte auch eine Verabredung mit dem berühmten »Karlchen« (Rosenzweig) vom alten »Gogärtchen« in Kampen auf Sylt. Wir vereinbarten, daß er den geplanten Presse-Club in der Bundeshauptstadt übernehmen sollte, was sich dann aber als eine nicht besonders pfiffige Geschäftsidee erwies.

Auch in den Kabinettssitzungen ging es nicht immer nur ernst zu. So zeichneten Bundeskanzler und Außenminister manchmal Tischvorlagen von mir ab, die Deutschlands Phantom-Diplomaten Edmund F. (für Friedemann) Dräcker betrafen, jenen Ministerialdirigenten außer Dienst, dessen Existenz (oder besser: Nichtexistenz) ein deutlicher Beweis dafür war, daß auch in Bonn der Humor nicht zu kurz kommt. Brandt und Scheel setzten ihre Paraphen unter Entwürfe für Erlasse des Auswärtigen Amtes betreffend »Mdg. Dräcker«, der gerade irgendwo auf dem Globus sein Unwesen trieb. Edmund F. hatte das Licht der Aktenwelt schon 1936 an der deutschen Botschaft in Rom erblickt, wo sich der damalige Legationsrat Hasso von Etzdorf aus den offenbar langweiligen Morgenbesprechungen der Diplomaten mit dem Hinweis verabschiedet hatte, ein Herr Dräcker warte draußen auf ihn. Hinter »Herrn Dräcker« aber verbarg sich eine gleichnamige Brauerei: Etzdorf zog es also vor, ein Bier zu trinken, als weiter zuzuhören. Nach der Gründung der Bundesrepublik waren es dann neben Etzdorf vor allem Günter Diehl, Felix von Eckardt und Hans Stercken, der langjährige Vorsitzende des Auswärtigen Ausschusses im Bundestag, die sich um eine Wiederbelebung des Phantoms bemühten. Amtliche Urkunden entstanden (eine davon, zur Verleihung des Bundesverdienstkreuzes, war gar für die Unterschrift des Bundespräsidenten Heinrich Lübke vorgesehen), und ein offiziöser Lebenslauf machte die Runde, dem zufolge Dräcker am 1. April 1888 (man beachte das Datum) im ostpreußischen Suleyken als Sohn eines Pfarrers geboren wurde und seine diplomatische Laufbahn 1911 als Vizekonsul auf Ceylon begann. 1918 soll er an den Vorarbeiten des Friedens von Brest-Litowsk beteiligt gewesen und 1952 als Ministerialdirigent in den Ruhestand versetzt worden sein.

Aber mit der Pensionierung ging der Rummel dann eigentlich erst richtig los: Einladungen zu einem Empfang der französischen Besatzungsmacht zu Dräckers Ehren zirkulierten, und es hieß, er habe der Genfer Außenministerkonferenz einen eigenen Friedensplan vorgelegt und sich dann als Berater in Kuweit betätigt. 1962 wurde Dräcker gar als Wanderastrologe in Indien aufgespürt, weshalb ihm dann Anfang der siebziger Jahre der Dekan der Freien Universität einen Lehrstuhl für Indische Mythologie angeboten haben soll. 1982 meldeten die Schlagzeilen, daß Dräcker Besitzansprüche auf Teile der Antarktis erhoben und auf einer Eisscholle die Bundesflagge gehißt habe. Ost-Berlin, wo man den Bericht – zum 1. April, seinem Geburtstag – für bare Münze nahm, protestierte heftig und blamierte sich gründlich. Im hohen Alter von 101 Jahren soll Dräcker schließlich im Jahre 1989 gestorben sein. Als deutscher Botschafter bei den Vereinten Nationen hatte ich ihm zuvor noch ein »Interview« mit dem damaligen UN-Generalsekretär Kurt Waldheim vermittelt, der den »Fall« kannte und mitspielte. Schließlich erfanden wir Mitte der siebziger Jahre einen Sohn Dräckers, und Scheel unterzeichnete im Kabinettssaal einen von mir entworfenen Erlaß an die Botschaft in Warschau, wo der junge Legationssekretär Dräcker jr. angeblich eine Probezeit absolvierte.

Zu jener Zeit wurde noch aus dem Palais Schaumburg mit seinem knarrenden Parkett und den verschachtelten Zimmerfluchten regiert. Brandt hatte am Schreibtisch Adenauers Platz genommen, und im Kabinettssaal zu ebener Erde saß ich – zunächst mit Conny Ahlers und später mit Arnim Grünewald – an einem kleinen Tisch vor den Fenstern zum Park, um den Beratungen der Bundesminister zu folgen. Gewissermaßen am Katzentisch der Macht, an den sich überdies auch noch Dieter Spangenberg zwängte, der Staatssekretär im Bundespräsidialamt, der Heinemann über die Regierungsarbeit auf dem laufenden hielt. Unsere mitgebrachten Akten mußten wir auf dem Fußboden ausbreiten, denn auf der winzigen Tischplatte war nicht genügend Platz. Aber wir bekamen alle Kabinettsvorlagen in die Hand, konnten den Aussprachen folgen und die Entscheidungen notieren, und das Gehörte, das ich in eine Art Kontobuch eintrug, war dann der Grundstock für meine anschließenden Pressekonferenzen.

Mitten in den Vorbereitungen für die vorgezogenen Bundestagswahlen im November machte sich Scheel auf den Weg nach China. Es ging um die Aufnahme diplomatischer Beziehungen zu Peking, die dem Ansehen des Außenministers und seiner Partei im Wahlkampf von Nutzen sein konnten. Der Flug in den Fernen Osten hatte eine originelle Vorgeschichte, in der der einzige damals in Bonn akkreditierte chinesische Korrespondent eine Schlüsselrolle für die erste Annäherung zwischen Bonn und Peking spielte. Der im Bonner Vorort Bad Godesberg lebende Wang Shu, Vertreter der Nachrichtenagentur »Hsinhua«, stieg nämlich unerwartet zum ersten Gesprächspartner der Deutschen auf. Ich kannte ihn aus meinen Pressekonferenzen, und vermutlich zog er mich deshalb nach einer dieser Routinekonferenzen unauffällig beiseite und bat mich um die Vermittlung von Kontakten zu »zuständigen Beamten« der Regierung. Er sei von Peking damit beauftragt. Ich erwiderte, daß ich diesen Hinweis weitergeben würde, und berichtete sogleich an Kanzler und Außenminister. Deren Mitarbeiter waren zunächst jedoch skeptisch und wollten nicht glauben, daß ausgerechnet ein Journalist mit einer solchen Mission betraut worden sein könnte.

Die erstaunte Zurückhaltung war rasch verflogen, als sich zusätzlich bald auch ganz offiziell ein Mitglied der chinesischen Botschaft in der DDR anmeldete und Peking dann noch einen weiteren Diplomaten aus der Zentrale des Außenamtes schickte. Dieses Trio verhandelte mit Spitzenbeamten des Auswärtigen Amtes, und schon bald war man sich einig: Chinas Außenminister Chi Peng-Fei lud Scheel zu einem offiziellen Besuch nach Peking ein, wo die Aufnahme der Beziehungen beschlossen werden sollte. Bei den Verhandlungen mit den drei Chinesen in Bonn hatte, wie zuvor in Moskau, natürlich auch die Frage der Vertretung der Interessen Berlins eine Rolle gespielt, und man verständigte sich rasch auf eine schriftlich fixierte Übereinkunft, wonach China »entsprechend der in Berlin entstandenen tatsächlichen Lage« zu handeln gedenke. Das bedeutete: Beachtung des Berlin-Abkommens der vier Mächte. Bezüglich Taiwan sollte es keine Erklärung der Bundesregierung geben, da diese Frage für sie »nicht existiere«.

In einer Maschine der Luftwaffe flog Scheel mit Begleitung alsbald nach Peking. Der Weg führte uns zunächst nach New York zum Hauptquartier der Vereinten Nationen. Von dort ging es über Hawai nach Shanghai und dann weiter in die chinesische Hauptstadt. Auf ausdrücklichen Wunsch der Chinesen war die Bundeswehrbesatzung der Luftwaffenmaschine in voller Uniform geblieben. Chinas Ministerpräsident Chou En-Lai ließ sich in Peking gar zusammen mit der Besatzung fotografieren, was erwartungsgemäß böse Kommentare in der DDR-Presse gab.

Die Verhandlungen zwischen den Außenministern Scheel und

1972 in Peking: Verhandlungen über die Aufnahme diplomatischer Beziehungen. Außenminister Scheel redet mit Ministerpräsident Chou En Lai. Chinas Außenminister Chi Peng-Fei und der Bonner Regierungssprecher hören zu. Unter den Tischen die traditionellen Spucknäpfe.

Chi Peng Fei kamen schnell zum angestrebten Ergebnis, das in einem erstaunlich kurzen Kommuniqué festgehalten wurde: »Die Regierung der Volksrepublik China und die Regierung der Bundesrepublik Deutschland haben am 11. Oktober 1972 beschlossen, diplomatische Beziehungen aufzunehmen und in kurzer Zeit Botschafter auszutauschen. Geschehen zu Peking am 11. Oktober 1972 in 2 Urschriften, jede in chinesischer und deutscher Sprache.« Der sonst in Kommuniqués oft übliche Schmus entfiel. Der Sinn für's Praktische auf seiten der Chinesen wurde auch bei den Verhandlungen selbst sichtbar. Wir saßen uns an einem langgestreckten Tisch gegenüber, in der Mitte die beiden Minister. Während die Bonner Diplomaten umfangreiche Dokumente in sogenannten »Gesprächsmappen« mitgebracht hatten, kamen die Chinesen ohne jede Unterlagen aus. Sie hatten alles im Kopf und stellten überraschend präzise Fragen. Man hatte sich in Peking offenkundig sehr sorgfältig vorbereitet.

Unsere Gesprächspartner waren alle gleich gekleidet: in hochgeschlossenen, blauen Kaderuniformen. Wie wir gesagt bekamen, gäbe es fein abgestimmte Kadergrade, von eins bis fünfundzwanzig. Nur der Kenner könne die Unterschiede ausmachen, zum Beispiel auch an der Zahl und der Größe der aufgenähten Taschen auf den Uniformjacken. Von dem so einheitlichen Bild der chinesischen Delegation lenkte also nichts ab wie etwa die Farben von Hemden oder die Krawattenmuster. Man war direkt gezwungen, den Gesprächspartnern ins Gesicht und in die Augen zu sehen.

Während des Peking-Aufenthaltes kam es auch zu einem angeregten Gespräch mit Ministerpräsident Chou En-Lai, dem Scheel als Gastgeschenk ein in rotes Leder gebundenes Exemplar des letzten Essays von Gottfried Wilhelm Leibniz, dem »Lettre sur la philosophie chinoise«, überreichte. Diese zunächst überraschend anmutende Gabe hatte einen Hintergrund: Chou hatte in Berlin und Göttingen studiert. Wir waren zu der Begegnung in reichlich unbequeme, viereckige Sessel gesetzt worden, neben uns Tische mit Tee und Sprechmikrofon, unter den Tischen die obligaten Spucknäpfe. Die waren weiß und rund und erinnerten auf peinliche Weise an Nachttöpfe. Chou sprach präzis und knapp. Kein Wort über Chinas mächtigen Nachbarn Sowjetunion. Anders als alle unsere sonstigen offiziellen Gesprächspartner hatte er sich eine hochgeknöpfte hellgraue Uniform angezogen. Sein Außenminister Chi Peng-Fei kam als Rangniederer im Kaderblau, versuchte aber, sich mit weißen Socken und einer dunklen Sonnenbrille eine etwas individuelle Note zu geben.

Natürlich durften auch die obligaten Festessen mit vielen schönen Reden nicht fehlen, bei denen die chinesischen Dolmetscher ihre Kunst zeigen konnten. Die hatten alle ihr Deutsch in der DDR gelernt. Für das sogenannte »Gegenessen« des Gastes hatte sich Scheel etwas Besonderes ausgedacht: Die Lufthansa-Küche sollte das Mahl herrichten. Und so gab es denn für die China-Offiziellen ausgerechnet eine Portion Spätzle mit Rindsgulasch. Und das alles als »Tellergericht« komplett serviert. Die Peinlichkeit erreichte ihren Höhepunkt, als anschließend der Chefkoch, mit Mütze und fröhlichem Lachen, in der Halle des Volkes erschien, um sich beklatschen zu lassen. Gottlob hatte es inzwischen reichlich Maotai gegeben, und der gehobenen Stimmung tat das deshalb alles keinen Abbruch.

Die neue Regierung Brandt-Scheel war nach den vorgezogenen Neuwahlen gerade ein halbes Jahr im Amt, als der Bundeskanzler im April 1973 zu seinem ersten offiziellen Besuch als Regierungschef nach Jugoslawien aufbrach. Titos Reich hatte sich in Osteuropa eine von Moskau unabhängige Position erstritten, war maßgeblich am Zustandekommen der KSZE-Konferenz von Helsinki beteiligt, spielte in der großen Gruppe der blockfreien Staaten der Welt eine führende Rolle, und all das sollte nach den Vorstellungen Bonns nicht unbeachtet bleiben. Die Bundesrepublik unterhielt zwar diplomatische Beziehungen zu Belgrad, diese sollten nun aber durch direkte Gespräche des Bundeskanzlers vertieft werden.

Brandt war fünf Jahre zuvor schon einmal in Jugoslawien gewesen, damals noch als Außenminister der Großen Koalition von Kurt Georg Kiesinger. Jetzt flogen wir nach zweitägigen Gesprächen mit der Regierung in Belgrad auf die Insel Brioni zu Josip Broz Tito, dem damals 80jährigen Präsidenten Jugoslawiens. Brandt wurde von seiner Frau Rut begleitet, weil auch Titos füllige Gattin Jovanka auf Brioni zugegen war, das zumeist als Sommersitz des Präsidenten diente.

Schon gleich nach unserer Ankunft geleitete uns Tito, der seit dreißig Jahren auch den Titel Marschall führte, auf die geräumige Terrasse der prachtvollen, schloßartigen Villa, hinter deren weitläufigen Parkanlagen sich ein herrlicher Blick auf das Meer bot. Alles schien gut und teuer – zu teuer für ein so armes Land. Beim Nachmittagskaffee, den wir gemeinsam mit den Damen im Salon einnahmen, erzählte Tito aus seinem Leben und erklärte uns, woher seine verblüffenden Deutschkenntnisse stammten. Wir erfuhren, daß er vor dem Ersten Weltkrieg als kleiner Handlungsreisender durch Süddeutschland gezogen war, um aus einer Art Bauchladen billige Schnürsenkel, Nähgarn und ähnliche Waren zu verkaufen. Die Erinnerung an diese Zeit schien dem Präsidenten Spaß zu machen, und wenn er schilderte, wie er mit seinen Kunden um den Preis gefeilscht hatte, brach immer wieder lautes Lachen aus seinem mächtigen Leib. In den kleinen Städten längs der Landstraße habe er immer ein wenig draufgeschlagen und sei dennoch immer unter den Preisen der örtlichen Posamentierläden geblieben. Auf Bauernhöfen und in Dörfern habe er sein Angebot hingegen regelrecht verschenkt. Nach Kriegsausbruch hatte Tito dann als Korporal in der österreichischen Armee gedient, war in russische Gefangenschaft geraten und hatte sich dort den Kommunisten angeschlossen.

Schließlich unterbrach der Präsident seine Erzählung, um eine Runde Schnaps kommen zu lassen, doch Jovanka, die seine Geschichten zweifellos schon unzählige Male gehört hatte, winkte ab und erklärte, daß es ohnehin bald Abendessen geben werde. Zu meiner Enttäuschung fügte sich der Marschall. Ich entsinne mich, daß ich damals gerne einen Slibowitz getrunken hätte.

Auch beim Abendessen spielte Tito den Alleinunterhalter. Seine Erlebnisse schilderte er uns in farbigen Bildern, und wenn seine Deutschkenntnisse ihn im Stich ließen, nahm er immer Zuflucht zum Englischen (das er ganz gut beherrschte), etwa wenn er vom Fernsehen, sprich Television, oder von den Vereinten Nationen, den United Nations, reden wollte. Überdies stellte er seine Trinkfestigkeit unter Beweis, ohne daß seine Frau Einspruch erhob. Dennoch war unverkennbar, daß sie zumindest in privaten Dingen etwas zu sagen hatte. An den politischen Gesprächen des folgenden Tages nahm sie zwar nicht teil, immerhin aber verkündete sie das Programm, ohne daß der Marschall widersprach: wann gefrühstückt würde und zu welcher Zeit und an welchem Ort die Beratungen beginnen würden.

Natürlich waren Titos Exkursionen in die deutsche Sprache auf die eher privaten Stunden der Zusammenkunft mit seinen Gästen aus Bonn beschränkt. Die offiziellen Gespräche hingegen wurden über Dolmetscher geführt. Bei einer dieser Unterredungen hatte Brandt auch darauf aufmerksam gemacht, daß die Bundesrepublik in Zukunft nicht unbeschränkt Gastarbeiter aus Jugoslawien aufnehmen könne, was dann im Abschlußkommuniqué mit den Worten umschrieben wurde, es habe Einigkeit darüber bestanden, daß langfristig »eine verstärkte Verlagerung von Produktionsbetrieben in die Heimatbezirke dieser Menschen angestrebt werden sollte«. Über das Thema Wiedergutmachung der vom Dritten Reich zu verantwortenden Opfer unter den jugoslawischen Bürgern kam es zu einem längeren und heftigen Wortwechsel mit Tito. Jugoslawien hatte verschiedentlich den Wunsch nach einer Wiedergutmachung in Höhe von zwei Milliarden Mark vorgetragen, ein nach heutigen Maßstäben eher als niedrig zu beziffernder Betrag. Gleichwohl reagierte der Bundeskanzler empört. Er habe seinem Volk schon viel zumuten müssen. Die Deutschen lebten, entgegen ihrem Willen, in zwei Staaten. Wenn auch Belgrad jetzt Wiedergutmachungszahlungen verlange, dann gehe das zu weit. Solche Forderungen bringe Bonn in eine unmögliche Situation.

Im Mai 1973 ging es mit dem Bundeskanzler nach Washington zu einem Besuch bei Präsident Nixon. Und weil dessen Außenmi-

Im April 1973 stattete Bundeskanzler Brandt einen Arbeitsbesuch bei Marschall Tito auf der Insel Brioni ab. Da gab es Streit über jugoslawische Forderungen nach Wiedergutmachung. Auf der anschließenden Pressekonferenz hörten der Kanzler und sein Regierungssprecher den Ausführungen Titos ziemlich skeptisch zu.

nister William P. Rogers in die ausgedehnten Besprechungen über die amerikanisch-europäischen Beziehungen im Rahmen der Atlantischen Partnerschaft, über die NATO, die KSZE und Berlin eingeschaltet wurde, war auch Walter Scheel mit von der Partie. Brandt hob mehrmals hervor, daß er als Sprecher für Europa gekommen sei, und auch das offizielle Schlußkommuniqué über den fünftägigen Aufenthalt betonte – nach meiner Erinnerung zum ersten Mal bei bilateralen deutsch-amerikanischen Begegnungen – den großen Wert der amerikanisch-europäischen Beziehungen. Nixon, den seine innenpolitischen Gegner gern »Tricky Dicky« nannten, hatte als erster amerikanischer Präsident die internationale Bedeutung des Europas der Neun, also der damaligen Europäischen Gemeinschaft, erkannt. Brandt machte dem US-Präsidenten deutlich, daß die von Henry Kissinger, Nixons Nationalem Sicherheitsberater, kurz zuvor propagierte Konzeption, wonach die EG lediglich regionale Interessen verträte, während den

USA wegen ihrer weltpolitischen Verpflichtungen in gewisser Weise eine Dominanz zukomme, von den Westeuropäern nicht akzeptiert werde. Eine Diskussion, die noch heute nicht beendet ist.

Am 1. Mai lud Nixon zu einem Abendessen ins Weiße Haus ein und bat seine Gäste anschließend in einen Salon, wo uns die »Carpenters« mit temperamentvollen Melodien in fröhliche Stimmung brachten. Man saß auf Stuhlreihen – die Herren im Smoking, die Damen im langen Abendkleid –, und ich beobachtete, wie Rut Brandt ihre Fußspitzen im Takt mitwippen ließ. Zuvor, noch bei Tisch, hatte der Präsident in einer kurzen Rede das enge deutsch-amerikanische Vertrauensverhältnis gewürdigt, und der Kanzler antwortete mit einem Glückwunsch zum absehbaren Ende des Vietnam-Krieges durch den Abschluß eines Waffenstillstandes. Brandt kam aber auch auf die immer noch schwelende Watergate-Affäre zu sprechen, die später zum Sturz Nixons führen sollte. »Wir verstehen Ihre Gastfreundschaft in diesen Tagen um so weniger als Routine«, sagte Brandt, »weil wir wissen, daß Sie ernste Probleme Ihrer Innenpolitik zu bewältigen hatten.« Er sei, so fügte Brandt hinzu, nicht als Sprecher Europas gekommen, wohl aber als ein Sprecher für Europa. »Wir haben schon heute das Recht ..., von der Persönlichkeit Europas zu reden.«

Nach dem Konzert der »Carpenters« ging es zum Tanz, zu dem eine Militärkapelle in Uniform aufspielte. Sie tat das mit Lautstärke, brav und unermüdlich. Kein Vergleich mit den »Carpenters«. Als erster stand Nixon auf und bat Rut Brandt aufs Parkett. Der Präsident war ein geübter Tänzer, und die Frau des Bundeskanzlers genoß es sichtlich. Wie es die Etikette verlangte, forderte Willy Brandt daraufhin Pat Nixon auf, die jedoch offenkundig weniger Gefallen an diesem gesellschaftlichen Intermezzo fand. Allerdings hatte die Tanzerei ohnehin bald ein Ende, denn nun gab es die after-dinner-drinks, und es durfte – damals noch – geraucht werden. Die Männer setzten sich zu kleinen Gesprächsrunden zusammen, um noch einmal durchzukauen, was am Tage schon im Konferenzsaal oder anderswo behandelt worden war. Solche spätabendlichen Diskussionen dienen häufig auch der »Letzten Ölung« von Kommuniqués, die gewöhnlich am Ende eines Besuches veröffentlicht werden. Brandt hat von solchen Kommuniqués nie viel gehalten. »Die Zahl der Leute«, sagte er oft mit einem Anflug von Resignation, »die Kommuniqués entwerfen, ist meist größer als die Zahl derjenigen, welche sie dann auch lesen oder gar noch richtig verstehen.«

Drei Wochen waren seit unserer Rückkehr aus den USA vergangen, als die bayerische Staatsregierung mit acht gegen sechs Stimmen beschloß, beim Bundesverfassungsgericht eine einstweilige Verfügung zu beantragen, mit der dem Bundespräsidenten untersagt werden sollte, das Gesetz über die Ratifizierung des Grundvertrages mit der DDR gegenzuzeichnen, auszufertigen und zu verkünden. Anschließend wollte Bayern eine Normenkontrollklage zur Prüfung der Verfassungsmäßigkeit des Grundvertrages einbringen. Doch der Antrag scheiterte in Karlsruhe, wo ihn der Zweite Senat des Bundesverfassungsgerichts als »zur Zeit nicht begründet« verwarf. Am Tag nach der Bekanntgabe der Entscheidung in Karlsruhe setzte Bundespräsident Heinemann seinen Namen unter das Ratifizierungsgesetz. Willy Brandt hatte dem Klagebegehren der Bayern schon in einer morgendlichen Lagebesprechung im Kanzleramt wenig Chancen eingeräumt: »Das wird wohl nichts«, hatte er erklärt und sein typisches glucksendes Lachen vernehmen lassen.

Ein Blechschaden und andere Pannen
(1973)

Mitte Mai 1973 kam Leonid Iljitsch Breschnew zu einem offiziellen Besuch nach Bonn. Der Besuch fand weltweit großes Aufsehen, denn zum ersten Mal seit der Gründung der Sowjetunion flog ein Generalsekretär der KPdSU in die Bundesrepublik. Es hatte Monate gedauert, die Reise vorzubereiten. Ulrich Sahm, unser Botschafter in Moskau, hatte dem Generalsekretär die Einladung des Bundeskanzlers schon im März überbracht. Da »Ulli« Sahm dem Bundeskanzler aus der Zeit bekannt war, als er die Außenpolitische Abteilung im Kanzleramt geleitet hatte, besaß er das volle Vertrauen Brandts und wurde damit betraut, alle Details des knapp fünftägigen Breschnew-Besuchs vorzubereiten. Es war eine mühsame Aufgabe, denn einer seiner Gesprächspartner war der sture, humorlose Alexander Bondarenko, jener fast glatzköpfige Leiter der 3. Europäischen Abteilung im sowjetischen Außenministerium, der mir schon bei Scheels Verhandlungen über den Moskauer Vertrag durch seine Unnachgiebigkeit aufgefallen war.

Am Vormittag des 18. Mai schließlich landeten Breschnew und seine umfangreiche Begleitung, darunter auch Außenminister Gromyko, auf dem Flugplatz Köln-Bonn, wo sie von Brandt, Scheel und anderen führenden Regierungsvertretern mit militärischen Ehren empfangen wurden. Von dort ging es zum Hotel »Petersberg«, das eigens für diesen Anlaß für ein paar Tage kurzfristig geöffnet worden war. Vor dem Mittagessen wurden in der Hotelhalle Getränke gereicht, jene inzwischen unrühmlich bekannt gewordenen »Bonner Cocktails«: Weißwein, Mineralwasser, Campari und Orangensaft. Breschnew betrachtete das Angebot reichlich skeptisch, wandte sich dann an Brandt und meinte: »Bei uns zu Hause gibt es vor dem Essen immer einen Wodka. Haben Sie vielleicht so etwas für mich?« Der Bundeskanzler rief nach dem Geschäftsführer und bat, nach Wodka Ausschau zu halten. Kurz darauf erschien ein livrierter Kellner mit einem Tablett voller gut gefüllter Schnapsgläser. Breschnew nahm eines davon, schnupperte daran, trank einen winzigen Schluck, schüttelte den Kopf und stellte das Glas zurück aufs Tablett. »Das ist kein Wodka«, kommentierte er resigniert und griff nach einem Glas Mineralwasser. Er hatte recht: Wodka war nicht aufzutreiben gewesen, und so hatte man einen guten deutschen Steinhäger serviert.

Nach dem Willkommens-Mittagessen mit vielen Reden, einer exquisiten Speisenfolge und ausgesuchten Getränken verspürte Breschnew plötzlich Lust, sich höchstpersönlich ans Steuer des nagelneuen Mercedes 450 SLC zu setzen, den der Stuttgarter Konzern dem KPdSU-Chef aus Werbegründen zum Geschenk machen wollte. Der Wagen stand vor dem Hotelportal, und der Schlüssel steckte. Breschnew setzte sich strahlend ans Steuer, legte den Gang des automatischen Getriebes ein, fuhr, zum Entsetzen der Sicherheitsbeamten, die kurvenreiche Strecke den Petersberg hinab – und landete schon in der dritten Kurve an einem Baum. Als der Moskauer Gast in den Wagen gestiegen war, war rasch noch ein Mitarbeiter von Daimler Benz neben ihn auf den Sitz gerutscht, für alle Fälle. Doch der Mann sprach kein Russisch und hatte Breschnew folglich keine Anweisungen geben können.

Inzwischen hatten Sicherheitsbeamte und ein besorgter Protokollbeamter mit eingeschaltetem Blaulicht das gestrandete Fahrzeug des Generalsekretärs erreicht und sorgten für den sicheren Rücktransport ins Hotel. Gott sei Dank gab es keine Verletzten, die Luxuskarosse aber war nicht unerheblich beschädigt. Wieder in der Hotelhalle, kommentierte Breschnew seinen vorwitzigen Ausflug nur mit einem breiten Grinsen. Ihm hatte die Fahrt, trotz allem, offenbar großen Spaß gemacht. Später wurde ihm ein neues Fahrzeug nach Moskau geschickt.

Die Besprechungen Breschnews mit Brandt und Scheel sowie den anderen auf beiden Seiten beteiligten Ministern fanden zumeist im Kanzlerbungalow statt und drehten sich sowohl um die »Grundfragen der Beziehungen« zwischen der Sowjetunion und der Bundesrepublik Deutschland als auch um internationale Probleme. Anders als seine Amtsvorgänger klebte Breschnew nicht an vorbereiteten Texten, sondern sprach völlig frei. Dabei neigte er zur Ausführlichkeit und kam oft vom Hundertsten ins Tausendste. Auf Fragen oder Einwürfe seiner deutschen Gesprächspartner reagierte er sofort hellwach. Sein Außenminister Gromyko hingegen bekam selten das Wort erteilt.

Während des Besuches wurden drei Vereinbarungen unterzeichnet: ein Abkommen über die Entwicklung der wirtschaftlichen, industriellen und technischen Zusammenarbeit, eines über die kulturelle Zusammenarbeit und schließlich ein Zusatzprotokoll zum schon bestehenden Luftverkehrsabkommen. Das war auch so eine Eigenart offizieller Besuche aus dem damaligen Osteuropa: Abkommen mußten präsentiert werden können, je mehr, desto besser. Und man legte Wert auf ein ausführliches Kommuniqué, auch wenn es oft nur Altbekanntes wiederholte und seinen Umfang vor allem der imponierenden Aufzählung der Namen und Titel aller Teilnehmer der Beratungen verdankte.

Zum Besuchsprogramm gehörten außer den Beratungen im Bungalow auch Begegnungen mit Bundespräsident Heinemann, mit Spitzen der Industrie und der Gewerkschaften sowie ein Hubschrauber-Ausflug ins Bergische Land, wo der Generalsekretär von Heinz Kühn, dem Ministerpräsidenten von Nordrhein-Westfalen, zu einem »Oberbergischen Imbiß« eingeladen worden war. Mit von der Partie war mein alter Freund Hans Ulrich Kempski von der »Süddeutschen Zeitung«, dem ich einen Mitflug vermittelt hatte. Breschnew war über das ihm unbekannte Gesicht zunächst erstaunt, sagte aber nichts, da er den Journalisten wohl für einen zusätzlichen Sicherheitsbeamten hielt. Der Rückflug ging über die Kölner Fordwerke, wo Brandt seinen Gast auf die vielen tausend Autos der Arbeiter aufmerksam machte, die auf dem Parkplatz vor den Fabrikhallen standen. Breschnew sah schweigend hinunter und war sichtlich beeindruckt. Ich erinnerte mich an den USA-Besuch seines Vorgängers Nikita S. Chruschtschow, der in Kalifornien von einer Autobahnbrücke aus den unermeßlichen Strom von Fahrzeugen beobachtet und schließlich erstaunt ausgerufen hatte: »Und in jedem Fahrzeug nur eine einzige Person!«

Am letzten Tag des Breschnew-Besuchs gab der Bundeskanzler abends in seiner Dienstvilla auf dem Bonner Venusberg ein Herrenessen für einen kleinen Kreis geladener Gäste. Auch mir war die Ehre einer Einladung zuteil geworden, und so wurde ich Zeuge einer bemerkenswerten Veranstaltung. Brandt hatte schon zu Beginn des Essens auf die Wodka-Panne auf dem Petersberg angespielt und verkündet, er werde seinen Gästen nun aus seinem

270

kleinen Privatbestand einen norwegischen Linie Aquavit anbieten. Den Unkundigen erklärte er, warum der Aquavit den Namen »Linie« trage: Auf der Rückseite des Flaschenetiketts sei das Datum und der Name des Schiffes eingetragen, mit dem das Getränk die Äquatorlinie überquert habe. Breschnew nahm das dargebotene Glas, schnupperte daran, trank einen Schluck, nickte zustimmend – und blieb dann den ganzen Abend über bei der »Linie«, bis der Bundeskanzler bekennen mußte, daß sein Aquavit-Vorrat nunmehr erschöpft sei. Daraufhin griff sich der Generalsekretär eine vor ihm liegende Menükarte, schrieb auf deren Rückseite ein paar Worte in kyrillischen Buchstaben und gab sie dem ihm gegenübersitzenden Bundesfinanzminister Helmut Schmidt. Ein Dolmetscher übersetzte: »Der Finanzminister wird hiermit ermächtigt, weitere Mittel zur Verfügung zu stellen zur Beschaffung zusätzlichen Linie Aquavits.« Schmidt griff in seine Brieftasche, entnahm ihr einen Zehnmarkschein und reichte sie Breschnew über den Tisch. Der lachte fröhlich auf, so daß man seine beiden Goldzähne sah. »Danke schön«, bemerkte er trocken, »ich nehme das als eine Anzahlung auf den Kredit, um den ich die Bundesrepublik morgen bitten werde.«

Den ganzen Abend lang hatte der Generalsekretär die Rolle des Alleinunterhalters gespielt, dann aber nahm das Tischgespräch unvermittelt einen ernsten Verlauf. Breschnew wechselte abrupt das Thema, sprach vom Zweiten Weltkrieg und schilderte stockend und in vielen Einzelheiten seine Erlebnisse an der Front und über seinen Einsatz bei der Artillerie. Als er erschöpft geendet hatte, ergriff Helmut Schmidt das Wort und erzählte nun seinerseits, leise und eindringlich, von seinen Erfahrungen als deutscher Offizier in den Kämpfen gegen die Rote Armee. Auch Staatssekretär Frank vom Auswärtigen Amt erinnerte sich an die Zeit an der Ostfront. Weitere deutsche und sowjetische Gäste meldeten sich zu Wort. Breschnew hörte schweigend zu, nippte nur dann und wann an seinem Glas. Die Offenheit der Diskussion war erstaunlich. Der fröhliche Ton der Abendunterhaltung war verflogen, das tragische Schicksal beider Völker wurde allen Teilnehmern durch die sehr persönlichen Erlebnisse der einzelnen Gäste fast dramatisch bewußt.

Die internationale und die deutsche Presse habe ich während des Breschnew-Besuchs nahezu täglich vor der Bundespressekonferenz über die jeweiligen Beratungen unterrichten können. Dann

Breschnew erzählte bei seinem Bonn-Besuch 1973 dem Regierungssprecher einen guten Witz.

und wann erschien dazu auch der Pressesprecher der sowjetischen Delegation, der Generaldirektor der Moskauer Nachrichtenagentur TASS, Leonid I. Samjatin. Das war ein Novum, denn wenn der Kreml die Presse überhaupt über irgendwelche bedeutsamen Begegnungen mit ausländischen Politikern unterrichtete, so geschah dies nur vor ausgesuchten, linientreuen Journalisten. Samjatin, der eigentlich freundlich gestimmte, aber systemtreue Mann mit der blondgrauen Mähne, war im Umgang mit ausländischen Journalisten natürlich nicht sehr erfahren, und so geschah es immer wieder einmal, daß er nervös an seinem Brillenbügel kaute, wenn ihm auf eine Frage nicht sogleich die Antwort einfiel. Gern nahm er Zuflucht zu Formulierungen, die man auch in der »Prawda« oder der »Iswestija« hätte lesen können. Die mitgereisten sowjetischen Journalisten versuchten ihm zu helfen, indem sie mir Fragen stellten, die mich in Verlegenheit bringen sollten. Solche Manöver blieben allerdings erfolglos, denn ich war selbst zu lange Berichterstatter gewesen und war nach einer fast vierjährigen Amtszeit als Regierungssprecher geübt genug, mich nicht in die Ecke treiben zu lassen. Im übrigen war die Anwesenheit des KPdSU-Generalsekretärs auch damals schon eher ein Fernsehereignis. Bunte Bilder waren gefragt.

Breschnews Reise an den Rhein war nur einer von vielen Besuchen, die die Bürger der Bundeshauptstadt in den siebziger Jahren über sich ergehen lassen mußten. Ausländische Gäste, zumal solche in hohen Positionen, brachten Verdruß, manchmal auch für die berichterstattenden Journalisten. Mitunter begannen die Schwierigkeiten schon mit der Frage, ob es sich um einen Staatsbesuch oder lediglich um einen offiziellen Besuch handelte. Staatsbesuche werden ja eigentlich nur von Königen oder Präsidenten, also von Staatsoberhäuptern, abgestattet. Nun war Breschnew zwar zweifellos der mächtigste Mann der Sowjetunion, aber nicht ihr Präsident. Der hieß Nikolai Podgorny und war gar nicht mitgekommen. Also hatten wir schon im Vorfeld klären müssen, ob der Generalsekretär bei Ankunft und Abflug »militärische Ehren« (sprich: Wachbataillon mit Musik und Nationalhymnen) und die bei Staatsbesuchen übliche »große Beflaggung« erhalten sollte oder nicht. Er bekam beides, denn schließlich hatten die Sowjets auch Adenauer und Brandt bei ihren Moskau-Besuchen mit militärischen Ehren empfangen, obwohl beide nicht als Bundespräsidenten gekommen waren. Übrigens hat damals eine Bonner Fahnenfabrik von der internationalen Aufwertung der Bundesrepublik profitiert und gute Geschäfte gemacht, denn Flaggen wurden immer und in großer Zahl gebraucht. Von erheblichem Nachteil für die Einwohner Bonns waren die strengen Sicherheitsvorkehrungen, die manchmal stundenlange Straßensperrungen zur Folge hatten, vor allem dann, wenn der Gast »Sicherheitsstufe 1« zugewiesen bekam. Und das war bei Breschnew natürlich der Fall.

Der Generalsekretär war wieder in Moskau, und in Bonn war

der Alltag eingekehrt. Grund für mich, selber den Koffer zu packen und als »Mädchen für alles« an drei verschiedenen Plätzen der Welt inzwischen liegengebliebene Aufträge zu erledigen: In Teheran wartete schon seit geraumer Zeit der Hofminister des Kaisers auf ein Gespräch über die, wie man dort meinte, schahfeindliche deutsche Presse. Der deutsche Botschafter hatte dem Hof schon mehrfach, aber offensichtlich erfolglos klarzumachen versucht, daß Bonn keinerlei Einfluß auf die Berichterstattung oder die Kommentare in den Medien nehmen könne und wolle. Die Niederlande hatten ihre Botschaft in Teheran wegen solcher »Schah-Beschimpfungen« in der niederländischen Presse schon schließen müssen, aber obgleich mein Besuch hinsichtlich der beabsichtigten Überzeugungsarbeit erfolglos blieb, konnte die deutsche Botschaft ihre Tätigkeit damals doch immerhin fortsetzen. Teheran protestierte zwar, aber die bestehenden engen Wirtschaftsbeziehungen mit Deutschland waren letzten Endes wichtiger.

Mein nächstes Ziel war Panama, wo die Deutsche Welle einen Rundfunksender installieren wollte, mit dem man ganz Lateinamerika zu erreichen hoffte. Eine improvisierte Sendeanlage gab es bereits, die jedoch auf die Kritik manch eines Südamerika-Kenners stieß: Panama gelte in ganz Lateinamerika als eine Art Kolonie der USA, so gab man zu bedenken, weshalb die Gefahr bestehe, daß die von dort ausgestrahlten Sendungen für einen Propagandatrick der »Yankees«, nicht aber für ein Programm deutschen Ursprungs gehalten würden. Dennoch war die Regierung in Panama-City an einem deutschen Engagement und an damit verbundenen Investitionen erkennbar interessiert, und so zeichnete ich zunächst eine Art Vorvereinbarung und nahm alles »zur weiteren Prüfung« zurück nach Bonn.

Schließlich machte ich mich im Sommer 1973 auf nach Rumänien, das mir aus meiner Zeit als ZDF-Korrespondent so gut bekannt war. Ceaușescu war im Juni in Bonn gewesen, hatte viel geredet und seine Gastgeber manchmal zur Verzweiflung gebracht. Eigentlich hatte er sich und seine eigenwillige Frau selbst eingeladen. Bonn hatte sich dem unablässigen Drängen Bukarests nach einer offiziellen Einladung schließlich nicht länger widersetzen können. Die deutsche Minderheit in Siebenbürgen und dem Banat sollte nicht darunter zu leiden haben, daß man das Begehren des Diktators abwies. Also lud man ihn ein. Ceaușescus Forderungen hinsichtlich der Programmgestaltung für den Staatsbesuch brachten die zuständigen Beamten in Bonn zur Weißglut.

Vor allem Wünsche, die in einer Liste mit von ihm erwarteten Staatsgeschenken enthalten waren. Diese Liste hatte der unwillkommene Gast unverschämt schon vorab in die Bundeshauptstadt übermittelt. Da wurde zunächst einmal grob gestrichen. Aber er bekam, was für alle osteuropäischen Kommunisten damals galt und was sich auch bei ihm wiederholte: Auch er wollte ausführliche Kommuniqués und möglichst viele Vertragsabschlüsse nach Hause bringen. Mit acht solcher Verlautbarungen fuhr er heim. Ceaușescu verlangte überdies noch eine »Gemeinsame Erklärung«, die nach mühseligem Hin und Her schließlich noch zustande kam. Einigermaßen zufriedengestellt, reiste der Diktator zurück in die Heimat, und in Bonn war man froh, den überaus anspruchsvollen Gast wieder los zu sein. An allem hatte er etwas zu mäkeln. Einmal war es die vorgesehene Unterkunft und ein anderes Mal die Zurückhaltung von Mitgliedern der Bundesregierung, dem unbeliebten Machthaber die Hand schütteln zu müssen. Bundespräsident Heinemann war der Hauptleidtragende. Er war gemäß Protokoll nämlich der Gastgeber. »Ich kann den aufdringlichen Kerl nicht mehr sehen«, soll er nach Angaben von Staatssekretär Spangenberg einmal gestöhnt haben.

Die »Gemeinsame Erklärung« sah unter anderem die »Schaffung besserer Bedingungen für den Austausch auf dem Gebiet der Information in allen Bereichen« vor, und zur Klärung der Einzelheiten flog ich nach Bukarest, wo Vasile Gliga mein Gesprächspartner war. Ich kannte ihn von früher her, und wir wurden uns rasch einig, daß es in erster Linie darum ging, die Arbeitsbedingungen der Journalisten zu verbessern. Wir beschrieben eine Menge Papier, das natürlich Makulatur war, denn solange Ceaușescu an der Macht war, änderte sich für die deutschen Journalisten so gut wie nichts, und rumänische Auslandskorrespondenten im Westen waren ohnehin eine Seltenheit. Pressefreiheit blieb eben ein Fremdwort in Rumänien, und viele Jahre sollten vergehen, bis sich das änderte.

Ohne zu ahnen, welche Rolle der Vorgang einmal für mich selber spielen würde, gab ich am 15. Juni 1973 vor der Bundespressekonferenz in Bonn bekannt, daß Botschafter Walter Gehlhoff dem UN-Generalsekretär Kurt Waldheim in New York den Antrag der Bundesrepublik Deutschland auf Mitgliedschaft in den

Vereinten Nationen überreicht hatte. Gehlhoff war damals noch Chef der Bonner Beobachtermission bei der UN. Dem Antrag war eine Beitrittsurkunde zur Charta der Vereinten Nationen beigefügt, wonach die Bundesrepublik die in der Charta »enthaltenen Verpflichtungen annimmt und sich feierlich verpflichtet, sie zu erfüllen«. Die Urkunde trug die Unterschrift von Bundespräsident Heinemann. Bei dem Aufnahmeverfahren mußte erneut die Berlin-Frage behandelt werden. Außenminister Scheel erklärte dazu in einem weiteren Schriftstück, daß Bonn auch für Berlin (West) die Rechte und Pflichten aus der UN-Charta übernehmen und die Interessen Westberlins in der UNO vertreten werde. Einzige Ausnahme blieben Fragen der Sicherheit und des Status von Berlin, wie dies die vier Siegermächte als Sonderrechte für sich reklamiert hatten. Ein paar Tage zuvor hatte Horst Grunert, der Ständige Beobachter der DDR bei den Vereinten Nationen, den Antrag seiner Regierung bei Waldheim abgegeben. Der Hinweis auf die besondere Berlin-Problematik fehlte, dafür gab es in einem Begleitschreiben von Außenminister Otto Winzer eine Bemerkung über das Entstehen der Vereinten Nationen als »Ergebnis des opferreichen Kampfes der Völker der Anti-Hitler-Koalition gegen den deutschen Faschismus und seine Verbündeten im II. Weltkrieg«. Ostberlin konnte es nicht lassen: Ein Schuß Propaganda mußte offenbar sein. Der Weltsicherheitsrat empfahl der UN-Vollversammlung eine Woche später, ohne formale Abstimmung, die Aufnahme beider deutscher Staaten in die Vereinten Nationen. Die Spaltung Deutschlands in zwei unabhängige und gleichberechtigte Staaten war damit auch bei den Vereinten Nationen aktenkundig.

Im Juni flog Bundeskanzler Brandt zum ersten offiziellen Besuch eines deutschen Regierungschefs nach Israel, wo er fast fünf Tage Gast von Ministerpräsidentin Golda Meir war. Angesichts der deutschen Vergangenheit war es ein schwieriger Aufenthalt, und schon am Ankunftstag protestierten jüdische Demonstranten lautstark gegen die Anwesenheit des Kanzlers. Brandt führte mit Frau Meir zwei ausführliche, als »Privatgespräche« deklarierte Beratungen; zudem fanden drei Verhandlungsrunden der Regierungsdelegationen statt. Wie schon bei der Begegnung von Adenauer und Ben Gurion 1961 in New York kam es nicht zu einer gemeinsamen Erklärung in Form eines Kommuniqués, das gar nicht erst angestrebt wurde. Man beschränkte sich auf öffentliche

Reden, in denen die unterschiedlichen Standpunkte beider Seiten beschrieben wurden. Es wurde auch kein Abkommen unterzeichnet. Die Zeit für das alles war noch nicht reif, und daran konnten auch die schon seit acht Jahren bestehenden diplomatischen Beziehungen nichts ändern. Aber es waren Beziehungen von »besonderem Charakter«, wie der Bundeskanzler schon bei seinem Eintreffen betont hatte. Und er hatte hinzugefügt: »Wir können nicht ungeschehen machen, was geschehen ist. Die Summe des Leides und des Grauens läßt sich nicht aus dem Bewußtsein unserer Völker verdrängen.« Frau Meir ging schon am ersten Besuchstag in ihrer Tischrede bei einem Essen zu Ehren der deutschen Delegation auf diese Bemerkung ein. Brandt habe als einer der ersten gesagt, daß Geschehenes nicht ungeschehen gemacht werden kann, daß man es auch nicht vergessen könne. »Dieses Wort hat Wunder gewirkt und es uns und Ihnen ermöglicht, uns zu erinnern.«

Natürlich spielte der Nahost-Konflikt in den Besprechungen eine wichtige Rolle, aber Brandt vermied es, der Bundesrepublik eine Art Vermittlerrolle zuweisen zu lassen. Vor der Presse in Jerusalem hatte er deutlich gemacht: »Was die Bundesregierung angeht, so hat sie weder die Absicht noch die Legitimation, sich durch erbetene oder unerbetene Parteinahme zu übernehmen. Wir sind nicht dazu berufen und auch nicht in der Lage, eine Vermittlerrolle zu spielen.« Bei einer anderen Gelegenheit verwies er aber auf die Europäische Gemeinschaft, die von Israel als einem der ersten Staaten anerkannt worden war. »Dieses Europa kann sich nicht selbst genug sein. Es muß weltoffen sein und wird sich seinem Teil weltpolitischer Verantwortung nicht entziehen können.« Beim Abschied auf dem Flugplatz Lod wandte sich Golda Meir in dieser Frage noch einmal an die Bundesrepublik und bekräftigte ihre Hoffnung, daß Deutschland »in dem Wissen um seine menschliche und historische Verantwortung eine Politik beständiger Freundschaft gegenüber Israel verfolgen wird«. Sie sprach damit noch einmal einen Punkt an, über den es in den Beratungen beider Seiten keine Übereinstimmung gegeben hatte: den Wunsch Israels, die Bundesrepublik möge allein oder im Verbund der EG im israelisch-arabischen Konflikt die israelische Karte spielen. Brandt hatte dennoch erreicht, was er wollte: keine Vermittlerrolle Bonns, allenfalls ein stärkeres Engagement Europas im Nahen Osten.

Begonnen hatte die Israelreise mit einem Besuch im Kibbuz des

Stellvertretenden Ministerpräsidenten Yigal Allon, ein Besuch, den Brandt im nachhinein nicht ohne schwärmerische Übertreibung als eine »Wiederbegegnung mit einer ganz spezifischen Ausformung des demokratischen Sozialismus« bezeichnete. Dabei hatten wir eigentlich nur in Freizeithemd und ohne Krawatte auf Holzbänken an kargen Tischen gehockt, gut gegessen und angenehm geplaudert. Mir jedenfalls sind von dem ausgedehnten Abendessen eher die fröhlich-ernste Unterhaltung, das Singen von deutschen und israelischen Liedern und die überraschende Offenheit und der freundschaftliche Charakter der Begegnung in Erinnerung geblieben.

Und wie so oft, wenn er im Ausland war, fern von dem provinziellen, dumpfen Bonn mit seinen Fallstricken, blühte der Bundeskanzler auf. Anstatt seinem gelegentlichen Hang zum Grübeln nachzugehen, erzählte er Anekdoten, die seine Umgebung zwar schon dutzendmal gehört hatte, über die er selbst aber immer wieder lachte. Eine dieser Geschichten hatte er beim Besuch der UNO in New York gehört: Gegen Mittag schreitet ein Delegierter im Plenarsaal zum Rednerpodium und beginnt mit dem Verlesen eines 36 Seiten langen Manuskripts. Gegen Schluß seiner endlosen Rede hat sich das Auditorium fast vollständig geleert. Man war zu Tisch gegangen, bis auf einen einzigen, ganz vorn sitzenden Zuhörer. Zu dem beugte sich der Redner schließlich herunter, sagte: »Es ist mir eine große Ehre, daß Sie meinen Ausführungen weiter zuhören«, und machte eine Verbeugung. »Von Ehre kann gar keine Rede sein«, erwiderte der Angesprochene, »ich bin der nächste Redner.« Auch hier lachte Brandt schon vor der Pointe. Dagegen wurde er in Bonn, vor allem im Herbst oder Winter, gelegentlich von Depressionen heimgesucht, die ihn in tiefes Schweigen fallen ließen. Dann war er minutenlang wie abwesend, ließ seinen Blick in weite Ferne schweifen, und sein Gesicht bekam etwas Maskenhaftes. Davon war jetzt im Kibbuz überhaupt nichts zu spüren.

Irgendwann während des Aufenthaltes in Israel kam es auch zu einer sehr persönlichen Begegnung mit Moshe Dayan, dem israelischen Verteidigungsminister und Sieger des Sechs-Tage-Krieges gegen die Araber. Brandt hatte mich als Begleiter eingeteilt, und so saßen wir zu dritt in dem winzigen Besucherzimmer des Ministers mit der berühmten schwarzen Augenklappe. Man sprach englisch, und es gab starken Kaffee. Dayan war von gewinnendem Charme und ausgesuchter Höflichkeit – was ihn jedoch nicht hinderte, auch seinerseits zu versuchen, den Kanzler von der Notwendigkeit einer deutschen Unterstützung der israelischen Politik zu überzeugen. Dabei sprach er sich für eine energische Siedlungspolitik in den besetzten Gebieten aus. Brandt blieb nachdenklich und zurückhaltend und machte keine Zusagen. Den Journalisten konnte ich nur bekanntgeben, daß es auf beiderseitigen Wunsch zu einer Begegnung gekommen war.

Allein und weit draußen in der Wüste, suchte Brandt auch David Ben Gurion auf, der zwölf Jahre zuvor schon einmal einem anderen deutschen Bundeskanzler – Konrad Adenauer – im New Yorker Hotel »Waldorf-Astoria« begegnet war. Doch der Kanzler schwieg sich über die Begegnung aus, sprach nur von dem »großen Eindruck«, den Ben Gurion auf ihn gemacht hätte, verweigerte ansonsten aber jegliche Hinweise auf den Inhalt seines Gesprächs. Um so redseliger schilderte er seinen Ausflug auf den See Genezareth, wo er sich als Angler versucht hatte. Stolz zeigte er einen eher kleingeratenen Fisch, der ihm an die Angel gegangen war, aber böse Zungen behaupteten, der Fisch habe schon vor dem Ablegen im Ruderboot gelegen.

Zu einem spannenden Zwischenfall war es übrigens bei Masada am Toten Meer gekommen, jener Bergfestung, auf der sich 73 nach Christi Geburt fast eintausend Juden getötet haben sollen, um anstürmenden römischen Legionären nicht in die Hände zu fallen. Wir waren mit einem riesigen Hubschrauber auf den steilwandigen Tafelberg geflogen, gerieten jedoch beim Landeanflug in eine stürmische Bö, welche die Maschine an den Abgrund zu drängen drohte. Israelische Soldaten bemühten sich mit bloßen Händen, das Fluggerät am Boden zu halten. Des Kanzlers Leibwächter Ulrich Bauhaus schrie laut: »Alle raus!«, und jeder, oder besser fast jeder, sprang aus dem Hubschrauber, dessen Rotoren sich noch drehten. Staatssekretär Paul Frank vom Auswärtigen Amt brach sich beim Sturz einen Arm. Draußen hatten zahlreiche Journalisten und Fernsehkameras auf die Ankunft des Bundeskanzlers und seiner Begleitung gewartet. Eine Nachrichtenagentur berichtete voreilig schon vom Absturz des Hubschraubers und mußte Minuten später die Eilmeldung zurückziehen. Peinlich. Auch ich war dem Zuruf des Sicherheitsbeamten gefolgt und sprang heraus. Kurz darauf kam die Maschine zum Stehen, knapp einen Meter vor dem Abgrund, von dem sie nur eine kleine

Israelische Sicherheitsbeamte stürzen herbei, um Bundeskanzler Brandt aus dem Hubschrauber zu helfen, der von der Spitze des Berges Massada beim Landeversuch 1973 fast abgestürzt wäre.

Geröllhalde trennte. Zwei Menschen an Bord waren nicht gesprungen: der Bundeskanzler und meine Frau. Als sich die Ausstiegsklappe öffnete, rutschten sie und Brandt auf dem Gesäß herunter auf den festen Boden. Der Kanzler schüttelte sich den Staub von seiner leinenen Windjacke und sagte auf die Frage, ob seine Rettung nicht ein Wunder gewesen sei, in das bereitgehaltene Mikrofon: »Ich weiß nicht, von welcher Rettung Sie sprechen. Ich weiß nur eines: Wunder gibt es nur in Israel. Und jetzt will ich die Führung durch die Festung...« Bis auf Staatssekretär Frank vom Auswärtigen Amt, der sich beim Sturz den Arm gebrochen hatte, waren wir gottlob unverletzt geblieben; der Schock aber wich erst Stunden später. Auf die Frage, warum nicht auch sie abgesprungen sei, erklärte meine Frau immer noch ein wenig zittrig, sie habe den Zuruf des Leibwächters nicht gehört und sei in der Maschine geblieben, »weil ja auch der Bundeskanzler nicht ausgestiegen ist«.

Zu Hause in Bonn braute sich derweil Unheil zusammen. Der

für Wirtschaft und Finanzen verantwortliche Doppelminister Karl Schiller trat Anfang Juli zurück, und die Fluglotsen waren zum Ärger der Öffentlichkeit Ende Mai in einen bis November dauernden Bummelstreik getreten. Wortreich angekündigte Reformvorhaben der Koalition endeten oft nur als Reformruinen. Der große Erfolg der Regierung bei den Bundestagswahlen mit ihrem Volksentscheid über die Ostpolitik schmolz dahin. Innen- und Sozialpolitik lagen der Koalitionsführung offenkundig weniger, obwohl sich Brandt gerade jetzt um innere Reformen bemühen wollte und dabei auch erste Ergebnisse verbuchen konnte. Aber irgendwie waren der Elan, die Aufbruchstimmung des ersten SPD-FDP-Kabinetts verlorengegangen. Der Kanzler selbst, nun schon zwei Jahre lang Träger des Friedensnobelpreises, regierte und reagierte stoisch und entrückt. Im September erreichte die bislang eher versteckt vorgebrachte Brandt-Schelte von seiten des SPD-Fraktionsvorsitzenden Herbert Wehner einen Höhepunkt, als der SPD-Fraktionsvorsitzende ausgerechnet einen Aufenthalt in Moskau zur öffentlichen Kritik am Bundeskanzler nützte.

Zu jener Zeit befand sich Brandt in New York, wo er am 26. September als erster Regierungschef der Bundesrepublik Deutschland vor der 28. Vollversammlung der Vereinten Nationen sprach, die die beiden deutschen Staaten acht Tage zuvor als 133. und 134. Mitglied in die UN aufgenommen hatte. Der Bundeskanzler ging in seiner Rede vor dem Plenum der Vollversammlung auf die deutsche Frage ein und faßte seine Position schon im allerersten Satz zusammen: »Ich spreche zu Ihnen als Deutscher und als Europäer. Genauer: Mein Volk lebt in zwei Staaten und hört doch nicht auf, sich als eine Nation zu verstehen.« Er sei nicht gekommen, um die Vereinten Nationen als Klagemauer für deutsche Probleme zu betrachten, sondern um weltpolitische Mitverantwortung zu übernehmen. Wie schon Scheel zitierte auch Brandt den Brief zur Deutschen Einheit, jenen Bestandteil des Moskauer Vertrages und den darin erklärten Willen, »...daß dieser Vertrag nicht im Widerspruch zum politischen Ziel der Bundesrepublik Deutschland steht, auf einen Zustand des Friedens in Europa hinzuwirken, in dem das deutsche Volk in freier Selbstbestimmung seine Einheit wiedererlangt«. Der Kanzler nannte diesen Text eine völkerrechtlich verbindliche Formulierung: Bonn werde versuchen, friedliche Koexistenz »auf deutsch zu buchstabieren«. In Chicago sprach Brandt vor dem Council on Foreign Relations über die europäisch-amerikanischen Beziehungen und zur Sicherheitspolitik. Die Atlantische Allianz bereitete in jenen Wochen gerade den Entwurf eines Ost-West-Abkommens über die Verminderung von Streitkräften und Waffensystemen vor, und die Bundesregierung hatte dabei neben den USA einen führenden Part übernommen. Diese Themen standen auch im Mittelpunkt der Gespräche, die Brandt mit Präsident Nixon und Außenminister Kissinger in Washington am Ende dieser Reise führen sollte. Vorher jedoch passierte etwas, was später von vielen als der Beginn des Endes der Ära Brandt gedeutet wurde.

Von Chicago waren wir zunächst zum Übernachten nach Denver gereist, um von dort am nächsten Tag mit einer kleinen Maschine nach Aspen in den Rocky Mountains zu fliegen, wo Brandt eine Auszeichnung des Aspen-Instituts entgegennehmen sollte. Noch im Hotel in Denver hatte mich der Fernmeldetechniker Karl Schmidt mit dem Alarmruf geweckt, ich möge sofort im Bundespresseamt in Bonn anrufen, man habe eine wichtige Nachricht für mich. Schmidt, mit dem ich schon gleich nach dem Krieg beim German News Service in Hamburg zusammengewesen war, händigte mir die Informationen auf dem Flug von Denver nach Aspen aus: Ein Stapel von Agenturmeldungen über ein paar Äußerungen, die Herbert Wehner an ebendem Tag, an dem Brandt vor dem Council in Chicago sprach, in der deutschen Botschaft in Moskau und anderswo vor Journalisten gemacht hatte. Ich konnte gar nicht glauben, was ich las.

Wehner hatte einen Besuch einer Bundestagsdelegation dazu genutzt, um den Kanzler vor den mitreisenden Bonner Journalisten und vor den in Moskau akkreditierten Korrespondenten in gehässigen Formulierungen zu kritisieren. »Der Herr badet gerne lau – so in einem Schaumbad«, ließ er die Presse mitschreiben. Brandt sei entrückt und abgeschlafft, erklärte der SPD-Fraktionsvorsitzende im Schatten des Kreml, er selbst, so Wehner, habe »diese Regierung nie für eine Regierung gehalten«. Hatte Wehner die Kontrolle über sich verloren, oder wollte er provozieren? Wie auch immer: Die meisten Mitglieder der Bundestagsdelegation zeigten sich entsetzt, unter ihnen Richard von Weizsäcker, damals CDU-Abgeordneter.

Ich hielt die Fernschreiben mit den Agenturmeldungen aus Moskau jetzt im Flugzeug in der Hand und mußte nun entschei-

den, ob ich sie Brandt gleich oder lieber zu einem späteren Zeitpunkt zur Kenntnis geben sollte. Ich entschied mich für die sofor-
tige Weitergabe, da kein Zweifel daran bestand, daß die Nachricht längst bekanntgeworden war und Brandt von den in Aspen
wartenden Journalisten darauf angesprochen werden würde. Also
reichte ich das Konvolut dem mir schräg gegenübersitzenden
Kanzler herüber und bat ihn, die Blätter sogleich durchzulesen.
Brandt las und wurde aschfahl im Gesicht, sagte aber nichts und
versuchte, seine Wut zu verbergen. Neben uns in der Maschine
saß Hans Ulrich Kempski, der Chefreporter der »Süddeutschen
Zeitung«, und registrierte aufmerksam die Reaktion des Kanzlers. »HUK« war viele Jahre mein Kollege gewesen. Zum ersten
Mal waren wir uns auf der Münchener Ministerpräsidenten-Konferenz im Jahre 1947 begegnet und hatten später bei den Genfer
Konferenzen über Deutschland vor dem UNO-Palast im Winter
gefroren und im Sommer unter der Gluthitze gelitten. Das
schweißt zusammen.

Auch nach unserer Landung auf dem kleinen Flugplatz von Aspen, wo ihn die zahlreich versammelten Journalisten erwartungsgemäß nach seiner Reaktion auf Wehners Äußerungen fragten
und ihn mit Kameras, Mikrofonen und Kassettenrecordern be-
drängten, zog Brandt es vor zu schweigen. Alles, was er aus sich
herauslocken ließ, war der Hinweis, er werde der Sache nachge-
hen, sobald er wieder in Bonn sei. Seine Beherrschung war eindrucksvoll, aber der Bruch mit Herbert Wehner schien nun unvermeidlich.

In Bonn hatte derweil Hans-Dietrich Genscher nach den ersten
Meldungen über die Eskapaden Wehners bei Scheel angerufen
und diesen gemahnt, der Kanzler müsse die SPD-Fraktion jetzt
vor die Wahl stellen: Wehner oder Brandt. Denn wenn Brandt
seine Demontage hinnehme, dann drohe die Autorität des Regierungschefs weiter zu zerfallen. »Jetzt ist Brandt noch stark genug«, habe Genscher damals zu Scheel gesagt. »Bald nicht
mehr!« Die Mahnung wurde nicht beherzigt. Zu Brandts Erstaunen erklärte sich der SPD-Parteivorstand nach Wehners Rückkehr
aus Moskau bei elf zu zehn Stimmen mit dem Fraktionsvorsitzenden sogar noch solidarisch.

Immer wieder war ich auf Bonner Pressekonferenzen auch
über die Bundeswehr befragt worden und hatte mich, da mir als
ehemaligem Wehrmachtsleutnant die Verhältnisse in den neuen

deutschen Streitkräften unbekannt geblieben waren, bei meinen Antworten eher schlecht als recht durchmogeln müssen. Also entschloß ich mich, mir selber ein Bild von der Bundeswehr zu machen und eine Reserveübung abzuleisten. Am Rande einer Kabinettssitzung 1973 fragte ich deshalb den damaligen Verteidigungsminister Georg Leber, wie das anzustellen sei. Kurz darauf erhielt ich von Lebers Büro die Mitteilung, daß ich zu einem Sonderlehrgang für »Führungskräfte« geschickt werden könne und dort – meinem Dienstgrad als Staatssekretär entsprechend – gleich als Oberst der Reserve verwendet werden würde. Dies war aber genau das, was ich nicht anstrebte, denn ich wollte ja die Truppe kennenlernen, die »Bundeswehr von innen« gewissermaßen, statt als Stabsoffizier in einem Sonderlehrgang beschäftigt zu werden. Meinem Widerspruch wurde schließlich, wenn auch zögernd, stattgegeben. Die Hardthöhe fragte, bei welchem Truppenteil ich denn dienen wolle. Natürlich entschied ich mich für die Panzer-Aufklärer, jene Waffengattung, bei der ich in meiner aktiven Soldatenzeit im Zweiten Weltkrieg Dienst getan hatte. Im August 1973 wurde ich, noch in Zivil (Blazer, graue Hose, weißes Hemd), mit einem Hubschrauber des Bundesgrenzschutzes nach Hessisch-Lichtenau geflogen, dem Standort des Panzeraufklärungs-Bataillons 2 südöstlich von Kassel. Dort sollte ich mich im Dienstzimmer des Kommandeurs, des Oberstleutnants Horst Wallmann, melden.

Der Oberstleutnant, übrigens der Bruder des früheren hessischen Ministerpräsidenten, wartete schon, bat mich sehr höflich, Platz zu nehmen, und bot mir einen Kaffee an, den ich dankend annahm. Kaum hatte ich den ersten Schluck getrunken, erwähnte Wallmann wie beiläufig, daß ich hier an seinem Schreibtisch noch eine kleine Formalität erledigen, nämlich meine Verpflichtungserklärung unterschreiben müsse. Auf der war schon mein Dienstgrad eingetragen: Hauptmann der Reserve. Ich hatte den Stift noch nicht aus der Hand gelegt, da wechselte Wallmann abrupt den Tonfall: »Hauptmann von Wechmar«, befahl er mir im Kommandoton, »kommen Sie bitte zu mir ans Fenster. Da drüben sehen Sie das Gebäude der 3. Kompanie. Die übernehmen Sie ab sofort als Chef!«

Bis zur Unterkunft in meiner Kompanie war es dann aber doch noch ein etwas längerer Weg. Zuerst mußte ich eine gesundheitliche Einstellungsuntersuchung über mich ergehen lassen, deren Ergebnis ein »Voll tauglich« war. Dann ging es zur Einkleidung »auf Kammer«. Ich gab meine Zivilsachen ab und bekam eine Ausstattung als Soldat. Alles paßte auf Anhieb, einschließlich der »Knobelbecher« und des Stahlhelms. Allerdings mußte ich dabei auch Bekanntschaft mit der Kleiderordnung der Bundeswehr machen: Dienstunterwäsche gab es für Reservisten nur in getragenem Zustand. Ein Merkblatt belehrte mich, daß wegen der kurzen Dauer der Wehrübung »neue (ungetragene) Stücke nicht bereitgestellt werden« könnten. Ein Ausweg wurde aufgezeigt: Wehrübende seien »berechtigt, neben den zur Grundausstattung gehörenden Stücken eigene Unterwäsche mitzubringen und zu tragen«. Und so geschah es dann: Ich übte in eigenen Unterhosen.

Bei der 3. Kompanie nahm mich zunächst der »Spieß« in Empfang, jener Hauptfeldwebel, der sich schon zu Kaisers Zeiten als »Mutter der Kompanie« titulieren ließ. Er machte mich mit den übrigen Kompanieoffizieren und den Unteroffizieren bekannt und wies mich in die kleine Stube ein, die nun mein Wohn- und Schlafzimmer sein würde und deren Einrichtung aus einem Metallbett, einem Spind, einem Stuhl und einem Waschbecken bestand: schlicht, aber sauber. Die übrigen Soldaten konnte ich am nächsten Morgen beim Kompanieappell begrüßen. Die »Dritte« war eine Panzerspähkompanie mit unterschiedlichem Gerät. Neben Schützenpanzerwagen aus britischen Beständen vom Typ SPZ 10 Hotchkiss als Spähwagen gab es alte amerikanische M48-Panzer und später auch ein paar Leopard I. – alles Kettenfahrzeuge, die laut im Gelände und daher recht ungeeignet als Panzerspähwagen waren, deren Aufgabe ja gerade darin besteht, die gegnerische Front leise und unbemerkt auszuspähen, also auf geräuschärmeren Rädern statt auf lärmenden Ketten. Das Bataillon war Teil der 2. Panzergrenadier-Division und in der Blücher-Kaserne stationiert. Es hatte seinen Standort schon fünfmal wechseln müssen, trug in dieser Zeit vier verschiedene Bezeichnungen und war ständigem und raschem Personalwechsel unterworfen. Man konnte schwer übersehen, daß sich die Bundeswehr noch in der hektischen Aufbauphase befand. Meine Absicht, die Nöte und Sorgen der Soldaten kennenzulernen und mir überdies ein Bild davon zu machen, wie Aufklärungsabteilungen jetzt, dreißig Jahre nach meinen eigenen Erfahrungen im Krieg, operierten, ließ sich im Tagesdienst und bei den Übungen hervorragend in die Tat umsetzen. Am Ende meiner Wehrübung jedenfalls kam ich zu

Als Reservehauptmann und Kompaniechef bei der Panzer-Aufklärungsabteilung in Hessisch-Lichtenau mit der Besatzung des Spähwagens und (links) dem Kommandeur, Oberstleutnant Wallmann.

dem Schluß, daß die Bundeswehr besser war als ihr Ruf. Um engeren Kontakt mit den Männern meiner Kompanie zu bekommen, hatte ich darum gebeten, daß mir keine Sonderstellung eingeräumt, also nicht »getürkt« werden würde. Der Staatssekretär sollte vor dem Kasernentor bleiben. Er hatte seine Funktion mit den Zivilkleidern gewissermaßen »auf Kammer« abgegeben. Die Bundeswehr-Zeitung titelte dennoch: »Mein Chef ist Staatssekretär«.

An einem der Abende war ein Nachtschießen auf dem Schießstand angesetzt, nach dessen Schluß ich mir berichten ließ, wer denn das beste Ergebnis zu verzeichnen gehabt hätte, also Schützenkönig geworden wäre. Man nannte mir den Namen eines Soldaten, und ich forderte den »Spieß« auf, eine öffentliche Belobigung des Mannes für den Kompanieappell am darauffolgenden Morgen vorzusehen. »Das können Sie nicht machen, Herr Hauptmann«, erklärte mir der Hauptfeldwebel. »Der Mann ist Kriegsdienstverweigerer!« Das war ja interessant. Also ließ ich den Soldaten noch auf dem nächtlichen Schießstand zu mir kommen und wollte von ihm wissen, ob die Auskunft, die ich gerade erhalten hatte, wirklich zutreffe. »Jawohl, Herr Hauptmann«, sagte er. Er habe einen Antrag auf Anerkennung als Kriegsdienstverweigerer gestellt, aber darüber sei noch nicht entschieden. »Und bis zu einem Bescheid tue ich meine Pflicht.« Es verstand sich von selbst, daß ich ihm beim Morgenappell vor der versammelten Kompanie nun erst recht ein Lob aussprach, was mir beim Spieß jedoch wenig Sympathien eintrug.

Mein Reservedienst endete schmerzlich. Bei dem Versuch, das Bundeswehr-Sportabzeichen zu machen, riß ich mir am vorletzten Tag meines Truppendienstes auf der Aschenbahn eine Achillessehne und humpelte schließlich mit bandagiertem Bein aus der Kaserne. Wieder in Bonn, stiftete ich einen Wanderpokal für die bei Sport- und Schießwettkämpfen beste Kompanie. Der Preis: ein Besuch in der Bundeshauptstadt.

Als Botschafter zur UNO
(1974)

Die Jahreswende 1973/74 brachte beträchtlichen Ärger. Die Koalition wurde von den Gewerkschaften unter massiven Druck gesetzt. Noch während des wochenlangen Streiks der Fluglotsen im Herbst hatten die Beschäftigten im öffentlichen Dienst überzogene Forderungen erhoben, die sie nun bei den Anfang des Jahres beginnenden Tarifverhandlungen auf den Tisch legten. Die ÖTV unter der Führung von Heinz Kluncker verlangte fünfzehn Prozent Lohnerhöhung und ein zusätzliches Urlaubsgeld. Der Bundeskanzler wurde also von seinen eigenen Gefolgsleuten, den Gewerkschaften, unter massiven Druck gesetzt. Gleichwohl war eine zweistellige Lohnerhöhung angesichts gerade laufender Stabilitätsprogramme und der mageren Haushalte als Folge des Ölpreisschocks für Brandt nicht akzeptabel. Da aber nicht nur der Bund, sondern auch die Länder und die Gemeinden Verhandlungspartner der ÖTV waren, setzte der massige Kluncker dort den Hebel an: Erst gab es Warnstreiks und dann ab Februar bundesweite Arbeitsniederlegungen. Bahnen und Busse blieben stehen, der Müll blieb in den Tonnen vor den Häusern, Briefe wurden nicht mehr ausgetragen. Länder und Gemeinden gaben als erste nach, der Bund mußte bald darauf folgen. Die Bonner Regierung akzeptierte schließlich eine Lohnerhöhung von elf Prozent und gewährte noch einige zusätzliche Extras, was einer Gesamterhöhung von rund dreizehn Prozent entsprach. Damit wurde die Geldentwertung noch weiter beschleunigt. Kluncker hatte sich nicht nur gegenüber der Bundesregierung durchgesetzt, sondern sich auch einen Vorteil gegenüber dem Konkurrenzverband, der Deutschen Angestellten-Gewerkschaft, verschafft. »Der damit verbundene Ansehensverlust«, schrieb Brandt dazu später, »war mir bewußt und fiel noch dramatischer aus als erwartet.« Die Niederlage im Duell Brandt-Kluncker hatte meiner Ansicht nach einen erheblichen Anteil an dem Rücktritt des Bundeskanzlers im Mai, für den die Affäre Guillaume nur der äußere Anlaß, aber nicht der alleinige Grund war.

In der zweiten Aprilhälfte trat Brandt zum letzten Mal eine Auslandsreise als Bundeskanzler an. Als erster westlicher Regierungschef seit der Unabhängigkeit Algeriens zwölf Jahre zuvor besuchte er das Land als Gast von Präsident Houari Boumedienne. Anschließend reiste er weiter nach Ägypten zu Präsident Anwar as Sadat. Die Stimmung war gedrückt. Zuviel war in den vergangenen Monaten passiert: Schillers Rücktritt, Wehners Schimpfkanonade, der Ölpreisschock, Scheels erfolgreiche Bemühung um die Kandidatur für das Amt des Bundespräsidenten, der lähmende Fluglotsenstreik, starke Verluste der SPD bei den Hamburger Bürgerschaftswahlen, die Niederlage bei den Auseinandersetzungen mit der ÖTV über deren Lohnforderungen und manches andere mehr. Bei seinen Begleitern, so auch bei mir, verstärkte sich der Eindruck, daß sich Brandt immer häufiger mutlos zeigte. Meinungsumfragen hatten erwiesen, daß die Zufriedenheit der Bevölkerung mit Brandts Politik drastisch abgenommen hatte. Waren im Jahr zuvor noch 57% der Bürger mit dem Kanzler einverstanden, so waren es jetzt nur noch 38%. Das Wort von der Führungsschwäche machte die Runde und stand zu Brandts 60. Geburtstag sogar in den Zeitungen. Brandt kannte beides, die Meinungsumfragen und die Pressekommentare, und blieb den morgendlichen Kanzlerlagen immer häufiger fern. Die Kanzlerdämmerung schien begonnen zu haben. Da paßte es gut, daß weder in Algier noch in Kairo irgendwelche Verträge zu verhandeln oder zu unterzeichnen waren. Nicht einmal Kommuniqués wurden geschrieben. Was man sich zu sagen hatte, wurde in Besprechungen der Delegationen vorgetragen oder bei Tischreden und Pressekonferenzen gesagt. Der Nahostkonflikt spielte dabei eine wichtige Rolle, und das Stichwort »Neue Weltwirtschaftsordnung« fiel. Brandt erklärte, daß die Bundesrepublik als Mitglied der EG die Mittelmeerstaaten als Nachbarn ansähe und daß sie als Mitglied der Vereinten Nationen einen Beitrag zu einer vernünftigen Regelung der Probleme im Nahen Osten leisten wolle.

Für mich war der Aufenthalt in Algerien eine Rückkehr in die Vergangenheit: Hier war ich 1943 in amerikanische Kriegsgefangenschaft geraten und in zwei Gefangenenlager hinter Stacheldraht gesperrt worden. So erzählte ich denn dem algerischen

Außenminister Abdel Aziz Bouteflika, den ich als deutscher UNO-Botschafter fünf Monate später in New York wiedersehen sollte, wo er zum Präsidenten der Vollversammlung der Vereinten Nationen gewählt wurde, bei einem Mittagessen in Algier von meinem früheren »Besuch« in seinem Land. Der kleinwüchsige Minister mit dem imponierenden Schnurrbart lachte auf. »Dann muß es Ihnen damals wohl sehr gut gefallen haben«, sagte er, »wenn Sie jetzt sogar als offizieller Gast wiederkommen!«

Auf dem Flug von Algier nach Kairo überquerten wir Tunesien und Libyen, und der Bundeskanzler entsprach internationalen Gepflogenheiten und sandte von Bord Grußadressen an das tunesische und das libysche Volk. Solche »Überflug-Botschaften« werden normalerweise an die jeweilige Staatsführung abgesandt, aber Brandt vermied es, seinen Gruß an Muammar al Gaddafi zu adressieren, und richtete seine Botschaft statt dessen an das libysche Volk. Das sei sowieso eine Nummer größer, befand der Kanzler. Unterdessen dachte ich an meine Zeit als Soldat im Afrikakorps, wo wir in der Wüste, die sich jetzt unter unserer Sondermaschine dehnte, gegen die Briten und Amerikaner gekämpft hatten.

Auch in Ägypten ging es wieder vornehmlich um den Nahostkonflikt. In einer Tischrede erklärte Sadat: »Wir nehmen unsere Pflicht ernst, unser Land zu befreien und stets für die gerechte Sache des palästinensischen Volkes einzutreten.« Und fügte dann auf deutsch hinzu: »Dieses Gelöbnis werden wir unter keinen Umständen brechen, noch werden wir davon abweichen, denn dann wären wir des Vertrauens, das unser Volk uns entgegenbringt, nicht würdig.« Er bekam den Friedensnobelpreis und wurde 1981 ermordet.

Mit unseren ägyptischen Gastgebern besuchten wir auch die Stadt Suez und den Suezkanal. Beim Ausbruch des israelisch-arabischen Sechs-Tage-Krieges von 1967 war der Suezkanal durch eine Blockade gesperrt worden, nach dem Jom-Kippur-Krieg von 1973, in dem die Stadt Suez zu achtzig Prozent zerstört worden war, gelangte er wieder unter ägyptische Kontrolle. Vor der Presse in Suez sagte Brandt »Wir sind hier in einer toten Stadt und an einem toten Kanal.« Die deutsche Delegation versprach den Ägyptern ein Programm für Aufbau und Entwicklung, und man setzte eine gemischte Kommission ein, diese Arbeit zu überwachen.

In Kairo machte ich dann die Bekanntschaft eines ägyptischen

Ministers, der in der britischen 8. Armee im Afrikafeldzug gedient hatte und – wie mein alter Gegner, der Bischof aus Wales – in deutsche Gefangenschaft geraten war. Nun saßen zwei ehemalige Feinde bei Tisch friedlich nebeneinander und mühten sich durch das Menü. Als ich mich am kommenden Tag, dem 22. April, im Kairoer Sheraton-Hotel auf dem Weg zu einem Pressegespräch in den mit Journalisten überfüllten Aufzug zwängte, drängte sich auch noch Karl Schmidt, unser Fernmeldeexperte, dazu und händigte mir ein dringendes Fernschreiben aus. Es enthielt die Nachricht, daß ich Großvater meines ersten Enkels Benedikt geworden war.

Zwei Tage später trat Brandt den Rückflug nach Bonn an. Da ich erst später in einer Chartermaschine mit den deutschen Journalisten folgte, war ich nicht dabei, als er in Köln-Bonn landete, wo ihn Innenminister Genscher und Kanzleramtschef Grabert an der Gangway mit der Nachricht erwarteten, daß sein Referent für Parteiangelegenheiten, Günter Guillaume, in der Nacht zuvor als DDR-Spion verhaftet worden sei. Das war am Mittwoch, dem 24. April, gegen 13.00 Uhr. Auch Guillaumes Ehefrau Christel kam in Haft. Ihr Mann erklärte nach seiner Festnahme, er sei Offizier der Nationalen Volksarmee der DDR.

Für den Regierungssprecher gab es nun mehr Fragen, als er zunächst beantworten konnte. Im Grunde genommen wurde mir eine Nebenrolle zugewiesen, denn die eigentlichen Akteure waren neben dem Bundeskanzler und einigen seiner Minister die Führungsriege der Sozialdemokraten, die Sicherheitsorgane des Bundes und der Vorsitzende der FDP. Und dann war da natürlich noch der Bundestag. Die CDU/CSU-Opposition beantragte eine Aktuelle Stunde, die zwei Tage später – am 26. April – stattfand. Bundesjustizminister Gerhard Jahn gab für die Regierung eine Erklärung ab, wonach Guillaume schon knapp ein Jahr vorher in den Verdacht der Spionage geraten war. Es sei aber, mit Zustimmung Brandts, von einer sofortigen Verhaftung Abstand genommen und eine intensive Überwachung des Agenten veranlaßt worden. Nur dadurch sei es möglich geworden, ihn zu überführen. Karl Carstens, der Vorsitzende der CDU/CSU-Fraktion, zweifelte jedoch daran, ob es richtig gewesen war, Guillaume als Referenten des Kanzlers weiter zu beschäftigen. Auch Brandt selbst schaltete sich in die Debatte ein und erklärte, man habe einen besonders geschickten und durchtriebenen Agenten auf ihn angesetzt,

»was eigentlich nicht überraschen« könne. Das ändere nichts an seiner »tiefen menschlichen Enttäuschung«; er habe zur Kenntnis genommen, daß der SED-Staat seine Feindschaft zum SPD-Vorsitzenden auch auf diese Weise hervorgehoben habe. In seinen nach dem Rücktritt verfaßten »Notizen« hielt Brandt dazu fest: »So bedrückend dies alles ist, ich ahne nicht, daß dies in wenigen Tagen zu meinem Rücktritt führen wird.«

Tatsächlich nahm Brandt die Sache zunächst nicht ernst genug. Noch sah er sich nicht unter gefährlichem Druck. Genschers und Graberts Mitteilung über die Verhaftung Guillaumes nahm er eher mit Gleichmut hin, fuhr dann vom Flugplatz aus erst einmal ins Kanzleramt, wo er an seinem Schreibtisch einige Akten durchsah, mit Karl Ravens und Egon Bahr sprach und sich dann ins Konrad-Adenauer-Haus chauffieren ließ, um dem ehemaligen Bundeskanzler Kiesinger zum 70. Geburtstag zu gratulieren. Abends fand dann im Kanzlerbungalow noch ein ebenso quälendes wie ergebnisloses Koalitionsgespräch über das Bodenrecht statt. *Business as usual*, möchte man meinen – wäre da nicht das Gespräch mit Wehner gewesen, das sich am späten Abend der Koalitionsrunde anschloß. Von Wehner habe er keinen Hinweis auf besondere Meinungen oder Intentionen erfahren, schreibt Brandt in den »Notizen«, in denen an anderen Stellen aber durchaus Verdachtsmomente im Hinblick auf Wehners mögliche Rolle in der Guillaume-Affäre laut werden.

Noch am Abend des 24. April liefen die ersten Meldungen über die Verhaftung Guillaumes ein. Mein Telefon klingelte pausenlos. Am Tag danach flog der Kanzler zur Eröffnung der Messe nach Hannover, besuchte anschließend kurz, aber ohne eine Erklärung zur Sache, die SPD-Fraktion des Bundestages und bereitete sich in seinem Bundeshausbüro auf eine Debatte über den Paragraphen 218 vor. Freitag, den 26. April, begann dann morgens die Aktuelle Stunde. Auch jetzt noch war Brandt der Überzeugung, auf besondere Vorbereitungen verzichten zu können.

Am darauffolgenden Montagmorgen wurde in der täglichen Lagebesprechung im kleinen Kabinettssaal unter Vorsitz von Brandt erörtert, wie das Bundespresseamt das heiße Thema Guillaume behandeln solle. Am Nachmittag rief mich der Kanzler in dieser Angelegenheit noch einmal zu sich. Die Devise für den Regierungssprecher und sein Amt hieß, daß der Justizminister im Bundestag das derzeit Notwendige gesagt habe. Von Rücktrittsabsichten des Kanzlers war nirgendwo die Rede. »Ich war zu diesem Zeitpunkt noch entschieden gegen Rücktritt«, heißt es für diesen Montag in Brandts »Notizen«.

Inzwischen hatten sich die internen Nachprüfungen auf zwei Fragen konzentriert: Hatte Guillaume Zugang zu oder Kenntnis von Geheimtelegrammen außenpolitischen Inhalts? Und welche Bewandtnis hatte es mit den Behauptungen, Brandt sei in irgendwelche Frauengeschichten verwickelt? Bei einer Wochenendbegegnung mit Spitzen der SPD und der Gewerkschaften in Münstereifel hatte Wehner nämlich einen mehrseitigen Bericht von Sicherheitsorganen erwähnt, in dem auch von »Damenbekanntschaften« und einem »liegengebliebenen Kollier« die Rede war. Durch solche Hinweise neugierig geworden, widmete sich ein Teil der Medien begierig diesen Themen. Am Sonntag, dem 5. Mai, reifte bei Brandt der Entschluß zum Rücktritt. Noch in Münstereifel erläuterte er in einem Gespräch mit Schmidt und Wehner sowie dem SPD-Bundesgeschäftsführer Holger Börner und dem Schatzmeister der SPD, Alfred Nau, seine Gründe. Schmidt, Börner und Nau widersprachen, Wehner nicht. Daheim in seiner Dienstvilla auf dem Bonner Venusberg brachte der Kanzler ein Handschreiben an den Bundespräsidenten mit seinem Rücktrittsgesuch zu Papier. Auf seinem offiziellen Briefpapier »Bundesrepublik Deutschland – Der Bundeskanzler« schrieb er mit seinem schwarzen Filzstift:

Sehr geehrter Herr Bundespräsident,

ich übernehme die politische Verantwortung für die Fahrlässigkeiten im Zusammenhang mit der Agentenaffäre Guillaume und erkläre meinen Rücktritt vom Amt des Bundeskanzlers.
Gleichzeitig bitte ich darum, diesen Rücktritt unmittelbar wirksam werden zu lassen und meinen Stellvertreter, Bundesminister Scheel, mit der Wahrnehmung der Geschäfte des Bundeskanzlers zu beauftragen, bis ein Nachfolger gewählt ist.
Mit ergebenen Grüßen
Ihr
Willy Brandt

Das Schreiben trägt schon das Datum des nächsten Tages, des 6. Mai, an dem das Gesuch Bundespräsident Heinemann zugestellt wurde. Brandt hatte es in den 24 Stunden zwischen Niederschrift und Aushändigung nicht mehr geändert. Ebenfalls mit der Hand schrieb der Kanzler auch an Scheel und teilte ihm mit, daß er dem Präsidenten seinen Rücktritt erkärt habe. Aber anders als in seinem Brief an Heinemann ließ Brandt seinen Vizekanzler wissen, daß er neben der politischen auch die persönliche Verantwortung für die Fahrlässigkeiten übernehme, also für die Umstände, unter denen Guillaume im Kanzleramt eingestellt worden war. Scheel möge den Kabinettsmitgliedern für die Zusammenarbeit mit ihm danken und damit alle guten Wünsche für jeden einzelnen verbinden. Ehe Brandt sein Schreiben an den Bundespräsidenten auf den Weg brachte, zeigte er es Scheel und dem Kanzleramtschef Grabert. Scheel riet vergeblich, den Brief nicht abzuschicken. Das Schreiben an seinen Vizekanzler sandte Brandt erst am späten Abend des 6. Mai ab, als Heinemann das Rücktrittsgesuch schon in den Händen hatte. Die Dinge nahmen ihren Lauf.

Ich selbst war an diesem wichtigen Tag nicht in Bonn, sondern als Leiter der deutschen Delegation bei einer Konferenz mit dem britischen Regierungssprecher und seinen Mitarbeitern in Nordrhein-Westfalen. »Konsultationen über Informationspolitik« hieß die Veranstaltung. Auf der Tagesordnung stand der Fall Guillaume nicht, aber die Briten waren natürlich neugierig, wie die Sache ausgehen würde. Auf dem Heimweg am späten Abend nahm ich den britischen Botschaftsrat Francis MacGinnis in meinem Wagen mit. Wir hatten ja das gleiche Ziel, die Bundeshauptstadt. Kurz vor Bonn, es war inzwischen etwa 23.00 Uhr geworden, meldete sich Heribert Schnippenkötter, der Chef vom Dienst des Bundespresseamtes, über das Autotelefon. »Der Bundeskanzler ist zurückgetreten, kommen Sie sofort ins Amt.« MacGinnis bekam das natürlich mit und bat mich inständig, den kleinen Umweg über seine Botschaft zu nehmen, damit er umgehend ein Telegramm ans Foreign Office absenden könne. Gern erfüllte ich ihm den Wunsch, denn nun kam es auf ein paar Minuten auch nicht mehr an. Tags darauf schickte mir MacGinnis ein paar handschriftliche Zeilen und dankte für die besondere Freundlichkeit in einer Streßsituation. »Was war das für ein dramatischer Moment und was für ein tragischer Augenblick für einen sehr großen Mann!«

Die richtige Streßsituation erwischte mich jedoch erst, als ich im BPA anlangte und versuchte, in mein Büro zu kommen. Flure und Treppen waren voll von Journalisten, Fernsehteams und Fotografen. Mein Büro hatten mir meine tüchtigen Sekretärinnen, Eva Ohmke und Inge Orth, noch freigehalten, aber gleich nach meiner Ankunft drängten an die hundert Medienvertreter in den dafür viel zu kleinen Raum.

Um halb eins in der Nacht vom 6. auf den 7. Mai gab ich den Rücktritt des Bundeskanzlers bekannt und teilte mit, daß Staatssekretär Grabert vom Kanzleramt dem Bundespräsidenten das Schreiben mit dem Rücktrittsgesuch in Hamburg übergeben habe, wo Heinemann gerade zu Besuch beim »Spiegel« war. Der Wortlaut des Brandt-Briefes wurde mir aus den Händen gerissen. Und natürlich gab es Fragen über Fragen: Hat der Bundespräsident den Rücktritt angenommen? Wie geht es weiter? Bleibt die Koalition, und wer wird der nächste Bundeskanzler? Ich konnte die Wißbegierde der in- und ausländischen Journalisten in jener Nacht nicht befriedigen. Der Terminkalender sah nur eines mit Gewißheit vor: die Wahl eines neuen Bundespräsidenten am 15. Mai, also eine Woche und einen Tag nach dem Rücktritt von Brandt. Als ich in den frühen Morgenstunden erschöpft von einem langen und aufregenden Tag in unsere kleine Wohnung in der Europastraße von Bad Godesberg zurückkehrte, wurde mir bewußt, daß der Wechsel im Kanzleramt auch für mich Folgen haben könnte.

Heinemann nahm den Rücktritt des Bundeskanzlers an und betraute Scheel mit der Wahrnehmung der Geschäfte. Da der aber acht Tage später selber zum Bundespräsidenten gewählt werden sollte, war Eile geboten. Noch am 7. Mai überreichte Heinemann den Mitgliedern des Kabinetts Brandt/Scheel ihre Entlassungsurkunden. Der nächste Schritt wurde schon am darauffolgenden Tag getan: Die Spitzengremien von SPD und FDP verständigten sich in einer Beratung im Kanzlerbungalow auf die Fortsetzung der Koalition und billigten die Kandidatur von Helmut Schmidt für das Amt des Bundeskanzlers. Er wurde am 16. Mai vom Bundestag gewählt, einen Tag nach der Wahl Scheels zum Bundespräsidenten. Die FDP hatte diese Abfolge gewünscht, weil sie zuerst die Entscheidung über ihren Kandidaten für das Präsidentenamt in »trockenen Tüchern« haben wollte, ehe sie der SPD ihre Stimmen für den Bewerber um den Kanzlerstuhl gab.

Bei der Koalitionsrunde im Bungalow hatte Schmidt mich zur Seite genommen und mir zu verstehen gegeben, daß er mich gern in meiner Funktion als Chef des BPA und Regierungssprecher behalten würde, sollte er denn zum Kanzler gewählt werden. Da sich zwischen Schmidt und mir in den Jahren unserer gemeinsamen Arbeit im Bundeskabinett eine vertrauensvolle Beziehung entwickelt hatte, sagte ich zu. Um so größer war mein Erstaunen, als mir Carl Heinz Neukirchen, der Leiter meines Büros, ein paar Tage später eine dpa-Meldung auf den Tisch legte, wonach das Amt des Regierungssprechers in Zukunft in den Händen meines alten Freundes Klaus Bölling liegen würde. Schmidt habe dies der SPD-Fraktion zugesagt. Ich war erstaunt und angesichts unseres kurzen Vorgesprächs auch verärgert. Deshalb suchte ich sogleich den Kanzlerkandidaten in seinem Büro im Bundeshaus auf und bat um Aufklärung. Es war schon Nachmittag, und Helmut Schmidt saß vor einem Suppentopf an seinem Schreibtisch (»Entschuldigen Sie, wenn ich weiteresse, aber ich habe seit dem Frühstück noch nichts zu mir genommen«) und bat um Verzeihung. Inden letzten Tagen und Stunden habe er so vieles bedenken und entscheiden müssen, daß er ganz einfach vergessen habe, mich über die neue Entwicklung zu informieren. Die SPD-Fraktion habe darauf bestanden, daß dieses Mal nicht ein FDP-Mitglied, sondern ein Sozialdemokrat benannt würde. Ich sollte, so Schmidt, das Amt zunächst einmal geschäftsführend weiter leiten, denn zu meiner Ablösung bedürfe es eines Kabinettsbeschlusses, der aber erst nach der Vereidigung des neuen Kabinetts möglich sei.

Nun war es an der Zeit, meinen Briefwechsel mit Walter Scheel vom Herbst 1969 ins Spiel zu bringen, in dem meine Rückkehr in den Auswärtigen Dienst vereinbart worden war für den Fall, daß meine Tätigkeit im Presse- und Informationsamt der Bundesregierung einmal enden würde. Die Gelegenheit zu einem Gespräch erhielt ich schon ein paar Tage später, und zwar mit Hans-Dietrich Genscher, der inzwischen zum Außenminister ernannt worden war und von meiner Absprache mit Scheel wußte. Unsere Unterhaltung fand an einem eher ungewöhnlichen Ort statt: Wir lehnten vor dem Bundeshaus in der Görresstraße an einem fremden Wagen, als Genscher mich spontan fragte, wohin ich denn gerne versetzt werden würde. Als langjähriger Innenminister kannte er sich mit den Besoldungsstufen aus und erklärte, da ich inzwischen in Stufe B11 sei, käme nur eine B9-Botschaft in Frage. Das war, vom AA-Staatssekretär einmal abgesehen, die höchste Stufe im

Auswärtigen Dienst. Ich nannte Genscher fünf Plätze, an denen ich künftig gern arbeiten würde, darunter auch die UNO-Botschaft in New York, auf die dann schließlich die Wahl fiel, weil Genscher sich den damals dort tätigen Botschafter Walter Gehlhoff als Staatssekretär ins Auswärtige Amt holen wollte. Am 29. Mai beschloß das neue Bundeskabinett den Wechsel, und ich nahm erst einmal einen lange aufgeschobenen Urlaub.

Alltag in der UNO-Botschaft
(1974–1981)

Es muß einer der heißesten Tage in der Geschichte New Yorks gewesen sein, an dem wir im Juli 1974 mit der Lufthansa auf dem John F. Kennedy-Airport landeten. Kaum hatten wir das klimatisierte Flughafengebäude verlassen, traf uns die feuchte Hitze wie ein Keulenschlag: Innerhalb weniger Minuten klebten uns unsere Hemden am Körper, der Schweiß rann uns von der Stirn, und den Damen zerfiel die Frisur. So etwas hatten wir in all unseren New Yorker Jahren noch nicht erlebt. Das Steinmeer Manhattans zwischen Hudson und East River glühte förmlich, und das Straßenpflaster war so aufgeweicht, daß die Absätze der Damen darin steckenblieben: eine Backofenhitze im wahrsten Sinne des Wortes. Und ausgerechnet bei solchen Temperaturen sollten wir uns gleich auf den beschwerlichen Weg machen und ein gutes Dutzend leerstehender Häuser besichtigen, um eine neue Residenz für den Botschafter zu finden. Irgend jemand an verantwortlicher Stelle nämlich hatte die Ansicht geäußert, daß der Bonner Botschafter nun, da die Bundesrepublik Vollmitglied in den Vereinten Nationen geworden war, in einem größeren Haus residieren sollte, um den zu erwartenden umfangreicheren Repräsentationsverpflichtungen nachkommen zu können. Großmachtallüren?

Gottlob wurde nichts draus. Es mag an dem im Sommer meist schlechten Angebot auf dem New Yorker Immobilienmarkt, an den unerträglichen klimatischen Bedingungen, unter denen wir die Suche betreiben mußten, oder an beidem gelegen haben, jedenfalls gaben wir bald auf. Es blieb bei dem Sitz, in dem schon meine Vorgänger klaglos residiert hatten, dem Haus 119 East 65th Street, zwischen der Lexington und der Third Avenue: ein schmales, vierstöckiges »Brownstone«, gerade ein Zimmer breit und mit einem Aufzug, der uns das Treppensteigen über die vier Etagen ersparte.

Botschafter haben in der Regel gar keine Wahl. Sie müssen die bereits vorhandene Residenz beziehen, egal ob sie ihnen (und ihren Ehefrauen) gefällt oder nicht. Und sie müssen, entgegen einer weitverbreiteten Annahme, sowohl für das Gebäude als auch für die darin befindlichen »amtlichen« Möbel natürlich Miete zahlen, aus eigener Tasche selbstverständlich. Eine sogenannte »ortsübliche« Miete – und die war hoch in New York. Gekauft worden war das über einhundert Jahre alte Gebäude, nachdem Adenauer seinen Bundespressechef Felix von Eckardt nach New York an die UNO geschickt hatte, dessen Nachfolge ich nun zum zweiten Mal antrat. Es war nicht groß, aber gemütlich. Zu ebener Erde gab es ein Speisezimmer, wo bis zu 18 Personen an einem Tisch sitzen konnten, und daneben eine ziemlich kleine Küche. Angrenzend an das Speisezimmer, nach hinten heraus, lag ein winziger Garten, in den man von den Nachbarhäusern hereinschauen konnte. Von so etwas wie »privacy« konnte also keine Rede sein. Im ersten Stock waren ein Salon und eine holzgetäfelte Bibliothek mit einem selten benutzten Kamin. Hinauf kam man über eine schmale Wendeltreppe oder mit dem Aufzug, der allerdings höchstens drei Personen Platz bot und in dem sich in den späten siebziger Jahren einmal eine skurrile Szene abspielte: Außenminister Genscher hatte seinen sowjetischen Kollegen Gromyko zum Mittagessen und einer anschließenden Gesprächsrunde in die Residenz eingeladen. Die Begegnung stand unter keinem guten Stern. Während seiner Rede vor der Generalversammlung am späten Vormittag hatte Gromyko einen Schwächeanfall erlitten und seine Ausführungen sogar unterbrechen müssen. Die Verabredung mit Genscher drohte zu platzen. Als Gromyko dann doch erschien und ich ihn auf der Straße vor der Haustür begrüßen wollte, stieß er sich beim Aussteigen aus dem Wagen den Kopf am Fahrzeugdach. Aber auch das konnte ihn augenscheinlich nicht erschüttern. Er brachte das Essen hinter sich, und dann ging es hinauf in die Bibliothek, wo man in einem kleinen Kreis zur Sache kam. Es ging um Fragen der Abrüstung, um die Entspannungspolitik und die immer noch unterschiedlichen Auslegungen des Viermächte-Abkommens über Berlin. Genscher unterrichtete seinen Gesprächspartner zudem über eine geplante Initiative der Bundesregierung, einen Gerichtshof für Menschenrechte bei den Vereinten Nationen zu schaffen und politische Geiselnahmen von der UNO ächten zu lassen. Wie zu erwarten gewesen war, zeigte sich Gromyko keineswegs begeistert von diesen Vorhaben, und die gelegentlich mit Schärfe geführte Diskussion zog sich über zwei Stunden hin. Dem sowjetischen Außenminister war nicht anzumerken, daß er einen Schwächeanfall hinter sich und eine Beule an der Stirn hatte. Zäh und verbissen vertrat er seine Positionen. »Grim-Grom« machte seinem Spitznamen alle Ehre.

Der erste, der um eine kurze Pause bat, war Genscher, der mich fragte, wo er ungestört telefonieren könne. Ich verwies ihn auf den Aufzug, denn der war für Notfälle mit einem Telefon ausgerüstet, und man konnte davon ausgehen, daß die enge Kabine der ideale Ort war, um ein Telefongespräch ohne unerwünschte Zuhörer zu führen. Doch wenig später kam Genscher sichtlich verärgert zurück: Während seines Telefonats mit Bonn hatten die dienstbaren Geister des Hauses den Fahrstuhl in Bewegung gesetzt, um Geschirr zu transportieren und Essensreste zu entsorgen. Der deutsche Außenminister wurde per Knopfdruck von außen mehrfach herauf und herunter befördert und mußte sich des Personals erwehren. Wütend verfügte er, daß für künftige Fälle eine Direktleitung nach Bonn zu legen sei. Übrigens war Genscher bekannt für seine Telefonierleidenschaft. Wo immer er damals hinkam, griff er als erstes zum Telefon und rief sein Büro in Bonn an. Er war immer am Draht und damit stets auf dem laufenden.

Doch zurück zu meinen Anfängen als UNO-Botschafter. Meine erste Amtshandlung war die Übergabe des Beglaubigungsschreibens an Kurt Waldheim, den Generalsekretär der Vereinten Nationen. Bis zu seiner Wahl in das höchste Verwaltungsamt der Vereinten Nationen 1971 war er in New York der UNO-Botschafter von Österreich gewesen. Das Gespräch bei der Übergabe des von Genscher unterzeichneten Briefes war kurz und freundlich und wurde von den bei solchen Gelegenheiten üblichen Handshakes vor der UNO-Flagge und den obligaten Aufnahmen der Pressefotografen begleitet. Nach ein paar Minuten war ich wieder draußen und konnte – nunmehr »akkreditiert« – mit der Arbeit beginnen. Zunächst standen Antrittsbesuche bei anderen wichtigen Botschaftern auf dem Programm. Ganz oben auf der Liste war der Vertreter Frankreichs, Louis de Guiringaud, dessen Land zu jener Zeit die Präsidentschaft der EG innehatte. Wir waren uns bereits Ende der vierziger Jahre in Bonn begegnet, wo er sich im Stab des französischen Hochkommissars André François Poncet um den Parlamentarischen Rat und die ersten Schritte der Adenauer-Regierung kümmerte und ich Korrespondent von United Press war. Guiringaud, der später Außenminister seines Landes wurde und dann durch Selbstmord endete, empfing mich distanziert-freundlich in seinem Arbeitszimmer und sprach ausschließlich französisch. Da meine Französischkenntnisse zu der Zeit etwas eingerostet waren, versuchte ich höflich, die Unterhaltung auf deutsch zu führen. Schließlich war er ja längere Zeit in Bonn auf Posten gewesen. Doch Guiringaud fuhr ungerührt fort, französisch zu parlieren, und so wechselte ich in das mir vertrautere Englisch. Aber auch das nutzte nichts. Eine merkwürdige Begegnung, die später eine Fortsetzung fand. Denn zwei oder drei Jahre nach dieser ungemütlichen Unterredung gab es am Rande einer UNO-Vollversammlung wieder einmal ein Abendessen der aus Anlaß der Generaldebatte anwesenden EG-Außenminister. »Arbeitsessen« heißen diese kulinarisch nicht immer befriedigenden, sachlich aber nützlichen Zusammenkünfte. Nach Tisch wurde Kaffee gereicht, und wir standen in kleinen Gesprächsgruppen herum, als ich Genscher am anderen Ende des Raumes erblickte, der in ein ernstes Gespräch mit seinem französischen Kollegen Jean Sauvagnargues vertieft war. Da es ein ungeschriebenes Gesetz ist, daß ein Botschafter seinen Außenminister nie aus den Augen lassen soll, gesellte ich mich zu den beiden. Wie sich herausstellte, sprachen sie deutsch miteinander, denn Sauvagnargues war ein paar Jahre Botschafter in Bonn gewesen und hatte an einer deutschen Universität studiert. Kaum stand ich neben ihnen, da tauchte auch Guiringaud auf und wollte gleichfalls mithören, worüber geredet wurde. Die Unterhaltung zog sich noch ein wenig hin, als sich Guiringaud plötzlich in fließendem Deutsch in das Gespräch einschaltete. Meine Verblüffung war groß. »Louis, Sie sind wirklich ein rechtes Ekel«, beschied ich ihn. Erst später gestand mir ein Nachfolger Guiringauds, daß die französischen Diplomaten tatsächlich die strenge Verpflichtung hatten, sich ausschließlich der französischen Sprache zu bedienen, wenn es um offizielle Besprechungen oder gar um Verhandlungen ging.

Mit den Franzosen konnte man überhaupt so seine Erfahrungen machen. Zu offiziellen Sitzungen multilateraler Gremien kamen ihre Vertreter oftmals zu spät, so daß sich der Beginn der

Veranstaltungen verzögerte. Alles wartete auf die Repräsentanten Frankreichs. Und wenn sie dann endlich kamen, ging ein Seufzer der Erleichterung durch die Reihen der Wartenden: »Die Franzosen sind da!« Jahre nach meinen einschlägigen Erfahrungen bei der UNO erklärte mir ein französischer Kollege einmal, daß diese Verspätungen nicht selten absichtlich herbeigeführt wurden. Eine Art psychologischer Kriegführung: Ohne uns fängt nichts an, wollte man signalisieren. Prestige spielte für Paris, das als Atommacht, als Ständiges Mitglied im UN-Sicherheitsrat und als eine der vier Siegermächte über Deutschland drei wichtige Funktionen ausübte, eine entscheidende Rolle – und spielt es noch heute, auch wenn die Wiedervereinigung eine dieser drei Funktionen obsolet gemacht hat.

Nach unserer Ankunft in New York waren wir zunächst für ein paar Tage in einem Hotel untergekommen, und es war während dieser Zeit, daß auf eine der beiden spanischen Bediensteten in dem »Brownstone« an der 65. Straße ein Raubüberfall verübt wurde. Nach dem Auszug meines Vorgängers waren Gloria, das Hausmädchen, und Elizabetta, die Köchin, in ihren Mansardenzimmern wohnengeblieben. An einem der folgenden Wochenenden fuhr Elizabetta zu einem Besuch ihrer Verwandten, und Gloria blieb allein im Haus. Ein Farbiger verschaffte sich Zugang, vergewaltigte und beraubte sie und verschwand. Das war unsere erste Begegnung mit der damals noch hohen Kriminalitätsrate in New York. Ein paar Jahre später kamen wir unerwartet in den Genuß zusätzlicher Sicherheit. Ins Nachbarhaus zog Zehdi Labib Terzi ein, der Ständige Vertreter der PLO bei den Vereinten Nationen. Und der wurde rund um die Uhr von einem bewaffneten Posten in einem Schilderhaus im Vorgarten bewacht, zwei Schritte von unserem Hauseingang entfernt. Für Gloria war das zu spät. Ihr Peiniger wurde nie gefaßt.

Mit dem Beginn der 29. Generalversammlung der Vereinten Nationen im September 1974 wurde der Glaspalast des UN-Gebäudes am East River mein täglicher Arbeitsort. Im 38. Stock der Stahl- und Glaskonstruktion, die einer senkrecht aufgestellten Streichholzschachtel gleicht, residiert der UN-Generalsekretär, und direkt neben ihm hatte damals der jeweilige Präsident der Generalversammlung seine Büros, die ich sechs Jahre später, 1980, selbst bezogen habe. Zu jener Zeit war Waldheim noch immer Generalsekretär, und zwischen uns entwickelte sich eine rei-

Auf dem Stuhl des Präsidenten der UNO-Generalversammlung im Gespräch mit Generalsekretar Kurt Waldheim.

bungslose Zusammenarbeit. Waldheim suchte den Meinungsaustausch, und die gemeinsame Sprache half uns, auch diffizile Fragen vertraulich zu erörtern. Er bat mich gelegentlich um meinen
Rat, befolgte ihn aber nur selten. Sein erkennbarer Eigensinn ließ
das wohl nicht zu. So zum Beispiel, als er 1981 erwog, ein drittes
Mal für das Amt des Generalsekretärs zu kandidieren. Ich empfahl, davon abzusehen, weil er sich der Unterstützung aller fünf
Ständigen Mitglieder des Sicherheitsrates nicht gewiß sein könne,
deren Zustimmung für eine Wiederwahl notwendig war. Ich war
mir sicher, daß China nicht noch einmal für Waldheim votieren
würde. Und so kam es dann auch. Obgleich Waldheim noch einen
kurzfristigen Besuch in Peking arrangiert hatte, fiel er durch.

In den zehn Jahren an der UN-Spitze hatte er sich als ein wirklich guter und mutiger Generalsekretär erwiesen. Seine diplomatischen Fähigkeiten als Verhandler waren unbestritten, aber seine
oft langatmigen Ausführungen bei Beratungen und in Tischreden
waren vor allem von jenen gefürchtet, denen an knappen und
präzisen Präsentationen lag. Seine Zeit als Bundespräsident

Österreichs war dann später überschattet von dem Vorwurf, er sei als Offizier der Wehrmacht auf dem Balkan in Kriegsverbrechen verwickelt gewesen. Amerika setzte ihn auf die schwarze Liste und verweigerte ihm die Einreise. Auch andere Staaten hielten sich mit Einladungen zurück. Waldheim wehrte sich, vermochte aber nicht überzeugend zu erklären, warum er in seinen Lebenserinnerungen seinen Kriegseinsatz nur kursorisch gestreift hatte.

Eine von Waldheims Sorgen als Generalsekretär war es seit 1973, dem Jahr des Beitritts beider deutscher Staaten zu den Vereinten Nationen, gewesen, wie die Deutschen miteinander umgehen würden. Würden die Vertreter beider Staaten nach Gelegenheiten suchen, die deutschen Querelen vor das Plenum zu bringen? Als Genscher schon bei seinem ersten Auftritt im Rahmen der Generaldebatte im Herbst 1974 das Weltplenum mit dem Wortlaut des »Briefes zur deutschen Einheit« bekanntmachte und damit eine verärgerte Replik seines DDR-Kollegen Oskar Fischer auslöste, schienen sich Waldheims Befürchtungen zu bestätigen. Hans-Dietrich Genscher hatte ins Protokoll der Weltorganisation schreiben lassen, daß es die Politik der Bundesrepublik bleiben würde, auf »einen Zustand des Friedens in Europa hinzuwirken, in dem das deutsche Volk in freier Selbstbestimmung seine Einheit wiedererlangt«. Während Genscher sprach, saß ich im Plenum – hinter unserem Schild »Germany, Federal Republic of« – und beobachtete, wie der neben uns sitzende DDR-Außenminister Notizen in sein aus Ostberlin mitgebrachtes Redemanuskript kritzelte. Als er wenig später als Redner aufgerufen wurde, wies er die Feststellungen Genschers mit Empörung zurück. Was die nationale Frage auf deutschem Boden betreffe, so habe »die Geschichte hierüber längst entschieden. Das Volk der DDR hat in freier Ausübung seines Selbstbestimmungsrechtes ein für allemal die sozialistische Gesellschaftsordnung gewählt.«

Dieser erste deutsch-deutsche Streit vor den Vereinten Nationen hatte knapp eine Stunde später ein Nachspiel. Die beiden deutschen Außenminister hatten nämlich über ihre Botschafter bei der UNO eine erste Begegnung verabredet, die hinter dem Plenarsaal in einem Raum mit dem schillernden Namen »Chinese Lounge« stattfinden sollte.

Ich hatte Genscher über die Redenotizen Fischers informiert, und als wir uns dann an einem kleinen Tisch niederließen, eröffnete Genscher das Gespräch mit der Bemerkung, daß er von nun

»Namens der Bundesrepublik Deutschland erkläre ich...«: Der Botschafter schaltet sich von seinem Platz in eine Debatte des Sicherheitsrates der Vereinten Nationen ein. Hinter ihm sein Vertreter Wolf Ulrich von Hassel.

an jedes Jahr den »Brief zur deutschen Einheit« als Bestandteil des Moskauer Vertrages vor dem Plenum verlesen würde; Fischer könne sich bereits vorab den entsprechenden Kommentar in seine eigene Rede schreiben lassen. Das Gespräch verlief ziemlich eisig, was aber nicht verhinderte, daß die beiden Minister in den nachfolgenden Jahren immer wieder im Glaspalast zusammentrafen, übrigens in einer zunehmend angenehmeren Atmosphäre. Die Vereinten Nationen boten ein ideales Forum für solche Begegnungen, denn ein deutsch-deutsches Gespräch der Außenminister auf deutschem Boden hätte mißverstanden werden können, da für derartige Treffen in Bonn das Bundeskanzleramt oder der Bundesminister für innerdeutsche Beziehungen, Egon Franke, zuständig gewesen wäre. Schließlich waren die beiden deutschen Staaten aus der Sicht Bonns nicht Ausland füreinander. Meinem DDR-Kollegen Peter Florin sah ich die Verärgerung an, als Genscher ankündigte, seine Bemerkungen über die Einheit Deutschlands im Plenum fortan regelmäßig zu wiederholen. Und da Florin entscheidenden Anteil am Zustandekommen der ersten Begegnung in der »Chinese Lounge« hatte, handelte er sich prompt einen strafenden Blick von Fischer ein. Florin war als Sohn des kommunistischen Reichstagsabgeordneten Wilhelm Florin in Köln geboren worden. Die Familie flüchtete nach der NS-Machtergreifung nach Moskau, wo der junge Florin aufwuchs, später eine Russin heiratete und bei Kriegsende nach Deutschland zurückkehrte. Er sprach fehlerfreies Russisch, auch in den Gremien der Vereinten Nationen.

Natürlich sind wir uns am Sitz der Vereinten Nationen immer wieder begegnet. Wir gingen uns nicht aus dem Weg, hatten aber – von wenigen Ausnahmen abgesehen – auch keinen Grund zu einer engeren Zusammenarbeit. Zu den Ausnahmen gehörte beispielsweise eine gemeinsame Initiative mit Österreich, einen deutschsprachigen Übersetzungsdienst zu schaffen, der wichtige UN-Dokumente ins Deutsche übersetzen sollte. Der hatte dann so seine lieben Probleme mit der teils unterschiedlichen Terminologie in den drei Mitgliedsstaaten. So kannte die DDR beispielsweise weder die Unterscheidung in »Arbeitgeber« und »Arbeitnehmer« noch das Wort »Beamter«. Der Sicherheitsrat wurde bei den Ostdeutschen zu einer »Sondertagung« statt wie bei uns zu einer Sondersitzung einberufen, und während wir von der »Bevölkerung der Bundesrepublik Deutschland« sprachen, redeten die anderen Deutschen vom »Volk der Deutschen Demokratischen Republik«.

Eine weitere, jedoch wichtigere Ausnahme von der Nichtzusammenarbeit war die Kooperation in Bereichen der Abrüstung, zum Beispiel beim Verbot von chemischen Waffen. Aber als die Sowjetunion in Afghanistan einmarschiert war und ich Florin in einem kurzen Gespräch fragte, ob wir nicht darüber beraten sollten, »wie man die Kuh wieder vom Eis« bringen könne, da bekam er von Ostberlin eine Absage. Hier gäbe es keine deutsch-deutsche Zusammenarbeit, beschied man ihn.

Auch bei den zahlreichen offiziellen Empfängen anläßlich irgendwelcher Nationalfeiertage ergaben sich immer wieder Gelegenheiten, miteinander zu sprechen. Natürlich unterhielten wir uns dann in unserer Muttersprache, denn ich konnte kein Russisch und Florin kein Englisch. Da war es interessant, andere Gäste über uns tuscheln zu sehen, als argwöhnten sie, daß die beiden Deutschen hier doch irgend etwas miteinander »auskochten«. Auch gesellschaftlich verkehrten wir zuweilen miteinander. Als meine Frau und ich einmal in Florins Wohnung zum Abendessen eingeladen waren, machte ich meine erste Bekanntschaft mit Radeberger Bier und Rotkäppchen-Sekt. Das Botschafterehepaar residierte nahe dem UN-Hauptquartier in einer vom amerikanischen Inhaber möblierten Mietwohnung. Die war praktisch, aber eher einfach und funktionell eingerichtet. Geschirr, Gläser und Besteck schienen mir aus der DDR zu stammen, und persönliche Dinge wie Privatfotos fehlten ganz. Der Blumenschmuck war bescheiden, die Beleuchtung etwas zu grell. Später dann kam Florin zu uns, als Willy Brandt in seiner Eigenschaft als Präsident der Nord-Süd-Kommission in New York war. Doch sonst war die gemeinsame Mitgliedschaft in den Vereinten Nationen nicht mehr als ein geregeltes Nebeneinander, kaum ein Miteinander, aber eben auch selten ein Gegeneinander. Ich hatte mir zur Devise gemacht: »Zusammenarbeit, wo möglich; Gegenwehr, wo nötig.«

Bemerkenswert war, daß sich der Schlagabtausch zur Frage der deutschen Einheit, von wenigen Ausnahmen abgesehen, auch in den folgenden Jahren auf die Reden der beiden deutschen Außenminister beschränkte. Dann und wann, und jeweils ohne direkte Bezugnahme, kam einer der Redner aus dem Warschauer Pakt, dem westlichen Bündnis oder aus der EG darauf zu sprechen, hin und wieder äußerte sich jemand aus der Dritten Welt freundlich, aber folgenlos: Zu einer großen Deutschland-Debatte ist es nicht gekommen. Man wollte von den »Querelles Allemandes« nicht behelligt werden.

Die jährlichen Generalversammlungen der Vereinten Nationen dauerten in der Regel drei Monate, wurden gelegentlich durch Sondersitzungen ergänzt und immer durch eine allgemeine Aussprache, die sogenannte Generaldebatte, eingeleitet. In ihr nahmen Staats- und Regierungschefs oder die Außenminister der Mitgliedsstaaten das Wort. Sie gaben vor der Weltorganisation gewissermaßen eine Regierungserklärung ab. Für uns kam es im Vorfeld darauf an, für unseren Minister eine günstige Position auf der Rednerliste zu ergattern: Sie sollte im ersten Drittel der zweiwöchigen Generaldebatte und da wiederum am späten Vormittag liegen, damit die Rede (unter Berücksichtigung des sechsstündigen Zeitunterschieds zu Deutschland) von den Fernsehkorrespondenten rechtzeitig für die Abendnachrichten des Fernsehens überspielt werden konnte. Für die Rednerliste war der sowjetrussische Untergeneralsekretär Arkadij Schewtschenko zuständig. In seinem Büro mußten die Delegationen ihre Redner vormerken lassen. Die Eintragungen begannen am Vorabend des Beginns jeder Vollversammlung, und es kam darauf an, möglichst frühzeitig seine Wünsche anzumelden. Also mußte sich ein Beamter meiner Botschaft auf dem Flur vor Schewtschenkos Büro möglichst weit vorn in die Warteschlange einreihen. Meist hieß das, auf dem ungemütlichen Korridor ohne Sitzgelegenheiten bis spät in die Nacht auszuharren. Schewtschenko versah sein Amt mit Augenmaß und einem erstaunlichen Grad an Fairneß. So war er darauf bedacht, daß die Hauptredner der beiden deutschen Staaten in der Rednerliste nicht unmittelbar aufeinanderfolgten. Da Schewtschenko als ein Protegé von Gromyko galt, war unsere Überraschung groß, als er 1978 die Seiten wechselte und zu den Amerikanern überlief.

Apropos Sowjetrußland: Bei meiner Ankunft war, immer noch, Jakob Malik der Botschafter der UdSSR. Er hatte in dieser Eigenschaft schon 1949 das Abkommen über die Beendigung der sowjetischen Berlin-Blockade ausgehandelt. Jetzt war er bereits ein Vierteljahrhundert als UNO-Botschafter im Amt, galt als unnahbar, war wenig verbindlich und ein ziemlicher Apparatschik, hatte in Viktor Israeljan jedoch einen blitzgescheiten Stellvertreter, mit dem Gespräche oder gar Verhandlungen ein Vergnügen waren, selbst dann, wenn wir völlig unterschiedliche Positionen zu vertreten hatten. Eigentlich war die Sowjetunion an der UNO sogar durch drei Botschaften vertreten, denn auch die Ukraine und Weißrußland hatten eigene Ständige Vertretungen am Sitz der Vereinten Nationen. Stalin hatte den Westmächten dies im Gegenzug für sein Zugeständnis abgerungen, daß die Vereinten Nationen ihren Sitz in den USA, nämlich in New York, nehmen dürften. Wie abhängig die ukrainischen und weißrussischen Vertreter aber von Moskau waren, wurde auch dadurch deutlich, daß beide Botschaften ihre Büros im Gebäude der sowjetrussischen Vertretung eingerichtet hatten. Vertrauen ist gut, Kontrolle ist besser.

Mein erster amerikanischer Kollege war John Scali, der 1973 die Nachfolge von George Bush, dem späteren Präsidenten der USA, angetreten hatte. Scali war Fernsehjournalist, ein Beruf, in den er nach seinem Ausscheiden bei der UNO wieder zurückkehrte. Mir als Neuling kam er hilfreich entgegen, wenngleich er immer so aussah, als habe er gerade in eine Zitrone gebissen. Er nahm seine Aufgabe überaus ernst und lachte deshalb selten. Wie jeder amerikanische UNO-Botschafter war er Mitglied des US-Kabinetts. Von den Westmächten war auf britischer Seite war Ivor Richard mein Kollege, ein jovialer, Zigarren rauchender ehemaliger Labour-Parlamentarier, der mit Mutterwitz und wacher Intelligenz die Interessen seines Landes ausgezeichnet vertrat. Den französischen UNO-Botschafter, Louis de Guiringaud, habe ich schon erwähnt.

Die 29. Generalversammlung – und meine erste als Delegationschef – begann mit der Wahl des algerischen Außenministers Abdel Aziz Bouteflika zum Präsidenten der Versammlung. Er präsidierte ihr auch, als PLO-Chef Yassir Arafat zum ersten Mal vor dem Plenum auftrat, das zuvor nach heftigem Meinungsstreit mit großer Mehrheit einem Antrag zugestimmt hatte, einen Vertreter der PLO zur Teilnahme an der Nahostdebatte der Generalversammlung einzuladen. An Arafats Ausführungen entzündete sich eine fruchtlose Diskussion, ob der Redner dabei eine Pistole im Halfter getragen habe oder nicht. Zufällig war ich Augenzeuge gewesen, als Arafat das UN-Gebäude betrat und von den Sicherheitsbeamten zum Ablegen der Waffe aufgefordert worden war. Er kam dem Ersuchen nach, aber die gegenteilige Behauptung blieb im Raum stehen und wurde merkwürdigerweise auch von der UNO nicht nachhaltig entkräftet.

In unserer Botschaft in der Third Avenue begann der Arbeitstag jeden Morgen mit einer Besprechung unter meinem Vorsitz, das heißt der gemeinsamen Erörterung aller für den Tag anstehenden Programmpunkte. Dazu lagen uns zudem die in der Nacht aus Bonn eingegangenen Weisungen vor. Eine enge Abstimmung mit der Zentrale verstand sich von selbst. Nach dieser Morgenrunde schwärmten alle aus und kehrten erst am späten Abend aus dem Glaspalast zur telegrafischen Berichterstattung an das Auswärtige Amt zurück. So dehnte sich mein Arbeitstag, aber auch der meiner Beamten, während der Generalversammlungen oft auf über sechzehn Stunden aus. Meine Mitarbeiter waren in den Sitzungen in der Regel ganz auf sich allein gestellt. Ein junger Legationsrat vertrat dort nicht sich selbst, sondern die Bundesrepublik Deutschland. Ausgerüstet mit Fachwissen, den Weisungen Bonns oder des Botschafters, mußte jeder seinen eigenen Mann oder seine Frau stehen. Sie haben es alle engagiert und mit Bravour getan. Meine Regel war: Je großzügiger man gute Leute arbeiten läßt, um so motivierter sind sie. Ich bin nie enttäuscht worden.

Ein Botschafter soll seine Regierung und vor allem den Außenminister und dessen leitende Mitarbeiter im Auswärtigen Amt detailliert beraten. Er soll ihnen aktuelle Informationen, längerfristige Vorausschauen sowie präzise Beschreibungen der politischen, wirtschaftlichen und kulturellen Gegebenheiten des »Gastlandes« oder der internationalen Organisation vermitteln, in dem oder bei der er akkreditiert ist. Er muß politische Entscheidungsträger daheim durch seine Berichterstattung rechtzeitig in die Lage versetzen, die richtigen Schlüsse zu ziehen. Umgekehrt ist er von deren grundsätzlichen Richtlinien oder auf den Einzelfall bezogenen Weisungen abhängig, ist also gleichermaßen berichtendes und ausführendes Organ. Um sich nützliche Kenntnisse für solche Lagebeurteilungen zu beschaffen, ist es (wenigstens in demokratischen Staaten) unerläßlich, zur Führungsschicht des Gastlandes oder der internationalen Organisation einen engen und, wenn möglich, vertrauensvollen Kontakt zu pflegen. Dabei geht es nicht nur darum, alles Wichtige zu erfahren, sondern zugleich im Sinne der eigenen Politik auf Multiplikatoren unaufdringlich Einfluß zu nehmen. »Lobbying« könnte man das nennen.

In dem Bild, das die Medien mitunter von dem Leben eines Diplomaten entwerfen, scheinen sich die Aufgaben eines Botschafters auf den Besuch von gesellschaftlichen Veranstaltungen zu beschränken. Ein Cocktailglas fest umklammernd, das gefrorene Lächeln im Gesicht und den geübten Small talk auf den Lippen – so stellen sich Klein Hänschen und Lieschen Müller den Diplomatenalltag vor. Die bunten Blätter beim Frisör und in den Warteräumen der Ärzte bestärken diesen Eindruck. Fotografen und Fernsehkameras sind ja auch oft bei solchen Veranstaltungen dabei und wollen ihre Bilder an den Mann bringen. Natürlich stehen Empfänge, Cocktailparties und Smoking-Dinners auf dem Tageskalender eines Botschafters. Selten sind sie jedoch reines Vergnügen, häufiger reduzieren sie auf bloßen »Dienst« oder sind gar verlorene Zeit. Gegen Ende der Generalversammlung gingen auch die Small talk-Themen aus. Aber oft habe ich bei solchen Gelegenheiten interessante Informationen einsammeln können, die anderswo Gehörtes bestätigten oder mich auf eine neue Spur setzten. Wenn es darum ging, die deutsche Position zu verdeutlichen oder Falschmeldungen zu korrigieren, war jedoch der direkte Weg zu den Medien immer noch die beste Alternative. Meine eigene Zeit als Korrespondent und die vielen, seit langem bestehenden Kontakte zu führenden Journalisten aus aller Welt haben dabei nützliche Dienste geleistet. Ein Diplomat darf nicht presseschen sein, denn Journalisten können sehr wohl seine Helfer werden.

Botschaften sind aber auch Dienstleistungsbetriebe. Dazu gehört die meist zeitaufwendige Betreuung von Delegationen aus der Heimat. Brandt hatte ja postuliert: »Deutsch sein heißt zahlreich sein«, und so kamen sie denn, zahlreich und mit großen Erwartungen: die deutschen Delegationen. Aus den Ressorts der Bundesregierung, von den übrigen Bundesbehörden, aus dem Bundestag und von den Parlamenten und Regierungen der Bundesländer. Je geringer die Bedeutung der Polittouristen, desto höher ihre Ansprüche. Fast jeder wollte selbstredend den Außenminister oder – bei der UNO – den Generalsekretär sehen. Alle erwarteten einen Empfang oder ein Essen zu ihren Ehren, viele sahen in der Botschafterresidenz eine Art amtliches Hotel, das Betten und Frühstück bereithielt. Blieb dann wirklich einmal jemand über Nacht in der Residenz, so konnte man – von Ausnahmen abgesehen – ziemlich sicher sein, daß die Gäste dem Personal kein Trinkgeld gaben. Das traf interessanterweise mehr auf Minister als auf Abgeordnete zu. Bei Besuchern, für die meine Frau und ich ein Essen gaben, damit sie mit wichtigen Persönlichkeiten des Gastlandes zusammentreffen konnten, hieß die Devise für die Küche sehr oft: »Deutsche kommen, Essen und Trinken müssen reichlich sein!« Wir konnten uns darauf verlassen, daß deutsche Gäste, ganz egal, wo sie herkamen, immer bis zum Schluß blieben.

Diplomatenessen haben manchmal ohnehin ihre Tücken. Vor allem während meiner sieben Jahre bei den Vereinten Nationen, aber auch anderswo, bestätigte sich das Sprichwort »Andere Länder, andere Sitten«. Die Einladungen waren meist vorgedruckte Karten, in die handschriftlich der Name des Gastes oder der Gäste und der Anlaß der Veranstaltung eingetragen wurden. Die ganz feinen Leute nannten so eine Einladungskarte immer noch einen »Carton«, also eine etwas festere Briefkarte (je fester und dicker, desto vornehmer) mit möglichst erhabenem Aufdruck, die in der oberen Mitte ein Wappen wie etwa der bundesdeutsche Adler schmückte. Gut geschulte Vorzimmer ließen die Empfänger schon vorab telefonisch den Termin der Veranstaltung wissen.

Aber bei der UNO in New York, wo sich Essenseinladungen vor allem während der Dauer der Generalversammlungen stapelten, war man vor Überraschungen dennoch nicht gefeit, denn die meist unterbesetzten und selten gut organisierten Büros der Botschafter aus den Entwicklungsländern vergaßen dann und wann, zu- oder abzusagen oder nahmen die Einladung für Chefs an, die dann aber gar nicht erschienen. Andere wiederum sagten ab und kamen doch. Für sogenannte »gesetzte Essen«, das heißt Diners mit Tischordnung, war so etwas mißlich und verlangte blitzschnelle Umorganisation und einen unauffälligen Austausch der Tischkarten. Einmal war es besonders brenzlig geworden: Ein Delegierter aus einem fernen Land hatte zu einem Herrenessen absagen lassen, erschien dann zu aller Erstaunen aber doch und nicht nur allein, sondern mit einer (seiner?) entzückenden Frau und zwei erwachsenen Kindern.

Schließlich gingen wir immer öfter dazu über, uns nicht mehr die Mühe mit einer Tischordnung zu machen, sondern vom »gesetzten« Essen zum Büffet zu wechseln. Das vermied auch die manchmal diffizilen protokollarischen Feinheiten der Plazierung am Tisch. Es gab notorische Zuspätkommer, die die Küche zur Verzweiflung brachten, weil der Braten zu lange im Rohr schmorte oder das Soufflé zusammenfiel. Ein Gutes hatten diese Diplomatenessen: Man konnte sicher sein, daß sie gegen elf Uhr abends vorüber waren. Für mich und sicher auch für die anderen Botschafter großer Mitgliedsstaaten hieß es dann: zurück ins Büro zur Unterzeichnung der inzwischen fertiggestellten Drahtberichte der Mitarbeiter. Trotz allem waren solche Begegnungen bei den festlichen Abendessen nie ohne praktischen Wert, denn sie halfen nicht nur Kontakte zu pflegen, sondern auch die eigenen Kenntnisse und damit das Wissen der Zentrale zu erweitern. Was man bei Tisch gehört hatte, floß in die Berichte nach Bonn.

Aber auch außerhalb der UNO-Veranstaltungen wurde die Tafel gedeckt, und was man da so alles erleben konnte, zeigte sich, als der deutschstämmige Wirtschaftsberater John Diebold meine Frau und mich zu einem Abendessen zu Ehren des damaligen Chefs der US-Notenbank Paul Volcker in sein Apartment auf der Ostseite von Manhattan gebeten hatte. Es gab gekochten Lachs, und als der Butler dem Ehrengast die Silberschüssel mit dem Lachs und einer dicken grünen Soße reichen wollte, da stolperte er über eine Falte im Teppich, Lachs und Soße kippten auf das

Hemd und den Smoking des obersten Währungshüters der Amerikaner. Schreck paarte sich mit dem Gelächter Volckers, der sich den Humor bewahrte. John Diebold bat den Gast hinaus, zur Reinigung des beschmutzten Smokings, wie die übrigen Gäste vermuteten. Doch in wenigen Minuten waren beide zurück: Volcker mit neuem Hemd und neuem Smoking. Der Gastgeber hatte in seinem Garderobenschrank etwas Passendes gefunden. Und zu aller Überraschung erschien kurz darauf der Butler mit einem frischen Lachs und grüner Soße. »Ich habe immer ein komplettes Menü in Reserve«, erklärte Diebold lakonisch.

Die Namibia-Initiative von fünf Mitgliedern des Sicherheitsrates war ein gutes Beispiel dafür, was solche Diplomatenessen bewirken konnten. 1977 waren wir zum ersten Mal für zwei Jahre als Nicht-Ständiges Mitglied in den Rat gewählt worden. Etwa zur gleichen Zeit schied der amerikanische UNO-Botschafter aus dem Amt. Sein Nachfolger, zum ersten Mal ein Farbiger und ein enger Vertrauter von Martin Luther King, war Andrew Young. Ich suchte ihn gleich auf, weil ich neugierig auf den jungen Mann war, der in den zwei Jahren unserer Ratsmitgliedschaft sicher ein wichtiger Gesprächspartner sein würde. Rasch brachte Young das Gespräch auf das noch ungelöste Problem Namibia und fragte, ob wir nicht eine gemeinsame Initiative der jetzt fünf westlichen Mitglieder des Sicherheitsrates ergreifen sollten. Außer uns war nämlich noch Kanada in den Rat gewählt worden, und so waren wir zusammen mit den drei Ständigen Mitgliedern USA, Großbritannien und Frankreich eine schlagkräftige Formation. Young und ich kamen – ohne mit den anderen darüber gesprochen zu haben – überein, uns in naher Zukunft zu einem Arbeitsfrühstück der Fünf zu treffen, um die Sache zu besprechen, und zwar nicht zu einem sogenannten »diplomatischen Frühstück«, das eigentlich eher ein Mittagessen ist, sondern zu einem Frühstück morgens früh vor Beginn der Sitzungen im UNO-Hauptquartier. Mit den übrigen dreien wollte sich Young sogleich kurzschließen. Als Ort der Zusammenkunft schlug ich meine Residenz vor, da uns dort, anders als im UNO-Gebäude, niemand beobachten würde. Schließlich müsse ein solcher westlicher Alleingang erst einmal vertraulich bleiben. Ob ihm 7.30 Uhr recht sei, fragte ich Young, und ob er denn Kaffee oder lieber Tee trinke. Andrew »Andy« Young stimmte der Idee begeistert zu und schlug als Termin den übernächsten Tag vor. Doch das hielt ich für übereilt. Ich gab zu bedenken, daß ich erst das Auswärtige Amt informieren und dessen Zustimmung einholen müßte, versprach aber, ihm so bald als möglich Bescheid zu geben. Young war baß erstaunt, daß ich in Bonn die Erlaubnis einholen mußte, um ein paar Herren zum Frühstück einzuladen; als Neuling hatte er offenkundig noch keine Ahnung von den Verfahrensweisen der diplomatischen Dienste. Ich erklärte ihm, daß eine Namibia-Initiative der Fünf fast einer grundlegenden Änderung der bisherigen Politik gleichkäme und ich deshalb erst das Einverständnis von Bonn einholen müsse; bei den anderen Teilnehmern werde das zweifellos nicht anders sein. Also trafen wir uns erst in der darauffolgenden Woche, nachdem Bonn, insbesondere Genscher, der Absicht grundsätzlich zugestimmt hatte.

Und so entstanden in den nächsten Monaten unter Führung der »Gang of Five« die Sicherheitsrats-Resolutionen 431 und 435 mit dem später verwirklichten Plan für die Entlassung des ehemaligen Deutsch-Südwestafrika (Namibia) in die Unabhängigkeit. Die Fünf nannten sich »Kontaktgruppe« und verhandelten mit den unmittelbar Betroffenen in getrennten Gesprächsrunden, den sogenannten »Proximity Talks«. Partner waren außer Südafrika die SWAPO, die Befreiungsorganisation für Namibia, die schwarzafrikanischen sogenannten »Frontlinienstaaten« und die OAU. Und natürlich die Vereinten Nationen. Die übrigen Mitglieder des Sicherheitsrates, hier vor allem die Sowjetunion und China als Ständige Mitglieder, waren vorerst nicht dabei. Im Grunde genommen hatten wir zunächst auch gar kein offizielles Mandat des Sicherheitsrates für unsere Verhandlungen mit dem weißen und dem schwarzen Afrika, denn es gab noch keinen Beschluß des Rates, auf den wir uns hätten stützen können, sondern nur die Eigeninitiative der »Gang of Five«. Darum fanden die ersten Gesprächsrunden der Fünf auch nicht am Sitz der UNO, sondern in der gegenüberliegenden amerikanischen Botschaft statt. Voraussetzung für einen Erfolg war aber die Tatsache, daß sich die Vertreter Afrikas nicht an dem fehlenden und erst später beschlossenen Mandat stießen, sondern mitzuwirken bereit waren.

In zähen Beratungen, an denen mitunter auch die Außenminister teilnahmen, machten wir langsame, aber stetige Fortschritte bei der Arbeit an den Resolutionsentwürfen. An einem dieser Verhandlungstage waren wir unvorsichtig genug und verlegten eine Zusammenkunft mit der großen und einflußreichen Gruppe der

»Blockfreien«, also den Entwicklungsländern, in ein Konferenzzimmer im Glaspalast, dem UNO-Hauptquartier. Da hatten wir
eigentlich nichts zu suchen, denn noch waren wir ja kein offizielles Gremium der Vereinten Nationen. Unsere Anwesenheit sprach
sich schnell herum, und kurz nach Beginn unserer Besprechung
erschien der inzwischen neue und recht umgängliche sowjetische
Botschafter Oleg Trojanowski in Begleitung von zwei Mitarbeitern und verlangte freundlich, aber bestimmt, an dem Gespräch
teilzunehmen. Die UdSSR sei schießlich Mitglied des Sicherheitsrates. Andy Young führte an dem Tag den Vorsitz und beschied
die Sowjetrussen, daß dies »eine private Begegnung« sei, an der
nur geladene Gäste teilnehmen könnten. Und geladen seien sie ja
wohl nicht. Trojanowski und Kollegen zogen sich just in dem
Augenblick zurück, als auch die Chinesen mit gleichem Begehren
an der Tür erschienen. Für den sowjetischen Botschafter war das
ein schmerzlicher Gesichtsverlust, der aber dadurch halbwegs
wettgemacht wurde, daß auch die chinesischen Vertreter den
Rückzug antreten mußten. Unsere monatelangen Bemühungen
führten schließlich zu einem erfolgreichen Abschluß und brachten
Namibia die Unabhängigkeit. Und alles hatte mit einem Frühstück begonnen.

Wenn Tagesordnungen in der Generalversammlung und deren
Ausschüssen zu erledigen waren, dann nahmen sich die meisten
Delegierten gern reichlich Zeit. Eine endlose Rede reihte sich an
die andere, ohne Rücksicht auf die Kosten. Palaver im UN-Palast,
Laxheit im Umgang mit der Uhr. Rednerkönig war in den siebziger Jahren der Vertreter Saudi-Arabiens, der eigentlich aus dem
Libanon stammende Jamil Baroody. Er hatte sich zu einer ge-
fürchteten Institution heraufgeredet, gefürchtet, weil er selten
eine Gelegenheit ausließ, sich zu Wort zu melden, ganz gleich zu
welchem Thema, zu welcher Tages- oder Nachtzeit oder in welchem Gremium. Botschafter Baroody redete im Sicherheitsrat
ebenso wie in unbedeutenden Unterausschüssen der Versammlung. Der hochgebildete Berater des saudischen Königshauses war
schon dabeigewesen, als die Vereinten Nationen 1945 in San
Francisco gegründet wurden. Aber jetzt war er zum Sitzungs-
schreck geschrumpft. Doch auch manch anderer Delegierter stahl
seinen Zwangszuhörern wertvolle Zeit. So beschlossen wir Deutschen aus Bonn, den Vereinten Nationen mit einem gedruckten

Bändchen »Die Neun Gebote für den New Yorker UN-Delegierten« ein wenig auf die Sprünge zu helfen. Statistiker hatten nämlich inzwischen ausgerechnet, daß zum Beispiel während der 30. Generalversammlung über 2800 Sitzungen der einzelnen Gremien stattgefunden und die Delegierten insgesamt mehr als 5200 Stunden abgesessen hatten. Dabei wurden 1040 Stunden durch Warten auf den Sitzungsbeginn vertan. Von zehn Treffen hatte nur eines pünktlich begonnen. Jede überzogene Stunde kostete 44 000 Dollar. Das dritte Gebot, auf Baroody und ähnliche Viel- und Langredner gemünzt, lautete zum Beispiel: »Sie sollten stets lange und ausführlich reden, wann immer Ihnen in einem UN-Gremium das Wort erteilt wird.« Darunter hieß es dann erklärend: »Was heißt das?« Und als Antwort: »In der Regel wird eine UN-Rede an ihrer Länge und nicht so sehr an ihrer Präzision gemessen. Lassen Sie sich darum Zeit. Reichern Sie Ihre Ausführungen durch persönliche Anekdoten und Ausflüge in die Geschichte Ihres Landes an. Einer zu kurzen Erklärung fehlt die diplomatische Eleganz, und sie könnte sogar als bedauernswerte Unkenntnis der herkömmlichen UN-Redetraditionen gedeutet werden.«

Die kleine Benimm-Fibel (»A Special Code of Conduct«) in englischer und französischer Sprache fand reißenden Absatz. Wir mußten nachdrucken lassen. Ich hatte die Schrift bei einem unverdächtigen Mittagessen in der UNO vorgestellt, zu dem ich die Botschafter der wichtigsten UN-Mitglieder eingeladen hatte. Und weil das Essen im Restaurant des Glaspalastes stattfand, kamen alle gern. Auch den meist unpünktlichen Beginn der Sitzungen nahmen wir aufs Korn.

Schon unser erstes Gebot hierzu verfügte: »Zu Sitzungen soll man immer zu spät kommen – je später, desto besser.« Und im erklärenden »Was heißt das?« stand dann zu lesen: »Versuchen Sie niemals, weniger als dreißig Minuten nach der angesetzten Zeit zu erscheinen – kein respektabler Delegierter würde sich anders verhalten. 45 Minuten zu spät zu sein ist sogar besser, denn das unterstreicht Ihre Höflichkeit. Aber mit einer Stunde Verspätung treffen Sie ins Schwarze: Die anderen Delegierten sind dann schon da und außerordentlich froh darüber, daß Sie überhaupt haben kommen können.« Alle, egal ob aus Ost oder West, Nord oder Süd, hatten Spaß an der Broschüre. Nur genützt hat sie leider nichts. Aber inzwischen sind die Reden wohl kürzer geworden, und die Sitzungen fangen einigermaßen pünktlich an.

Wahl zum Präsidenten der
UNO-Generalversammlung
(1980/81)

Kostbare Zeit nahmen aber auch die Empfänge in Anspruch, von denen es mitunter mehrere an einem Abend gab und die aus allen möglichen Anlässen stattfanden – wegen irgendwelcher Nationalfeiertage, wegen des Besuchs irgendeines Außenministers oder aufgrund ähnlicher offizieller Ereignisse. Solche Empfänge, so nützlich sie zum Informationssammeln auch sein mögen, verlangten die Beachtung zweier Grundregeln: Erstens mußte strategisch geplant werden, wie man in der New Yorker Rush-hour den Veranstaltungsort möglichst rasch erreichen und wie man ihn dann wieder so schnell wie möglich verlassen konnte, um zum nächsten Empfang zu eilen. Und dafür war es zweitens unerläßlich, umgehend nach dem Ausgang des Festortes Ausschau zu halten. Denn es reichte, dem Gastgeber die Hand zu schütteln, einmal kurz durch den Saal zu streifen, nach Kontakten zu schauen und da oder dort ein paar Worte zu wechseln, um jedem Gesprächspartner das Gefühl zu vermitteln, daß gerade er der interessanteste Gast des Abends sei. Und dann hieß es, ebenso schnell wie unbemerkt wieder das Weite zu suchen. »Time is money«, wie der New Yorker sagt.

Das Restaurant der Vereinten Nationen war deshalb bei Gästen besonders beliebt. Da konnte man vorne herein und sogleich hinten durch die Küche wieder hinaus und mit dem Lastenaufzug ins Erdgeschoß. Als wir unsere Empfänge zum Jahrestag der Verkündung des Grundgesetzes noch im berühmten Hotel »Waldorf-Astoria« gaben, waren die Gäste zwar zahlreich, aber wir machten uns nicht nur Freunde mit unseren Einladungen. Alte Hasen wußten, daß es zum großen Empfangssaal nur einen Zugang gab. Wer sich rasch und ungesehen verabschieden wollte, der mußte am Gastgeber also gleich wieder vorbei. Zum Essen blieben ohnehin die wenigsten; die meisten kamen nur zu einem Drink, denn

Botschafter von Wechmar begrüßt den früheren amerikanischen Außenminister Henry Kissinger bei einem Diplomatenempfang am Rande der UNO-Generalversammlung in New York. Links Wechmars Ehefrau Susanne.

jeder war darauf bedacht, sein Gewicht unter Kontrolle zu halten. Deshalb nutzte ich die Gelegenheit und präsentierte achtzig geladenen Missionschefs bei einem 1300-Kalorien-Lunch zwischen Suppe und Hauptgang den Entwurf einer Resolution »Zur Begrenzung und teilweisen Abschaffung von gesellschaftlichen Ereignissen, Empfängen und Diners, welche der Gesundheit abträglich sein und der Arbeitskraft der Teilnehmer Schaden zufügen könnten«. Es gab Applaus, aber beim spaßeshalber durchgeführten Votum während der Nachspeise hob sich keine Hand zur Zustimmung. Im Zweifelsfall scheinen die Diplomaten ihre Gesundheit dann doch lieber auf dem Altar des Vaterlandes zu opfern. Es hatte schon über tausend Einladungen für die Delegierten der 30. Generalversammlung gegeben, und so sagte ich zum Schluß: »Es ist in diesem Geiste des 1104. Angriffs auf unsere Leber und unseren Cholesterinspiegel, daß ich mein Glas erhebe und Sie bitte, mit mir auf unsere Gesundheit zu trinken.«

318

Der Nahe Osten und Afrika waren Jahr für Jahr wichtige Themen der Generalversammlung gewesen. Einen dramatischen Höhepunkt erreichte die Auseinandersetzung während der 30. Vollversammlung, just als Gaston Thorn, der Ministerpräsident von Luxemburg, Präsident der Generalversammlung war. Die Mehrheit der Delegierten verabschiedete eine Resolution, in der behauptet wurde, daß der Zionismus »eine Form von Rassismus und Rassendiskriminierung« sei. Die meisten der 72 Ja-Stimmen kamen aus Osteuropa, den arabischen Staaten und aus anderen Ländern der Dritten Welt. 35 Delegationen votierten dagegen, darunter auch wir, zusammen mit den EG-Staaten und den USA. 32 Länder enthielten sich. Vor dem Plenum verurteilte ich die Resolution als eine »Herausforderung von ernstesten Proportionen und Folgen« und nannte den Vorgang einen »schwarzen Tag in der Geschichte der Weltorganisation«. Das war er auch. Mein israelischer Kollege Chaim »Vivian« Herzog, der spätere Präsident Israels, erklärte, daß Hitler sich in diesem Forum sehr wohl gefühlt haben würde, da die UNO dabei sei, zum Weltzentrum für Antisemitismus zu werden. Sie hätte »das niedrigste Niveau an schlechtem Ruf durch eine Koalition von Diktaturen und Rassisten« erreicht. Zum Schluß seiner zornigen Rede zerriß Herzog vor aller Augen das Papier mit dem Wortlaut der Resolution. Mir tat auch Thorn leid, der bei dieser antisemitischen Demonstration den Vorsitz führen mußte. Es war allerdings auch die erste wichtige Abstimmung, bei der eine Reihe von Entwicklungsländern den arabischen Initiatoren der Resolution ihre Unterstützung versagte. Fast die Hälfte der damals 145 UN-Mitgliedstaaten verweigerte ein Ja-Wort. Der Westen demonstrierte geschlossene Solidarität mit Israel, gegen das die Entschließung im Grunde gerichtet war.

Zur Vorbereitung der jeweiligen Generalversammlungen hielt ich engen Kontakt mit dem Auswärtigen Amt in Bonn, um unsere künftige UN-Politik zu erörtern und den Mitgliedern des Auswärtigen Ausschusses des Bundestages Rede und Antwort zu stehen. Außenminister Genscher unterrichtete ich in ausführlichen Schreiben über unsere New Yorker Überlegungen. So regte ich in einem »Vorläufigen Thesenkatalog zur deutschen UN-Politik« unter anderem an, die Generalversammlung häufiger auch für unsere Ideen und unsere Forderungen zu nutzen. Wir sollten im Plenum und in den Ausschüssen der Versammlung entschiedener auftreten; der Diktatur der Mehrheit müßten wir die Zähigkeit, Geduld und Überzeugungskraft der Minderheit entgegensetzen. Für deutsche Alleingänge sei die Generalversammlung allerdings kein geeigneter Platz, selbst wenn diese in der Bundesrepublik publikumswirksam sein sollten. An eine Lösung der Deutschen Frage in den UN sei, so schrieb ich dem Außenminister, »zum gegenwärtigen Zeitpunkt nicht zu denken«. Für die Nahostpolitik der Bundesrepublik Deutschland verabredeten wir bei einer der vorbereitenden Sitzungsserien im Auswärtigen Amt einen neuen Akzent: Schon während meiner ersten Generalversammlung sollte ich 1974 vor dem Plenum erklären, daß Bonn bereit sei, das Selbstbestimmungsrecht des palästinensischen Volkes anzuerkennen. Wir wollten das Palästinenserproblem nicht mehr als reines Flüchtlingsproblem betrachten, sondern als eine Frage der nationalen Selbstbestimmung behandeln. Genscher hatte diese Änderung in unserer Nahostpolitik angeregt und anschließend allerdings einige Mühe, seinen israelischen Kollegen die Gründe zu erläutern und schließlich deren stillschweigendes Einverständnis zu erwirken.

Über fünfzehn Jahre haben wir mit der Sowjetunion in der UNO darüber gestritten, wie die Bundesrepublik Deutschland in den offiziellen Dokumenten der Vereinten Nationen auf russisch heißen sollte. Es war ein zäher, letztlich müßiger Streit. Der moskaugesteuerte russische Übersetzungsdienst in den UN hatte sich dafür entschieden, unseren Landesnamen mit dem Genitiv (Federativnaja Respublika Germanii) und nicht mit dem Nominativ (Germania) zu schreiben. Wir verlangten, daß man uns auch im Russischen als Bundesrepublik Deutschland und nicht Deutschlands (mit einem genitivischen s am Ende) benennt. Die russischen Übersetzer lehnten ab, weil dies von der Sowjetunion und der DDR als Zeichen für unseren »Alleinvertretungsanspruch« angesehen wurde. Die Hallstein-Doktrin ließ grüßen. Die von der UdSSR entsandten Übersetzer verwiesen auf eine langjährige Übung, nach der wir im Englischen und im Französischen ebenfalls im Genitiv bezeichnet wurden (Federal Republic of Germany und Republique Federale d'Allemagne). Wir beriefen uns umgekehrt auf das völkerrechtliche Prinzip, wonach jeder Staat das Recht habe, seine Namensform selbst zu bestimmen. Und gerade im Russischen wollten wir mit »Deutschland« identifiziert werden. Die Genitivform im Englischen und Französischen würden wir als »bloßen Sprachgebrauch« hinnehmen. Die Sowjets ließ das kalt. Im Gegenteil: Sie hielten uns vor, dieses Recht unsererseits bei anderen auch nicht zu beachten. So hieß Belorußland bei uns amtlich Weißrußland, obwohl die Belorussen sich selbst Belorußland nannten. Aufgehört hat dieser zeitraubende Kleinkrieg eigentlich erst mit der Wiedervereinigung. Jetzt heißen wir Germany oder Germania. Womit man so seine Zeit vergeudet hat...

Wie schon erwähnt, spielte die Gruppe der »Blockfreien«, der Non Aligned, in der Generalversammlung eine bedeutende Rolle, weil in ihr die Mehrheit der Mitgliedsstaaten vertreten war. Ging es um wirtschaftspolitische Themen, so hieß sie auch »Gruppe der 77«. Die meisten »Blockfreien« waren Entwicklungsländer, manche von ihnen waren von der Sowjetunion abhängig und eigentlich im Schlepptau Moskaus. Um so mehr überraschte uns ihre Haltung in einer Sonder-Generalversammlung, die Anfang 1980 nach dem Einmarsch der Roten Armee in Afghanistan einberufen worden war. Die »Gruppe der 77« stimmte mit dem Westen einer Resolution zu, in der die Sowjetunion wegen des Überfalls verurteilt und zur Räumung des besetzten Landes aufgefordert wurde. Es gab 104 Stimmen gegen Moskau und nur achtzehn votierten mit Nein, darunter alle Staaten des Ostblocks mit Ausnahme von Rumänien, das der Abstimmung ferngeblieben war. Die Leute von Nicolae Ceauşescu spielten wieder einmal ihre Sonderrolle. Die scharfe, aber letztlich wirkungslose Verurteilung der sowjetischen Invasion Afghanistans durch eine übergroße Mehrheit der Generalversammlung, die auch bei ihrer Sondersitzung unter meinem Vorsitz tagte, zeigte noch etwas anderes: Sobald die »Blockfreien« ihre eigenen Interessen unmittelbar berührt sahen, verabschiedeten sie sich von der antiwestlichen Position, die sie sonst oft einnahmen. Und das blockfreie Afghanistan war so ein Fall. Es bedeutete also kein Einschwenken auf die Haltung des Westens, der gern gegen Moskau zu Felde zog, sondern die Abwehr einer Bedrohung ihrer aller Blockfreiheit.

Auch bei unserer ersten Wahl in den Sicherheitsrat im Jahr 1976 spielten die »Blockfreien« eine für die deutsche Öffentlichkeit unerwartete, weil unbekannte Rolle. Wir bekamen in der Generalversammlung von den fünf Bewerbern die niedrigste Stimmenzahl. Blamables Ergebnis, konnte man hören und lesen. In der Tat waren unsere 119 Stimmen, gemessen an den 136 des erstplazierten Venezuela, nicht besonders eindrucksvoll. Neunzehn Länder hatten gegen uns gestimmt. Anders betrachtet waren aber auch die 119 Ja-Voten nicht so schlecht, denn es entsprach 86 Prozent aller abgegebenen Stimmen. Jedenfalls hatten wir die erforderliche Zweidrittel-Mehrheit erzielt. Und Mehrheit ist Mehrheit. Ganz abgesehen davon, daß die Stimmzahlen überhaupt keine Rolle mehr spielten, als wir dann in den folgenden zwei Jahren an den Ratstagungen teilnahmen. Venezuela lag so weit vorn, weil es zur Zeit der Wahl als Vertreter der »Blockfreien« mit dem scharfsinnigen Manuel Perez Guerrero den Ko-Präsidenten der Nord-Süd-Konferenz stellte.

Als wir im Januar 1977 erstmals unseren Platz am hufeisenförmigen Tisch des Rates einnahmen, da lernten wir bald, daß es selbst bei einstimmigen Beschlüssen selten ist, daß Entscheidungen des UN-Sicherheitsrates von den Mitgliedsstaaten auch ausgeführt werden. Dazu gehörten manchmal auch solche Länder, die selbst an einer Abstimmung teilgenommen und positiv votiert hatten. Ungeachtet der Aufmerksamkeit, die die öffentlichen Debatten des Sicherheitsrates bei den Medien, aber auch bei Mitgliedsstaaten fanden, hatten sich wichtige Beratungen des Gremiums mehr und mehr in die vertraulichen Sitzungen verlagert. Dort, und nur selten auf offener Bühne, wurde der Interessenausgleich gesucht und manchmal auch gefunden. Diese sogenannten »Konsultationen« schufen die Grundlage für Beschlüsse, denen meistens ein zähes Ringen um Kompromisse vorausging. (Daß ein Kompromiß als »faul« bezeichnet wird, ist übrigens eine Eigenart, die es nur im Deutschen gibt.) Die 15 Mitglieder des Sicherheitsrates hielten sich ständig in Bereitschaft, und ständig hieß wirklich ständig, also Tag und Nacht. Zur gängigen Übung gehörte es ohnehin, den Rat erst in letzter Minute anzurufen; nicht wenn eine Krise sich anbahnte, sondern erst dann, wenn sie schon ausgebrochen war. Es fehlte ein frühzeitiges Krisenmanagement. Häufig mußten wir damit rechnen, daß die Entwicklungsländer in der Generalversammlung eine Entscheidung herbeizuführen suchten, wo sie über solide Mehrheiten verfügten, ohne ein Veto befürchten zu müssen wie im Sicherheitsrat.

In den Konsultationen der Ratsmitglieder, die von der Presse und anderen Delegationen abgeschirmt waren, konnte jeder seine Meinung offen vortragen. Hier, in der sogenannten »German Lounge« neben dem Plenarsaal des Rates, die ihren Namen dem Umstand verdankte, daß die Bundesrepublik die Möbel gestiftet

322

hatte, wurde Tacheles geredet, und Nichtmitglieder des Rates waren ausgeschlossen. So war es auch im März 1978. Die Bundesrepublik war seit über einem Jahr im Sicherheitsrat, als sich der Rat auf Vorschlag des UN-Generalsekretärs nach zähen Debatten auf eine Resolution verständigte, mit der eine Friedenstruppe für den südlichen Libanon geschaffen wurde. Sie bekam den Namen UNIFIL (United Nations Interim Force in Lebanon) und setzte sich zunächst aus rund 6 000 Soldaten aus Frankreich, Spanien, dem Iran, Norwegen, Nepal und dem Senegal zusammen. Die UN-Truppen sollten die verfeindeten und sich heftig bekämpfenden christlichen Milizen einerseits und die Palästinenser andererseits voneinander trennen. In derselben Entschließung hatte der Sicherheitsrat darüber hinaus entschieden, von Israel den sofortigen Abzug seiner Streitkräfte aus dem Südlibanon zu verlangen, die dort bis zum Litani-Fluß vorgerückt waren. Der Entsendung der UN-Soldaten waren ein mehrjähriger Bürgerkrieg im Libanon, das Eingreifen von 30 000 Mann und 1 000 Panzern der syrischen Armee, die Zerstörung Beiruts und eben der Einmarsch Israels in den Südlibanon vorausgegangen.

Aber schon bald nach der Verabschiedung der UNIFIL-Resolution machte Israel Schwierigkeiten und blockierte mancherorts die Stationierung der UN-Soldaten. Deshalb kam es unter meinem Vorsitz im Dezember 1978 zu einer mehrstündigen und hitzigen Plenardebatte im Rat, vor allem zwischen arabischen Delegierten und dem israelischen Botschafter Yehuda Blum, mit dem mich inzwischen eine enge Freundschaft verband. Der unterlag, denn der Sicherheitsrat, dem er nicht angehörte, bestätigte seine bisherige Position.

An den Kontingenten der UN-Truppen für den Südlibanon war die Bundesrepublik zu jener Zeit natürlich noch nicht beteiligt. Dennoch kam es schon damals zu einer Mitwirkung Bonns beim Einsatz der UNIFIL: Auf Bitten der Vereinten Nationen transportierte die deutsche Luftwaffe im Auftrag der Friedenstruppen nepalesische Gurkhas in das Krisengebiet. Und weil im Süden des Libanon keine Landemöglichkeiten bestanden, steuerten die Maschinen Flugplätze im benachbarten Israel an. Von dort erreichten die UNIFIL-Soldaten ihre Einsatzgebiete dann auf dem Landwege. Abgesehen von Willy Brandts Flug nach Tel Aviv, war es das erste Mal, daß Maschinen der Luftwaffe mit dem Balkenkreuz auf israelischem Boden landeten.

Als ich in den Jahren 1977 und 1978 für jeweils einen Monat selbst auf dem im Stuhl des Präsidenten des Sicherheitsrates saß, hatte ich Glück: Auf der Tagesordnung standen zwei wichtige Komplexe, bei denen es uns gelang, einvernehmlich Entschließungen zu verabschieden: die Resolutionen zu Zypern und zu Süd-Rhodesien. Ich lernte bei dieser Gelegenheit, wie ein Vorsitzender mit dem Instrumentarium Sicherheitsrat umgehen muß. Wir schrieben den 1. September 1977, als ich mich zu Beginn der Zypern-Verhandlungen zum ersten Mal als Vorsitzender in der Mitte des Halbrunds im Sicherheitsratssaal hinter das Schild »President« setzte. Noch nie zuvor hatte ein Deutscher dem Rat präsidiert. So war ich verständlicherweise stolz auf diese Berufung, obwohl sie rein routinemäßig und nach dem Alphabet an uns gefallen war. Die noch immer in der UN-Charta festgeschriebenen Feindstaatenklauseln, mit denen die Deutschen zu »Feinden« der Völkergemeinschaft erklärt worden waren, hatten nun wirklich ausgespielt. Es war Zufall, aber gerade in diesem Zusammenhang nicht ohne historische Bedeutung, daß unsere erste Präsidentschaft ausgerechnet am Jahrestag des Überfalls auf Polen begann.

Im Weltsicherheitsrat werden die wichtigsten Entscheidungen der Vereinten Nationen getroffen. Das bedeutete für mich als Präsidenten mühevolle Kleinarbeit und verlangte viel Geduld und Zeit. Der Rat beschließt bekanntlich in Form von Resolutionen oder durch einvernehmlich gebilligte Erklärungen seines Vorsitzenden. In den vorher stattfindenden vertraulichen Konsultationen muß der Präsident daher versuchen, die oft strittigen Standpunkte der Ratsmitglieder auszugleichen. Um das Instrument zu beherrschen, mußte ich mich mit Hilfe meiner Mitarbeiter in die anstehende Problematik einarbeiten, und überdies war es – wieder einmal – nützlich, »die Leute zu kennen«. Das sind zunächst die anderen vierzehn Chefdelegierten der im Rat vertretenen Mitgliedsstaaten. Vieles hing davon ab, wer denn eine Ratssitzung zu welchem Thema beantragt hatte. Oft fügte der Antragsteller gleich den Entwurf einer Entschließung bei, um so schon im Vorfeld sein Verhandlungsziel zu bestimmen. Also versuchte ich, auf den Wortlaut bereits im Frühstadium Einfluß zu nehmen, um allzu kontroverse oder ausufernde Debatten zu verhindern. Vor der damaligen Entscheidung zum Dauerthema Zypern mußte ich mich als Vorsitzender in tagelangen Konsultationen mit meinen Verhandlungspartnern durch siebzehn Resolutionsentwürfe kämpfen!

Zugleich galt es, das UN-Generalsekretariat schon zu Beginn der Verhandlungen einzubeziehen, weil dort Erfahrung und Detailkenntnisse abrufbar waren. Manchmal nahm ich besonders störrische Partner mitten in den Beratungen auf die Seite und riet ihnen in einem Gespräch unter vier Augen zum Einlenken. Bei den Zypern-Verhandlungen verließ ich mehrmals den Raum, um mich einzeln mit den Botschaftern der Türkei und Griechenlands außerhalb der »German Lounge« zu beraten. Als Nichtmitglieder des Rates konnten sie an den Konsultationen nicht teilnehmen. Vor allem mußte ich das Ausmaß an Flexibilität der Beteiligten ausloten und natürlich vorher abzählen, wie viele Stimmen für einen Beschluß vorhanden sein würden. Hin und wieder war es auch sinnvoll, über unsere Botschaft im Heimatland eines Delegierten nachzufassen, um allzu starre Weisungen für den Mann im Sicherheitsrat aufzulockern und dadurch wieder Bewegung in die Sache zu bringen. Die »German Lounge« wurde so häufig zum Basar.

Gegen Ende des Jahres 1979 mußte sich die westliche Gruppe der UN-Mitgliedstaaten darüber klarwerden, wen sie denn für die Amtsperiode 1980/81 als Kandidaten für die Präsidentschaft der Generalversammlung vorschlagen würde. Der Präsident wird für jeweils ein Jahr gewählt, und vorschlagsberechtigt sind, in Rotation, die fünf in der Versammlung vertretenen Regionalgruppen. Der Westen ist also alle fünf Jahre an der Reihe, einen Kandidaten zu benennen. Gewählt wird er vom Plenum der Vollversammlung. Noch während unserer Mitgliedschaft im Sicherheitsrat hatte ich Genscher brieflich darauf hingewiesen, daß die DDR im Jahre 1980 für zwei Jahre ihrerseits Mitglied des Rates werden und damit »sicherlich eine Aufwertung des Prestiges der DDR verbunden« sein würde. Der Vorgang werde in der deutschen Öffentlichkeit gebührend beachtet werden. Es frage sich daher, ob wir »diese Entwicklung nicht dadurch konterkarieren sollten, indem wir uns um das Amt des Präsidenten der 35. Generalversammlung bewerben«. Bonn entschied, meiner Empfehlung nachzukommen, und so trug ich bei einer Sitzung der westlichen Gruppe (der WEOG) im UN-Glaspalast unsere Kandidatur vor, ohne daß – von einer Ausnahme abgesehen – Gegenstimmen hörbar wurden. Die Ausnahme war mein spanischer Botschafterkollege Jaime de Pinies, der mit erschrecktem Erstaunen auf unsere Ankündigung reagierte, da auch er gehofft hatte, genügend Stimmen für eine Kandidatur zusammenzubringen. Kurz vor dem Wahltag, dem 16. September 1980, zog Spanien seine Kandidatur zurück, und so blieb ich der einzige Anwärter auf das Präsidentenamt.

»Hiermit erkläre ich Seine Exzellenz, Botschafter Rüdiger von Wechmar von der Bundesrepublik Deutschland, als zum Präsidenten der 35. Generalversammlung per Akklamation gewählt.« Mit dieser Feststellung des amtierenden Vorsitzenden des UN-Parlaments, des Tansaniers Salim Ajmed Salim, war die einstimmige Wahl des ersten Deutschen in das hohe Amt besiegelt. Der 16. September 1980 war ein warmer Spätsommertag in New York, die Uhr zeigte halb vier Uhr nachmittags. Der Plenarsaal war bis auf den letzten Platz besetzt, denn der Stabwechsel im Präsidentenamt gehörte zu den herausragenden Ereignissen im Verlauf einer Generalversammlung. Ich hatte vorher auf unserer Delegationsbank ganz weit hinten, im rückwärtigen Teil des Plenarsaals, Platz genommen. Also mußte ich quer durch den ganzen Saal, vorbei an langen Reihen freundlich applaudierender Delegierter, nach vorne zum Podium gehen, wo mich Salim mit ausgebreiteten Armen und einem afrikanischen Kuß auf beide Wangen empfing. In meiner Antrittsrede machte ich klar, daß ich meine Rolle nicht als Sprecher meines Landes, sondern als Präsident aller Mitglieder der Versammlung, also der ganzen Völkergemeinschaft, verstehen würde.

Das verband ich mit einem ganz praktischen Signal: In Abstimmung mit Bonn koppelte ich mich von meiner Botschaft vollkommen ab, das heißt, ich verließ für die Dauer meiner einjährigen Präsidentschaft auch mein Büro in der Ständigen Vertretung und zog in die dem Vorsitzenden der Generalversammlung bereitgestellten Arbeitsräume im 38. Stock des UNO-Hauptquartiers. Mit mir kamen noch zwei Mitarbeiterinnen in den Glaspalast: die Botschaftsrätin Sabine Vollmar als Kabinettschefin und meine verläßliche und nimmermüde Sekretärin Inge Orth, die mir schon im Vorzimmer des Bundespresseamtes in Bonn zur Hand gegangen war. Zu meinem Pressesprecher bestellte ich einen Brasilianer, und als Fahrer meines Dienstwagens wurde mir ein Farbiger aus

Manhattan zugeteilt. Für meinen persönlichen Schutz bekam ich Joe Aggazi zugewiesen, einen uniformierten Sergeanten der Security Forces der Vereinten Nationen. Die Leitung der Botschaft übernahm in diesem Jahr mein Stellvertreter, Botschafter Alois Jelonek.

Neben meinen Schreibtisch, von dem aus man die Skyline Manhattans sah, hängte ich eine Karikatur aus dem »Simplizissimus« von 1912, die zwei distinguierte Herren im Gespräch miteinander zeigte. »Mein lieber Baron, nun, da Sie im diplomatischen Dienst sind, müssen Sie sich immer an die Grundsätze halten. Wenn Sie nichts wissen, lassen Sie sich's nicht anmerken. Und wenn Sie was wissen, sagen Sie es nicht, sonst blamieren Sie sich.«

In meiner Rede als Präsident übte ich Kritik auch an meiner eigenen Regierung, als ich erklärte, ich fände es erschreckend, daß »einige Länder, die – ungeachtet ihrer wirtschaftlichen oder sozialen Systeme – dazu in der Lage wären, noch immer nicht das 0,7-Prozent-Ziel öffentlicher Entwicklungshilfe« erreicht hätten. Aus Bonn kam dazu keine Beschwerde. Bundeskanzler Schmidt nahm es hin, eine große Mehrheit im Plenum der Generalversammlung spendete Beifall, und Genscher nannte meine Ausführungen später »eindrucksvoll«. Zugleich hatte ich angekündigt, daß ich mich für die Aufnahme von Globalverhandlungen über eine neue und gerechtere internationale Wirtschaftsordnung einsetzen würde – eine Ankündigung, die mir dann Monate zusätzlicher Arbeit eingebracht hat. Die erste Gratulation nach der Abstimmung kam von meiner Frau, die meine Wahl von der Gästetribüne aus verfolgt hatte, eingerahmt von Frau Waldheim und Frau Salim. Susanne drückte mir dabei verstohlen ein silbernes Glücksschwein in die Hand, das dann jahrelang auf meinen Schreibtischen über Fortuna wachte. Gleich darauf schüttelte mir mein zeitweiliger Konkurrent de Pinies die Hand. Die Oberen in Bonn sandten Telegramme, und die »Los Angeles Times« titelte: »Veteran des Afrikakorps neuer UNO-Präsident«. Das Blatt begrüßte meine Wahl mit der Bemerkung, ich sei genau das, was die Versammlung brauche: ein entschlossener Manager, der der endlosen Rederei und der Papierflut Einhalt gebieten wolle.

So richtig geklappt hat das dann allerdings auch nicht. Aber ich konnte wenigstens erreichen, daß ein anderer Schlendrian sein Ende fand: Alle Sitzungen fingen pünktlich an. Der erwähnte »Los Angeles Times«-Artikel aus der Feder meines alten UP-Kol-

Aussenminister Hans-Dietrich Genscher macht 1980 in New York bei seinem eigenen Botschafter einen Antrittsbesuch in einer kleinen Kammer hinter dem Plenarsaal. Natürlich wollte der Minister nicht seinen Ständigen Vertreter aufsuchen, sondern kam – protokollgerecht – weil der gerade zum Präsidenten der 35. Generalversammlung der Vereinten Nationen gewählt worden war.

legen Don Shannon verwies im übrigen darauf, daß die zwei höchsten Positionen der Vereinten Nationen nun in den Händen von ehemaligen Leutnants der Wehrmacht liegen würden, von Waldheim und mir. Kein Wort jedoch davon, daß jetzt jemand aus einem einstigen »Feindstaat« Präsident der Generalversammlung geworden war.

Nach einer dreitägigen und hitzigen Debatte über die sowjetische Invasion Afghanistans konnte sich die Versammlung schließlich dem wichtigsten Teil ihrer Arbeit zuwenden: der politischen Generaldebatte, an der traditionsgemäß die Regierungschefs oder die Außenminister teilnahmen, manchmal sogar die Staatschefs der Mitgliedsstaaten. Für die Bundesrepublik sprach Außenminister Genscher, und es berührte mich schon eigentümlich, daß der zum Präsidenten der Generalversammlung avancierte Botschafter nun seinem Chef im Plenum das Wort erteilen mußte (oder durfte). Im Verlauf der Generaldebatte gab es dann ein weiteres pikantes Detail im diplomatischen Zeremoniell. Eine ungeschriebene Regel des UN-Parlaments besagt, daß die hochrangigen Debattenteilnehmer dem Präsidenten der Versammlung einen Höflichkeitsbesuch abstatten, ehe sie im Plenum das Wort ergreifen. Infolgedessen suchten mich nahezu alle wichtigen Repräsentanten in meinem Büro auf, darunter die Außenminister der USA, Großbritanniens und Frankreichs, Chinas und der EWG sowie zahlreicher anderer Staaten aus Afrika, Lateinamerika und Asien. Das Staatsoberhaupt Pakistans zum Beispiel kam, der umstrittene General Mohammed Zia-ul-Haq, aber auch der Außenminister der 992 Salomoninseln und sein Kollege von São Tomé und Principe, zwei Zwergstaaten, die als gleichberechtigte UN-Mitglieder in der Generalversammlung über jeweils eine Stimme verfügten, nicht anders als die Vereinigten Staaten von Amerika.

Gromyko hingegen machte sich nicht die Mühe, dem Präsidenten seine Aufwartung zu machen, anders als Oskar Fischer, der Außenminister der DDR, der sich bei seinem Besuch betont freundlich gab. Wie aber sollte sich der bundesdeutsche Außenminister verhalten? Sollte Genscher einem seiner eigenen Beamten einen offiziellen Besuch abstatten und sich dabei fotografieren lassen? Und sollte darüber eine Pressemitteilung erscheinen? Wir vereinbarten einen Kompromiß, wonach Genscher mich in einem kleinen, kammerartigen Raum direkt hinter dem Plenarsaal treffen würde, anstatt mich in meinen Amtsräumen im 38. Stock aufzusuchen. Wir beschlossen, auf Fotografen und Presseerklärung zu verzichten. Dem Protokoll schien damit Genüge getan. So geschah es, und nach einem kurzen und eher formalen Gespräch über Fragen der Tagesordnung verließen wir das Zimmer mit der schlichten Türbezeichnung »GA-200« – und fanden uns im Flur direkt vor den laufenden Kameras der ARD wieder. Dort nämlich hatte sich Friedrich Nowottny mit seinem Team aufgebaut, nachdem er irgendwo von unserem Treffen erfahren hatte. Genscher machte gute Miene zum bösen Spiel und sagte ein paar freundliche Worte, aber man spürte, daß ihm die Sache peinlich war.

Während der Generaldebatte ist der Präsident der Versammlung theoretisch zur ständigen Präsenz verurteilt. Die Geschäftsordnung des UN-Parlaments erlaubt zwar, daß er sich bei Sitzungen durch einen seiner einundzwanzig Vizepräsidenten vertreten lassen kann, aber davon machte ich keinen Gebrauch. Vielmehr sah ich es als meine Pflicht an, jeder einzelnen dieser 29 Sitzungen selber zu präsidieren. Mein britischer Botschafterkollege Ivor Richard beschrieb mich deshalb einmal als den »Inhaber eines weltberühmten Sitzfleisches«. Und ich hielt mich an die Regel: Wenn man in demokratischen Institutionen etwas durchsetzen will, dann muß man im Zweifelsfall sogar autoritär werden. Auch den Rednern mit hohen Staatsämtern ließ ich nichts durchgehen. Es gab zwar keine Redezeitbeschränkungen, aber ich bestand auf Sitzungsbeginn zur angesetzten Zeit (und wer nicht pünktlich kam, der rutschte ans Ende der Liste) und auf strikter Einhaltung der vorher vereinbarten Reihenfolge der Redner. Das war besonders dann kompliziert, wenn sich einer der Regierungschefs oder Außenminister im Plenarsaal wegen eines Telefongesprächs mit seiner Hauptstadt verspätete. Auch er mußte dann an den Schluß der festgelegten Rednerliste. Die Delegierten haben es mir gedankt.

In diesen Wochen blieb kaum Zeit für Privates. Das kleine Haus in Southampton, das wir uns im alten Ortsteil über einen Bankkredit als Wochenend- und Sommerdomizil gekauft hatten, blieb während dieser Zeit verwaist. Das hundert Jahre alte Holzhaus hatte früher der Familie des dörflichen Polizeichefs, Chief Lane, gehört, und eines Tages erschien dessen Nachfolger, um mir »streng vertraulich« mitzuteilen, daß er das Haus und uns nun Tag und Nacht durch Streifenwagen überwachen lassen müsse. Das FBI habe ihm mitgeteilt, daß das Bundeskriminalamt in den Aufzeichnungen der RAF-Terroristin Inge Viett einen Hinweis auf mich als »Anschlagsziel« gefunden habe. Wir nahmen diese Nachricht ohne größere Aufregung hin, denn das Haus verfügte schon über eine halbwegs nützliche Alarmanlage, die wir eingebaut hatten, nachdem uns am hellichten Tage ein größerer Geldbetrag gestohlen worden war. Die RAF hätte diese eher simple Anlage wohl kaum am Zugriff gehindert, doch es erschien uns ziemlich unwahrscheinlich, daß die deutschen Terroristen ausgerechnet jenseits des Atlantiks zuschlagen würden.

Seit meinem ersten Besuch in der damals noch 4 000-Seelen-Gemeinde Ende der fünfziger Jahre waren wir so etwas wie ein Teil des Inventars unseres Ferienorts geworden. Mit den feinen Villen der New Yorker Millionäre konnten und wollten wir zwar nicht konkurrieren – und erst recht nicht mit deren Geldbörsen –, aber wir nahmen am Gemeindeleben teil, engagierten uns bei Wohltätigkeitsveranstaltungen, schrieben dann und wann eine

Der Interviewte knipst die Interviewer. Andy Warhol kann's nicht lassen: immer muß er photographieren. Hier wird er gerade von der ARD interviewt (im Hintergrund Werner Baecker) und knipst den Tontechniker. Anlaß war eine Ausstellung von Siebdrucken der Warhol-Bilder von Willy Brandt im Haus des deutschen UNO-Botschafters (rechts).

Zeile für das kleine Lokalblatt und sammelten Freunde. Die Deutschen waren in »Krauthampton« mittlerweile immer zahlreicher geworden. Aber auch andere lockten das Dorf und der vierzig Kilometer lange Sandstrand am Atlantik: Stars aus Film und Fernsehen waren da und natürlich auch ein paar Größen der Wall Street, darunter der Börsenguru George Soros. Nach meiner Versetzung nach London stellte sich dann rasch heraus, daß die jährlichen Kosten für den Unterhalt des Häuschens in keinem vernünftigen Verhältnis zur tatsächlich möglichen Nutzung standen, und so trennten wir uns schließlich davon. Neuer Besitzer wurde der langjährige Direktor des weltberühmten Aspen-Instituts, Joseph R. Slater.

Hans-Dietrich Genscher hatte nach seiner Amtsübernahme 1974 schnell begriffen, daß am Sitz der Vereinten Nationen auch Politik gemacht werden konnte und die UNO ein Forum für politische Aktionen war, die uns – und natürlich auch ihm – vorteil-

Bundeskanzler Willy Brandt und der sowjetische Außenminister Andrej Gromyko im Hause des deutschen UNO-Botschafters in New York. Zwischen beiden die deutschen Botschafter Peter Florin (DDR) und Rüdiger von Wechmar (BRD).

haft sein konnten. So nutzte er die gleichzeitige Anwesenheit zahlreicher Außenministerkollegen während der Generaldebatte zu intensiven Begegnungen, die oft im Stundentakt aufeinanderfolgten. Gegenüber der UNO war damals gerade ein neues Hotel, das UN-Plaza, eröffnet worden, das ein idealer Treffpunkt war. Genscher bezog dort jedes Jahr ein halbes Stockwerk und lud die anderen Außenminister einfach zu sich ein. Das ersparte ihm und seinen Gesprächspartnern zeitraubende Anfahrten durch die in diesen Tagen stets verstopfte Innenstadt, und er selbst konnte notfalls innerhalb weniger Minuten im gegenüberliegenden Plenarsaal erscheinen.

Das Hotel bot zudem ausreichenden Schutz vor Demonstranten, die sich in New York immer wieder einfanden, um für oder gegen irgend etwas auf die Straße zu gehen. Das war übrigens wörtlich zu nehmen, denn Demonstranten durften damals nach den strikten Regeln der Polizei nicht stehen, sondern mußten mit ihren Plakaten oder Spruchbändern ständig in Bewegung bleiben. So formierten sich die selten mehr als zwanzig bis dreißig Protestierenden zum Gänsemarsch und liefen, einer hinter dem anderen, im Kreis herum. Als ich noch beim Generalkonsulat tätig war, versammelten sich antideutsche Gruppen manchmal auf der Park Avenue vor dem Hochhaus, in dessen obersten Etagen das Konsulat seine Amtsräume hatte. Szenekenner machten uns schon damals darauf aufmerksam, daß der harte Kern von immer gleichen »Demonstranten« aus den immer gleichen Leuten bestand, die mehrmals am Tag an verschiedenen Plätzen Manhattans auf sich aufmerksam machten. Fotos konnten das belegen. Manche dieser Leute waren regelrecht gemietet und gingen nach dem Vertriebsmotto »Rent-a-Demonstrant« gegen Stundenlohn auf die Straße.

In den wenigen sitzungsarmen Zeiten nutzten wir die deutsche Residenz übrigens auch zu anderen Zwecken. In der holzgetäfelten Bibliothek, in der Genscher einst mit Gromyko über Berlin gestritten hatte, veranstalteten wir ein beschwingtes Jazzkonzert mit dem Sohn des berühmten farbigen Pianisten Fats Wallers, der mittlerweile selbst ein anerkannter Meister am Klavier geworden war. Sitzungserschöpfte Kollegen aus unterschiedlichen Delegationen der Generalversammlung haben die Abwechslung vom Einerlei der Tagesordnungen sichtlich genossen. Als Willy Brandt in seiner Eigenschaft als Präsident der Internationalen Nord-Süd-Kommission einmal New York und die Vereinten Nationen besuchte, baten wir Andy Warhol zu einer Ausstellung seiner Brandt-Porträts (in Serigraphie) dazu. Warhol, den wir ja Jahre zuvor schon in seiner »factory« in Soho kennengelernt hatten, kam und fotografierte den ehemaligen Bundeskanzler beim Betrachten seiner Bilder. Wie immer, wenn er außer Haus ging, hatte Andy auch diesmal eine bunte Plastiktüte dabei, aus der er, nach allen Seiten »sichernd«, Mikrofon und Tonbandgerät herauskramte, um auch die richtige Geräuschkulisse aufzuzeichnen. Warhol verzichtete auf die Drinks und pflegte in der Regel auch keine der gereichten Häppchen zu essen.

Brandt war auch Ehrengast eines Mittagessens in der Botschafterresidenz, das ich für alle Delegationschefs aus jenen Ländern gab, mit denen er als Regierungschef zur Zeit der Ostpolitik Verträge abgeschlossen hatte, darunter Jakob Malik von der UdSSR und Peter Florin von der DDR sowie die Botschafter von Polen und der Tschechoslowakei. Waldheim, der auch anwesend war, bekannte später, daß er einen solchen »fast familiären Brückenschlag bei Suppe, Hauptgang und Dessert« zwischen eigentlich gegnerischen Lagern in seiner langen UN-Erfahrung noch nie erlebt habe.

Aber auch Musik und Theater kamen nicht zu kurz. Seit einem Besuch im »Tent« von Tanglewood bei Boston waren wir mit Leonard Bernstein eng befreundet, eine Freundschaft, die bis zu seinem Tod angehalten hat. Also war er in New York, später in Rom, London und München öfter bei uns privat zu Gast. Die erste Begegnung in Tanglewood, dem reizvollen Festspiel-Center im Staate Massachusetts, galt einer Konzertreihe, die der Maestro in dem nach drei Seiten offenen Holz-Zelt dirigierte. Wir wurden seiner Mutter und seiner bald danach verstorbenen Frau vorgestellt und lernten seine inzwischen erwachsenen Kinder kennen.

Zur »Abteilung Musik«, die bei uns vornehmlich meine Frau Susi betreute, gehörte neben intensiven Beziehungen zu Lorin Maazel und seiner (damaligen) Frau Israela auch der in New York begonnene Kontakt zu August Everding. Er studierte damals »Tristan und Isolde« an der Metropolitan Opera ein, und seine erste Inszenierung auf dieser bedeutenden Bühne wurde ein Riesenerfolg. Jahre später wurde er Generalintendant der Bayerischen Staatstheater.

»Lennie« Bernstein war bekannt für gelegentliche emotionale Ausbrüche. Am Tag der Wahl des amerikanischen Präsidenten im November 1980 hatten wir ihn mit anderen Gästen zu einer Wahlparty in die Residenz eingeladen, wo wir vor mehreren Bildschirmen die Ergebnisse verfolgten. Als klar wurde, daß Ronald Reagan gewinnen würde, und Jimmy Carter schließlich seine Niederlage eingestand, warf sich der erklärte Wähler der Demokratischen Partei voller Verzweiflung auf den Teppich und rief laut hörbar: »Doesn't anybody have a joint?« Der ebenfalls anwesende Waldheim schaute verwundert drein, der farbige amerikanische UN-Botschafter Donald McHenry schien entsetzt, und ich brachte Bernstein erst einmal einen Scotch. Mit seinem Lieblingsgetränk *Whiskey on the rocks* hatte ich Bernstein auch versorgt, als er uns drei Jahre später in der Residenz in Rom besuchte, wo ich inzwischen Botschafter geworden war. Er trank ihn pur und vorzugsweise aus Silberbechern. Bernstein war in die Ewige Stadt gekommen, um im Vatikan ein Konzert zu dirigieren. Zeitgleich hatte sich der damalige SPD-Vorsitzende Hans-Jochen Vogel zu einem offiziellen Besuch in Rom angesagt und darum gebeten, mit

»Gib mir Deine Hände«.
Lennie Bernstein begrüßt das Ehepaar von Wechmar in New York. Die unvermeidliche Zigarette bleibt, trotz allem, in der ausgestreckten linken Hand.

den in Italien akkreditierten deutschen Korrespondenten in der Residenz zusammenzukommen. Lange vor Bernsteins Anruf, mit dem er seinen Aufenthalt in der italienischen Hauptstadt ankündigte, hatte ich deshalb in Absprache mit Vogel die Journalisten zu einem Nachmittagsgespräch mit dem SPD-Politiker eingeladen und allen Getränke und Pasta in Aussicht gestellt. Unglücklicherweise hatte »Lennie« nur an ebendiesem Nachmittag Zeit, bei uns vorbeizusehen. Also erzählte ich ihm, daß auch Vogel und eine Reihe von Korrespondenten anwesend sein würden, was Bernstein aber nicht zu stören schien. Vogel reagierte etwas zurückhaltender auf die Ankündigung, daß Bernstein vorbeikommen würde, hatte aber keine Einwände. Und die Journalisten fanden diesen Doppelpaß ohnehin großartig.

Wie stets erschien Bernstein mit ziemlicher Verspätung, bekam seinen Scotch und blieb dann wie angewurzelt an der Türschwelle stehen. Die Leute von der Presse redeten gerade mit Vogel, wandten sich aber – ebenso neugierig wie unhöflich – abrupt ab, als sie den Dirigenten eintreten sahen. Also ging ich hinüber zu Bernstein und bot ihm an, ihn mit dem SPD-Parteichef bekannt zu machen. Das war leichter gesagt als getan. »Lennie« verharrte weiter an der Tür, trank seinen Whiskey aus und bat um Nachschub. Erst als ich ihm nachgeschenkt hatte, machte er sich mit dem vollen Glas in der Hand auf und marschierte quer durch den Saal auf den in einiger Entfernung stehenden Hans-Jochen Vogel zu. Aber kurz vor dem deutschen Politiker stolperte Bernstein über eine Teppichfalte und kippte seinen Glasinhalt in Richtung Vogel, der gerade einen Teller Spaghetti in der Hand balancierte. Das Unglück nahm seinen Lauf: Bernstein bekam eine Ladung Spaghetti ab und Vogel einen kräftigen Schluck Scotch auf seinen Anzug. Noch Jahre später haben beide, Vogel und Bernstein, darüber gelacht – aber auch zu erkennen gegeben, bei etwaigen weiteren Einladungen doch lieber allein erscheinen zu wollen.

Auf dem Wunschposten:
Botschafter in der Ewigen Stadt
(1981–1983)

Einer meiner Amtsvorgänger in New York, der Botschafter Sigismund Freiherr von Braun, hatte mir vor meiner Abreise zu den Vereinten Nationen einen nützlichen Hinweis auf den Weg gegeben: »Als UNO-Botschafter bist du für die ganze Welt zuständig.« Und als zur Botschafterfunktion noch das Präsidentenamt hinzukam, da wurde dieser freundliche Hinweis mit einemmal zeitraubende Realität. Der Präsident der Generalversammlung war viel unterwegs, sei es zu Sitzungen wichtiger UN-Gremien, wie etwa zum Wirtschafts- und Sozialrat ins afrikanische Abidjan oder nach Genf, zu Tagungen der Organisation für Afrikanische Einheit (OAU) in Nairobi oder zu den UN-Organisationen in Wien. Das Wiedersehen mit Genf und Wien weckte Erinnerungen an die Zeit, in der ich dort selbst als Berichterstatter gearbeitet hatte, und als ich die vor den Türen der Sitzungssäle ausharrenden Journalisten entdeckte, an denen vorbei ich zu den Verhandlungen strebte, wußte ich aus eigener Erfahrung, wie sehr sie nach Schluß der Beratungen einen Hinweis auf deren Ergebnis erhofften. Und anders als Macmillan bei der Genfer Gipfelkonferenz 1959 (»No questions, no comment«) versuchte ich, den Wartenden wenigstens das Wichtigste zuzurufen.

Zudem häuften sich Einladungen von Mitgliedstaaten, die den Präsidenten bei sich zu Gast sehen wollten. Auch an Botschafterkonferenzen des Auswärtigen Dienstes mußte der Ständige Vertreter bei den Vereinten Nationen natürlich teilnehmen. Manchmal kam es bei solchen Reisen zu unerwarteten Nebeneffekten. So hatte die Regierung von Tunesien meine Frau und mich zu einem offiziellen Besuch eingeladen, der auf dem Flugplatz von Tunis mit einem feierlichen Empfang durch den Außenminister begann. Roter Teppich, Diplomatisches Korps, Blumen für meine Frau. Wie anders war dieser Auftakt im Vergleich zu meiner

Kriegslandung mit einem altersschwachen Zerstörer im Hafen von La Goulette im Jahre 1943! Aber genau daran wollte die tunesische Regierung ganz bewußt anknüpfen: Als erster Punkt auf dem mir bis dahin unbekannten, aber schon ausgedruckten Besuchsprogramm war eine Kranzniederlegung am Ehrenmal für die Gefallenen des Afrikakorps auf dem Friedhof Bordj Cerdia bei Tunis vorgesehen. Nicht der Präsident war gemeint, sondern der Deutsche, der kleine Leutnant aus Rommels Armee. Die Namen von 8652 Toten sind in die Wände des Ehrenmals eingemeißelt, darunter auch solche von tunesischen Freiwilligen, die bis zum Schluß geglaubt hatten, auf seiten der deutschen Truppen für die Freiheit ihres Landes von der französischen Kolonialmacht zu kämpfen. Unsere Botschaft in Tunis hatte vorsorglich einen Kranz besorgt, und als wir am Ehrenmal anlangten, stand dort ein halbes Dutzend Bundeswehrsoldaten in Uniform, um mich zu begleiten. Die Männer waren Teil eines Ausbildungsteams, das ihre tunesischen Kameraden einer »intensiven sportlichen Ausbildung unterziehen« sollte.

Als ich mich nach einer Schweigeminute im Innenhof des Denkmals umwandte, stand hinter mir mein tunesischer Botschafterkollege aus New York, der wegen meines Besuchs eigens angereist war. Auf der Rückfahrt in die Stadt fragte ich ihn nach den Beweggründen seiner Regierung für diese unerwartete Geste. »Sehen Sie«, antwortete er, »ich säße jetzt nicht neben Ihnen, und Habib Burgiba wäre nicht Staatspräsident unseres Landes, wenn ihr Deutschen nicht während der Kämpfe in Tunesien eure schützende Hand über uns Widerstandskämpfer gehalten hättet.« Mit dem Botschafter fuhren wir ein paar Tage später im Wagen zu einer Oase tief im Süden des Landes, wo mich Präsident Burgiba in einer modernen Hotelanlage zu einem Gespräch empfangen wollte. Er hatte den Wunsch geäußert, mich kennenzulernen, hatte aber nicht mitgeteilt, daß auch meine Frau an der Zusammenkunft teilnehmen sollte. Und weil mein Botschafterkollege ihr geraten hatte, sich auf eine staubige Wüstenfahrt im Kraftwagen einzustellen, hatte Susanne, anders als ich, ihre elegantere Kleidung im Hotel in Tunis zurückgelassen. In der angenehm klimatisierten Hotelhalle empfing uns der Protokollchef des Präsidenten mit der Bemerkung, wir hätten genau eine Viertelstunde, um uns umzuziehen; dann warte Burgiba mit seiner Frau auf unseren Besuch. Der Protokollchef runzelte die Stirn, als ihm meine Frau

338

beichten mußte, daß sie – eingedenk der Hinweise des Botschafters – nichts anderes dabeihabe als das, was sie am Leib trug: eine weiße Bluse und Jeans. Wüstenkleidung eben.

So kam es, daß tags darauf zum ersten Mal in der Geschichte der Republik Tunesien in allen Zeitungen Fotos veröffentlicht wurden, die zwei Gäste beim Präsidenten und dessen Frau zeigten, von denen der eine ganz unprotokollarisch in Jeans erschienen war. Burgiba nahm das hin. Er war damals schon fast achtzig, und das Gespräch strengte ihn offensichtlich an. Kundig und beredt führte deshalb über weite Strecken seine Frau die Unterhaltung. Es ging um die Zukunft Tunesiens, den Nahostkonflikt und die Rolle des Landes in den Vereinten Nationen. Mein Wunsch nach Unterstützung meines Bemühens um den Beginn von Globalverhandlungen fand freundliches Gehör. Dem kam jedoch nur geringe Bedeutung zu, denn das Lager der Blockfreien – und mit ihm Tunesien – war sowieso dafür.

Reiseziele waren auch andere afrikanische Länder, die – wie die meisten der zu meiner Zeit 154 UN-Mitgliedstaaten – glaubten, daß ein offizieller Besuch des Präsidenten der Generalversammlung ihrem Ansehen in der Weltorganisation förderlich sein würde. In der Regel nahmen davon allerdings nicht einmal die Nachbarländer Notiz, vom Rest der Welt ganz zu schweigen. Aber die jeweils eigene nationale Presse war dann voll davon, und so fand ich mein Konterfei in den Blättern von Äthiopien, Kenia, Tansania, Simbabwe und Malawi, deren Regierungen solche Aufmerksamkeiten von seiten der Vereinten Nationen offenkundig genossen. Den Aufenthalt in Nairobi verband ich mit einem Besuch bei einer Konferenz der dort ansässigen UN-Umweltorganisation UNEP. Anläßlich eines von der UNEP veranstalteten Abendessens begegnete ich auch dem damals schon greisenhaft wirkenden und autoritär regierenden Staatspräsidenten Daniel arap Moi, der seine Gäste mit einer ebenso endlosen wie betont langsam vorgetragenen Rede sichtlich langweilte. Mir blieb der schlaffe, kraftlose Händedruck dieses Mannes in Erinnerung, der nur ein Jahr jünger war als ich.

Zusammen mit meiner Frau flog ich von Nairobi, vorbei am Kilimandscharo, nach Daressalam zu Salim Ahmed Salim, dem damaligen Außenminister von Tansania, meinem Vorgänger im Amt des Präsidenten der Generalversammlung. Seine Regierung hatte zu einer Mischung aus Tourismus und Politik eingeladen.

Die touristische Seite des Programms hieß natürlich, einen Abstecher zu einem Stamm der Massai zu machen und eine Safari in der Serengeti zu absolvieren. Frau Salim war mit von der Partie, und so fuhren wir in Jeeps und bewaffnet mit Kameras durch die Savanne des Nationalparks. Unsere lokalen Begleiter wußten, wo wir Löwen, Antilopen, Zebras und Gnus anschauen konnten. Mit Ausnahme der Löwen hatten wir alle anderen Tiere – und zwar zum Teil in gewaltigen Herden – allerdings schon von Nairobi aus gesehen, als uns ein dort tätiger deutscher Geschäftsmann einlud, ihn in seiner kleinen Cessna in den Süden des Landes zu begleiten. Wir übernachteten in einem Zeltlager und beschlossen am nächsten Tag, mit einem Jeep zu einem anderen, noch weiter südlich gelegenen Camp zu fahren, wo UN-Generalsekretär Kurt Waldheim mit seiner Familie ein paar Ferientage verbrachte. Auch er hatte an der UNEP-Konferenz teilgenommen. Auf dem Weg zu ihm kam uns auf dem schmalen Pfad ein Fahrzeug entgegen. Ausweichen war unmöglich, also zwängten wir uns in die Büsche, um den Jeep vorbeizulassen. Wer beschreibt mein Erstaunen, als ich die Insassen erkannte: Pierre Trudeau, der Premierminister von Kanada, mit seinen Söhnen. Ich dachte an die Begegnung mit meinem späteren Schwiegervater in der nordafrikanischen Wüste: Wen man in der Steppe so alles treffen konnte...

Doch zurück nach Tansania. Zum politischen Teil des Besuchs gehörte eine Begegnung mit Julius Nyerere, dem Staatschef eines der ärmsten Länder Afrikas. Er spielte in der Gruppe der Nichtpaktgebundenen eine zentrale Rolle und war ein leidenschaftlicher Kämpfer gegen die Kolonialherrschaft. Beredt plädierte er für eine größere und vor allem entschiedenere Rolle der Vereinten Nationen bei der Beseitigung noch bestehender Rassendiskriminierung, äußerte sich positiv über unsere Namibia-Initiative im Sicherheitsrat, attackierte Südafrika und gab mir freundlichen Beistand für meinen Versuch, die Globalverhandlungen in Gang zu setzen. Von dort ging es nach Malawi und Simbabwe, jenem jungen Staat, an dessen Unabhängigkeit ich im Sicherheitsrat hatte mitwirken können. In der Hauptstadt Harare wartete die Nachricht, daß Staatspräsident Robert Mugabe mich zu sehen wünsche. Daraus wurde jedoch nur ein sehr ausführliches Telefongespräch, weil der Staatschef im Norden des Landes gerade »nach dem Rechten schauen« wollte, wie es hieß. Bei einem Rundgang durch die Stadt fiel uns vor einem amtlichen Gebäude ein halbes Dutzend Möbelwagen auf, in die uniformierte Männer Kartons, Kisten und Mobiliar luden. Bei näherem Hinsehen zeigte sich, daß die Luftstreitkräfte des früheren weißen Regimes im wahrsten Sinne des Wortes ihre Sachen packten. Ich sprach einen der Offiziere an und bekam die Auskunft: »Wir halten uns hier nur an den Beschluß des Sicherheitsrates.« Er konnte nicht wissen, daß ich an ebendiesem Beschluß beteiligt gewesen war.

Aber nicht nur Afrika war Ziel meiner Reisen. Ich machte offizielle Besuche in Österreich, Ungarn und in der Tschechoslowakei, nahm an Sitzungen der Bilderberg-Konferenz in Aachen und auf dem Bürgenstock sowie an Beratungen der Trilateral-Konferenz teil. Das viele Kofferpacken und die zahllosen Übernachtungen in Hotelzimmern erinnerten mich an meine Korrespondentenjahre. Diesmal kam allerdings hinzu, daß ich nicht mehr nur als Beobachter, sondern als unmittelbarer Teilnehmer mit Persönlichkeiten der Weltpolitik über aktuelle Fragen diskutieren konnte. Für das Aspen-Institut in Colorado, in dessen Beirat ich inzwischen gewählt worden war, schrieb ich umfangreiche Papiere zu UN-Themen. Später wurde ich dann Mitglied einer Ost-West-Kommission, die Aspen mit dem Ziel gegründet hatte, sich Gedanken über die künftige Gestaltung der Beziehungen zwischen den damals noch feindlichen Lagern – NATO und Warschauer Pakt – zu machen.

Der Kommission gehörten neben dem Institutspräsidenten Bob Anderson unter anderem auch die ehemaligen US-Minister Cyrus Vance und Robert McNamara sowie der frühere britische Premierminister James Callaghan an. Viel geworden ist daraus nicht, wie so oft aus den wohlgemeinten Bemühungen privater Organisationen. Die Köpfe rauchten, Papier wurde beschrieben, Memoranden an Außenministerien gesandt – geblieben sind enge menschliche Beziehungen der Kommissionsmitglieder und die Erinnerung an schöne Tagungsorte. Zum Beispiel Venedig und Berlin. Diese enge Bindung an Aspen wurde fortgesetzt, als ich Botschafter in Rom geworden war. In meiner Residenz fand die Gründungssitzung von »Aspen Italia« statt, an der sich auch Francesco Cossiga, der spätere christdemokratische Staatspräsident Italiens, sowie der sozialistische Minister Gianni de Michelis und die Staatssekretärin im Außenministerium, Susanne Agnelli (die Schwester des Fiat-Bosses Gianni Agnelli), beteiligten.

In Paris fand im Mai 1981 im UNESCO-Gebäude eine UN-

Konferenz zur Frage von Sanktionen gegen Südafrika statt, an der ich als Präsident der Generalversammlung teilnehmen und ein paar Worte sagen sollte. Neben mich hatte die Konferenzleitung den Franzosen Claude Cheysson plaziert, der gerade neuer Außenminister seines Landes geworden war. Wir kannten uns seit über vierzig Jahren, schon aus der Zeit, als er beim damaligen französischen Hochkommissar André François-Poncet der »junge Mann« gewesen war. Cheysson nahm mich voller Stolz mit in sein geräumiges Arbeitszimmer im Quai d'Orsay, um mich in eine politische Überlegung einzuweihen, mit deren Folgen ich danach lange zu tun hatte. Es ging um die Westeuropäische Union (WEU), die seit ihrer Gründung im Jahre 1954 eigentlich in einen Dornröschenschlaf versunken war. Er wolle, so erklärte mir Cheysson, die europäischen Regierungen davon überzeugen, daß diese Organisation revitalisiert werden müsse. Ob er mir das erzählte, um zu sehen, wie ich reagieren würde, blieb offen. Jedenfalls wäre ein solches Vorhaben einer Sensation gleichgekommen, denn die Franzosen hätten sich auf diese Weise wieder der NATO angenähert, mit der die WEU verbunden war und die Frankreich unter de Gaulle verlassen hatte. Ich behielt für mich, daß ich das Auswärtige Amt natürlich über diesen Hinweis informieren würde, ging aber davon aus, daß Cheysson ohnehin damit rechnete, ja daß er es sogar darauf angelegt hatte. Es vergingen dann aber doch noch über zwei Jahre, bis aus den »Überlegungen« Realität wurde. Anfang 1984 machte Cheysson seinen Ministerkollegen in der WEU in einer offiziellen Note den konkreten Vorschlag, die Westeuropäische Union wiederzubeleben. Als Ständiger Vertreter im WEU-Ministerrat in London, wo ich inzwischen Botschafter geworden war, hatte ich Gelegenheit, daran mitzuwirken.

Als wir uns in Paris voneinander verabschiedeten, bat mich Cheysson an seinen Schreibtisch, zog die oberste Schublade auf und forderte mich auf hineinzusehen. Dort lagen ein Revolver und Munition. »Von meinem Vorgänger hinterlassen. Und der hatte es auch von seinem Vorgänger. Zur Selbstverteidigung«, sagte Cheysson lakonisch. Ob mein Außenminister Genscher auch eine Waffe im Schubfach hätte?

In New York hatte ich bald nach meiner Wahl damit begonnen, das risikoreiche Vorhaben »Globalverhandlungen« anzupacken. Dazu holte ich mir das Einverständnis der Generalversammlung zur Bildung einer informellen Arbeitsgruppe, die sich als »Friends of the President« (Freunde des Präsidenten) unter meinem Vorsitz ans Werk machen sollte. Es war die Zeit, in der die Weltwirtschaft noch von den Folgen der Ölkrise geplagt wurde; das Preisdiktat der OPEC hatte gezeigt, wie abhängig die westliche Welt von den Öllieferungen geworden war. Zugleich herrschte bittere Armut in den am wenigsten entwickelten Ländern der Erde, und die Menschen hungerten. Die politische Stabilität in den meisten Staaten der Dritten Welt war gefährdet, wenn es nicht gelang, dort solide wirtschaftliche Verhältnisse zu schaffen. Die Zeit drängte. Meine Bemühungen wurden von der Europäischen Gemeinschaft und – bis zum Regierungswechsel von Carter zu Reagan – auch von den USA tatkräftig unterstützt. Damals war das Wort »Globalisierung« noch ziemlich unbekannt. Darum mußte für Globalverhandlungen – also für das Bemühen, mit der ganzen Welt um weltweit verbindliche Regeln zu verhandeln – zunächst einmal die Akzeptanz des Prinzips erwirkt werden. Eine Sisyphosarbeit, wie man sich denken kann. Ganz besonders für einen Deutschen. Es gelang mir, mit den »Friends of the President« den Sinn für eine globale Verantwortung der Vereinten Nationen und für ein notwendiges Krisenmanagement zu schärfen. Der fast fertige Gesamttext sei, so mein brasilianischer Botschafterkollege, mehr als nur eine nützliche Gebrauchsanweisung, er sei vielmehr eine »Vision für die Zukunft«.

Ich nahm mir viel Zeit für diese schwierige Aufgabe und habe auch von den »Freunden des Präsidenten« einen enormen zusätzlichen Arbeitsaufwand verlangt. In über vierzig ausgedehnten Beratungen und in weit über hundert bilateralen Konsultationen fand ich viel Unterstützung und letztlich auch ein großes Maß an Kompromißbereitschaft. Schließlich scheiterte ich aber doch, und zwar wegen des Regierungswechsels in Washington. Ein Versuch, die Sache wiederzubeleben, mißlang auch in den nachfolgenden Generalversammlungen. Präsident Reagan und seine neuen Berater verlangten mehr Zeit, um sich, wie sie sagten, mit der komplizierten Materie besser vertraut machen zu können. Das war jedoch nur ein Vorwand. In Wahrheit waren sie nämlich dagegen, den Vereinten Nationen zusätzliche Befugnisse zu übertragen oder in tatsächliche Verhandlungen über eine neue Weltwirtschaftsordnung einzutreten. Meine Bemühungen, die Haltung Washingtons in persönlichen Gesprächen und in Briefwechseln mit dem neuen Außenminister Alexander Haig zu beeinflussen, blieben daher erfolglos.

Die veränderte Atmosphäre wurde mir deutlich vor Augen geführt, als ich einmal in Washington bei der konservativen »Heritage Foundation« Rede und Antwort zum Thema Globalverhandlungen stehen mußte. Die nicht nur kritische, sondern sogar eher feindliche Einstellung der Diskussionsteilnehmer zeigte mir, woher der Wind jetzt wehte. Haig hatte mich schon vorgewarnt, als ich ihm von meinem bevorstehenden Besuch bei der Stiftung erzählte: »That is going to be a tough one«, hatte er bemerkt. Sein Abteilungsleiter für Wirtschaftsfragen im amerikanischen Außenministerium, Robert Hormats, brachte es auf den kurzen Nenner: »Globalverhandlungen? Die stehen bei uns auf der hintersten Herdplatte.« Die skeptische Haltung der neuen US-Administration faßte »Al« Haig dann in einem Brief an mich zusammen, worin er mir mitteilte, daß man noch abwarten müsse, »ob die UN in New York und Globale Verhandlungen, wie bisher entworfen, der beste Weg sind«, die Zusammenarbeit mit der Dritten Welt zu verbessern. Die bisherigen Diskussionen seien zwar recht nützlich gewesen, aber Washington sei »nach wie vor der Meinung, daß weitere Beratungen des Themas Globalverhandlungen jetzt nicht mehr stattfinden sollten«. Die Absage war eindeutig. Die ganze Angelegenheit wurde sang- und klanglos begraben.

So blieb mir nichts anderes übrig, als den Delegierten in der letzten Plenarsitzung »meiner« Generalversammlung zu empfehlen, den Tagesordnungspunkt auf die nächste Versammlung zu vertagen. Auch dort passierte dann nichts. Die Delegationen nutzten die Gelegenheit meines Schlußberichts, mir in betont freundlichen Worten ihre Anerkennung zu zollen. »Wir werden uns lange daran erinnern, was Sie getan haben«, sagte Manuel Perez Guerrero, der Sprecher der Nichtpaktgebundenen und einer meiner Hauptgesprächspartner, »Ihr Name wird für immer mit diesem Thema verbunden bleiben.« Für die Europäische Gemeinschaft erklärte der britische Botschafter: »Sie haben uns herausgefordert. Sie haben unsere Bewunderung.« Selbst der amerikanische Botschafter, dessen Regierung für das schnelle Ende der Bemühungen verantwortlich war, bekannte: »Durch Ihre Energie, Ihren Durchblick und Ihren Takt gelang es Ihnen, Brücken zu schlagen und das gegenseitige Verstehen zu verstärken. Wir haben allen

Grund, Ihre außerordentliche Arbeit und Ihre Weisheit eines Meister-Diplomaten zu würdigen.« Das war alles sehr freundlich und vielleicht sogar ehrlich gemeint, dennoch war alles vorbei. Während der Amerikaner sprach, hatte sich das Plenum zu *standing ovations* erhoben, die mich vor allem deswegen anrührten, weil sie einem Deutschen galten.

Ein paar Tage später mußte ich noch einmal ins Geschirr. Als Alterspräsident sollte ich der Wahl meines Nachfolgers vorsitzen. Das entpuppte sich schwieriger als gedacht. Im Gegensatz zu meiner einstimmigen Wahl gab es diesmal zwei Kandidaten. Vorschlagsberechtigt war die asiatische Regionalgruppe, die sich aber nicht auf einen Bewerber hatte einigen können. So standen denn der Botschafter von Bangladesch, Mohammed Kaiser, und der irakische Diplomat Ismat Kittani zur Wahl. Zum ersten Mal in der Geschichte der Vereinten Nationen mußte das Los entscheiden, denn die beiden Kandidaten hatten exakt die gleiche Stimmenzahl erreicht. Aus einer rasch herbeigeschafften Urne zog ich den Namen des Irakers, eines Kurden. Es war so ein bißchen wie bei der Oscar-Verleihung: »The winner is…« Botschafter Kaiser hatte fest mit seinem Sieg gerechnet und deshalb eigens seinen Außenminister nach New York kommen lassen, dem bei der Niederlage seines Landes die Tränen kamen. Meine Arbeit in New York aber war nun beendet, und gemeinsam mit meiner Frau machte ich mich auf den Weg nach Rom, meinem nächsten Dienstort.

Der Weg in die Ewige Stadt führte über Bonn, wo mir von der Deutschen Gesellschaft für die Vereinten Nationen die Dag-Hammerskjöld-Medaille verliehen werden sollte. Außer mir wurde auch Henry R. Labouisse, der langjährige Direktor des Kinderhilfswerks UNICEF, ausgezeichnet. Es war eine jener sehr deutschen Festlichkeiten, bei der sich ein Streichquartett, ganz in Schwarz, durch eine Reihe von Musikstücken mühte und ein kärglicher Blumenschmuck dem Geschehen etwas Farbe verleihen sollte. Sogenannte Wiederverwendungssträuße, die entweder schon einmal irgendwo anders gedient hatten oder am Tag darauf erneut eine Bühne schmücken würden. Zahlreiche Persönliche Referenten hatten für ihre Chefs Glückwunschschreiben entworfen, die dann in Rom auf mich warteten. So fand ich freundliche Worte vom Bundespräsidenten, von dem Bundeskanzler und seinem Außenminister, aber auch von Willy Brandt sowie dem

CDU-Vorsitzenden Helmut Kohl und vielen anderen vor. Die gutgemeinten Briefe waren einander so verblüffend ähnlich, daß ich noch heute den Verdacht nicht loswerde, daß sich die jeweiligen Referenten bei ihren Entwürfen auf die gleiche Textvorlage des Auswärtigen Amtes gestützt haben. Einzige Ausnahme von diesen gutgemeinten Referententexten war ausgerechnet ein Brief von meinem alten Kontrahenten Herbert Wehner, dessen Zeilen offenkundig ohne AA-Vorlage entstanden waren. Nur dort fand sich die freundliche Formulierung »Die Geschichte unserer Mitgliedschaft in den Vereinten Nationen ist von Ihnen mitgeschrieben und mitgeprägt worden.«

KARL CARSTENS
Präsident der Bundesrepublik Deutschland
an
Seine Exzellenz
den Präsidenten der Italienischen Republik
HERRN ALESSANDRO PERTINI

Herr Präsident, Großer und Guter Freund!
Von dem Wunsche geleitet, das durch die Abberufung des
Herrn Dr. Karl Arnold erledigte Amt des Botschafters der
Bundesrepublik Deutschland in
der Italienischen Republik
wieder zu besetzen, habe ich beschlossen, dieses
Herrn Rüdiger Freiherr von Wechmar
zu übertragen.

Seine bewährten Eigenschaften berechtigen mich zu der Erwartung, daß er bestrebt sein wird, sich Eurer Exzellenz Anerkennung zu erwerben.
Er wird die Ehre haben, Eurer Excellenz dieses Schreiben, das ihn in der Eigenschaft eines außerordentlichen und bevollmächtigten Botschafters der Bundesrepublik Deutschland beglaubigen soll, zu überreichen.
Ich bitte, ihn mit Wohlwollen zu empfangen und ihm in allem, was er in meinem Namen oder im Auftrage der Regierung der Bundesrepublik Deutschland vorzutragen berufen sein wird, vollen Glauben beizumessen.
Zugleich benutze ich diesen Anlaß, um meine besten Wünsche

für das Blühen und Gedeihen Italiens und Eurer Exzellenz persönliches Wohlergehen zum Ausdruck zu bringen. Ich verbinde hiermit die Versicherung meiner vollkommenen Hochachtung.
Ihr guter Freund
(gez. Karl Carstens)

Dies war der altertümliche Wortlaut meines Beglaubigungsschreibens, das ich Staatspräsident »Sandro« Pertini am 10. November 1981 im Quirinal überreicht habe. Es war von einem Bonner Kalligraphen auf Büttenpapier handgeschrieben worden und von Genscher gegengezeichnet. Es trug das Datum des 2. September 1981, war also an dem Tag, an dem ich es Pertini aushändigen konnte, bereits neun Wochen alt. Carstens mußte es somit sogar schon unterschrieben haben, als ich mich noch in New York um die Globalverhandlungen bemühte. Ob das nun eine (voreilige) Panne oder so etwas wie vorausschauende Planung war, habe ich nie herausbekommen. Der mich zum italienischen Präsidenten begleitende Protokollbeamte schaute jedenfalls etwas konsterniert auf das reichlich veraltete Datum. Vielleicht habe man sich in Bonn verschrieben, mutmaßte er, und es habe November statt September heißen sollen? Wer weiß!

Ich hatte einen Vormittagstermin bei Pertini bekommen, und als ich im Quirinals-Palast, dem Amtssitz des Präsidenten, anlangte, waren Gardesoldaten in ihren prächtigen Uniformen angetreten. Irgend jemand hatte mir vorher erzählt, daß Pertini passionierter Pfeifenraucher sei und ich deshalb ruhig meine Tabakspfeife mitnehmen sollte. Wir trafen uns – anders als auf meinem nächsten Posten London, wo beim Antrittsbesuch bei der Königin Frack mit Orden vorgeschrieben war – im Straßenanzug, und da ließen sich Pfeife und Tabaksbeutel leicht verstauen.

Der einstige Widerstandskämpfer gegen die Faschisten bat mich in sein Arbeitszimmer, nahm mein Beglaubigungsschreiben entgegen und legte es ungelesen beiseite (weil ihm eine italienische Übersetzung des Briefes schon vorher zugeleitet worden war). Dann begann er das Gespräch mit den bei solchen Gelegenheiten üblichen Fragen: Wo waren Sie vorher? Sind Sie schon einmal in Rom gewesen? Haben Sie Familie? Das war natürlich reine Höflichkeit, denn gewiß war Pertini vom italienischen Außenministerium ein ausführlicher Lebenslauf von mir vorgelegt worden. Bald war der Vorrat an Floskeln erschöpft, und eine kleine Pause trat ein. Kaffee wurde serviert. Ich nutzte die Unterbrechung zu der Frage, ob es wohl sehr unziemlich sei, wenn ich jetzt meine Pfeife herausholte. Ein erleichtertes, ja ein fast seliges Lächeln strahlte aus seinem bis dahin eher ernsten Gesicht. »Sie sind Pfeifenraucher? Fabelhaft! Nur zu, raus mit der Pfeife, ich hole mir auch eine…« Stand auf und kam mit seiner eigenen Pfeife und mit Tabak zurück. Ich mußte seine riesige Sammlung von 366 Pfeifen besichtigen (für jeden Tag des Jahres eine und für die Schaltjahre noch eine extra) und seinen Tabak probieren. Wir fachsimpelten über Pfeifen. Pertini hielt es mit italienischen Produkten, ließ meine englische Dunhill aber gelten. Über Politik haben wir fast nicht geredet.

Die ganze Zeit hatte Pertinis Staatssekretär Antonio Maccanico für den Fall dabeigesessen, daß uns der Gesprächsstoff ausgehen sollte. Als die Audienz zu Ende war, begleitete mich Maccanico zum Wagen. »Das war toll mit der Pfeife«, sagte er anerkennend. »Jetzt haben Sie einen Kumpan (un compagno) für Ihre römische Zeit.« Raucher muß man sein. Anfang der neunziger Jahre bin ich übrigens einmal zum Pfeifenraucher des Jahres gewählt worden, was ein Freund mit der Feststellung quittierte: »Da hast du aber Glück, daß du nicht zur Pfeife des Jahres ernannt worden bist.«

Nach dem Besuch bei Pertini konnte ich mit der eigentlichen Arbeit beginnen, denn ein Botschafter ist erst dann »akkreditiert«, wenn er dem Staatsoberhaupt seines Gastlandes das Beglaubigungsschreiben überreicht hat. In Rom hatte ich neben meiner Tätigkeit als bilateraler Botschafter noch die Aufgabe, die Bundesrepublik als Ständiger Vertreter bei der Weltorganisation für Ernährung und Landwirtschaft (FAO) und beim Welternährungsrat (WFC) zu vertreten. Ich war also, wenn man so will, dreifacher Botschafter – und in den beiden Ernährungsorganisationen vermutlich der einzige Diplomat, der schon einmal praktische Erfahrungen in der Landwirtschaft gesammelt hatte: als Hungerharker, Rübenernter und Maispflücker.

In der Ewigen Stadt gab es darüber hinaus noch einen weiteren deutschen Botschafter, den beim Vatikan. Als Kirchenstaat unterhielt der Vatikan mit vielen Ländern der Welt diplomatische Beziehungen, so auch zur Bundesrepublik. Wir hatten dienstlich wenig, um nicht zu sagen gar nichts miteinander zu tun, aber es gab persönliche Bindungen, denn unser Vatikanbotschafter – Walter

Gehlhoff – war schließlich mein Vorgänger bei der UNO gewesen. Den Papst habe ich in meiner ganzen römischen Zeit nicht ein einziges Mal gesehen. Allerdings war ich ihm schon 1979 vorgestellt worden, als er New York besuchte und im Verlauf seines Programms auch vor der Generalversammlung der Vereinten Nationen eine Ansprache hielt. Er reichte mir und meiner Frau die Hand und trug mir in seinem mit leichtem polnischem Akzent gefärbten Deutsch auf: »Die scheensten Grieße an die Bevölkerung der Bundesrepublik Daitschland.« Allen Deutschen galten seine Grüße folglich nicht und durften es auch nicht, denn er konnte mir, als dem Botschafter Bonns, keine Wünsche für die Bevölkerung der DDR mit auf den Weg geben. Die »New York Daily News«, ein auflagenstarkes Boulevardblatt, faßte einen überschwenglichen Bericht über den Papstbesuch mit den Worten zusammen: »This Pope popes well.«

Mein Antrittsbesuch bei Pertini lag nur wenige Tage zurück, als mich eine Einladung des Präsidenten erreichte, in den Quirinal zu einer Filmvorführung zu kommen. Wieder nahm sich Maccanico meiner an und führte mich in einen kleinen Raum, wo ein Dutzend Personen auf den Beginn der Filmvorführung wartete. Pertini gesellte sich dazu und bat seine Gäste in den »Filmsaal«, der sich als behaglich eingerichteter, privater Vorführraum mit weichen Sesseln entpuppte. Gezeigt wurde Istvan Szabos oscargekrönte Klaus-Mann-Verfilmung »Mephisto« mit Klaus Maria Brandauer in der Hauptrolle. Wer den Film gesehen hat, der wird sich vielleicht an die sehr erotischen Szenen zu Beginn erinnern, die mich veranlaßten, einen verstohlenen Blick auf die anwesenden Damen zu werfen. Und als wir uns anschließend beim Präsidenten im Speisezimmer zum Abendessen niedersetzten, eröffnete der damals schon 85jährige Pertini das Tischgespräch mit einer direkt an die weiblichen Gäste gerichteten Frage: »Na, wie fanden Sie denn die erste Szene?« Aber es war natürlich nicht diese Ouvertüre, die den Präsidenten veranlaßt hatte, den deutschen Botschafter zu einer Filmvorführung einzuladen. Vielmehr ging es ihm um eine Diskussion über Parallelen der nationalsozialistischen und der faschistischen Diktatur in Berlin und Rom und wie sich Schauspieler, aber auch andere Künstler, in dieser Zeit verhalten hatten. Schließlich war Rom ja nicht nur Hauptstadt, sondern auch die Filmstadt Italiens, die Cinecittà eben. Die Diskussion war lebhaft. Pertini, der weise Mann des Widerstandes, plädierte für Verständnis für ein Verhalten in Zwangssituationen, die jetzt – in den achtziger Jahren – vielleicht nicht mehr von jedermann verstanden würden. Ohne daß er den Namen nannte, war klar, daß er von der wahren Hauptfigur des gerade gesehenen Films sprach, von Gustaf Gründgens, der von Goebbels zum Generalintendanten des Preußischen Staatstheaters ernannt worden war.

Als nunmehr ordentlich akkreditierter Botschafter konnte ich pflichtgemäß auch die üblichen Antrittsbesuche machen, die beim Außenminister begannen. Das war zur damaligen Zeit Emilio Colombo. Der Protokollchef des Ministeriums, der mich an der Pforte in Empfang genommen hatte, flüsterte mir schon auf den Stufen zum Arbeitszimmer Colombos zu, daß er mich nach der Vorstellung beim Minister noch einmal sprechen müsse. Die erste Unterhaltung mit Colombo, der im Laufe der Jahre noch viele weitere folgen sollten, blieb allgemein und war ebenso kurz wie freundlich – wie das so ist bei einem ersten offiziellen Kennenlernen. Auf dem Rückweg zu meinem Wagen zog mich der Protokollchef beiseite: Er habe von meiner Kriegszeit im Afrikakorps gehört und wolle mir nur sagen, daß er damals italienischer Verbindungsoffizier zu Feldmarschall Rommel gewesen sei. Nach dem Ende des Afrika-Feldzuges habe er sich dem Widerstand angeschlossen und sei deswegen zur Fahndung ausgeschrieben gewesen. Sein Leben verdanke er einem Botschaftsrat an der deutschen Vatikanbotschaft, der dafür gesorgt habe, daß er sich in einem Kloster verstecken konnte. Der Botschaftsrat hieß Sigismund von Braun und war ebenjener UNO-Vorgänger von mir, der mir einmal den Tip gegeben hatte, daß ich als UN-Botschafter für die ganze Welt zuständig sei.

Dem Besuch bei Colombo folgte meine Aufwartung bei Ministerpräsident Giovanni Spadolini, einem der drei Regierungschefs, mit denen ich während meiner Zeit in Rom zu tun hatte. Und weil dem Kabinett Spadolini nach dessen Rücktritt alsbald eine neue Regierung unter dem gleichen Ministerpräsidenten folgte, habe ich in meinen zwei Jahren in Rom mit vier italienischen Regierungen zu tun gehabt und die damals so fluktuierende, um nicht zu sagen instabile innenpolitische Lage auf der Halbinsel sehr anschaulich vor Augen geführt bekommen. Denn auf die beiden Kabinette Spadolini folgten das Kabinett von Amintore Fanfani und schließlich noch die Regierung von Bettino

Craxi, mit dem erstmals ein Sozialist in das Amt des Ministerpräsidenten gelangte. Mein Ansprechpartner, das Außenministerium, war unter den Regierungen Spadolini und Fanfani immer noch in der Hand von Colombo geblieben. Erst Craxi holte sich einen neuen Außenminister: Giulio Andreotti, der anschließend dreimal Ministerpräsident seines Landes geworden war und dann von Staatsanwälten mit Klagen überzogen wurde. Zu meinem Abschied aus Rom gab er ein Essen für mich und schenkte mir ein silbernes Zigarettenetui mit Gravur. Seine Referenten hätten sich bei Pertini erkundigen und dort erfahren können, daß ich Pfeifenraucher war. Aber die Zigarettendosen waren wohl im Geschenkdepot des Außenministeriums vorrätig und wurden deshalb verteilt. Ich kenne andere Botschafter, die überhaupt nicht rauchten und dennoch ein ähnliches Etui bekamen.

Der Antrittsbesuch beim Regierungschef hatte Folgen. Dem Professor für Zeitgeschichte und ehemaligen Journalisten gefiel mein Interesse an Giuseppe Garibaldi, dem italienischen Freiheitskämpfer. Zu jener Zeit wußte ich noch nicht, daß Spadolini zahlreiche Forschungsarbeiten über Garibaldi veröffentlicht hatte. Und wie bei Pertini sprachen wir auch diesmal kaum über politische Details; statt dessen wurde ich einer Privatvorlesung über den Führer des Risorgimento für würdig befunden. Später schickte mir Spadolini einige seiner Bücher über den Freiheitshelden und bedachte mich mit jeder Neuerscheinung zu diesem Thema, alles auf italienisch. Das hatten meine Frau und ich uns am Instituto Michelangelo in Florenz in einem Vierwochen-Schnellkurs anzueignen versucht. Bei Susanne war der Erfolg erkennbar größer als bei mir, zumal sie mehr Gelegenheit hatte, ihre neuerworbenen Sprachkenntnisse anzuwenden, sei es im Umgang mit dem Hauspersonal oder beim Einkaufen auf dem Markt. Ich hingegen arbeitete viele Stunden am Tag in der Botschaft, und da sprach man deutsch.

Spadolinis Wahl zum Regierungschef waren Kommunal- und Regionalwahlen vorausgegangen, in denen die Sozialisten unter Bettino Craxi erhebliche Gewinne verzeichnen konnten. Sie waren daher die eigentlichen Wahlsieger, und Craxi sah in der Unterstützung Spadolinis eine Chance, die Christdemokraten vom Thron zu stoßen. Der neue Regierungschef war Vorsitzender der Republikanischen Partei PRI, einer liberalen Kleinpartei mit »verwandtschaftlichen« Beziehungen zur FDP. Da gab es Verbindungen, die auch für den Botschafter (und das FDP-Mitglied) nützlich waren. Der deutsche Außenminister und sein italienischer Kollege, der sensible Christdemokrat Colombo, hatten maßgeblichen Anteil an der Einheitlichen Europäischen Akte, die sich auf den Genscher-Colombo-Plan stützte und ein wichtiger Schritt auf dem Weg zur europäischen Integration war. Spadolini wurde Ende 1982 abgelöst durch Armintore Fanfani, der in New York bei der UNO einer meiner Vorgänger als Präsident der UN-Generalversammlung gewesen war. Auch das half bei den Kontakten des deutschen Botschafters zum italienischen Regierungschef. Fanfani war übrigens ein ebenso begeisterter wie begabter Aquarellmaler und litt, wie seine Freunde sagten, unter dem Umstand, daß er körperlich eher klein geraten war. In Berlin würde man sagen »klein, aber oho« – und das war er wirklich.

Aber nicht nur die Regierung mußte »besucht« werden, sondern auch die Generalsekretäre der UN-Organisationen, bei denen ich akkreditiert war, und natürlich die wichtigsten meiner Botschafterkollegen. Ganz oben auf meiner Liste stand, wie schon in New York, der Vertreter der amtierenden Präsidentschaft der EG, diesmal der Botschafter Großbritanniens, ein veritabler Lord, der überdies jung, welterfahren und blitzgescheit war. Lord Bridges empfing mich – wie sollte es anders sein? – nachmittags zum Tee in seiner Residenz, die für Jahrzehnte die Residenz des deutschen Botschafters gewesen war: eine prächtige Villa mit einem großen Garten, die den Deutschen nach Kriegsende weggenommen und den Briten übereignet worden war. Lord Bridges hatte mit dem weitläufigen Anwesen, dem unter den Nazis noch ein Tanzsaal hinzugefügt worden war, so seine Probleme. Der Unterhalt sei kostspielig, erklärte er, und allein für den Riesengarten müsse er fünf Gärtner beschäftigen. »Wollen Sie das Ungetüm nicht zurückhaben?« fragte er halb im Spaß. Ich gab die Frage weiter, aber Bonn winkte ab. Die teure Rückgewinnung der Botschaft in Paris, des Palais' Beauharnais, sollte keine Wiederholung erfahren.

Wir waren in Rom ohnehin mit dem Notwendigen ausgestattet: der Botschaft an der Via Po sowie der Villa Almone, der Residenz des Botschafters, am anderen Ende der Stadt. Das Botschaftsgebäude war so klein, daß einige Arbeitseinheiten anderswo untergebracht werden mußten. Die Villa Almone lag an der verkehrsreichen und lauten Cristofero Colombo, der Straße zum Flugplatz. Es gab einen schönen Garten mit Blick auf die Albaner Berge und einem Swimming-pool. Das Haus war zu Mussolinis Zeiten erbaut worden und kam mir von außen immer so vor wie eine Mischung aus Tannenberg-Denkmal und Neuer Reichskanzlei. Es lag unweit der Via Appia auf einem archäologisch interessanten Areal, das eigentlich nicht bebaut werden durfte. Aber der Architekt kannte den Duce, und so störten Bauverbote nicht. Die nähere Umgebung war für manche Besucher der Villa Almone eine Attraktion ganz eigener Art: Um die Ecke gab es einen Straßenstrich, wo leichte Mädchen in Miniröcken auf Freier warteten. An kühlen Tagen und nachts hatten sie Feuerchen in Eisenöfen angezündet, um sich die Hände zu wärmen. Natürlich war die Straße ein beliebtes Ziel vieler liebeshungriger Römer, die in ihren Autos langsam an den Mädchen vorüberrollten.

Innen war die Residenz geräumig und elegant, und das Auswärtige Amt zeigte sich großzügig und bewilligte aus Anlaß des Staatsbesuches von Bundespräsident Carstens neue Vorhänge und Möbelbezüge. Staatsbesuche haben neben der damit für die Botschaft verbundenen zusätzlichen Arbeit so ihre Vorteile: Auch in London gab es später Nachbesserungen in der Residenz, weil Bundespräsident von Weizsäcker zum Staatsbesuch kam und in der Botschaft ein Abendessen für die Königin, ihre Familie und die Premierministerin Thatcher geben wollte.

Antrittsbesuche eines neuen Botschafters mögen lästig sein, geben aber Gelegenheit, die wirklich wichtigen Persönlichkeiten des Gastlandes kennenzulernen. Nach Pertini, Colombo und Spadolini hieß es, der Präsidentin des Parlaments, der Kommunistin Nilde Iotti, die Aufwartung zu machen und die Vorsitzenden der in der Kammer vertretenen politischen Parteien aufzusuchen. Dann standen der Präsident der Nationalbank und die Chefs der großen staatseigenen Wirtschaftsunternehmen auf der Besuchsliste – zeitraubend, aber für spätere Zwecke hilfreich. Nur: In Italien wußte man nie, wie lange der Besuchte noch im Amt war. Bei Regierungswechseln gab es immer auch anderswo personelle Änderungen. Von den Vorsitzenden der politischen Parteien ist mir vor allem Giorgio Napolitano, der Chef der linkssozialistischen PDS, in lebhafter Erinnerung. Die PDS war aus der Kommunistischen Partei hervorgegangen, in der Napolitano stellvertretender Parteivorsitzender unter Enrico Berlinguer gewesen war. Er kümmerte sich auch um Auslandsbeziehungen zu Nichtkommunisten im Westen, war später mit mir zusammen Europa-Abgeordneter, danach Präsident des italienischen Parlaments und schließlich sogar Innenminister. Seine vorzüglichen Englischkenntnisse hatten wohl dazu geführt, daß er sich um Kontakte zum Ausland kümmern sollte, und in der Villa Almone war er jedenfalls ein willkommener Gesprächspartner, weil er unvoreingenommen und klug über die manchmal verworrene italienische Innenpolitik plaudern konnte.

Da mein Dienstantritt in die Zeit terroristischer Anschläge der »Roten Brigaden« fiel, die 1978 den Ministerpräsidenten Aldo Moro ermordet hatten, bekam ich, wie auch die Botschafter einiger anderer Länder, vom italienischen Innenministerium einen besonderen Begleitschutz zugeteilt. Das Auswärtige Amt hatte auf seine Art reagiert und einen gepanzerten Mercedes als Dienstwagen herbeigeschafft. Die damals gelieferten Modelle waren aber eher eine Last: Man konnte die Fenster nicht öffnen, und die Klimaanlage war in der Sommerhitze Roms überfordert, weil der Fahrzeugmotor genug zu tun hatte, die schwere Limousine in Bewegung zu setzen. Der Begleitschutz fuhr in einem unauffälligen, aber schnellen Privatwagen voraus, die schußsicheren Westen über dem Körper und die Maschinenpistolen auf den Knien. Gebraucht haben sie beides, gottlob, nie. Aber das Polizeifahrzeug war auf andere Weise hilfreich: Mit seinem aufsetzbaren Blaulicht bahnten wir uns häufig den Weg durch die ständig verstopfte Innenstadt. Freitagabends kam der Chef und fragte: »Ambasciatore, brauchen Sie uns am Wochenende?« Wenn das nicht der Fall war, hatten die Männer bis zum Montag frei. Ich ließ sie gern ziehen und verriet ihnen natürlich nicht, daß wir an Sonntagen oft in die Landschaft der Umgebung fuhren – in unserem postgelben VW-Käfer, ganz ungepanzert und leicht zu erkennen. Die »Brigata Rossa« hatte aber wohl andere Opfer im Visier als ausgerechnet deutsche Diplomaten in Rom, wenngleich Ausländer mit prominenten Positionen sehr wohl auf ihren Listen standen. So wurde ein paar Wochen nach meiner Ankunft der amerikanische General James Lee Dozier entführt und erst über einen Monat später von einer Spezialeinheit der italienischen Polizei unversehrt befreit.

Über Italien zu berichten war für Botschafter ziemlich schwierig. Zu unübersichtlich war die politische Gemengelage, zu undurchsichtig das Wirtschaftsgeschehen mit seinem Durcheinander von staatlichen und privaten Großunternehmen und der blühenden Schattenwirtschaft in Mittelstand und Handwerk. Der eigenen Regierung verläßliche Entscheidungshilfen zu geben war in Rom also besonders kompliziert. Der italienische diplomatische Dienst, der uns im Außenministerium dabei zur Hand ging, war zwar erfahren, versiert und gefällig, aber auch er hatte bei den verzwickten Konstellationen in der Innenpolitik des Landes manchmal nicht mehr den richtigen Überblick. Da kam es viel auf die persönlichen Kontakte mit den handelnden Personen an. Doch obgleich meine Mitarbeiter an der Botschaft alles in ihren Kräften Stehende taten, kam es dennoch mehr als einmal vor, daß ich gegenüber dem Auswärtigen Amt bekennen mußte, auf die Beurteilung einer gerade entstandenen, neuen Lage vorerst lieber einmal verzichten zu wollen. Das hieß dann: Wiedervorlage in einer Woche. Außenpolitisch galt damals unser aller Interesse der Europapolitik Italiens. Die war konstant, verläßlich und eigentlich voraussehbar. Colombo war dafür ein Garant. Unter seinem Nachfolger Andreotti gab es zwar keinen grundlegenden Wechsel – das hätte der Haltung des EG-Gründungsmitglieds Italien auch widersprochen –, aber es tauchten dann und wann taktische Finessen auf, die nicht vorhersehbar waren.

Immer wieder Cut – Botschafter in London
(1983–1988)

Im Jahr 1982 kam Bundespräsident Carstens zu einem Staatsbesuch nach Italien, bei dessen Vorbereitung sich die Präzision des italienischen Protokolls bewährte. Bei einem Besuch auf höchster Ebene galt es zahllose Details zu bedenken und einen minutiösen Zeitplan aufzustellen, der genügend Spielraum für Unvorhergesehenes barg. Das zeigte sich beim Aufenthalt in Palermo auf Sizilien. Dort war wenige Wochen vor Carstens Besuch General Carlo Alberto dalla Chiesa von der Mafia erschossen worden. Als die Wagenkolonne in den engen Straßen der Stadt plötzlich zu einem unvorhergesehenen Halt kam, gerieten die für die Sicherheit verantwortlichen Beamten beider Nationen in leichte Panik. Was war passiert? Ein Anschlag? Ich hastete aus meinem Wagen nach vorn in Richtung des Fahrzeugs von Carstens. Der war seinerseits und ganz ohne Vorankündigung ausgestiegen, um an der Stelle, an der der General ermordet worden war, Blumen niederzulegen, die er sich unbemerkt durch einen Mitarbeiter hatte besorgen lassen. Seinen (italienischen) Fahrer hatte Carstens dann kurzerhand angewiesen, die vorgesehene Fahrtroute zu ändern. Das allgemeine Erschrecken über den unvermuteten Halt wich der Erleichterung, und die italienische Presse registrierte die Geste mit großem Wohlwollen. Der Vergangenheit hatte der Bundespräsident schon vorher durch eine Kranzniederlegung in der Fosse Ardeatine, den ardeatinischen Höhlen, Respekt gezollt, wo die Deutschen über dreihundert italienische Geiseln hingerichtet hatten. Damit hatte ein vorangegangener Partisanenüberfall auf eine Kompanie Südtiroler Polizisten in Rom gesühnt werden sollen, bei dem 33 Polizeisoldaten ums Leben gekommen waren. Ende der neunziger Jahre standen zwei ehemalige SS-Offiziere dewegen in Rom vor Gericht. Ich hatte dem Bundespräsidialamt bei der Besuchsvorbereitung zu dieser Kranzniederlegung geraten und offene Ohren gefunden. Die Medien Italiens waren voll des Lobes.

Für Pertini gab Carstens in einem römischen Hotel einen großen Empfang, und Vertraute des italienischen Staatsoberhauptes hatten uns wissen lassen, daß ihr Präsident es gern sehen würde, wenn auch die Sängerin Milva dazugeladen werden könnte. Gesagt, getan: Die rothaarige Schöne erschien, und das hatte zur Folge, daß sich Milva eigentlich mehr mit Pertini als mit dem Gastgeber unterhielt. Pertini strahlte, und die Pressefotografen waren begeistert. Schon am Ankunftstag war Carstens in der Villa Almone mit den in Rom akkreditierten deutschen Korrespondenten zusammengetroffen. Während der Pressekonferenz hatte sich meine Frau mit der Gattin des Bundespräsidenten, einer approbierten Ärztin, unterhalten und im Verlauf des Gesprächs bekannt, daß sie unter Schlafstörungen leide. Ob unser Bett womöglich über einer Wasserader stünde, wollte Frau Carstens wissen. Susanne hatte das nie prüfen lassen. Freundlich fragte Frau Carstens, ob sie das Schlafzimmer denn einmal in Augenschein nehmen dürfe. Sprach's und ging mit meiner Frau in den oberen Stock der Residenz in unsere privaten Wohnräume. Im Schlafzimmer angekommen, zog sich Frau Carstens die Schuhe aus, öffnete ihre Handtasche, zog eine Wünschelrute heraus und stieg damit aufs Bett. Die Gattin des Staatsoberhaupts mit einer Wünschelrute! Die habe sie bei Reisen immer dabei, war ihre Erklärung. Leider hat meiner Frau die liebenswürdige Bemühung der First Lady dann doch nicht geholfen.

Carstens und Pertini hatten bei ihren offiziellen Begegnungen in Rom übereinstimmend die Notwendigkeit einer Einigung Europas hervorgehoben, und vor der Industrie- und Handelskammer in Mailand unterstützte der Bundespräsident den italienischen Vorschlag eines Freundschaftspaktes zwischen der EG und den USA. Die beiden Gründungsmitglieder der Europäischen Gemeinschaft bewegten sich auf gesichertem Terrain, beschworen nochmals die Zukunft Europas – und hatten letzten Endes doch nichts wesentlich Neues zu verkünden. Ein halbes Jahr später, bei den deutsch-italienischen Regierungskonsultationen in Rom zwischen Bundeskanzler Kohl und Ministerpräsident Fanfani, wurde man dann konkreter. Über die schon ein wenig abgegriffenen europäischen Beschwörungsformeln hinaus setzten sie sich gemeinsam für einen »wirklichen Durchbruch« in den Genfer Abrüstungsverhandlungen mit dem Ziel einer Vereinbarung ein, die den Prinzipien von Gleichheit und Gleichgewicht gerecht werde. Kohl gab auch der Entschlossenheit beider Länder Ausdruck, an beiden Teilen des NATO-Doppelbeschlusses festhalten zu wollen. Die beiden Regierungschefs verstanden sich gut, obgleich sie eigentlich ein ziemlich ungleiches Paar waren: der massige Kohl und der winzige Fanfani. Aber die jahrelangen politischen Erfahrungen, die jeder von ihnen gesammelt hatte, und die gemeinsamen europäischen Grundüberzeugungen ließen die physischen Unterschiede schnell vergessen.

Kohl nutzte seinen Aufenthalt in Rom auch zu einem Besuch Assisis, wo ihn der deutsche Pater Gerhard Ruf durch das Kloster führte, der auch meiner Frau und mir vorher schon einmal kundiger Kirchenführer gewesen war. Er hatte damals dafür gesorgt, daß wir das Mittagsmahl gemeinsam mit den Mönchen im Refektorium des Klosters einnehmen durften, unter jenen kostbaren Deckengemälden, die dann in den späten neunziger Jahren einem Erdbeben zum Opfer fielen.

Angesichts der nahe gelegenen Cinecittà verstand es sich von selbst, daß wir in Rom auch Kontakte mit Leuten aus dem Filmgeschäft bekamen. In lebhafter Erinnerung blieb ein Lunch in der Botschafterresidenz mit einem gewissen Carlo Pedersoli, einem Rechtsanwalt aus Neapel, der deutschen Fernsehzuschauern unter dem Namen Bud Spencer bekannt sein dürfte, der füllige Held aus zahlreichen Italowestern. Er ist knapp zwei Meter groß und wiegt über 280 Pfund. Und weil die Stühle in unserem Speisezimmer eigentlich für Gäste von durchschnittlichem Körperwuchs ausgelegt waren, stellte Lorenzo, das Faktotum der Residenz – Gästen auch unter dem Namen »Il Magnifico« bekannt –, einfach zwei davon zusammen. So saß der Schwergewichtige bequem auf seinem Doppelstuhl und ergötzte sich an Spaghetti. Es mag ihm merkwürdig vorgekommen sein, daß ein italienischer Filmstar ausgerechnet beim deutschen Botschafter sein Nationalgericht aufgetischt bekam. Aber der Koch kam aus den Abruzzen und verstand sich auf Spaghetti, und so wurde es ein außerordentlich vergnügtes und lustiges Mahl, das wir übrigens Jürgen Wohlrabe verdankten, dem einstigen Präsidenten des Berliner Abgeordnetenhauses, der sich inzwischen um die Produktion von Jugendfilmen kümmerte.

Rom war nach der Hetze bei den Vereinten Nationen ein Wunschposten gewesen. Als wir von unserer Versetzung dorthin

1,94m hoch und 144kg schwer: der Rechtsanwalt Dr. jur. Carlo Pedersoli alias Bud Spencer aus Neapel bei Wechmars zu Gast in der römischen Residenz. Bei Tisch – es gab natürlich Spaghetti – nahm er mit seiner Fülle auf zwei Stühlen Platz.

erfuhren, mußte ich daran denken, daß ich als kleiner Fahnenjunker-Gefreiter auf dem Weg an die Front in Nordafrika bei einem Zwischenstopp in der Ewigen Stadt drei Münzen in die Fontana di Trevi geworfen hatte. Wer das tut, kehrt wieder, sagen Volksmund und Aberglaube. Bei mir hatte es also wirklich geklappt, und meine Frau und ich fühlten uns bald heimisch in dem wundervollen Land. Und als wir kurz nach unserer Ankunft am ersten Weihnachtsfeiertag im Garten bei strahlender Sonne im Schatten prachtvoll blühender Mimosenbäume zu Mittag aßen, da kamen uns die New Yorker Winter in den Sinn, deren Schneestürme sogar Außenminister an der Weiterreise gehindert hatten.

Zum Vergnügen vieler Gäste aus Italien und Deutschland wurde die Villa Almone auch zu fröhlichen Festen genutzt: im Sommer im Garten, bei Vollmond oder unter dem Glanz der Sterne, mit einer kleinen Combo auf der Terrasse; zu Silvester drinnen in einem Meer von Rosen, die meine Frau auf den Blumenmärkten der Stadt zusammengekauft hatte. Der Mitteilungsdrang der italienischen Gäste hat nach solchen Festlichkeiten jedesmal erkennbar zugenommen.

Doch dann war plötzlich alles vorbei. Am 23. September 1983 machte der neue italienische Ministerpräsident Bettino Craxi seinen Antrittsbesuch bei der Bundesregierung in Bonn, und da es so üblich war, fand sich auch der deutsche Botschafter zu dem Treffen ein. Die Begegnung zwischen Craxi und Kohl begann auf dem Hof des Bundeskanzleramtes mit dem üblichen Abschreiten der Ehrenformation. Die beiden Delegationen hatten sich an der Seite aufgestellt und sahen zu. Neben mir stand Genscher. Und in dem Augenblick, als die beiden baumlangen Regierungschefs zu den Klängen des Präsentiermarsches vor den Fahnen ihrer Länder stehenblieben und die Köpfe senkten, flüsterte Genscher mir zu: »Können Sie mal zurücktreten?« Verwirrt fragte ich, ob ich etwas verkehrt gemacht hätte. Nein, nein, beruhigte er mich, ich solle nur aus dem Glied zurücktreten, denn er müsse mir etwas mitteilen. Also traten wir ein paar Schritte beiseite, bis wir uns außer Hörweite der Umstehenden befanden. »Ich möchte Sie nach London versetzen«, verkündete Genscher zu meiner großen Überraschung.

Ich fühlte mich an das Jahr 1974 erinnert. Damals hatte Genscher meinen Vorgänger Gehlhoff von den Vereinten Nationen als Staatssekretär ins Auswärtige Amt geholt, und dadurch war der Platz für mich frei geworden. Jetzt sollte Jürgen Rufhus, der deutsche Botschafter in Großbritannien, zunächst als Leiter der Politischen Abteilung und danach als Staatssekretär nach Bonn kommen. Und wieder hieß es: Der Ersatzmann ist Wechmar. Eigentlich hatte ich nichts dagegen, wenn es denn nicht gar zu bald sein mußte. Ich war in Rom inzwischen leidlich eingearbeitet, die Tätigkeit machte mir Freude, und auch meine Frau war gern in Italien. Also gab ich Genscher zu verstehen, daß ich mit diesem Vorschlag einverstanden sei, sofern seine Realisierung noch bis in die zweite Hälfte des kommenden Jahres warten könne. Aber Genscher winkte ab. »Nein, nein«, sagte er noch einmal. »Ich will Sie sofort in London wissen.« Ich bat mir dennoch Bedenkzeit aus, erklärte, in jedem Fall noch meine Frau verständigen zu müssen, und versprach eine Antwort am nächsten Tag. Tatsächlich aber gab es natürlich gar nichts zu bedenken, denn im Grunde hatte ich keine Alternative: Das Auswärtige Amt – oder besser Genscher – wollte den Wechsel, und er wollte ihn sofort. Und so oft gab es den Posten eines Botschafters in London ja auch nicht zu vergeben. Also sagte ich zu, wenngleich mit der Bitte, daß uns wenigstens ein Minimum an Zeit für den Umzug gewährt würde. Dieser Bitte kam das Auswärtige Amt mit Hängen und Würgen nach. Kurz vor Weihnachten landeten wir in London. Das von Carstens unterzeichnete Abberufungsschreiben hatte ich meinem pfeiferauchenden Freund Pertini gar nicht mehr übergeben können, denn nach den Regeln des Protokolls macht das der jeweilige Nachfolger, wenn er seinerseits zum Antrittsbesuch beim Staatsoberhaupt erscheint. Ich hatte aber eine Vorauskopie des Schreibens bekommen, wieder ein Kunststück der Kalligraphie, diesmal jedoch mit einem richtigen Datum. Der Bundespräsident schrieb noch einmal an seinen »Großen und Guten Freund« und gab sich der »angenehmen Hoffnung hin, daß es ihm (also mir) während der Dauer seiner dortigen Mission gelungen ist, sich Eurer Exzellenz Vertrauen zu erwerben und darf demgemäß bitten, ihn wohlwollend zu entlassen«. Das konnte Pertini aber gar nicht mehr, denn als ihm mein Nachfolger Lothar Lahn den Brief zusammen mit seinem eigenen Beglaubigungsschreiben überreichte, da war ich schon in London.

Zuvor hatte sich noch ein mißlicher Unfall ereignet, der dem königlichen Hofprotokoll im Buckingham Palace Kopfschmerzen machen sollte. Meine Frau Susi war mit einer großen Kristallvase auf den Marmorstufen der Villa Almone ausgeglitten, die Vase zerbrach und schnitt ihr tiefe Wunden ins Handgelenk. Es war kurz vor Mitternacht, und wir brausten in Begleitung unseres zufällig anwesenden Freundes Hanns Schwarzmaier zur Notaufnahme ins Städtische Krankenhaus, wo die stark blutende Verletzung mehr schlecht als recht versorgt wurde, so daß die Wunden später noch zweimal operiert werden mußten. In London kam dann nach langer Zeit auch unsere Tochter Yvonne wieder nach Hause, die inzwischen auf dem Internat von Schondorf am Ammersee ihr Abitur bestanden hatte.

Vier Tage vor Heiligabend, am Spätnachmittag des 20. Dezember 1983, landeten wir auf dem Londoner Flughafen Heathrow. Ein Protokollbeamter des britischen Foreign Office nahm uns in Empfang, und ich erklärte den anwesenden Reportern ins Mikrofon, daß meine neue Mission ein schönes Weihnachtsgeschenk sei. Nur ein paar kurze Flugstunden trennten uns von der Ewigen Stadt, wir hatten eigentlich nur eine kleine Reise innerhalb Europas gemacht, und doch war es wie ein Sprung in eine andere Welt. London verstand sich immer noch als die Hauptstadt eines Imperiums, und in Downing Street 10 regierte Margaret Thatcher, die »Eiserne Lady«, die gerade den Falklandkrieg gewonnen hatte. Es war mein erster Posten in einer Monarchie, und für die Briten war ich »Botschafter am Court of St. James«. Zugleich aber war es das Wiedersehen mit einer Stadt, die ich in den Jahren meiner journalistischen Tätigkeit als diplomatischer Korrespondent der United Press in den fünfziger Jahren mehrfach besucht hatte. Zu jener Zeit war der »Clean Air Act«, das Gesetz gegen die Luftverschmutzung, noch nicht in Kraft getreten, und die nebelgeplagte Stadt hatte noch wie eine Dauerkulisse für Hitchcock-Krimis gewirkt.

In den wenigen Tagen zwischen unserer Ankunft und dem Weihnachtsfest trafen auch unsere Möbel samt dem kleinen gelben Volkswagen aus Rom ein, und wir packten das Umzugsgut in nicht sehr vorweihnachtlicher Stimmung in der Residenz am Belgrave Square aus. Selbst Heiligabend wühlten wir noch in Kisten und Kartons, aber mit Jahresbeginn war so ziemlich alles an seinem Platz. Genschers Eile mit der Versetzung aus Italien kostete uns die Beschaulichkeit der Feiertage. Anders als in Rom oder bei der UNO in New York war die Residenz, also unsere Unterkunft, unter dem gleichen Dach wie die Botschaft. Der Komplex mit den Hausnummern 21 bis 23 bestand ursprünglich aus einzelnen Privathäusern, die sich reiche Londoner Familien Mitte des vergangenen Jahrhunderts am Belgrave Square gebaut hatten. Vor dieser Zeit hatte die Gegend einen ziemlich finsteren Ruf gehabt, denn auf den ehemaligen Schaf- und Eselweiden waren Reisende ausgeraubt und Duelle veranstaltet worden. Wir wohnten in der Etage über meinem Büro. »Live above the shop«, sagen die Engländer. Außer uns hatten am Belgrave Square, der mit über 40 000 Quadratmetern einer der größten Plätze in London ist, noch rund ein Dutzend anderer Botschaften aus der ganzen Welt ihren Sitz gemietet oder gepachtet. Eigentümer des ganzen Areals war der jugendliche Herzog von Westminster, nach der Queen einer der reichsten Grundbesitzer des Landes, mit dem die Bundesrepublik deshalb nur einen langjährigen Pachtvertrag abgeschlossen hatte, der uns unter anderem verpflichtete, die Außenfront der Gebäude in regelmäßigen Zeitabständen in einer genau vorgeschriebenen Farbe anstreichen zu lassen. Und diese Farbe war nur bei einer be-

362

stimmten Firma zu beziehen, deren Firmenchef wiederum der Duke war. Auch mit kleiner Münze kommt man so zu Reichtum. Nur die Amerikaner waren Eigentümer ihres Botschaftsgrundstücks; wegen der besonderen Beziehungen beider Länder zueinander durften sie Grund und Boden erwerben, allerdings in einem anderen Viertel Londons.

Bis zum Ausbruch des Zweiten Weltkriegs hatten die Deutschen an der Carlton House Terrace, direkt hinter der Mall, residiert. Die deutsche Präsenz begann ursprünglich mit Vertretungen verschiedener deutscher Staaten, darunter auch die schon 1701 eingerichtete Gesandtschaft von Preußen. Einer der preußischen Gesandten, und somit einer meiner »Vorfahren«, war Wilhelm von Humboldt gewesen, der Gründer der Berliner Universität. Nach der Reichsgründung gab es dann zwar nur noch einen deutschen Botschafter, aber zusätzlich immer noch Vertreter deutscher Fürstentümer. In der Nummer 9 der Carlton Terrace hatte Mitte der dreißiger Jahre der deutsche Botschafter Leopold von Hoesch residiert, der seinen Schäferhund Giro neben dem Botschaftsgebäude beerdigte und ihm einen Grabstein mit der Inschrift setzte:

»Giro«
Ein treuer Begleiter!
London im Februar 1934
Hoesch

Das kleine Grab umschloß ein eiserner Zaun, und noch heute sind Gärtner der Stadt London einmal wöchentlich damit beschäftigt, es zu pflegen. In Carlton House Terrace amtierte später auch Joachim von Ribbentrop, der für etwas über ein Jahr Hitlers Botschafter in Großbritannien gewesen war, bevor er dann Reichsaußenminister wurde. Im jetzigen Botschaftsgebäude, am Belgrave Square, gab es einen Konferenzraum, dessen Wände mit den Porträts der früheren Gesandten und Botschafter Preußens, des Deutschen Reiches und der Bundesrepublik geschmückt waren. Einer meiner Vorgänger hatte darauf geachtet, daß sich just an der Stelle, an der Ribbentrops Konterfei vom zeitlichen Ablauf her eigentlich hingehört hätte, eine Tür befand. So blieb Ribbentrop bis heute der Ahnengalerie fern.

In meinem Arbeitszimmer nahe den Büros meiner Mitarbeiter saß ich am Schreibtisch des Prinzen Lichnowsky, der das Reich bis zum Ausbruch des Ersten Weltkrieges in London vertreten und sich intensiv, aber ergebnislos um die Abwendung des Krieges bemüht hatte. Die gut hundert Jahre alte Antiquität war für moderne Bürotechnik denkbar ungeeignet, denn Akten im DIN-A4-Format paßten nicht hinein, aber sie hatte historischen Wert. Hier hatte der Prinz seine an Berlin und den Kaiser gerichteten Warnungen vor einer Auseinandersetzung mit den Briten verfaßt und dann doch den Wortlaut seines Telegramms an das Auswärtige Amt über Londons Kriegserklärung an Deutschland zu Papier bringen müssen. Seine Witwe hatte das Möbel einem meiner Vorgänger verkauft. Ich stellte gleich nach meinem Arbeitsbeginn einen Schreibcomputer neben den ehrwürdigen Tisch. Vermutlich war ich Mitte der achtziger Jahre der einzige deutsche Botschafter, der selbst mit einem Computer arbeitete.

Das Arbeitszimmer zierten zwei Gemälde von Franz von Lenbach: ein Porträt von Otto von Bismarck (von denen es ein paar Dutzend gab) und ein Bild, das den katholischen Kirchenhistoriker Ignaz von Döllinger im Gespräch mit dem liberalen britischen Premierminister William Gladstone zeigt. In der Eingangshalle zur Residenz wachte – als Bronzereplik der Statue von Christian Daniel Rauch, die im Original inzwischen wieder Unter den Linden steht – Friedrich der Große zu Pferde. Daneben erinnerte eine Gedenktafel an die Angehörigen der ehemaligen reichsdeutschen Botschaft, die im Widerstand gegen Hitler ihr Leben gelassen hatten. Die Empfangsräume in der ersten Etage waren von Baron Hans »Johnny« von Herwarth-Bittenfeld, dem ersten deutschen Botschafter nach dem Zweiten Weltkrieg, zunächst mit Leihgaben und Bundesankäufen ausgestattet worden. Unsere Wohnung im zweiten Stock, für die wir – wie in New York und Rom – natürlich Miete zahlen mußten, war mit unseren eigenen Möbeln ausgestattet. In der darüber liegenden Etage gab es ein paar dürftig möblierte Gästezimmer des Bundes und die Unterkünfte für das Personal. Dorthin führte eine Treppe, die ein schon ziemlich ausgeblichener blauer Teppich bedeckte, für den meine Vorgänger und ich monatliche »Abnutzungsgebühr« zu entrichten hatten – bis ich den Aktenvorgang einmal überprüfte und herausfand, daß das gute Stück längst abgezahlt war. Das war das Ende von St. Bürokratius und einer ungerechtfertigten Bereicherung des Bundes in dieser Sache, der statt dessen seinerseits Geld ausgab, diesmal sogar für eine nützliche Sache. Schon in den siebziger Jahren hatte sich herausgestellt, daß die Botschaft für die neuen Aufgaben zu klein geworden war. Also wurde angebaut, und zwar modern, also praktisch, aber nicht unbedingt zum übrigen Ensemble passend. Die Königin sprach mich einmal auf den Anbau an und bekannte, sich inzwischen an die Architektur gewöhnt zu haben; anfänglich sei sie jedoch ziemlich erschreckt gewesen. Das konnte ich verstehen.

Der Königin begegnete ich zum ersten Mal bei der Übergabe meines Beglaubigungsschreibens im Buckingham Palace am 7. Februar 1984. Meine Frau und ich wurden sorgfältig darauf vorbereitet, Susi von einer Hofdame und ich vom Marschall des Diplomatischen Korps, einer Art Protokollchef der Queen. Jeder Schritt des minutiösen Ablaufs wurde anhand eines gedruckten Drehbuches von 57 Zeilen peinlich genau geübt. Darin spiegelte sich der glanzvolle und würdige zeremonielle Rahmen eines Landes wider, in dem Tradition und Fortschritt auf zuweilen verwirrende Weise miteinander konkurrieren. Meine Frau probte den Hofknicks auf einem Teppich in der Residenz, ich übte im Büro des Marschalls Sir John Richards, der im Range eines Generalleutnants stand. Zuvor hatte die Botschaft dem königlichen Palast noch formell Mitteilung machen müssen, daß meine Frau den rechten Arm wegen ihrer Verletzung noch in der Schlinge trage und deshalb der Königin die Hand nicht geben könne. Die Königin nahm das gelassen hin. Das Hofknicksüben auf dem Residenzteppich (»Die kleine Rosette im Teppich ist, wo Sie stehen, und dort, auf dem großen Medaillon, steht die Königin«, erklärte die Hofdame bei der Trockenprobe) wurde kurz darauf um eine Variante bereichert: »Johnny« Herwarth kam zu Besuch und berichtete, daß der Bund ebenjenen Teppich von André François-Poncet, dem ehemaligen französischen Botschafter in Bonn, erworben hatte, der Teile der Einrichtung im Zuge einer Renovierung seiner Residenz auf Schloß Ernich bei Bonn der Bundesregierung zum Kauf angeboten hatte, mit der Erklärung, daß der Teppich ursprünglich aus der Neuen Reichskanzlei stamme und von den Franzosen nach dem Krieg als Beutegut in Besitz genommen worden sei. Wenn diese Geschichte denn stimmte, dann hatte meine Frau den Hofknicks auf einem Teppich geübt, über den auch Hitler einst geschritten war.

Kurz vor unserem ersten Auftritt schickte uns der Marschall des Diplomatischen Korps zwei kleine Notizen: zum einen die Mitteilung über die präzisen Abfahrtszeiten der drei königlichen

Kutschen, die mich und meine Mitarbeiter in den Buckingham-Palast bringen würden (»Eintreffen der Kutschen an der Botschaft um 11.44 Uhr, Abfahrt von dort um 11.47 Uhr und Ankunft am Haupteingang des Palastes um 11.57 Uhr«), zum anderen einen detaillierten Lageplan des königlichen Palastes mit Hinweisen, wo es hinein- und wo es hinterher wieder hinausging, obgleich das doch eigentlich die Kutscher wissen mußten. Es folgte die Kleidervorschrift für den Botschafter und seine Begleitung: Frack mit weißer Weste, Orden und Zylinder für mich, für meine Frau Tageskleid mit Hut und Handschuhen. Das war doch alles ein bißchen anders als beim italienischen Staatspräsidenten, bei dem Straßenanzug erlaubt gewesen war und man meine Frau gar nicht erst eingeladen hatte.

Für Botschaftergattinnen gab es in den königlichen Kutschen übrigens keinen Platz. Susanne mußte mit dem Mercedes des Botschafters mit dem Kennzeichen GER-1 folgen, in Begleitung der Hofdame und in gemessenem Abstand. Auch bei der Vorstellung bei der Königin kam sie zuletzt an die Reihe, nicht etwa gleichzeitig mit mir. Sie wurde, so die Erklärung, ja auch nicht »akkreditiert«. So streng – oder so wenig gleichberechtigt – sind bei Hofe die Bräuche. Der Marschall in seiner Gala-Generalsuniform mit dem langen Schleppsäbel war in den teils über hundert Jahre alten, zweispännigen Landauern pünktlich zur Stelle, ließ mich und die Mitarbeiter einsteigen, und ab ging es durch Belgravia zum Buckingham Palast, auf dem Bock je zwei Kutscher in roten Pelerinen. Der General hatte sich neben mir plaziert und deutete auf ein Fußkissen, in dem sich für den Fall, das mir zu kalt würde (es war der 7. Februar), ein vorgeheizter großer Ziegelstein befand. Und da man um dieser Jahreszeit in London auch vor Regen nicht sicher sein konnte, beschwor er mich, es nicht meinem chinesischen Botschafterkollegen gleichzutun, der sich, um seine Frackbrust zu schützen, sein kostbares Beglaubigungsschreiben über den Kopf gehalten hatte, als der Regen durch das altersschwache Dach der Kutsche gedrungen war.

Im Palast warteten wir im sogenannten »Bow Room« auf ein Glockenzeichen. Als es erklang, öffneten die Pagen die Tür zum »1844 Saal«, in dessen Mitte die Königin und der Staatssekretär im Foreign Office Aufstellung genommen hatten. Der Botschafter, der Marschall und ein weiterer Hofbeamter machten – streng gemäß dem vorher eingeübten und schriftlich festgelegten Regle-

ment – mit dem linken Fuß je einen Schritt nach vorn und ver-
beugten sich. Das Drehbuch befahl: »Dies wird wiederholt.« Also
noch einmal: linker Fuß vor, einen Schritt in Richtung Königin
und dann die Verbeugung. Nach der zweiten Verbeugung meldete
der Marschall der Königin: »Der Botschafter der Bundesrepublik
Deutschland, Eure Majestät!« Während die beiden Begleiter sich
zurückzogen, trat ich (»linker Fuß zuerst«) auf die Queen zu, ver-
neigte mich ein drittes Mal und wartete darauf, von ihr die Hand
gereicht zu bekommen. Daraufhin wechselte ich meine Dokumente – das Abberufungsschreiben des Vorgängers und das eigene Beglaubigungsschreiben – von der linken in die rechte Hand
und überreichte sie der Königin. Erst jetzt wurde die Tür wieder
geschlossen. Der Botschafter hält bei diesem Anlaß keine Rede,
sondern sagt lediglich: »Eure Majestät, ich habe die Ehre, Ihnen
meine Briefe zu überreichen.« Die Königin, im hellbraunen Woll-
kleid mit der Tasche am Unterarm, gab sie rasch an den Staatssekretär weiter. Ihre Tasche! Wie oft haben wir gerätselt, was sie
denn darin wohl mit sich herumtragen würde? Geld oder gar Kreditkarten? Braucht sie, selbst unterwegs, sicher nicht. Hausschlüs-
sel? Wohl auch nicht. Vermutlich Taschentuch, Puderdose und
Lippenstift und möglicherweise ein kleines Riechfläschchen? Wie
dem auch sei: Die Königin trat nie ohne ihre Tasche am Arm auf.
Nur wenn sie Auto fuhr, lag die Tasche neben ihr auf dem Beifah-
rersitz. Die Königin am Lenkrad? Ja, wir haben sie in der Nähe
des Schlosses Windsor das eine oder andere Mal am Steuer eines
Jeeps gesehen. Fröhlich winkte sie uns zu.

Aber zurück zur Übergabe des Beglaubigungsschreibens. Der
ganze Vorgang vollzog sich im Stehen. Es gab im »1844 Saal« gar
keine Sitzgelegenheiten. Es wurde auch nichts angeboten, außer
einer kurzen Unterhaltung über meine bisherigen Tätigkeiten. Die
Queen wollte wissen, ob die Vereinten Nationen denn ein nützliches Unternehmen seien und ob dort die Dritte Welt auch zu
Worte komme. Schließlich war sie auch Staatsoberhaupt der Länder des Commonwealth, von denen viele der Dritten Welt zu-
gehörten. Und wie ich die Europäische Gemeinschaft einschätzte,
wurde ich gefragt. Und ob im Auswärtigen Dienst der Generalist
oder ein unkonventioneller Kopf mit neuen Ideen besser am
Platze sei. Nach wenigen Minuten klingelte wieder die Glocke,
die Tür ging auf, und die acht Botschaftsangehörigen, die ich
hatte mitbringen dürfen, kamen nacheinander herein (»linker Fuß

vor, Verbeugung usw.«), und ich stellte sie der Königin vor, die in routinierter Höflichkeit ein paar Worte mit ihnen wechselte. Endlich fragte die Queen nach meiner Frau, und jetzt erst, ganz zum Schluß, durfte auch Susanne eintreten und – unterbrochen von zwei Hofknicksen – bis zur Königin vorschreiten. Wegen der Armschlinge unterließ es die Queen, ihr die Hand zu reichen. Und weil eine der üblichen Krankenhausschlingen, schwarz oder weiß, doch gar zu häßlich ausgesehen hätte, ruhte Susannes Arm in einem Tuch von Gucci. Die Königin fragte knapp nach der Ursache der Verletzung, und dann sprachen die beiden Damen über den ersten Enkel der Queen, den damals noch nicht einmal zweijährigen Prinzen William. Meine Frau fand ihn »süß«, aber die Königin – Großmutter bekannte: »Der Kleine reißt immer alles vom Tisch« – eine immerhin bemerkenswerte Äußerung, wenn man bedenkt, daß die Queen sonst eigentlich nicht dazu neigt, Privates zu erörtern. Nach knapp dreißig Minuten war die bühnenreife Aufführung vorüber, und wir kehrten in die Botschaft zurück, wo es traditionsgemäß Zucker und Mohrrüben für die Pferde und Schnaps für die Kutscher gab. Die Sicherheitsnadeln, die ich mir vorsorglich in die Hosentasche gesteckt hatte, falls beim Einsteigen in die Kutsche etwas reißen sollte (die Hose gar!), konnte ich ungebraucht wieder entsorgen. Dieses Notgepäck habe ich in den folgenden Jahren dennoch immer wieder eingesteckt, wenn wir zu Galaveranstaltungen in »Frack mit Orden« eingeladen waren. Der Hofkalender der Londoner »Times« berichtete am Tag nach der Überreichung des Beglaubigungsschreibens, daß ich mit namentlich genannter Begleitung von der Königin in Audienz empfangen worden sei. Auch meine Frau habe »die Ehre gehabt«.

Nun konnte ich meine Amtsgeschäfte auch gegenüber der Regierung meines Gastlandes aufnehmen. Zum Auftakt suchte ich die Premierministerin Margaret Thatcher zu einem Antrittsbesuch in ihrem Amtssitz in der Downing Street auf. Dort war ich zum ersten und bisher letzten Mal über dreißig Jahre zuvor mit Konrad Adenauer gewesen, als dieser dem damaligen britischen Regierungschef Sir Winston Churchill einen Besuch abgestattet hatte. Es ist üblich, daß Botschafter vor einer Zusammenkunft mit dem Premierminister in Bonn nachfragen, ob der Bundeskanzler die Gelegenheit nutzen will, auf diesem Weg eine Mitteilung überbringen zu lassen. Der Bundeskanzler wollte, aber ich habe vergessen, worum es sich gehandelt hat. Möglicherweise stand seine Nachricht im Zusammenhang mit einem Treffen Kohls mit Mrs. Thatcher in London, das für Ende des Monats geplant gewesen war, oder mit einer für März vorgesehenen Gipfelkonferenz der Staats- und Regierungschefs der Europäischen Gemeinschaft in Brüssel. Wie auch immer: Ich gab Margaret Thatchers Privatsekretär pflichtgemäß die Vorwarnung, daß ich mit einer Botschaft des Kanzlers zu ihr kommen würde.

An der Tür von »Number Ten« war dann alles ganz einfach: Der wachhabende »Bobby«, der nicht einmal eine Waffe trug, kontrollierte meinen Ausweis und ließ mich mit dem Türklopfer, einem Messinglöwen, Einlaß begehren. Wie von Geisterhand öffnete sich das Tor, und Mrs. Thatcher begrüßte mich in ihrem gemütlichen Empfangszimmer in den oberen Etagen. Sie bat mich in einen bequemen Sessel und offerierte Tee. Außerdem war John Coles anwesend, ein vom Foreign Office ausgeliehener Beamter, der als »note-taker« fungierte, sich also Notizen über den Verlauf des Gesprächs machen sollte. Ich war ohne Begleitung gekommen. Nach dem üblichen Small talk (»Waren Sie schon einmal in London? Wo waren Sie bisher? Haben Sie Familie?«) kam die Unterhaltung ziemlich rasch ins Stocken. Frau Thatcher goß Tee nach, und ich richtete mich im Sessel ein wenig auf. »Gewiß hat man Sie unterrichtet«, begann ich, »daß ich eine Botschaft des Bundeskanzlers für Sie vortragen möchte.« Aber Frau Thatcher unterbrach mich barsch. »Wenn Herr Kohl mir etwas mitzuteilen hat«, erwiderte sie in strengem Ton, »dann kann er das ja selber bei einer unserer bevorstehenden Begegnungen tun.« Mir verschlug es glatt die Sprache. Ich mußte nun sofort entscheiden, ob ich darauf bestehen sollte, die Nachricht des Kanzlers vorzutragen, oder ob ich mich höflich verabschieden oder einfach nur das Thema wechseln sollte. Ich entschied mich für letzteres und fragte Frau Thatcher, ob sie das Rundschreiben des französischen Außenministers Claude Cheysson schon erhalten habe, in dem er die Revitalisierung der WEU angeregt hatte. Die Augen der Eisernen Lady blitzten unheilverkündend auf, als sie die Worte Westeuropäische Union hörte. »Wir haben die NATO«, sagte sie. »Da brauchen wir keinen Konkurrenzverein.« Ich ließ nicht locker und fragte, ob ihr in Erinnerung sei, daß 65 000 britische Soldaten aufgrund dieses Vertrages in der Bundesrepublik stationiert seien und daß die Beistandsklausel des WEU-Vertrages erkennbar schärfer gefaßt sei als eine ähnliche Bestimmung im NATO-Vertrag. Die Eiserne Lady hörte erstaunt zu und wandte sich John Coles zu. »Das scheint mir neu. Schreiben Sie mir das mal auf, Coles.« Ich fügte hinzu, daß man Cheyssons Vorschlag ja auch als den Versuch betrachten könne, sich auf dem Weg über eine wiederbelebte WEU auch der NATO wieder zu nähern, die die Franzosen ja unter de Gaulle verlassen hatten. Wir setzten den Gedankenaustausch fort – bis es erneut zu einer Pause kam, die mich veranlaßte, mich zu verabschieden. Ich erhob mich, und die Premierministerin begleitete mich zur Tür. Die Klinke schon in der Hand, blickte sie mich unvermittelt mit ihren stahlblauen Augen an, und ein fast spitzbübisches Lächeln erschien auf ihrem Gesicht. »Ach ja«, sagte sie, »hatten Sie nicht noch eine Botschaft Ihres Bundeskanzlers für mich?« Ich bejahte und setzte hinzu, daß ich bisher ja keine Gelegenheit gehabt hätte, sie zu überbringen. »Dann setzen wir uns doch einfach wieder«, erklärte die Premierministerin. Hinterher habe ich mich gefragt, ob sie mich nur auf die Probe hatte stellen wollen. Auch blieb mir unklar, warum die Regierungschefin bei der ersten Zusammenkunft mit einem ihr vollkommen fremden Botschafter ganz offen zugab, in einer für ihr Land eminent wichtigen Frage, nämlich der WEU, nicht hinreichend informiert zu sein. Gleichwohl hat mich die Aufrichtigkeit beeindruckt, mit der sie das zugab. Und trotz ihrer erkennbaren Aversion hat sie einer Revitalisierung der Westeuropäischen Union später zugestimmt. Zu Recht haben also ihre politischen Weggefährten stets ihre Fähigkeit gelobt, sich vernünftigen Argumenten zu beugen.

Tatsächlich ist Margaret Thatcher, geborene Roberts, eine außerordentlich bemerkenswerte Frau. Sie stammt aus einfachen Verhältnissen in einer nordenglischen Kleinstadt, wo ihr Vater einen Krämerladen betrieb. In der Wohnung über dem Laden gab es kein fließendes Wasser, und das Klo war im Garten. Als junges Mädchen mußte sie im väterlichen Geschäft manchmal aushelfen, und man erzählt sich, daß über dem Ladentisch ein Schild hing: »No credit – Cash only.« Selbst wenn das nur eine Anekdote sein sollte, so hat sich die spätere Premierministerin bei Europaverhandlungen doch stets daran gehalten. Sie wollte »ihr Geld zurück« und war gegen die von Bonn und Paris gewünschte stärkere Integration der EG-Mitglieder. Sie war für »klare Fronten« und fand die Suche nach einem Konsens ziemlich gräßlich. Ihren Spitznamen »Eiserne Lady« trug sie zu Recht. Und dennoch: Privat, fern der Politik und der Regierungsgeschäfte, ist sie eine liebenswürdige Gastgeberin und ihren Zwillingen – ein Sohn, eine Tochter – eine gute Mutter, ihrem Mann Denis eine liebevolle Ehefrau.

Zu meiner Zeit in London regierte sie mit einer komfortablen absoluten Mehrheit von 144 Stimmen, hatte jedoch immer wieder Schwierigkeiten im Umgang mit den anderen europäischen Regierungschefs, nicht zuletzt mit Helmut Kohl. Das war im Hinblick auf den damaligen Bundeskanzler eigentlich eher merkwürdig. Schließlich waren sie beide Vorsitzende einer konservativen Partei, beide kamen aus kleinbürgerlichen Verhältnissen und hatten sich mit Energie und Ausdauer emporgearbeitet. Doch das ewige Streitthema Europa sorgte immer wieder für Differenzen, die einmal sogar so offenkundig wurden, daß sich bei der öffentlichen Schlußsitzung einer deutsch-britischen Tagung in Cambridge ein neutraler Dritter zwischen die beiden Regierungschefs setzen mußte. In der Politik war Maggie Thatcher eben eine resolute, unerbittliche Einzelgängerin und außerordentlich fleißig. Ihr Arbeitstag begann um halb sieben mit dem Frühstück und dem Studium der Morgenzeitungen. Zwei Stunden später saß sie an ihrem Schreibtisch und widmete sich den »Boxes«, jenen berühmten Köfferchen aus verschlissenem rotem Leder, in denen den Mitgliedern der britischen Regierung die streng vertraulichen Regierungsunterlagen überbracht werden. Solche »Boxes« werden täglich auch der Königin geschickt, die sich im übrigen mindestens einmal in der Woche mit dem jeweiligen Regierungschef zu einem Informationsgespräch trifft. Queen Elizabeth hat vieles mit Frau Thatcher gemein. Beide benötigen wenig Schlaf, und beide beginnen ihren Arbeitstag am frühen Morgen. Nur daß die Königin durch einen Dudelsackpfeifer geweckt wird, während es bei Frau Thatcher der Wecker tut. Beide sind an Politik außerordentlich interessiert und verfügten über einen eminenten Sachverstand. Dennoch war das Verhältnis zwischen den beiden Damen eher reserviert. Böse Zungen behaupteten manchmal, daß die Eiserne Lady selbst gern Königin gewesen wäre. Übrigens liebt auch Margaret Thatcher Handtaschen, und der Volksmund unterstellte ihr, daß sie darin ein willkommenes Schlaginstrument sah. »Handbagging« nannte man das, also mit der Tasche zuschlagen.

Meine Beziehungen zur Premierministerin hatten sich im Laufe meiner Botschafterzeit intensiviert, nicht zuletzt dank Sir Robert

Armstrong, dem Chef des Cabinet Office, dessen Funktion in etwa der des Kanzleramtsministers in Bonn entsprach. Wie meine Frau und ich liebte auch er die klassische Musik, und das führte alsbald zu einer freundschaftlichen Beziehung, an der auch unsere Ehefrauen teilhatten. Und schon Ende 1984 brachte mich ein schreckliches Ereignis der Regierungschefin näher: Beim Parteitag der Konservativen im Seebad Brighton zerriß in der Nacht vom 13. auf den 14. Oktober eine IRA-Bombe das Hotel, in dem Frau Thatcher und die Spitzen ihrer Partei untergebracht waren. Es gab vier Tote und zahlreiche Verletzte. Margaret Thatcher blieb unverletzt, obgleich ein Teil ihrer Suite zerstört worden war. Ich war zur Zeit der Explosion schon in meinem Hotel in einem Nachbarort, erfuhr von dem Anschlag im Fernsehen und rief sofort den Bereitschaftsdienst des Auswärtigen Amtes mit der Bitte an, man möge sogleich den Bundeskanzler informieren. Am folgenden Morgen setzte der Parteitag seine Beratungen trotz allem fort. Erster Punkt der Tagesordnung war, eher zufällig, das Thema Nordirland. Frau Thatcher war – stiff upper lip – pünktlich und frisch frisiert zur Stelle, denn sie sollte an diesem Vormittag ihre große Parteitagsrede halten, die sie aufgrund des nächtlichen Ereignisses vollständig umgeschrieben hatte. Ich hatte gerade in der Diplomatenloge Platz genommen, als ein Saaldiener mich aufforderte, zur Premierministerin auf die Parteitagstribüne zu kommen. »Wissen Sie, wer mich noch in der Nacht angerufen hat?« fragte sie. »Ihr Bundeskanzler. Vermutlich haben Sie das veranlaßt, und ich möchte Ihnen und Herrn Kohl herzlich für die Anteilnahme danken.« So etwas verbindet. Ich war dem Kanzler dankbar für seinen Griff zum Telefon.

Als Helmut Kohl einmal auf Margaret Thatchers regierungseigenen Landsitz in Chequers nahe London eingeladen war, hatte ich ihn am Flugplatz abgeholt und zu der Premierministerin begleitet. Er war zum Mittagessen verabredet, aber ohne den Botschafter, der nach London zurückfahren sollte. Vor dem Portal des weiträumigen Hauses standen Margaret Thatcher und ihr Ehemann Denis, um den Kanzler zu begrüßen. Und da ich mit Kohl im Wagen saß, stieg ich natürlich auch aus und ging gemeinsam mit dem Bundeskanzler auf die wartenden Gastgeber zu. Ich sah, wie Sorgenfalten auf der Stirn der Eisernen Lady erschienen, und ich ahnte auch, warum: Sie fürchtete, auch ich würde zu Tisch bleiben, und zählte im Geiste wahrscheinlich

Premierministerin Margaret Thatcher empfängt Bundeskanzler Helmut Kohl und den deutschen Botschafter in London am offiziellen Landsitz der britischen Regierungschefs.

schon die Portionen, die für den zusätzlichen und nicht angemeldeten Gast wahrscheinlich nicht reichen würden. Ich konnte sie beruhigen: Keine Sorge, verehrte Premierministerin, ich fahre gleich wieder weg. Ihre Züge entspannten sich, und sie geleitete Kohl ins Haus. Ich war auf dem Weg zurück zum Wagen, als ich Denis Thatcher rufen hörte: »Mr. Ambassador! Haben Sie denn unser Study schon gesehen?« Ich bejahte, denn ich war schon vorher einmal in Chequers zu Gast gewesen. Gleichwohl ließ er mich nicht gehen. »Kommen Sie doch herein«, bat er höflich. »Auf einen Scotch!« Es war erst später Vormittag, und dankend lehnte ich ab. Doch das ließ Denis Thatcher nicht gelten. »Ach was«, sagte er, »kommen Sie – ein Scotch kann nicht schaden.« Kaum hatte ich meinen Whisky in der Hand, da kam seine Gattin mit der Frage ins Zimmer: »Und wo ist mein Glas?« Ich sah ein halbausgetrunkenes Glas auf einem kleinen Tisch stehen und brachte es ihr. »Ich nehme an, dies hier ist Ihr Ginger Ale, Prime Minister.« Es sah wirklich aus wie Ginger Ale. »Unsinn«, gab sie zurück, »ich trinke doch kein Ginger Ale. Ich trinke Scotch. Aber Sie haben recht, das ist mein Glas!«

Am Abend kehrte ich, diesmal zusammen mit meiner Frau, zurück nach Chequers, wo wir zu einem kleinen Abendessen zu Ehren des Bundeskanzlers eingeladen waren. Erneut erwies sich die Premierministerin als charmante Gastgeberin. Sie fragte die Gäste nach ihren Getränkewünschen, mixte persönlich die Drinks und reichte sie selbst auf einem kleinen Tablett herum. Auch bei solchen Gelegenheiten pflegte die Premierministerin nicht nur die obligate Brosche am Kleid, sondern auch einen ebenso exquisiten wie großen Ring als Schmuck am Finger der rechten Hand zu tragen, der übrigens sehr hinderlich war, wenn man ihr einen Handkuß geben wollte. Bei Tisch wurde fröhlich geplaudert, aber nicht über Politik, was vielleicht der Grund sein mochte, warum es so fröhlich war. Frau Thatcher legte ihren Gästen eigenhändig nach und empfahl den deutschen Wein, den sie für Kohl eigens aus der Downing Street mitgebracht hatte. Nach dem Essen bot uns Denis Thatcher, ein überaus erfolgreicher Industriekaufmann, eine Führung durchs Haus an und führte uns am Ende in den Keller, um uns seinen ganzen Stolz zu zeigen: seinen Arbeitsraum, der mit den verschiedenartigsten Computern vollgestopft war. Für den Gatten einer Regierungschefin zur damaligen Zeit noch ziemlich ungewöhnlich.

Mittlerweile hatten wir damit begonnen, uns in London einzuleben. Wir gewöhnten uns an den Linksverkehr (nach rechts schauen, ehe man die Straße überquert!), erfuhren, warum die Londoner Taxis im Fond so viel Kopfraum haben (damit man seinen Zylinder aufbehalten kann) und warum auf den britischen Briefmarken damals der Landesname fehlte (das Porträt der Königin genügt). Und ich fand heraus, warum es so gut um die Sicherheit der Diplomaten bestellt war. In einem Gespräch mit dem Chef der zuständigen Polizei fragte ich, wie denn die zwölf Botschaften am Belgrave Square geschützt würden. Verschmitzt sah mich der Polizeichef an. Ob mir denn schon die beiden Blumen-Verkaufsstände am Platz aufgefallen seien, gab er zurück. Oder der Milchmann, der jeden Tag mehrmals Flaschenmilch ausfahre. Oder die Straßenkehrer, die unermüdlich das Pflaster säuberten. »Alles unsere Leute«, bekannte er stolz. »Das sind alles unsere Leute!«

Ein gesellschaftlicher Höhepunkt Londons waren die sommerlichen Garden-Parties, zu denen die Königin in den Park des Buckingham Palace einlud. Cut mit Zylinder, Nachmittagskleid mit Hut und Handschuhen. Tausende waren gebeten, die Diplomaten durften sich unter einem Zelt versammeln, wo in Anwesenheit der königlichen Familie Tee, Gebäck und Erdbeeren gereicht wurden. Small talk untereinander und mit den verschiedenen Royal Highnesses. Reizvoll war eigentlich immer nur das Gespräch mit der Königinmutter, der »Queen Mum«, die munter auf einen zuging und ihre Gesprächspartner in eine ungezwungene und stets heitere Unterhaltung verwickelte. Sie war der Liebling aller, und das zu Recht. Die Königin gesellte sich erst später dazu, denn sie hatte zunächst die zeitraubende Pflicht, die auf dem Rasen versammelten Gäste – und das waren manchmal viele tausend – zu begrüßen. Dazu ging sie die Reihen der ehrfürchtig aufgereihten Bürger entlang, blieb hier und dort zu einem kurzen Wortwechsel stehen und nahm den ebenso freundlichen wie leisen Beifall dankbar auf. Prinz Philip folgte ihr in angemessenem Abstand, die Hände auf dem Rücken verschränkt. Erst wenn beide im Zelt angelangt waren und auch hier jeden persönlich begrüßt hatten, konnte man nach Hause gehen.

Das andere große Sommerereignis war die alljährliche Geburtstagsparade der Garderegimenter, die ja oft genug auch im deutschen Fernsehen übertragen worden ist und doch immer wieder eine eindrucksvolle Veranstaltung war. Während unserer fünf Londoner Jahre gab es lediglich zwei geringfügige Veränderungen: Die Soldaten in ihren farbenprächtigen Uniformen hatten lernen müssen, mit Schnellfeuergewehren statt mit den handlichen alten Karabinern zu präsentieren, und die Königin stieg vom Pferd in eine Kutsche um. Zuvor hatte sie die Parade hoch zu Roß abgenommen, mit zunehmendem Alter aber war ihr die Kutsche dann doch bequemer.

Botschafter bekamen auf der Diplomatentribüne reservierte Plätze, die unnötig früh eingenommen werden mußten. Sie wurden vom königlichen Protokoll streng nach der Anciennität zugeteilt, das heißt entsprechend dem Datum der Übergabe des Beglaubigungsschreibens bei der Königin. So landeten wir das erste Mal auf der allerobersten Stuhlreihe. Jedes Jahr rückten wir weiter nach unten und damit nach vorn, ein Abstieg, der zugleich ein Aufstieg war. Auch diesmal hieß es wieder: Cut mit Zylinder, Tageskleid mit Hut und Handschuhen, versteht sich. An keinem Ort der Welt mußte ich so oft Cut tragen wie in London. Die Sitze waren schmal, die Hitze meist störend, das militärische Zeremoniell ausgedehnt. Da waren wir froh, daß immer mal wieder eine Fahne vorbeigetragen wurde und wir uns zum Gruß erheben mußten.

Zu einer dieser Paraden hatte ich durch Vermittlung des mit uns befreundeten Kommandierenden Generals der Garde meinen 90jährigen Onkel, den Senior unserer Familie, mitbringen dürfen. Karl Otto Freiherr von Wechmar war Kadett, Offizier und der letzte Page Kaiser Wilhelms II. gewesen. Nach der Parade nahm der General ihn mit in das Kasino der Garde und zeigte ihm dort, was es in Deutschland wohl in keinem Offizierskasino mehr zu sehen gab: ein Ölgemälde des letzten deutschen Kaisers, der Ehrenoberst eines der Garderegimenter gewesen war. Während des Ersten Weltkrieges hatte man das Bild von der Wand genommen, danach aber wieder aufgehängt. Onkel Karl Otto war gerührt, und der General freute sich.

Doch zurück zur eigentlichen Botschaftertätigkeit. Nach dem Besuch bei der Premierministerin galt es, die übliche Runde von Antrittsbesuchen zu machen: beim Außenminister und seinen Kabinettskollegen, bei den Parteivorsitzenden, dem Oberbürgermeister der Stadt, beim Chef der Bank von England, den Gewerkschaftsbossen und Wirtschaftsführern. Volles Programm. Aber das kannte ich ja schon aus Rom, wenngleich hier in London die Leute in der Regel länger an ihrem Platz blieben als in Italien – sieht man einmal davon ab, daß das Kabinett Thatcher innerhalb weniger Jahre allein vierzehn Entlassungen oder Rücktritte erlebte. Sir Geoffrey Howe (heute Lord Howe of Aberavon), der kurz vor meiner Ankunft britischer Außenminister geworden war, empfing mich im selben Arbeitsraum des Foreign Office, in dem Sir Edward Grey 1914 als Außenminister einem anderen deutschen Botschafter die britische Kriegserklärung ausgehändigt hatte. Damals soll Grey den häufig zitierten Satz gesprochen haben: »Jetzt gehen die Lichter aus in Europa.« Ein Vergleich mit alten Fotos zeigt, daß sich am Mobiliar des Ministerbüros nur wenig geändert hatte. Fast alles war so belassen worden, wie es vor siebzig Jahren aussah. Briten haben eben ein Gefühl für Tradition. Sagen die einen. Böse Zungen hingegen behaupten, daß sie nur sparsam sind.

Zu Howe entwickelte sich bald – aus politischer Übereinstimmung und gegenseitigem Respekt – eine freundschaftliche Beziehung, was die Arbeit des deutschen Botschafters ungemein erleichterte. Howe war überzeugter Europäer und hatte deshalb oft manche Mühe mit seiner Regierungschefin Thatcher. Es war dann auch die Einigung Euopas, an der die zunächst vertrauensvolle Zusammenarbeit der beiden zerbrach und die zum Rücktritt des Außenministers führte. Dabei ging es vor allem um die Einführung einer gemeinsamen Währung. Maggie Thatcher war dagegen, der frühere Finanzminister Howe war entschieden dafür. Im Fernsehen ließ er wissen, daß die britische Regierung eigentlich auch dafür sei und daß sogar die Premierministerin für das Projekt gewonnen werde könne. In ihren Memoiren sieht Frau Thatcher in diesem Auftritt von Howe »entweder ein Zeichen von Illoyalität oder von bemerkenswerter Dummheit«. Die Kluft zwischen ihr und Howe sei inzwischen »ebensosehr persönlicher wie politischer Natur« geworden. »Vor allem aber konnten wir uns gegenseitig kaum mehr ertragen«, bekannte sie. Der Außenminister wiederum war verärgert über die Vehemenz, mit der Maggie Thatcher das Konzept eines föderalen Europas ablehnte, in dem das Europäische Parlament die Rolle des amerikanischen Repräsentantenhauses übernehmen sollte, die EU-Kommission die der Exekutive und der Ministerrat die des US-Senats. Alles, was die Eiserne Lady dazu sagte, war: »Nein, nein und nochmals nein.« Howe hatte mir zuvor mehrfach geholfen, die in Bonn nicht immer verständliche Anti-Haltung Thatchers wenigstens einigermaßen zu erklären, wobei mir sehr gelegen kam, daß Genscher große Stücke auf Howe hielt. Das von ihm geleitete Foreign Office funktionierte vorzüglich und schnell. Aufgrund der großen Erfahrungen im Empire hatte sich im FCO (dem Foreign and Commonwealth Office) ein respektheischendes System der effektiven Erledigung von Problemen entwickelt. Das erleichterte mir den Umgang mit den Beamten des Außenamtes beträchtlich. Alles war auf Zugriff vorrätig. Man kannte sich eben aus in der Welt.

Bei der »Mutter aller Parlamente«, dem House of Commons, war ich mehrfach zu Besuch, vor allem wenn die wöchentliche Fragestunde für die Premierministerin auf der Tagesordnung stand. Botschafter fanden auf einer Empore oberhalb des Plenarsaals ihren Platz, hatten aber Mühe, dem Geschehen präzis zu folgen, denn es gab nur die Wahl zwischen Hören oder Sehen.

Wollte ich die Debatte akustisch verfolgen, dann mußte ich mich in meinem Sitz weit zurücklehnen und mein Ohr dicht an den Lautsprecher halten, der in der Rückwand des Sitzes eingebaut war. Dann allerdings konnte man den Redner nicht mehr sehen. Meine Nachfolger haben es besser, denn jetzt werden wichtige Unterhausdebatten im Fernsehen übertragen. Dem House of Commons gehörten damals 630 Abgeordnete an, für die es aber nur 430 Sitze gab. Das Haus war also immer gut besetzt. Den Vorsitz führte der »Speaker«, der würdevoll eine Perücke auf dem Haupt trug und wie ein Schiedsrichter beim Tennis auf einem erhöhten Platz saß, zur Rechten die Regierungspartei, zur Linken die Opposition. Die einzelnen Redner rief er nach Gutdünken auf, immer schön im Wechsel zwischen links und rechts. Für die Regierung gab es keine besonderen Sitzreihen, und Abgeordnete durften nicht vom Blatt ablesen, sondern mußten frei sprechen. Das House of Commons war überdies sehr spärlich ausgestattet: Hinterbänkler hatten keine eigenen Büros, sondern mußten ihre Abgeordnetentätigkeit im Parlamentscafé oder auf den Korridoren verrichten.

Zu den feierlichen Höhepunkten eines Jahres gehört die Parlamentseröffnung durch Königin Elizabeth im House of Lords. Die Queen verliest dort vor den versammelten Lordschaften und Abgeordneten des Unterhauses die Thronrede, die ihr von der Regierung geschrieben wird und die wichtigsten Punkte der Regierungspolitik des kommenden Jahres enthält. Die Monarchin nimmt dazu auf einem der beiden Thronsessel Platz, die an der Stirnwand des Oberhauses aufgestellt sind, und trägt – und nur zu diesem Anlaß – die Krone und eine königliche Robe. Auch die Lords, die auf den Bänken Platz nehmen dürfen, sind in kostbare Gewänder mit viel Hermelin gekleidet und tragen wohlfrisierte Perücken auf dem Kopf. Die Abgeordneten des House of Commons dagegen erscheinen im Straßenanzug und müssen während der ganzen feierlichen Prozedur stehen. Wenn die Königin den Saal betritt, sind sie noch gar nicht anwesend. Erst wenn die Königin und die Angehörigen des Oberhauses Platz genommen haben, wird dem »Gentleman Usher of the Black Rod«, dem Hof-Zeremonienmeister mit dem schwarzen Elfenbeinstab, befohlen, die Abgeordneten aus dem benachbarten Unterhaus herbeizurufen. Dazu muß dieser dreimal an die Tür des Unterhauses klopfen und seinen Namen nennen. Erst dann werden die Türen geöffnet, und die Abgeordneten halten Einzug im House of Lords, an der Spitze der Premierminister mit dem Oppositionsführer.

Eingeladene Botschafter werden auch hier nach ihrer Anciennität plaziert. Als ich zum ersten Mal teilnahm – in Frack mit Orden natürlich –, fand ich meinen Platz zwischen dem amerikanischen und dem polnischen Botschafter, die wie ich erst vor kurzem in London eingetroffen waren und deshalb auf dem obersten Rang ganz hinten saßen, fast unter dem Dach, das gerade ausgebessert wurde. Kurz vor dem Eintreffen der Königin hatte ein heftiger Londoner Regen eingesetzt, dem das reparaturbedürftige Dach nicht standhielt, so daß es auf uns herabzutropfen begann. Da half auch nicht, daß eine Hofdame unsere peinliche Lage bemerkte und alsbald mit einem Stapel Handtücher zur Stelle war. Wir lauschten der Thronrede nun zwar mit Handtüchern auf dem Kopf, waren aber dennoch naß bis auf die Haut geworden.

Alles in allem hat die Parlamentseröffnung auf mich wie ein gut einstudiertes großes Staatstheater gewirkt, mit historischen Kostümen und althergebrachter Inszenierung. Richtige Republikaner mögen sich fragen, wo denn bei solch einem Aufzug die Grenze zur Lächerlichkeit beginnt; ich dagegen bewahre mir den Respekt vor dem eindrucksvollen Bekenntnis zur Tradition. Sie hat das Land über die Jahrhunderte groß gemacht.

Natürlich sucht ein Botschafter auch Kontakt zu den Kirchenfürsten seines Gastlandes. So machte ich Antrittsbesuche bei Basil Kardinal Hume und beim Oberrabbiner in London. Der 500. Geburtstag von Martin Luther war Anlaß zu einer offiziellen Begegnung mit dem anglikanischen Erzbischof von Canterbury, Dr. Robert Runcie, dem Primas von England, der im Lutherjahr eine Reise nach West- und Ostdeutschland unternommen hatte, wofür ihm die Evangelische Kirche mit den gesammelten Kopien der hundertbändigen Weimarer Ausgabe der Werke des Reformators danken wollte. Ich sollte sie überbringen. Der Erzbischof hatte sich eine besondere Ehrung ausgedacht und die Witwe von Pastor Martin Niemöller dazu eingeladen. Mein Kulturreferent schrieb mir für die Übergabe der Schriften (die übrigens in der DDR kopiert worden waren) eine kleine Rede, die über vier kleine Seiten in wohlgesetzten Worten das Geschenk beschrieb. Irgendwie müssen mir kurz zuvor die Seiten durcheinandergeraten sein, denn als ich das erste Blatt abgelesen und mit Seite zwei begonnen hatte,

Zwei offizielle Reden bei der Übergabe der gesammelten Schriften Martin Luthers an den Erzbischof von Canterbury, Dr. Robert Runcie, lösten Heiterkeit aus. Der Botschafter verwechselte die Textseiten seiner Ansprache und der Erzbischof titulierte Frau Niemöller als »Mrs. Martin Luther«.

da entdeckte ich zu meinem Entsetzen, daß ich schon auf Seite drei gelandet war. Der ganze Text machte jetzt, in der falschen Reihenfolge, keinen rechten Sinn mehr. Kurz entschlossen las ich aber weiter – und bin mir sicher, daß außer dem gleichfalls anwesenden Kulturreferenten, der ein wenig verzweifelt dreinsah, niemand etwas bemerkt hat. Originellerweise machte dann übrigens auch der Erzbischof einen kleinen Fehler und begrüßte Frau Sybil Niemöller als »Frau Martin Luther«. Befreites Lachen aller Beteiligten war die Reaktion, und nun konnte ich gestehen, daß ich meinen kurzen Redetext durcheinandergebracht hatte.

Ein wenig sonderbar ging es auch während einer Begegnung von Bundeskanzler Kohl mit Premierministerin Thatcher zu. Die Gastgeber hatten sich ausgedacht, die beiden Regierungschefs auf einen nahen Truppenübungsplatz zu führen, um einem Übungsschießen von Panzereinheiten beizuwohnen. Auf dem Schießplatz angekommen, entschlossen sich Kohl und Frau Thatcher, an der

380

Übung teilzunehmen, und jeder kletterte in einen Panzer, von wo aus sie dann mit Hilfe der Bordkanoniere die weit entfernten Zielscheiben unter Beschuß nehmen ließen. Der Bundeskanzler hatte einige Mühe, seinen massigen Körper durch die enge Turmluke des stählernen Ungetüms auf den Kommandantensitz zu zwängen. Das Ganze war natürlich ein gefundenes Fressen für Pressefotografen und Fernsehkameras.

Es verstand sich von selbst, daß ich auch während meiner Londoner Zeit die Beziehungen zur Presse pflegte. Ich suchte die Redaktionen von Zeitungen, Rundfunk und Fernsehen zu Gesprächen über die deutsch-britischen Beziehungen auf, um dabei möglichst viel über die Stimmung im Lande zu erfahren und zugleich die deutsche Position zur Europapolitik zu erläutern. Als ich bei einem dieser Redaktionsbesuche den Umstand beklagte, daß sich die BBC und ITV, die beiden wichtigsten Fernsehsender, keine ständigen Korrespondenten in den kontinentaleuropäischen Hauptstädten leisteten, wohl aber in Südafrika, in Neu Delhi, Hongkong und Australien, also in allen Ländern, in denen auch Cricket, der britische Nationalsport, gespielt wird, beschied mich der Chefredakteur eines der beiden Sender mit der Auskunft, ebendies sei auch der wahre Grund für die Auswahl der Korrespondentenplätze.

Die Londoner Boulevardpresse verteilte mit derber Unhöflichkeit Hiebe in Richtung Deutschland, als wollte sie das alte Feindbild aufrechterhalten. Doch es stellte sich heraus, daß dieses Feindbild wenig mit der Realität zu tun hatte, denn von einem angesehenen britischen Meinungsforschungsinstitut ließ die deutsche Botschaft Jahr für Jahr ermitteln, für welches europäische Land die Briten die meiste Sympathie besaßen. Das erstaunliche Ergebnis: Seit Jahrzehnten lag Deutschland mit rund 25 Prozent immer weit vorn. Danach kam dann erste einmal gar nichts, dann folgte Frankreich mit 12 Prozent. Und dabei handelte es sich keineswegs um Zufallstreffer, denn vor allem die Stetigkeit der Antworten der über 2 000 Befragten war beeindruckend. Also verzichteten wir auf eine Auseinandersetzung mit den Boulevardzeitungen, die allenfalls zu einer Kontroverse geführt und die Verkaufszahlen der umstrittenen Blätter erhöht hätte. Eines dieser Blätter war der »Daily Mirror«. Sein Herausgeber, Robert Maxwell, lud mich einige Male zu einem opulenten Mittagessen in sein Verlagsgebäude ein, aber hinter dieser Gastfreundschaft des der Labour Party nahestehenden Maxwell verbargen sich Pläne, seine neue Zeitung »The European« auch in deutscher Sprache für Mittel- und Osteuropa drucken zu können. Maxwell war als Jan Ludvik Hoch in der Karpatho-Ukraine geboren worden, sprach fließend deutsch und sah jenseits des Eisernen Vorhangs damals ein ideales Absatzgebiet für ein solches Projekt. Dazu ist es aber bis heute nicht gekommen. Maxwell ist inzwischen tot, und »The European« befindet sich in anderen Händen.

Als Franz Josef Strauß zu einem Vortrag nach London kam, war Maxwell natürlich zur Stelle, weil er sich von einer Fürsprache des bayerischen Ministerpräsidenten viel für seine Pläne versprach. Strauß war von der Handelskammer im Anschluß an ein Abendessen in einem Londoner Hotel zu einem Vortrag gebeten worden und hatte mir den Wortlaut seiner Ausführungen mit der Bitte zugeschickt, doch gegebenenfalls Anmerkungen oder Änderungsvorschläge zu machen. Auf dem Weg vom Flugplatz in die Stadt riet ich ihm vor allem, seinen Text ganz wesentlich zu kürzen, denn in England gelte die Regel, daß man sagen könne, was man wolle, solange es nicht länger als zwanzig Minuten dauere. Kürzungsvorschläge legte ich ihm vor, doch erfolglos. Das Essen ging vorüber (Maxwell saß am Tisch von Strauß), und der Ministerpräsident begann seine Rede. Wer die Reden von ihm gekannt hat, der weiß, daß Strauß nicht zu Kurzvorträgen neigte. Und so redete er sich auch diesmal in Schwung und fand kein Ende. Viele Gäste, die noch ihren Vorortzug nach Hause erwischen wollten, verließen den Saal. Der Ministerpräsident wurde jetzt erst richtig warm. Statt zwanzig Minuten sprach er gut eineinhalb Stunden. In Schweiß gebadet und erschöpft kehrte er an den Ehrentisch zurück und schlug vor, daß man in seiner Hotelsuite noch etwas trinken, also einen »Absacker« zu sich nehmen sollte. Maxwell, der in der Hoffnung ausgeharrt hatte, sein Projekt an den Mann zu bringen, kam mit, und es wurde ein ausgedehnter, feuchtfröhlicher Abend. Doch kurze Zeit später verspielte Maxwell seine Chancen in München, indem er die Memoiren von Erich Honecker verlegte.

In London bemühten sich die altehrwürdigen Herrenclubs um die Botschafter als (zahlende) Mitglieder, und da ich in dem Glauben war, daß mir eine solche Mitgliedschaft den Zugang zu wichtigen Gesprächspartnern erleichtern würde, trat ich bei, bereute diesen Entschluß jedoch schon bald. Im Grunde bin ich nämlich

Sir George Solti bekam vom deutschen Botschafter einen bayerischen Orden über-reicht, den ihm der Freistaat verliehen hatte. Die beigefügte Vorschrift, wie man die Auszeichnung trägt, löste Heiterkeit aus.

ohnehin ein »Non-Joiner«, ein bekennendes Nicht-Mitglied, und überdies stellte sich heraus, daß nützliche Kontakte sich anderswo besser und preiswerter ergaben. Ein Szenekenner hatte mir den Rat gegeben, daß ein Botschafter viel schneller Gehör fände, wenn er Gesprächspartner in seine Residenz zum Essen bäte. Der Gast fühle sich geehrt und vor allem unbeobachtet und sei daher offenherziger. Der Rat erwies sich als richtig, und die Residenz wurde alsbald zu einem beliebten Treffpunkt für Politiker und Journalisten, für Wirtschafter und Wissenschaftler. Aber auch für deutsche und internationale Künstler, vor allem für Musiker wie Leonard Bernstein, Sir Colin Davis, George Solti und Justus Frantz, war das Haus am Belgrave Square ein Magnet. Sie kamen als unsere Gäste und spielten auf ihren Instrumenten, wenn auch nicht immer auf Befehl. Leonard Bernstein wurde einmal beim Gang zum Büffet von einem Gast gefragt:»Stimmt es, daß Sie nach dem Essen Klavier spielen?«Lenny tat einen tiefen Seufzer und erwiderte etwas pikiert:»O God, I did not know that I had to pay for my dinner!« Auf Kommando zu spielen, hatte er gar nicht gern. Das mußte sich im Laufe des Abends von selbst ergeben. Wenn er aber einmal in Stimmung gekommen war, war ein Ende seines Klavierspiels nicht abzusehen, zur Freude der Zuhörer, die er alle durch seinen Charme und Witz verzaubern konnte.

»A Piano for Maya« war das Motto einer Benefiz-Veranstaltung in der Residenz, die meine Frau organisiert hatte. Klaus Tennstedt, der aus der DDR geflohene Chefdirigent des London Philharmonic Orchestra, hatte in London ein Konzert mit der damals fünfzehnjährigen Maya Weltman als Solistin am Flügel gegeben, und seine Frau erzählte uns anschließend von den beengten Verhältnissen, unter denen die kleine Israelin mit ihren Eltern und Geschwistern leben mußte. So besaß sie nicht einmal einen eigenen Konzertflügel, obwohl sie schon als Zwölfjährige in London stürmisch gefeiert worden war. Das führte zu dem Entschluß, etwas für sie zu tun. Zusammen mit vier Londoner Damen verfaßte Susi einen Spendenaufruf und verschickte über dreihundert Einladungen an prominente Musikliebhaber zu einem Konzert von Maya am Belgrave Square. Der Wink mit dem Zaunpfahl wurde verstanden: Für die junge Künstlerin wurde ein Steinway angeschafft, der nach ihrem Konzert in der Halle der Residenz stand, für alle Spender sichtbar und mit einer großen Schleife geschmückt. Die Presse titelte:»Wunderkind erhält eigenen Flügel«, aber das hatte eher nachteilige Folgen, denn prompt erhielt ich Briefe aus Deutschland, in denen man uns vorwarf, Steuergelder für eine Israelin verschleudert zu haben. Solche Proteste konnte ich natürlich zurückweisen, denn alle Unkosten waren durch großzügige Zuwendungen von privaten Spenden und Sponsoren aus Großbritannien und Deutschland gedeckt.

Es gab aber auch andere Gründe, Gäste in die Residenz einzuladen. So wurden regelmäßig die Shakespeare-Preise der Hamburger FVS-Stiftung in der deutschen Botschaft überreicht. Preisträger waren unter anderem Sir Alec Guiness und Sir Colin Davis, und nach den Ehrungen fand regelmäßig ein Abendessen statt. Bei der Preisverleihung an Sir Colin Davis war Prinzessin Margaret als Ehrengast geladen. Wir hatten ihrem Büro vorher die Gästeliste zur Kenntnis bringen müssen, wo man zwar keine

Einwendungen erhob, aber durchblicken ließ, daß die Prinzessin sich sehr freuen würde, wenn auch Dame Margot Fonteyn, die weltberühmte Primadonna des Balletts, eingeladen würde. Das geschah natürlich, und so war auch die zarte und zerbrechlich wirkende Tänzerin bei uns zu Gast. Kaum hatten die Gäste an der Tafel Platz genommen, als Prinzessin Margaret ihrer Handtasche ein Päckchen Zigaretten und ein Feuerzeug entnahm und beides ostentativ vor ihren Teller legte. Da ich neben ihr saß, fragte sie mich, ob etwa mit einem Royal Toast gerechnet werden müsse, jenem Toast, der bei offiziellen Anlässen auf die Königin ausgesprochen wird und vor dem nicht geraucht werden darf. Als ich bejahte, packte sie ihre Rauchutensilien wortlos wieder ein – um dann nach dem Toast nahezu pausenlos zu rauchen und eine Menge Gin Tonics zu trinken. Da sie unerwartet lange blieb, brachen manche Gäste schon auf, was eigentlich protokollwidrig war, da man nicht vor den Royals geht. Aber es war eben schon recht spät geworden. Die Prinzessin und ihre Hofdame verabschiedeten sich als letzte. Schon am nächsten Tag bedankte sie sich mit einem handgeschriebenen Brief, lobte das Essen und die Auswahl der Gäste und schrieb, daß sie sich gefreut habe, unsere Tochter Yvonne kennenzulernen. Vorbildliche Formsache.

Prinzessin Margaret war auch dabei, als Bundespräsident vom Weizsäcker am 1. Juli 1986 zu einem dreitägigen Staatsbesuch in London eintraf. Zum Empfang war sie mit einem königlichen Sonderzug zum Flughafen gefahren, und in den drei Salonwagen des Royal Train saßen außer der Schwester der Königin noch Sir Julian Bullard, der britische Botschafter in Bonn, und ich sowie unsere Ehefrauen und eine Handvoll Hof- und Protokollbeamter. Das Drehbuch schrieb »Full Ceremonial Dress« vor, und das hieß Cut, schwarze Weste und schwarzer Zylinder. Die Damen mit Hut und Handschuhen. Die Prinzessin war aufgeräumt und fröhlich, und man merkte ihr an, daß sie solche Fahrten zum Empfang von Staatsgästen schon öfter gemacht hatte. Sie sah das alles ganz professionell. Sir Julian und ich hingegen hatten die üblichen Sorgen: Wie wird das Wetter? Wird die Präsidentenmaschine pünktlich landen, damit das minutiöse Programm wie vorgeschrieben ablaufen kann? Ist Weizsäcker ausgeruht und gut gelaunt oder gespannt und nervös? Findet am Flugplatz jeder seinen richtigen Wagen für die kurze Strecke vom Rollfeld zum Bahnhof? Doch unsere Sorgen waren unnötig. Der Präsident war erwartungsvoll und gut gelaunt, das Wetter vielversprechend. Pünktlich auf die Minute rollte die Maschine um 11.30 Uhr bei strahlendem Sonnenschein auf der Piste aus. England bot Kaiserwetter, beziehungsweise Präsidentenwetter. Zu Ehren des deutschen Besuchers erklang die Nationalhymne. Auf Bahnsteig 2 der Londoner Victoria Station wartete die Königin mit Prinz Philip, Prinz Charles und Diana, um den Bundespräsidenten und seine Frau willkommen zu heißen. Auch Frau Thatcher und Außenminister Howe waren zugegen. In offenen Kutschen ging es dann bei strahlendem Sonnenschein vorbei an Parlament und Whitehall über die Mall zum Buckingham Palace, die Königin mit Weizsäcker in einer sechsspännigen Kutsche vorneweg, begleitet von Kürassieren mit Brustpanzern über roten Uniformjacken und einem weißen Helmbusch. Dahinter, vierspännig, Prinz Philip und Frau von Weizsäcker. Die übrigen Teilnehmer saßen zu viert in zweispännigen Kutschen. Mit all dem Gepränge war das Ganze ein großartiges Schauspiel für die vielen Schaulustigen am Straßenrand.

Am Buckingham Palace angelangt, erklangen ein weiteres Mal die Nationalhymnen. Die Queen begleitete die Weizsäckers in die »Belgian Suite«, wo sie während ihres Londoner Aufenthaltes wohnen würden. Kurz darauf – die Herren trugen noch immer Cut – gab es im »Bow Room« ein leichtes Mittagessen für rund sechzig Gäste. Ohne Reden und ohne Toasts. Wir speisten in ebenjenem Saal, in dem ich zwei Jahre zuvor darauf gewartet hatte, der Königin mein Beglaubigungsschreiben zu übergeben. Nach Tisch ging man in den angrenzenden Carnarvon Room, wo die offiziellen Gastgeschenke aufgebaut worden und die bei Staatsbesuchen auszutauschenden Orden bereitgelegt waren. Der Bundespräsident hatte der Königin eine große Vase aus der Königlich-Preußischen Porzellanmanufaktur mitgebracht, und als die königliche Familie und Weizsäcker nebst Begleitung die verschiedenen Präsente inspizierten, entdeckte meine Frau, daß auf der Vase noch das Preisschild prangte. Neben ihr stand Prinz Charles, und beide amüsierten sich. Meine Frau machte den Bundespräsidenten auf die Panne aufmerksam, der entfernte den peinlichen Preisaufkleber und drückte ihn einem herbeigerufenen Referenten auf den Handrücken.

Nach dem Mittagessen schrieb das Drehbuch als neues Ziel die Westminster Abbey vor, wo der Bundespräsident am Grabmal des Unbekannten Soldaten einen Kranz niederlegte. Das Gebinde wurde von zwei Bundeswehrsoldaten in Uniform getragen, der Pfarrer sprach ein Gebet, und Weizsäcker mußte sich ins Gästebuch eintragen. Auch so eine Standardübung bei Staatsbesuchen. Dann ging es zu Fuß ins benachbarte Clarence House, den Wohnsitz der Königinmutter, zum Tee bei »Queen Mum«. Das Drehbuch schrieb zwanzig Minuten vor (17.15 bis 17.35 Uhr), aber wir blieben sehr viel länger, denn die Mutter der Königin plauderte munter drauf los, und wir waren ganz unter uns: »Queen Mum« mit Hofdame, die Weizsäckers und die Wechmars. Dann hieß es: Umziehen für das große Staatsbankett im Buckingham Palace. Königin Elizabeth hatte 170 Personen zu Tisch gebeten. Frack mit Orden. Beim Einzug der Gäste an die hufeisenförmige Tafel ging der Zeremonienmeister der Königin und dem Bundespräsidenten rückwärts voraus, eine artistische Meisterleistung, lange trainiert eben. Die Grenadier Guards machten während des Essens Musik, spielten Melodien aus »My Fair Lady« und den Marsch »Gruß aus Kiel«. Dann lösten schottische Dudelsackpfeifer die Kapelle ab.

Es gab ein Fünf-Gänge-Menü mit Lammkotelett als Hauptspeise und als Reverenz an den Ehrengast deutschen Wein (83er Grünhäuser Herrenberg). Man speiste von goldenen Tellern mit goldenem Besteck. Selbst die Pfeffer- und Salzstreuer waren aus Gold. Zum Schluß die üblichen offiziellen Reden von Gastgeberin und Ehrengast. Und natürlich wieder die beiden Nationalhymnen. Heute sind wir froh, von den Pflichten solcher Festessen entbunden zu sein. Einem mehrgängigen Staatsmenü ziehe ich Grießbrei allemal vor.

Für den zweiten Tag des Weizsäcker-Aufenthaltes sah das Drehbuch ein Bukett von Einzelpunkten vor, die bei ähnlichen Anlässen immer auf dem Programm von Staatsbesuchen stehen: Der Außenminister trifft sich mit führenden Parteipolitikern des Gastlandes, und die Gattin des Präsidenten besichtigt eine Gemäldegalerie. Das Staatsoberhaupt selber begegnet dem Diplomatischen Korps und hält danach eine Rede vor dem Parlament. So auch dieses Mal. Inzwischen war es Spätnachmittag geworden, und die Order lautete erneut umkleiden. Frack mit Orden, diesmal ohne Zylinder. Die Damen im langen Kleid. Der Anlaß war das Bankett in der Londoner Guild Hall, dem Rathaus der Stadt. Beim Abschreiten einer Ehrengarde erklang wieder die Nationalhymne, wie auch beim Eintreffen am Ehrentisch. Der Lord

Mayor, der Oberbürgermeister von London, hielt die unvermeidliche Willkommensrede. Sie wurde anschließend in einer Silberschatulle feierlich zum Tisch des Bundespräsidenten gebracht. Akribisch vermerkt das Drehbuch:»Der Bundespräsident läßt die Schatulle dort auf dem Tisch liegen. Überbringung zusammen mit einem Buch über London erfolgt später im Palast.« Anschließend Abendessen mit Gebet und weiteren Reden, die offenbar ein Standardelement bei Staatsbesuchen sind. Die schottische Garde machte Musik. Zum Schluß»Alte Kameraden« von Teike. Der Abend klang – wen wundert es noch? – mit dem Abspielen der Nationalhymnen aus.

Am Abend des dritten Tages, nach einem Abstecher nach Cardiff, wollte der Bundespräsident in unserer Residenz sein»Gegenessen« für die Königin und ihre Familie geben. Auch ein solches Staatsdiner verlangt akribische Vorbereitungen: Wer soll, wer muß eingeladen werden? Eine Einladung an Königin Elizabeth und Prinz Philip verstand sich von selbst, klärungsbedürftig aber war, welche anderen Mitglieder der königlichen Familie dazugebeten werden mußten. Doch dieses Problem erwies sich als überraschend einfach zu lösen. Die»Royals« haben nämlich ein eingespieltes System für solche Veranstaltungen: Es geht immer reihum, mal muß der eine, mal der andere Teil der Verwandtschaft ran. Alles nach einer festgelegten Regel. So wurden diesmal außer Prinz Charles und Lady Diana noch Prinzessin Anne und die Kents sowie vier andere Mitglieder des Königshauses geladen. Wie sie eben gerade»dran« waren. Die Teilnehmer des Abendessens waren gebeten worden, rund ein halbe Stunde vor Beginn einzutreffen, damit sie alle vor der königlichen Familie anwesend sein würden. Vorher kam aber erst mal eine Rotte Spürhunde des Secret Service, die das ganze Haus nach versteckten Bomben absuchten. Sicherheit geht eben vor.

Schließlich saßen dann 102 Gäste an sieben Einzeltischen. Als dem Hausherrn und Botschafter wurde mir die Ehre zuteil, unmittelbar neben der Königin sitzen zu dürfen. Meine Frau saß neben Prinz Charles. Schon beim allerersten Gang – Kartofelterrine mit gepökelter Vierländer Entenbrust – machte es plötzlich ein hörbares»Plopp«, und Charles lachte auf.»Oh, it happened again!« vermerkte er. Ihm war – offenbar nicht zum ersten Mal – ein Knopf, ein sogenannter Stud, aus der gesteiften Frackbrust auf den Teller gesprungen. Die übrigen Gäste warteten gespannt,

Verbeugung vor Queen Elisabeth II., als sie 1986 die Residenz des deutschen Bot-schafters aufsuchte, wo Bundespräsident von Weizsäcker ihr zu Ehren ein Gala-essen gab. Zwischen dem Bundespräsidenten und der Königin: Prinz Philip. Rechts Frau von Wechmar.

was nun geschehen würde. Der Kronprinz ergriff den widerspen-stigen Knopf und wandte sich an meine Frau mit der Bitte, sie möge ihm helfen, den Stud wieder in sein Frackhemd zurückzube-fördern. Mit seinen »Wurstfingern«, so wörtlich, könne er das nicht. Also nestelte meine Frau an seiner Frackbrust herum. Das Gespräch ringsherum erstarb. Alle guckten zu. »Just screw it in«, flüsterte der Prinz ungeduldig, was gottlob niemand hörte, denn sein Vorschlag hat im Englischen bekanntlich ja auch eine andere, eher zweideutige Bedeutung.

Das Diner war fast vorüber, als Prinz Charles, Lady Diana und meine Frau bedauernd feststellten, daß bei solchen feierlichen An-lässen nie getanzt werde. Man kam überein, das bei Gelegenheit nachzuholen. Der Kronprinz notierte auf seiner Tischkarte den Namen einer geeigneten, ihm bekannten Disco und reichte die

Das Londoner Botschafterehepaar von Wechmar vor einem offiziellen Abendessen mit Königin Elisabeth II.

Karte meiner Frau. Dann klang der Abend aus, diesmal ohne lange Reden und ohne Nationalhymnen.

Der offizielle Teil des Staatsbesuches endete am nächsten Morgen mit dem Abschied von der Queen und ihrem Prinzgemahl am Buckingham Palace. Die Weizsäckers zogen in die Residenz, wo der Bundespräsident Gastgeber eines kleinen Luncheons für den Verleger Lord Weidenfeld und andere Gäste war. Am Nachmittag fuhr Weizsäcker zu Sir Karl Popper, dem Philosophen und Wissenschaftstheoretiker. »Begleitung: keine«, sah das Drehbuch vor. Der private Teil des Staatsbesuches hatte begonnen.

Eigentlich sollte der Londonaufenthalt des Bundespräsidenten am nächsten Tag zu Ende gehen, aber inzwischen hatte sich Boris Becker in Wimbledon in die Endrunde gespielt, und Weizsäcker wollte unbedingt das Finale sehen. Nach endlosen Telefonaten mit dem All-England Lawn Tennis and Croquet Club und mit dem Stab des Herzogs und der Herzogin von Kent – wozu hat man denn einen Botschafter? – gelang es mir, Karten für die Royal Box, die Königliche Loge, am Center Court zu bekommen. Weizsäckers saßen in der ersten Reihe neben den Kents, die am Ende der Turniere im Namen der Königin die Trophäen überreichten, und meine Frau und ich fanden unmittelbar hinter dem Bundespräsidenten Platz. In der vorderen Reihe saßen auch Maggie Thatcher und Konstantin, der Ex-König von Griechenland. Mit Spannung verfolgten wir alle das aufregende Match, und als Becker sich nach dem hart erkämpften Sieg im Center Court verbeugte, da hielt es Weizsäcker nicht auf seinem Stuhl. Er sprang auf und stürmte nach unten, weil er dem jungen deutschen Star gratulieren wollte. Seine Frau und ich versuchten vergeblich, ihn zurückzuhalten. Ich hastete ihm hinterher und sah, wie Weizsäcker vom Generalsekretär der Lawn Tennis Association höflich, aber bestimmt vom Betreten des Spielfeldes abgehalten wurde. Da könne niemand hin, bevor die Kents den Cup überreicht hätten, hieß es. Auch Weizsäckers Hinweis, daß er deutscher Bundespräsident und Boris Becker ein Bürger seines Landes sei, fruchtete nichts. Der Generalsekretär blieb stur. Weizsäcker könne den Sieger ja nach der Schlußfeier in seiner Kabine aufsuchen, schlug er vor. Der Präsident gab auf und kehrte an seinen Platz zurück, vorbei an den Kents, die die Begeisterung des Präsidenten vermutlich verstehen konnten, aber dennoch froh waren, daß die gültigen Regeln eingehalten worden waren.

Beim »Gegenessen« des Bundespräsidenten in unserer Residenz war zur Vorspeise auch echtes deutsches Brot angeboten worden, das vor allem dem Kronprinzenpaar besonders gut zu schmecken schien. Also schickte meine Frau einen überzähligen Laib mit einer kleinen Notiz an Lady Di in den Kensington Palast. Die bedankte sich sogleich mit einem handgeschriebenen Brief und bekannte, daß sie bei dem Diner wohl zuviel von dem Brot gegessen habe (»I'm afraid that I *did* eat rather a lot on Thursday evening...«). Nach seinem Sieg sei es offenkundig, daß auch Boris Becker gern davon esse. Sie hätte das Brot mit Charles beim

Abendessen geteilt. Unterschrieben waren die Zeilen schlicht mit »Diana«, der Form, in der alle Mitglieder der königlichen Familie unterzeichnen. Nur mit ihren Vornamen. »Man« weiß, wer gemeint ist.

Ein knappes Jahr nach dem Staatsbesuch kamen wir auf die Verabredung zwischen Charles, Diana und meiner Frau zurück, ein Tanzfest in der Residenz zu veranstalten. Äußerer Anlaß war eine für den Herbst 1987 vorgesehene offizielle Deutschlandreise des Kronprinzenpaares, auf der die beiden nähere Bekanntschaft mit Deutschland und den Deutschen machen wollten. Also schrieb meine Frau einen Erinnerungsbrief an Prinz Charles und fragte nach einem geeigneten Termin für eine Party mit Diskjockey William Bartholomew, dem Chef der »Julianas Travelling Discoteque«, deren Namen der Kronprinz beim Abendessen in unserer Residenz auf seiner Tischkarte festgehalten hatte. Sieben Monate vergingen ohne Antwort. Also wandte ich mich an den Privatsekretär des Prinzen und fragte nach. Postwendend kamen Zusage und Terminvorschlag, und wir verschickten Einladungen an rund einhundert Gäste aus Deutschland zu einem »Disco-Dance und Candle-Light-Supper« in Anwesenheit von Prinz Charles und Lady Diana. Es gab, wen wundert's, kaum Absagen.

Nach einem Drink in meinem zum Empfangszimmer umfunktionierten Büro saßen die Gäste in den angrenzenden Salons an vierzehn kerzengeschmückten Tischen. Es gab Spargel, poschierten Lachs und Erdbeeren. Dazu einen 82er Ruppertsberger Reiterpfad. Meine Tischdame Diana nahm von allem nur eine Winzigkeit. Während des Essens merkte sie besorgt an, sie habe dem vorläufigen Programm für ihre Deutschlandreise entnommen, daß sie mit ihrem Mann in Bonn zu einem Nachmittagstee beim Ehepaar Kohl in den Kanzlerbungalow eingeladen sei. Nur zu viert. »Do we really have to do that?« wollte sie wissen. Nach Tisch wurde, ausgiebig und weit über die protokollarisch vorgesehene Zeit hinaus, getanzt. Leider konnte ich Lady Di nur für ein paar kurze Tanzschritte aufs Parkett führen, denn als Folge einer Hüftoperation war ich noch an einen Gehstock gebunden. Aber es fanden sich genügend andere schwungvolle Tänzer. Außer Atem erbat die Prinzessin schließlich vom Diskjockey etwas Langsameres und glitt ganz allein und in die Musik versunken in ihrem langen roten Kleid über die Tanzfläche. Charles nahm meine Frau – auch in Rot – zu »Take my breath away« aufs Par-

Prinz Charles und Prinzessin Diana in der Botschafterresidenz vor Beginn einer Disco-Party zu ihren Ehren.

kett. Beim Abschied zog Lady Di meine Frau zur Seite und flüsterte ihr traurig ins Ohr, daß ihr Mann nicht ein einziges Mal mit ihr getanzt habe. Damals ahnten wir nicht, daß dies ein erstes Anzeichen der Entfremdung des Prinzenpaares war. Auch während der kurz darauf stattfindenden Rundreise des Prinzenpaares durch Deutschland fiel uns auf, wie selten Charles und Diana miteinander sprachen. Damals erklärten wir uns das noch damit, daß alle beide ja eine offizielle Rolle zu spielen hatten, die ihnen ein unbekümmertes, zärtliches Miteinander zu verwehren schien. Insbesondere die Prinzessin war von einer fast kindlichen Scheu; sie schien ihren Platz neben dem Kronprinzen offenkundig noch nicht gefunden zu haben und noch ganz im Schatten der mächtigen Königsfamilie zu stehen.

Ansonsten war die Rundreise des Prinzenpaares ein rauschender Erfolg. Die Herzen der Menschen flogen ihnen zu, und selbst der Nachmittagstee bei Kohls im Kanzlerbungalow zahlte sich – wenigstens für den Prinzen von Wales – aus. Denn der Bundeskanzler erläuterte ihm die deutsche Umweltpolitik und berührte damit ein Thema, an dem der Kronprinz persönlich überaus interessiert war. Charles war begeistert und bat mich am darauffolgenden Tag bei einer kurzen Schiffsreise auf dem Rhein um eine Kurzfassung des Bonner Umweltprogramms in englischer Sprache. Die war schnell beschafft – und ich traute meinen Ohren nicht, als der Prinz in seiner Eröffnungsrede für die Nordsee-Schutzkonferenz aus dieser Kurzfassung ganze Passagen zitierte.

Wahlkampf für Europa
Als Abgeordneter in Straßburg
(1989–1994)

Im letzten Jahr meiner Botschaftertätigkeit in London ging es uns dann, wie es anderen auf Reisen zu ergehen pflegt: Je näher das Ende kam, um so rascher vergingen die Tage. Schon frühzeitig entschieden wir, daß wir nach meiner Pensionierung nach München ziehen würden, denn in Bonn hatte ich fünfzehn Jahre meines Lebens verbracht und wollte die Zahl ehemaliger deutscher Diplomaten vor Ort nicht vergrößern. Meine Geburtsstadt Berlin war damals noch geteilt und bot in seiner Insellage nur beschränkte Bewegungsfreiheit. Und da zwei meiner drei Kinder und alle Enkelkinder in und um München wohnten, beschlossen wir, die Zahl der in der bayerischen Landeshauptstadt lebenden Preußen noch um zwei weitere zu erhöhen, und mieteten in Schwabing eine Etagenwohnung. Nach der Devise »Besitz belastet« legten wir den Plan eines Wohnungskaufs zu den Akten und bereiteten uns nach meinen 47 Berufsjahren innerlich auf ein geruhsames Rentnerdasein vor. Dazu ist es dann, für weitere fünf Jahre, nicht gekommen.

Manfred Vohrer, der Generalsekretär der deutschen WEU-Delegation, hatte mir vorgeschlagen, für die FDP als Spitzenkandidat für das Europaparlament anzutreten. Das kurze Gespräch war bei Häppchen und Wein am Rande eines Empfangs für die Abgeordneten des WEU-Parlaments im Quai d'Orsay in Paris geführt worden. Ich wiegelte ab, versprach aber höflich, darüber nachzudenken. Vohrer muß das jedoch schon als halbe Zusage aufgefaßt haben, denn aus der eher nebenbei geführten Unterhaltung entwickelte sich bald eine parteiinterne Diskussion der Freien Demokraten. Informationen gelangten an die Öffentlichkeit, die Medien nahmen sich des Themas einer möglichen Kandidatur Wechmars an, und es gab die üblichen Querschüsse von FDP-Spitzenpolitikern, die ihre eigenen Kandidaten ins Gespräch bringen wollten.

Mittlerweile hatte der bayerische Bundestagsabgeordnete Ulrich Irmer die Idee einer Wechmar-Wahl ganz oben in Bonn lanciert. Irmer hatte selbst einmal für die FDP im Straßburger Parlament gesessen und inzwischen das Amt eines Europa-Beauftragten der Fraktion im Bundestag übernommen. Also war er gewissermaßen zuständig. Auch ihm gegenüber beschränkte ich mich auf die Feststellung, daß ich mich nicht bewerben würde. Ohnehin könne ich mich als noch amtierender Botschafter erst dann entscheiden, wenn der Bundesvorstand der Freien Demokraten einen entsprechenden Beschluß getroffen und mich offiziell zu einer Kandidatur aufgefordert habe. Und genau dazu kam es dann Mitte September 1988: Das Präsidium der Partei bat um mein Ja-Wort, und ich sagte zu. Nach siebzehn Mitgliedsjahren nahm die FDP den Parteisoldaten Wechmar in die Pflicht und verdarb mir vorerst die Freude auf den wohlverdienten Ruhestand. Drei Wochen später wählte mich die Bundesvertreterversammlung der FDP in Wiesbaden mit 302 von 373 Stimmen auf Platz eins ihrer Europaliste. Der Gegenkandidat Reinhardt von Preuschen aus Rheinland-Pfalz unterlag. An der Spitze der Liste traten außer mir noch Mechthild von Alemann aus Nordrhein-Westfalen, Martin Holzfuß aus Hessen und eben jener Manfred Vohrer aus Baden-Württemberg an, der die ganze Geschichte ursprünglich eingefädelt hatte. Bei der letzten Europawahl 1984 war die FDP mit 4,82 Prozent knapp an der Fünf-Prozent-Hürde gescheitert und während der ganzen fünfjährigen Legislaturperiode nicht im Straßburger Parlament vertreten gewesen. Nun mußte ich – wenn man von der Bewerbung um das Amt des Präsidenten der UN-Generalversammlung absieht – zum ersten Mal in meinem Leben einen richtigen Wahlkampf führen. Und das im »jugendlichen« Alter von 65 Jahren.

Die mit der Wahl verbundene politische Herausforderung wollte ich annehmen. Mein Glaube an ein gemeinsames Europa war gerade in Rom und London, nicht zuletzt durch Maggie Thatcher, deutlich gewachsen. Freilich wußte ich auch, daß es bei Europawahlen keine Zweitstimmen gab, die FDP also nicht als möglicher Koalitionspartner auftreten konnte, sondern ganz auf sich gestellt war. Sie mußte um ihrer selbst willen gewählt werden und allein siegen. Ich kannte also das Risiko. Journalisten kritisierten mein Lebensalter und kramten das abgedroschene Wort »Hast Du einen Opa, schick ihn nach Europa« aus der Mottenkiste. Ich gab zurück, daß ich mich eben gerade als »Opa« für ein Europa stark machen wollte, in dem sich meine Enkel einst wohl fühlen würden. Zudem hatten sich die Jungen Liberalen auf Antrag ihres Vorsitzenden gerade einstimmig hinter mich gestellt. Der hieß damals Guido Westerwelle und war kurz vorher bei mir in London zu Besuch gewesen, um den künftigen Kandidaten kennenzulernen.

Nach meiner Wahl zum Spitzenkandidaten ergab sich das Problem, daß ich einstweilen ja noch Botschafter in Großbritannien war. Ließ sich dieses ehrwürdige Amt mit meiner neuen Aufgabe vereinbaren? Wie immer wußte Genscher Rat. Er versprach, mit seinem britischen Kollegen Howe zu reden und ihn um Verständnis zu bitten. Howe und das Foreign Office akzeptierten meine Doppelfunktion während der noch verbleibenden sieben Wochen in London. Viele Überschneidungen gab es ohnehin nicht, denn der eigentliche Wahlkampf fing erst im neuen Jahr an. Als ich mich kurz vor meiner Abreise bei Premierministerin Thatcher verabschiedete, bemerkte sie mit einem ironischen Unterton: »Ich höre, Sie wollen für das Europäische Parlament kandidieren. Wissen Sie eigentlich, daß das ein sozialistisches Parlament ist?« Auf meinen Hinweis, daß die Sozialdemokraten zwar die größte Fraktion in Straßburg stellten, ich jedoch für die Liberalen antreten würde, gab sie mit gespieltem Entsetzen zurück: »Oh, das ist ja noch viel schlimmer!« Dann aber wünschte sie mir alles Gute – was ich auch brauchen konnte.

Die Europawahl war für den 18. Juni 1989 ausgeschrieben. Der eigentliche Wahlkampf ging im März los. In der über dreieinhalb Monate dauernden Hetze von Versammlung zu Versammlung brachte ich 26 450 Autokilometer in der alten Bundesrepublik unter die Reifen, sprach in 265 kleinen und größeren Veranstaltungen von Flensburg bis Garmisch, war bei zahlreichen Zeitungs- und Rundfunkredaktionen zu Besuch und nahm an über einem Dutzend innerparteilicher Regionalkonferenzen zum Thema Europa teil. Etwas für das Guinness-Buch der Rekorde, schrieb Bild-Kolumnist Mainhardt Graf Nayhauß. Für den Wahlkampf gab die Partei sechs Millionen Mark aus (die CDU ließ sich das 25 Millionen, die SPD gar 32 Millionen kosten), und auf den Straßen der Bundesrepublik sah ich von Nord bis Süd Plakate mit meinem Konterfei und dem eher nichtssagenden Slogan »Das liberale Europa lohnt sich«. Als ich mich zum ersten Mal auf dem

Das liberale Europa lohnt sich.

F.D.P.
Die Liberalen

Rüdiger von Wechmar

Das Wahlplakat der FDP für den Europa-Wahlkampf 1989 mit ihrem Spitzenkandidaten Rüdiger von Wechmar.

Plakat erblickte, fragte ich mich, ob und wie ich mich wohl grüßen sollte: »Guten Tag, Herr von Wechmar«? Oder nur: »Hallo Dodel, wie geht's?«

Ich hatte mir vorgenommen gehabt, fleißig zu sein, jeden Tag früh aufzustehen und auch dann öffentlich aufzutreten, wenn nur wenige Zuhörer zu erwarten waren. In Dachau waren es, nach einem Wolkenbruch und im Freien, weniger als zwanzig Zuhörer. Meine allererste öffentliche Wahlveranstaltung hatte der FDP-Stadtverband München im Wappensaal des Hofbräuhauses ausgerichtet. Ein paar hundert Zuhörer waren gekommen, und ich hielt meine Jungfernrede. »Wir werden uns in Straßburg zurückmelden«, verkündete ich tapfer und fügte in Anspielung auf die in Bayern ziemlich starken Republikaner hinzu: »Wer gar nicht wählt, der wählt auch extrem.« Ich war gerade richtig in Fahrt gekommen, als Hildegard Hamm-Brücher, die Grande Dame der Freien Demokraten, den Saal betrat und mit verdientem Beifall empfangen wurde. Ein paar Minuten hörte sie zu, aber dann konnte sie sich nicht länger beherrschen: Sie ergriff mein Mikrofon und hielt ein längeres Ko-Referat, obgleich ich eigentlich als

Hauptredner der Veranstaltung angekündigt war. Später habe ich mich gefragt, ob meine Wahlkampfrede so schwach gewesen wäre, daß Frau Hamm-Brücher glaubte, sich einschalten zu müssen. Von Kennern der bayerischen FDP erfuhr ich dann allerdings, daß sie sich schon immer schwergetan habe, bei Versammlungen nicht selbst das Wort zu ergreifen. Übrigens bemerkte sie wohl selbst, daß sie zu weit gegangen war, denn nach dem Ende der Veranstaltung entschuldigte sie sich für ihren »Eingriff in ein laufendes Verfahren«, wie sie es nannte.

Natürlich war der Wahlkampf für mich eine völlig neue Erfahrung. Ich kannte aus meinen früheren Tätigkeiten die meisten Spitzenfunktionäre, aber die sogenannte Basis war mir vollkommen fremd. Zu den Versammlungen kamen brave und einsatzbereite Parteimitglieder, aber auch Neugierige, die den Redner sehen und hören wollten, und schließlich jener Bodensatz von Meckerern, die gern dazwischenredeten. Mir fehlte das, was in den großen Volksparteien der Stallgeruch genannt wird, was aber eigentlich nur Parteimief ist. Ich versuchte meinen Zuhörern zu vermitteln, was ich mir für Straßburg und Brüssel vorgenommen hatte: mehr Rechte für das Europäische Parlament, eine Verfassung für ganz Europa, eine gemeinsame Währung unter einer Zentralbank, die sich die Bundesbank zum Vorbild nimmt. Eines wurde mir auf all diesen Versammlungen schnell klar: Die Bürger und Wähler hatten im Grunde keine Ahnung von Europa. Das Informationsdefizit war unübersehbar. Zudem gaben die Medien oft längst überholte Vorurteile weiter. Das schürte Ängste und schürt sie bis heute.

Schon in den Wahlversammlungen wie auch später im Parlament beklagte ich den kostspieligen »Wanderzirkus«, den sich die Abgeordneten leisteten, weil sie an drei verschiedenen Orten – Straßburg, Brüssel und Luxemburg – tagten, obwohl sie eigentlich nur dorthin gehörten, wo die Entscheidungen gefällt werden, nämlich in Brüssel, dem Sitz der Exekutive, also der Europäischen Kommission. Und auch der Umweltschutz nahm einen wichtigen Platz in meinem Parlamentsprogramm ein. Angesichts der grenzüberschreitenden Umweltschäden plädierte ich energisch für eine gemeinsame europäische Umweltpolitik und ein EU-Umweltamt. Um das auch im Wahlkampf zu unterstreichen, borgte ich mir bei der bayerischen Konstrukteursfamilie von Ludwig Elsbett ein dort entwickeltes »Zukunftsauto«, das mit schadstoffarmem

Rapsöl angetrieben wurde. Der eigens dafür umgebaute Mercedes verbrauchte nur elf Liter auf hundert Kilometer und erreichte dennoch ein Tempo von 180 km/h. Am Steuer dieses Wagens reiste ich im Südwesten der Bundesrepublik von Versammlung zu Versammlung. Bei Euskirchen übrigens hatte sich der örtliche Wahlkampfleiter der Partei den Gag ausgedacht, mich für die Pressefotografen auf einen in den FDP-Farben gestrichenen Traktor älterer Bauart klettern zu lassen. Nach meinen einschlägigen Erfahrungen als Rübenernter in grauer Vorzeit war das eigentlich nichts Besonderes, doch da ich – wegen der Wahlversammlungen – einen dunkelblauen Straßenanzug trug, wirkte ich auf dem Foto völlig deplaziert. Die FAZ hatte mich auf diesem Abschnitt der Wahlkampfreise begleitet und schrieb dann später: »Der Neu-Wahlkämpfer Wechmar, einst Vorsitzender des Weltsicherheitsrates, heute Streiter gegen die Ladenschlußzeiten, spricht mit ruhiger sonorer Stimme, nicht schäumend, die Hände vor sich auf dem Tisch ruhend, gefaltet. Er kommt ohne viel Gestik aus... Kein Abarbeiten an gewohnten Feindbildern, kein missionarisches Bekehrenwollen, vielmehr vornehme Zurückhaltung. Wechmar spielt nicht auf der Tastatur des gewieften Politprofis, man nähme es ihm auch nicht ab.«

Am Wahlabend erhielten wir 1 576 280 Stimmen und waren nach der FDP-üblichen Zitterpartie bei den Hochrechnungen gottlob doch noch mit 5,6 Prozent knapp über die entscheidende Hürde geklettert. Als einzige der konkurrierenden demokratischen Parteien konnten wir sogar einen Stimmenzuwachs verbuchen. Die deutschen Liberalen waren also wieder im Europaparlament. Journalisten hatten mich einmal spöttisch den »Mister 0,2 Prozent« genannt und dabei auf die schmale Marge angespielt, die uns 1984 von der Fünf-Prozent-Hürde getrennt hatten. Jetzt war daraus ein »Mister fünf Prozent« geworden, der nach Soldat, Journalist, Regierungssprecher und Diplomat nun vor seinem fünften Berufswechsel stand.

Drei Wochen nach der Europawahl teilte mir der Bundeswahlleiter mit, daß ich zum Abgeordneten des Europäischen Parlaments gewählt worden sei und die Annahme der Wahl auf einem beigefügten Formblatt bestätigen solle. Kurz darauf reiste ich zur konstituierenden Sitzung der 518 Abgeordneten des III. Europaparlaments nach Straßburg, das in den frühen fünfziger Jahren so oft

Ziel meiner Reisen als Journalist gewesen war. Die vier FDP-Abgeordneten von Alemann, Holzfuß, Vohrer und ich wurden natürlich Teil der liberalen Fraktion des EP, die den früheren französischen Staatspräsidenten Valéry Giscard d'Estaing zu ihrem Vorsitzenden erkor. Unter den zehn im Parlament vertretenen Fraktionen mit 49 Mitgliedern waren die Liberalen die drittstärkste. Sie machte schon am ersten Arbeitstag von sich reden, als die Wahl des Präsidenten der Versammlung anstand. Die beiden großen Gruppierungen, die Christdemokraten und die Sozialisten, hatten ohne Beteiligung anderer ausgemacht, sich die Legislaturperiode zu teilen: Ein Sozialist sollte die ersten zweieinhalb Jahre, ein Christdemokrat während der anderen Hälfte die Geschicke des Parlaments leiten. Wir beschlossen, bei dieser »Kungelei der beiden Dicken« nicht mitzuspielen und einen eigenen Kandidaten für das Präsidentenamt ins Gefecht zu schicken. Giscard d'Estaing wies in der Fraktionssitzung schließlich auf mich. »Der Herr dahinten, der so genüßlich an seiner Tabakspfeife zieht, der soll das machen«, schlug er vor. Die große Koalition der Christ- und der Sozialdemokraten erhielt natürlich eine ausreichende Zahl von Stimmen für ihr Doppelpaket. Aber immerhin konnte ich fast zweimal soviel Stimmen verbuchen wie die Fraktion überhaupt Mitglieder hatte. Mein Einstieg war also gar nicht so schlecht. Und unsere Vielvölker-Fraktion hatte oppositionelle Geschlossenheit gezeigt.

Meine deutschen Fraktionskollegen wählten mich zum Sprecher unserer kleinen Gruppe im Präsidium der FDP. Das bedeutete, daß ich jeden Montag auf der Reise nach Straßburg oder Brüssel einen Umweg über Bonn nehmen mußte, um an den Sitzungen der Parteispitze teilnehmen zu können. Die Hoffnung, dort Interesse für das Thema Europa wecken zu können, wurde enttäuscht: Meine Themen rutschten häufig ans Ende der Tagesordnung, und zu mehr als einer Berichterstattung kam es nicht. Überdies wurde ich in Straßburg Mitglied des Institutionellen Ausschusses und des nach dem Mauerfall eingerichteten Sonderausschusses »Deutsche Einheit« mit dem umständlichen Titel »Nichtständiger Ausschuß zur Prüfung der Auswirkung der Deutschen Einheit auf die Europäische Gemeinschaft« und gehörte als stellvertretender Vorsitzender der Delegation für die Beziehungen zu den USA sowie den Ausschüssen für Wirtschafts- und Währungspolitik und dem

Ausschuß für Außenwirtschaftsbeziehungen an. All das brachte natürlich viel Arbeit.

Als am 9. November 1989 die Mauer fiel, befand ich mich gerade in Brüssel. Voller atemloser Spannung verfolgte ich die nächtlichen Ereignisse vor dem Fernsehschirm in meinem Hotelzimmer. Ich konnte kaum glauben, was ich sah, und rief das Bundespresseamt in Bonn an, um mich noch einmal zu vergewissern. Fünf Tage später versammelte sich die Liberale Fraktion zu einer schon länger von Giscard d'Estaing geplanten Klausurtagung in Cannes. Auf dem Weg zum Sitzungssaal kam die Französin Simone Veil mit ausgebreiteten Armen auf mich zu.»Fabelhaft«, rief sie immer wieder.»Einfach fabelhaft, wirklich fabelhaft!« Die einstige Präsidentin des Europäischen Parlaments hätte auch anders reagieren können: Sie hatte als Häftling das Konzentrationslager Auschwitz überlebt.

Unser Fraktionsvorsitzender betrachtete das Ganze eher von der praktischen Seite. Vor Sitzungsbeginn nahm er mich auf die Seite und verfügte in seinem manchmal etwas herablassenden Tonfall:»Tragen Sie der Fraktion so bald wie möglich vor, was das alles bedeutet.« Kein Kommentar zu dem historischen Ereignis, kein Wort der Zustimmung. Ich hängte mich ans Telefon und versuchte, das Bundesministerium für innerdeutsche Beziehungen in Bonn zu erreichen. Dort mußte man ja schließlich wissen, wie es nun weitergehen würde. Doch die Ministerin und ihre Staatssekretäre waren natürlich in Sondersitzungen. Ich landete bei einem der höheren Ministerialbeamten. Die bestürzende Auskunft: Wir wissen nichts, wir haben nichts. Und das ausgerechnet in einem Ressort, das auf diesen Tag eigentlich hätte vorbereitet sein müssen. Im Auswärtigen Amt und im Kanzleramt aber erhielt ich erste Informationen, und so konnte ich dann vor der Fraktion feststellen:»Wir wurden Zeugen eines tiefen und historischen Einschnitts in die Nachkriegsgeschichte. Die Ereignisse in der DDR, in West-Berlin und entlang des ehemals Eisernen Vorhangs haben Tatsachen geschaffen, die bislang Undenkbares denkbar erscheinen lassen.« Es sei deutlich geworden, daß auch nach vierzig Jahren der Trennung aus einer deutschen Nation nicht zwei geworden seien. Dies habe offenkundig hier und da in der Welt, auch in Westeuropa, neben Freude und Anteilnahme auch Besorgnisse und Irritationen ausgelöst.»Könnte es sein«, so fragte ich,»daß manchen Beobachtern ein geteiltes Deutschland – und damit ein getrenntes Europa – lieber wäre als ein wiedervereinigtes Deutschland?«Meine Eindrücke aus den Vorgesprächen mit nicht-deutschen Fraktionskollegen veranlaßten mich zu der Feststellung, daß die EG-Staaten (und nicht nur die Deutschen) jetzt sorgfältig und gemeinsam prüfen müßten, was zu geschehen habe; die deutsche Frage stehe nun auf der Tagesordnung. Und um den erkennbaren Besorgnissen einzelner Fraktionsmitglieder zu begegnen, versicherte ich:»Sie können sich darauf verlassen, daß es keinen deutschen Alleingang geben wird. Wir werden uns der deutschen Frage nur gemeinsam mit unseren Partnern im Westen zuwenden.«

Tatsächlich gab der Niederländer Florus Wijsenbeek in der anschließenden Debatte zu bedenken, daß es mancherorts Angst vor der Wiedervereinigung Deutschlands gebe und deshalb eine Konföderation der beiden Staaten einem Gesamtdeutschland vorzuziehen sei. Ein irisches Fraktionsmitglied hingegen sprach von der »wundervollen Zeit«, die jetzt angebrochen sei, und fragte den besorgten Holländer, was denn so schlecht an einem vereinigten Deutschland sei. Es war interessant, wenngleich nicht überraschend, daß gerade diejenigen skeptisch blieben, deren Länder im Zweiten Weltkrieg von Deutschen besetzt gewesen waren, während die Vertreter derjenigen Nationen, denen das erspart geblieben war, der deutschen Einheit zustimmend gegenüberstanden.

Dem Europäischen Parlament war unerwartet aufgegeben, sich der deutschen Frage zu widmen. Wie der Verlauf der Debatte in unserer Fraktion schon gezeigt hatte, gingen die 518 Abgeordneten mit höchst unterschiedlichen Auffassungen an diese Aufgabe heran. Eine lautstarke Minderheit wollte wissen, ob sich Deutschland nun von der EG abwenden werde, um sich nach Osten hin zu orientieren. Darum erklärte Martin Holzfuß im Parlamentsplenum mit Nachdruck:»Das Signal an unsere europäischen Partner ist deutlich: Wir wollen die deutsche Einheit, und wir wollen sie schnell. Aber wir wollen den Weg dahin mit unseren EG-Partnern gehen.« Es gelang uns, die Fraktion und vor allem den eher abwartend taktierenden Fraktionsvorsitzenden Giscard d'Estaing davon zu überzeugen, daß sich ein Sonderausschuß des Parlaments des Themas annehmen müsse. An die Mitglieder dieses Sonderausschusses hatte ich schon in der ersten Sitzung appelliert, daß klar unterschieden werden müsse zwischen dem Postulat zur Herstellung der deutschen Einheit, die allein Sache der Deutschen sei, und den Folgewirkungen dieser Vereinigung auf Europa.

Mit dem Deutschland-Ausschuß sollte erklärtermaßen auch die Besorgnis vieler Abgeordneter der anderen EG-Staaten gemildert werden, daß sich der Vollzug der deutschen Einheit ohne Mitwirkung der Europäischen Gemeinschaft vollziehen könnte. Es galt daher, in ständiger und intensiver Konsultation mit der EG-Kommission an dem umfassenden Gesetzgebungspaket aktiv mitzuwirken, das für dieses Vorhaben bald in Gang gesetzt wurde. Mit konkreten Vorschlägen auf über 250 Seiten für Anpassungs- und Übergangsmaßnahmen hatte die Kommission die Grundlagen zu schaffen versucht, wie die Einheit vollendet und gleichzeitig die ehemalige DDR in die EG eingegliedert werden könne. Der französische Kommissionspräsident Jacques Delors hatte diese Aufgabe seinem deutschen Kollegen Martin Bangemann übertragen, der einmal Fraktionsvorsitzender der Liberalen im Europaparlament gewesen war und sich dort bestens auskannte. Zu Beginn der Ausschußtätigkeit gab es drei Möglichkeiten hinsichtlich der künftigen Beziehungen der DDR zur Europäischen Gemeinschaft: Assoziierung mit der Gemeinschaft beziehungsweise eigenständige Mitgliedschaft Ostdeutschlands oder eine EG-Mitgliedschaft über ein vereinigtes Deutschland. In jedem dieser Fälle mußten die EG-Verträge überprüft und angepaßt werden.

Die Volkskammerwahlen vom 18. März 1990 zeichneten den weiteren Weg vor. Nun konnte der Ausschuß dem Plenum des Parlaments vorschlagen, der Einheit Deutschlands zuzustimmen und die Vorschläge der EG-Kommission für eine rasche Eingliederung der fünf neuen Bundesländer und Gesamtberlins in die EG gutzuheißen. Zugleich beschloß das Europäische Parlament auf unseren Vorschlag, für die Zeit bis zur nächsten Europa-Wahl achtzehn von der Volkskammer ausgewählte Vertreter aus den neuen Ländern als Beobachter bei sich aufzunehmen. Diese Beobachter hatten in den Fraktionen und Ausschüssen Rederecht, jedoch kein Stimmrecht und im Plenum auch nur einen Beobachtersitz. Die Zahl 18 war auch unter einem psychologischen Aspekt gewählt worden, denn damit erhöhte sich die Zahl der deutschen EP-Abgeordneten von 81 auf 99 und blieb so unter der magischen Schwelle von 100. Wir hatten ja erlebt, wie groß die Befürchtungen manch eines Parlamentariers vor einem »Großdeutschland« waren, und wollten diese Sorgen nicht auch noch durch eine übermäßig hohe Zahl zusätzlicher deutscher Abgeordneter oder andere institutionelle Forderungen verstärken.

Wenige Tage nach der Volkskammerwahl vom 18. März waren wir als erste Fraktion des Europäischen Parlaments nach Berlin und in die DDR gereist, hatten an einer Plenarsitzung der Kammer teilgenommen und mit zahlreichen ihrer Abgeordneten intensive Gespräche geführt. Mit einem Teil der Fraktion führte mich die Reise auch nach Bitterfeld, wo sich das ganze Elend vorsätzlicher Umweltzerstörung vor uns ausbreitete. Beim Anblick des zur chemischen Kloake verkommenen »Silbersees« fragten wir uns, ob es wohl jemals gelingen würde, diese fatalen Folgen sozialistischer Wirtschaft zu beheben.

In keinem Ort der ehemaligen DDR bin ich übrigens seit der Wende so oft zu Besuch gewesen wie im thüringischen Wechmar, wo meine Vorfahren von 1140 bis 1416 ansässig gewesen waren. Trotz der danach eingetretenen fünfhundertjährigen Pause haben sich die Beziehungen der Wechmars zu Wechmar nach dem Mauerfall eng und freundschaftlich entwickelt. Dazu mag beigetragen haben, daß wir in der Gemeinde keine Besitzansprüche anzumelden hatten. Inzwischen wurden dort schon Wechmarsche Familientage abgehalten, und zu meinem 75. Geburtstag gab die Gemeinde ein großes Fest. Zusammen mit dem damaligen Vorsitzenden des Heimatvereins und jetzigen Bürgermeister Knut Kreuch hatte ich vorher helfen können, öffentliche Mittel für den Wiederaufbau eines unter Denkmalschutz stehenden Landhauses und seines einmaligen Rokokosaales zu beschaffen. Wechmar kann sich mit Fug und Recht »Bachgemeinde« nennen, weil die Familie von Johann Sebastian Bach ursprünglich aus dem Dorf an der Apfelstädt stammte. Im Ortskern gibt es deshalb ein »Bachhaus«, in dem jetzt die Porträts meiner Vorfahren hängen.

Schon bei meinem allerersten Besuch im Rathaus hatte ich überrascht entdeckt, daß die Gemeinde das gleiche Wappen wie meine Familie führt. Auch so etwas verbindet. Bei einem Bauernfest wurde ich zum »Heimatritter« geschlagen und erhielt das »Ehrennachbarrecht«. Die kleine Gemeinde richtete unter der Schirmherrschaft von Bundeskanzler Kohl 1994 sogar das große Bundestrachtenfest aus, zu dem Zehntausende von Besuchern kamen und das ein rauschender Erfolg wurde.

Wechmar in Wechmar: Der Europa-Abgeordnete mit zwei seiner sechs Enkel vor dem Ortsschild der Gemeinde Wechmar, zu der die Familie enge Beziehungen unterhält.

Und als meine Familie und ich uns im Kreis der Bürger zu meinem Geburtstagsfest mit Volkstänzen und Musik versammelten, da war die Bühne mit einem alten DDR-Fernseher dekoriert, auf dessen Mattscheibe die Wechmarer damals verbotenerweise den einstigen Regierungssprecher und später dann den Botschafter aus dem Westen hatten sehen können. Nun hatten sie Gelegenheit, ihn leibhaftig zu erleben.

Bei einer dieser Gelegenheiten organisierte Knut Kreuch im benachbarten Gotha eine Diskussion mit Bernard Neugebauer, meinem früheren Botschafterkollegen aus der DDR. Das Thema der Veranstaltung lautete:»Zwei deutsche Staaten in der UNO«. Neugebauer und ich erzählten den Zuhörern in der sogenannten »Gothaer Loge« vom einstigen Nebeneinander in New York, das unter den damals vorherrschenden Bedingungen ja noch kein Miteinander hatte sein können. Die Teilnehmer waren interessiert, die Aussprache hingegen erwies sich als verhalten. Bei der einen oder anderen Bemerkung aus dem Auditorium war erkennbar, daß manch ein Zuhörer der SED angehört und noch immer nicht ganz Abschied von dem liebgewordenen Weltbild der Vergangenheit genommen hatte. Mich überraschte das nicht, denn am Rande der Veranstaltung hatten einige Anwesende meiner Frau erklärt, daß es unter Erich Honecker im übrigen »gar nicht so schlecht« gewesen sei. Die Wiedervereinigung habe nicht nur Gutes gebracht, man brauche sich ja nur die Zahl der Arbeitslosen vor Augen zu führen.

Zu aller Überraschung legte Giscard d'Estaing mitten in der Legislaturperiode sein Amt als Fraktionsvorsitzender nieder und schloß sich gemeinsam mit anderen Franzosen der christdemokratischen Fraktion an. Die Gründe für diesen unvermittelten Entschluß sind nie so recht klargeworden. Bei den Liberalen war er die Nummer eins, in der zahlenmäßig viel stärkeren Gruppe der EVP-Abgeordneten blieb er bis zu seinem Ausscheiden aus dem Europäischen Parlament so etwas wie ein Hinterbänkler, denn alle wichtigen Posten in der christdemokratischen Fraktion waren zum Zeitpunkt seines Übertritts längst vergeben. So sank sein Einfluß, und schließlich nahm er die Neuwahlen in Frankreich zum Anlaß, das Schwergewicht seiner politischen Tätigkeit in die Nationalversammlung zu verlegen. Mechthild von Alemann übernahm etwa zur gleichen Zeit meine Sprecherrolle für die inzwischen sechs Freien Demokraten, weil ich mich nach zwei Operationen von zusätzlichen Belastungen freihalten und auch die wöchentlichen Montags-Flüge aus München zur Präsidiumssitzung nach Bonn vermeiden wollte. Diese Zusammenkünfte des Parteipräsidiums hatten mir ja ohnehin nur selten die Gelegenheit geboten, die FDP-Spitze für das Thema Europa zu interessieren. Vorsitzender war zu jener Zeit Otto Graf Lambsdorff, der seine Skepsis gegenüber der Währungsunion unverhohlen zu erkennen gab. Als ich zum letzten Mal zu einer solchen Sitzung nach Bonn fuhr, gab ich unter Hinweis auf meinen damals angegriffenen Gesundheitszustand zugleich bekannt, daß ich bei den nächsten Europawahlen 1994 als Kandidat nicht mehr zur Verfügung stehen würde. Die Reaktion der Anwesenden war interessant: Nur Graf Lambsdorff kommentierte meine unerwartete Ankündigung gegen Ende der Sitzung mit knappen Worten, alle anderen dagegen hüllten sich in Schweigen. Wahrscheinlich überlegten sie alle schon, welcher Vorteil sich aus dem Freiwerden meines Postens und dem wieder in Bewegung geratenen Personalkarussell schlagen ließe.

Bis zu der Wahl meines Nachfolgers, mit der dann auch meine Tätigkeit als Abgeordneter enden würde, war aber noch viel zu tun. Im Institutionellen Ausschuß rangen wir um ein detailliertes Konzept für die angestrebte Politische Union, schrieben den Entwurf einer europäischen Verfassung und beschlossen ein EG-weit gültiges Verhältniswahlrecht für unser Parlament. Der Verfassungsentwurf mit nur 46 Artikeln (das deutsche Grundgesetz hatte damals 146 davon) sollte die Rechte der Bürger stärken. So hieß es schon im allerersten Artikel:»Die Europäische Union besteht aus den Mitgliedsstaaten und den Bürgern.« Und im dritten Artikel wurde vorgeschlagen:»Die Unionsbürger haben die in dieser Verfassung vorgesehenen Rechte und Pflichten. Die Menschen- und Bürgerrechte werden geschützt. Alle Gewalt geht von den Bürgern aus. Nur die Bürger können Mitglieder der Institutionen der Union sein.« Was diese Europäische Union betraf, so hieß es weiter:»Die Union gründet sich auf die Mitgliedsstaaten, achtet ihre Identität sowie ihre verfassungsrechtliche Struktur und trägt ihrem gemeinsamen historischen Erbe Rechnung. Die Union und die Mitgliedsstaaten arbeiten solidarisch zusammen, um die Ziele der Union zu erreichen. Die Union achtet das Subsidiaritätsprinzip.« Nach einer Präambel und sechs Artikeln über die Grundsätze der Verfassung schloß sich das Kapitel»Unionsbürgerschaft und Menschenrechte« an, das in vielen Punkten sogar wörtlich dem Grundgesetz entsprach.

Das Europaparlament war Anfang der neunziger Jahre – nicht zuletzt wegen des Sonderauftrags»Deutsche Einheit« – besonders fleißig. Von einem 52-Wochen-Jahr standen vierzig als Sitzungswochen auf dem Programm; der Deutsche Bundestag hatte 1992 dagegen nur 24 Sitzungswochen. Mit Ausnahme der kurzen parlamentarischen Sommerferien und der knapp zweiwöchigen Weihnachtspause kamen wir jeden Monat für eine Plenarwoche in Straßburg zusammen und versammelten uns in den übrigen drei Wochen in Brüssel zu Fraktions- und Ausschußsitzungen. Die Wochenenden verbrachten wir in der Regel im Büro, zu Hause oder auf Parteiveranstaltungen. Das Europaparlament war aber nicht nur fleißig, sondern auch preiswert. Es kostete jeden EG-Bürger nur 3,32 DM im Jahr, also weniger als einen Pfennig pro Tag. Der Deutsche Bundestag kostete den deutschen Steuerzahler dagegen dreimal soviel. Die deutschen Mitglieder des Europäischen Parlaments bekamen vom Bundestag eine monatliche Entschädigung oder Diäten wie die Abgeordneten des Bundestages. Das Europaparlament wiederum finanzierte die Gehälter für unsere Assistenten. Diese Bezüge liefen direkt an die Empfänger und nicht über die Abgeordneten. In München sorgte Ursula Rieger für mein Wahlkreisbüro, und in Straßburg und Brüssel hielten Marcello Farragi und Vicky Cloppenburg die Stellung. In den beiden Sitzungsorten hatten wir damals winzig kleine Büros mit Telefon, Computer, Fax und Fernsehgerät, aber kaum Platz für auch nur einen einzigen Besucher. Das soll sich, nach kostspieligen Neubauten, inzwischen gebessert haben. Drei der fünf Plenartage in Straßburg waren Nachtsitzungen vorbehalten, die unter anderem für die Fragestunden reserviert waren. Im Schnitt kamen wir in Straßburg und Brüssel auf rund sechzehn Arbeitsstunden am Tag. Erleichtert hatte mir die Arbeit auch Carl »Charly« Weiss, mein alter Freund und Kollege aus ZDF-Zeiten, der mir als langjähriger Brüsseler Korrespondent und erfahrener Straßburger vorher nützliche Tips gegeben hatte.

Mein alter Dienstort London und die anti-europäische Fronde um Frau Thatcher machten uns noch einmal Ärger. Ihr Industrie- und Handelsminister Nicholas Ridley hatte in einem Interview mit der konservativen Wochenzeitung »The Spectator« behauptet, die Bemühungen zur Schaffung einer europäischen Währungsunion seien ein deutscher Schwindel mit dem Ziel, ganz Europa zu übernehmen. Er kritisierte die EG-Kommission und erklärte, er sei zwar nicht prinzipiell gegen die Preisgabe von Souveränität, aber »nicht an diesen Haufen«. Da könne man sie gleich an Adolf Hitler abtreten. Die FDP-Abgeordneten des Europaparlaments protestierten in einer gemeinsamen Erklärung gegen die Ausfälle des britischen Ministers, und ein Sturm der Entrüstung in Großbritannien zwang Ridley zum Rücktritt, obwohl er nach Auffassung mancher Abgeordneter genau das gesagt hatte, was Maggie Thatcher dachte. Deren Regierung war auch im Visier von parlamentarischen Anfragen an die EG-Kommission, die ich in den nächtlichen Fragestunden zu britischen Rüstungsexporten gestellt hatte. Viele der konservativen Abgeordneten aus Großbritannien fanden diese Nachfrage gut, aber sie waren ohnehin zum großen Teil pro-europäisch und bei der Premierministerin nicht wohlgelitten. Leider blieben präzise Antworten der Kommission aus, und geändert hat sich bis zu meinem Ausscheiden aus dem Europäischen Parlament im Grunde nichts. Insgesamt habe ich während meiner Abgeordnetenzeit weit über fünfzig parlamentarische Anfragen zu einer Vielzahl von Themen gestellt, die von Notschlachtungen bei Tiertransporten über den Handel mit Adressen (Datenschutz) bis zu dem Schicksal inhaftierter griechischer Kriegsdienstverweigerer und dem einheitlichen Wahlverfahren bei der Europawahl reichten.

Wenig Freunde machte ich mir – wie schon bei der UNO in New York – mit dem Verlangen, die Zahl der Parlamentspapiere rigoros zu kürzen. Allein in einem einzigen Jahr waren 245 Millionen Blatt Papier in den damals neun Amtssprachen bedruckt worden. Hinzu kamen Millionen und aber Millionen Broschüren, Kurzdarstellungen, Geschäftsordnungen, Mitgliederlisten und Veröffentlichungen im Amtsblatt der Gemeinschaft. In einem Schreiben an den Präsidenten Egon Klepsch berichtete ich, daß sich allein in einem Jahr der Papierverbrauch des Parlaments auf 1 100 Tonnen belaufen habe. Für den Transport dieser Papiermengen würde man 42 Vierzig-Tonner mit je 26 Tonnen Nutzlast benötigen. Würde man nur die 245 Millionen EP-Arbeitsdokumente Blatt an Blatt aneinanderlegen, so könnte man den Äquator über zwölfmal umspannen. Das Europaparlament könne nicht das Abholzen der Regenwälder beklagen und zugleich in unvertretbarer Weise Papier verbrauchen. Über zwei Drittel der angelieferten Dokumentenberge würden nämlich weggeworfen. Auch ich erhielt ja vollkommen überflüssigerweise Arbeitsdokumente von Ausschüssen, denen ich gar nicht angehörte. Der Vorstoß wurde von den Medien kurz beachtet, führte aber, wie so oft, leider zu nichts. Von Klepsch habe ich nicht einmal eine Antwort bekommen.

Die Legislaturperiode des III. Europäischen Parlaments ging

ziemlich unzeremoniell zu Ende. Das Parlament verlief sich sozusagen einfach. Jene Abgeordneten, die wieder kandidierten, waren im Wahlkampf, andere in den Sommerferien. Nach vielen erfreulichen, aber auch enttäuschenden Erfahrungen räumte ich meine Büros leer und gab die Schlüssel beim Pförtner ab. Bei der letzten Heimreise aus Straßburg drängte eine Gruppe junger Deutscher in denselben Waggon und besetzte das Nachbarabteil. So wurde ich Zeuge eines Gesprächs, das offenkundig mir galt. Einer sagte:»Wißt ihr, wer neben uns im Abteil sitzt? Der Rüdiger von Wechmar!« Und ein anderer fragte zurück:»Was, der Wechmar? Lebt der denn noch?« Da wußte ich, daß meine Zeit im politischen Geschäft abgelaufen war.

Berndt von Staden
Erinnerungen
Eine Jugend im Baltikum 1919–1939

240 Seiten, Abbildungen, Leinen

Die Memoiren Berndt von Stadens rufen die alte Welt des Baltikums zwischen den beiden Weltkriegen in die Erinnerung. Seine ungewöhnlich dichten und auch erzählerisch reizvollen Lebenserinnerungen beschwören das Leben auf den Gütern der drei baltischen Länder, die nach Weltkrieg und Revolution in die Unabhängigkeit entlassen worden waren, herauf. Nun suchten sie ihr eigenes Leben als freie Republiken Lettland und Estland zu führen, bis sie erst der Hitler-Stalin-Pakt im Jahr 1939 gewaltsam der Sowjetunion unterwarf und sie dann von zwei Gewaltherrschaften in das Chaos des Krieges gerissen wurden.

Diese ganze untergegangene Welt, in der es kaum eine Rolle spielte, ob man Schwede, Russe, Deutscher oder Pole war, gehört der Vergangenheit an. Ein oft fanatischer Nationalismus trat an ihre Stelle. In diesen ungewöhnlich schönen Lebenserinnerungen wird diese Welt noch einmal beschworen.

Siedler Verlag

Ernest Gellner
Nationalismus
Kultur und Macht

192 Seiten, Leinen

Nationalismus ist eine der zentralen Kräfte in der modernen Geschichte und bis heute eine scheinbar unentrinnbare Geißel der Politik. Nationale Bewegungen begründeten die Entstehung vieler Staaten und sind gleichzeitig Ursprung vieler der tragischen Menschheitskonflikte. In diesem meisterhaften politischen Essay geht Ernest Gellner, »einer der letzten großen mitteleuropäischen Universalgelehrten« (*Financial Times*), dem Phänomen Nationalismus und seinen verhängnisvollen Auswirkungen auf den Grund.

»Dieses Juwel von einem Buch enthält mehr Weisheit und Verständnis der menschlichen Seele als eine ganze Bibliothek.« *The Irish Times*

Siedler Verlag

Bildnachweis

Seite 115: United Press, Frankfurt a. M.
Seite 163: Hanns Hubmann, Quick
Seite 248: Stern, Hamburg
Seite 261, 265, 272, 280, 328, 332: Presse- und
Informationsamt der Bundesregierung
Seite 286: Karl Eberth, Kassel
Seite 303 und 305: Bundesbildstelle Bonn
Seite 318 und 331: Max Machol, New York

Alle anderen im Privatbesitz Rüdiger von Wechmar

Schutzumschlag: Rothfos + Gabler, Hamburg
Satz und Reproduktionen: Bongé + Partner, Berlin
Druck und Buchbinder: GGP, Pößneck
Printed in Germany 2000
ISBN 3-88680-692-8
Erste Auflage